[MIRROR]

理 想 国 译 丛

009

想象另一种可能

理
想
国
imaginist

理想国译丛序

"如果没有翻译,"批评家乔治·斯坦纳(George Steiner)曾写道,"我们无异于住在彼此沉默、言语不通的省份。"而作家安东尼·伯吉斯(Anthony Burgess)回应说,"翻译不仅仅是言词之事,它让整个文化变得可以理解。"

这两句话或许比任何复杂的阐述都更清晰地定义了理想国译丛的初衷。

自从严复与林琴南缔造中国近代翻译传统以来,译介就被两种趋势支配。

它是开放的,中国必须向外部学习,它又有某种封闭性,被一种强烈的功利主义所影响。严复期望赫伯特·斯宾塞、孟德斯鸠的思想能帮助中国获得富强之道,林琴南则希望茶花女的故事能改变国人的情感世界。他人的思想与故事,必须以我们期待的视角来呈现。

在很大程度上,这套译丛仍延续着这个传统。此刻的中国与一个世纪前不同,但她仍面临诸多崭新的挑战,我们迫切需要他人的经验来帮助我们应对难题,保持思想的开放性是面对复杂与高速变化的时代的唯一方案。但更重要的是,我们希望保持一种非功利的兴趣:对世界的丰富性、复杂性本身充满兴趣,真诚地渴望理解他人的经验。

理想国译丛主编

梁文道　刘瑜　熊培云　许知远

[荷] 伊恩·布鲁玛 著　　倪韬 译

零年：1945

现代世界诞生的时刻

IAN BURUMA

YEAR ZERO: A HISTORY OF 1945

北京日报出版社

Year Zero: A History of 1945

By Ian Buruma

Copyright © 2013 by Ian Buruma

Simplified Chinese edition copyright © 2019

Beijing Imaginist Time Culture Co., Ltd.

All rights reserved.

北京出版外国图书合同登记号：01－2019－4586

图书在版编目（CIP）数据

零年 ： 1945 ： 现代世界诞生的时刻 ／（荷）伊恩 •
布鲁玛著 ； 倪韬译． -- 北京 ： 北京日报出版社，
2019.8（2024.7 重印）
　（理想国译丛）
　ISBN 978-7-5477-3400-1

Ⅰ．①零… Ⅱ．①伊… ②倪… Ⅲ．①世界史—研究
－ 1945 Ⅳ．① K153

中国版本图书馆 CIP 数据核字（2019）第 150577 号

责任编辑：许庆元
特邀编辑：孟凡礼　梅心怡
装帧设计：陆智昌
内文制作：陈基胜

出版发行：北京日报出版社
地　　址：北京市东城区东单三条 8-16 号东方广场东配楼四层
邮　　编：100005
电　　话：发行部：（010）65255876
　　　　　总编室：（010）65252135
印　　刷：山东临沂新华印刷物流集团有限责任公司
经　　销：各地新华书店
版　　次：2019 年 8 月第 1 版
　　　　　2024 年 7 月第 6 次印刷
开　　本：965 毫米 ×635 毫米　1/16
印　　张：25.75
字　　数：360 千字
定　　价：88.00 元

如发现印装质量问题，影响阅读，请与印刷厂联系调换：0539-2925659

历史的暧昧角落

许知远

一

大约十一年前[*]，在香港的一家书店，我随手捡起一本《传教士与浪荡子》（*The Missionary and the Libertine*），它归属于"亚洲兴趣"（Asian Interest）一栏。

彼时的香港，殖民地的气息正在散去，但仍能轻易感受得到。在湾仔的六国酒店、在银行家穿梭的中环、还有旧中国银行上的"中国俱乐部"，你能感受到那个吉卜林、奥登与大班们眼中的香港。它是西方与东方交融的产物，前者是征服者，后者是承受者，充满了殖民地的异域风情。连 Asian Interest 这个图书分类名称都带有明显的这种痕迹，Asia 是欧洲人创造的概念。

这本书是这种视角的延续吗？至少看起来，标题正是如此，封面也是如此，一个裸露双肩的东方女人显露出惊恐的表情。

"如今，比任何时刻，香港都感觉像一座没有过去、也没有未

来的城市，它只有一个狂热的现在"，翻到其中《香港最后岁月》一章时，正读到这句话。文章写于1990年，他敏锐地捕捉到了香港的不安情绪，旧秩序正在退隐，但新秩序是什么？

我也被作者的叙述吸引，个人游记、新闻报道、文学批评、历史叙述、政治分析，毫无缝隙地交融在一起。他不仅捕捉住这稍纵即逝的时代情绪，还给予了这情绪以更大的历史框架。

更重要的是，你可以感受到作者对陈词滥调的逆反，他用追问、质询、嘲讽来对待所有程式化的判断，他既质疑西方眼中的东方主义，也怀疑所谓的"亚洲价值观"。比如对于香港，他显然不同意这是一座纯粹的经济城市，他看到了这座城市更深的渴望："去发展一个政治身份，人们必须有连续感，共同分享一个过去，更重要的是，分享一个他们可以为之负责的未来，他们作为公民、而非臣民。"

我买下了这本书，记住了作者的名字——伊恩·布鲁玛（Ian Buruma），一个曾长期在亚洲生活的荷兰人，通晓包括日语与中文在内的六种文字。未曾料到，这本书也随即成为一种隐喻、一个指南，它开始缓慢却有力地塑造我的思考、写作与生活方式。

马尼拉、加尔各答、东京、首尔、台北……我去了他去过的地方，试图像他一样观察、交谈与书写。我也寻找到他的其他作品，从20世纪80年代的《面具背后》（Behind the Mask）、《上帝的尘埃》（God's Dust），到90年代的《罪孽的报应》（The Wages of Guilt）、《伏尔泰的椰子》（Voltaire's Coconuts），再到《坏分子》（Bad Elements）与《西方主义》（Occidentalism），还有那本迷人的小说《中国情人》（The China Lover）……

在某种意义上，他与奈保尔（V. S. Naipaul）、保罗·索鲁（Paul Theroux）、简·莫里斯（Jan Morris）一样，变成了我过去十年中反复阅读与模仿的对象。他们来自不同区域，年龄、性别不同，所关注的题材也不尽重合，却分享着相似的特质——都因个人身份的焦虑而获得了对外部更敏锐的观察，有某种局外人才有的洞见，都在极度个人视角与庞杂知识世界之间达成了微妙的平衡。

在他们中，布鲁玛或许是游历的地理与涉猎的知识最广的一位，在很多方面，他与16世纪的人文主义者或18世纪的启蒙思想家更相似。他继承了他们对他人的文化与生活的广泛兴趣，除了知识、思想，更有对历史中模糊、暧昧、灰色的地带的兴趣。在他的很多作品中，情欲常占据着显著的位置，他也常把目光投向边缘人，这种诚实正是理解、接受、庆祝人类情感与思想的多样性的基本态度。

但在这多样性中，思想的清晰性与道德的严肃性，从未消失。印象深刻的是他在追溯德国与日本的战争罪责与社会记忆的著作《罪孽的报应》中的陈述："世上没有危险民族，有的是危险的情境，这既不是自然法则或历史规律造成的，也不是民族性格使然，而是政治安排的结果。"

一些时候，1951年出生于荷兰海牙的伊恩·布鲁玛让我想起他的先辈伊拉斯谟。后者在16世纪开创了人文主义传统，倡导一种宽容、多元的价值观，他也是世界主义者的先驱，从不受困于具体的地域、语言与文化。布鲁玛不具这种开创性，却是冷战结束后涌现出的新的全球经验书写浪潮中的重要一员。2008年，他获颁伊拉斯谟奖，被认定是"新世界主义"的代表人物，"将知识与超越距离的担当结合在一起，以反映全世界的社会发展"。

二

2013年出版的《零年：1945》，既是布鲁玛一贯风格的延续，他为被不断论述的二战胜利带来了新视角，探索了那些常被忽略的角落；在结构上，还从他惯常的松散文集，变成了一本更有系统性的专著。

在西方读者熟知的叙事中，1945年是一个英雄主义、充满胜利感的年份——自由世界战胜了法西斯的挑战，是罗斯福、丘吉尔的光辉岁月，战后的世界新秩序由此建立起来。

布鲁玛却描绘了历史的另一些面貌。

他描述女人们——她们是法国的、德国的、日本的——对于到来的盟军士兵的强烈情欲，胜利者不仅意味着正义与力量，更是强烈的性感。而胜利不仅意味着旧秩序的崩溃，更是被压抑欲望的巨大释放。法国女小说家伯努瓦特·格鲁（Benoîte Groul）曾这样描述她与美国大兵情人的关系："四年的敌占期和守了二十三年的贞操让我胃口大开……我狼吞虎咽地吃下两天前在华盛顿下的鸡蛋，嚼着在芝加哥罐装的午餐肉和四千英里以外成熟收割的玉米……战争可真是好东西。"这些来到欧洲的士兵也像是历史性的隐喻，作为解放力量与历史新动力的美国不可阻挡的诱惑，格鲁感慨被美国大兵压在身下就像跟整片大陆同床共寝，而你"无法拒绝一片大陆"。

被释放的不仅是情欲，也有饥饿感、报复欲。它们都带来了道德上的混乱。所有人都成为极度自私者，如德国作家伯尔所说的："每个人掌握的只是属于自己的生活，以及任何落到他们手上的东西：煤炭、木头、书籍、建材。所有人都能理直气壮地指责别人偷窃。"

报复行为也随着这失序到来，那些昔日关押在集中营里的人们成了残酷的报复者。报复也常是盲目的，克拉科夫的犹太人即使在德国人的压力下幸存，却又遭遇了本地人新的攻击，而在马来西亚与印度尼西亚，华人而不是入侵者日本人，常成为攻击对象。

让我尤其难忘的是大町的命运。1945 年秋天，她是安东市七万多日本侨民中一员。对于这些带着希望与憧憬来到伪满洲国的日本人来说，这是个失败与惶恐的时刻。日本天皇已宣布战败，涌来的苏联红军则让他们忧惧不已——自 1905 年日俄战争以来，俄国人的残酷印象就根植于日本人心中。为了应对可能发生的大规模的强暴与混乱，日本侨民领袖决定成立一个"卡巴莱舞团"，它以歌舞表演的名义提供妓院式服务。

　　大町 40 岁出头，是个昔日的艺伎，她成为这个歌舞团的管理者。她招募一批日本女性，说服她们要为日本献身，牺牲自己来保持更大的群体的安全与尊严。据说，因为秉承"不问政治"的立场，对于所有客人一视同仁，使得歌舞团驻守的安宁饭店很快成为安东的避风港。光临的不仅有苏联人，还有日本退伍军官、新来的国民党军官、中共党员、昔日的汉奸……他们在此或寻欢作乐、或寻找情报。对于这个中朝边界的小城来说，一切都暧昧不明，日本人失败了，接下来的掌权者将是谁，它将给这群日本人带来什么样的命运？

　　这个例证恰好说明了这本书的迷人之处，它既是历史事实，又引人充分遐想。它探究了历史中的暧昧之地，也显示作者着力要从昔日的欧洲中心论或西方中心论中摆脱出来。

　　除去中日关系，他也写出印尼的苏加诺对于日本的暧昧态度，日本是入侵者，但也是某种解放者——它至少驱逐了上一个殖民者。同样的故事也发生在缅甸与越南，这些国家年轻的民族主义者都想在这混乱中重获对命运的自主权。1945 年是一个高度复杂的图景，很多被压抑的故事值得重新去书写。

三

　　"这个世界是如何从废墟里站起来的？当数以百万计的人饿着肚子，一心只想报仇雪恨、血债血偿，又会发生什么？人类社会或'文明'将何去何从？"布鲁玛在序言中写道。

　　对他来说，1945 年代表着父辈的世界，"欧洲福利国家、联合国、美式民主、日本和平主义、欧盟"，都是父辈理想的产物。理解 1945 年，不仅是出于对于上一代人的天然兴趣，也是对此刻的回应。战后的世界秩序正在瓦解，而在过去几年中，他"见惯了寄托着推翻独裁者、建立新民主国家这一宏愿的各类革命战争"，他很希望父辈的故事能为此刻提供某种参照，因为"我们都生活在过去长长的阴影中"。

塑造我父母与我的生活的不是1945年结束的二战，而是1947年开始的冷战。1945年不是一个胜利时刻，更是一个通向新的混乱的前奏，是真正胜利的一个必要过渡。

在我成长岁月的历史叙述中，1945年的意义被有意低估，1949年才意味着一种新秩序的形成，被赋予了解放的意义。加入苏联阵营的中国开始了一段崭新的历史轨迹，也创造了一种封闭、特定的历史叙述。在这种意义上，1945年的意义被双重忽略了。因为意识形态的问题，它在中国的历史语境中被忽略，因为中国的自我封闭，中国的角色在全球叙述中被忽略。

如今，重估历史潮流已经开始。在中国国内，一股民族主义的倾向将强化1945年代表的胜利意义，而在国际舞台上，伴随21世纪的中国成为世界舞台的中心性角色，其被忽略的历史作用将被再度挖掘，它不再是1945年旧金山会议上最容易被忽略的五大国之一了。

这意味着伊恩·布鲁玛对中国读者的双重意义，它提醒我们被压抑、被遗忘的历史，同样重要的是，你要学会用更敏感、富有同情的态度理解他人，理解历史中的暧昧含混之处，防止自身滑入新的、僵化的陈词滥调。当中国愈来愈成为新世纪的主要角色时，这种视角变得更加迫切。

献给我的父亲 S.L.布鲁玛

和友人布莱恩·厄克特

保罗·克利的《新天使》（*Angelus Novus*）画的是一个天使，看样子正要从他聚精会神注视的事物旁抽身离去。他凝视前方，嘴巴微张，翅膀打开。这就是人们心目中历史天使的形象。他的脸面向过去。在我们认为是一连串事件的地方，他看到的是一场单一的灾难。这场灾难不断堆起尸骸，并将它们抛在他面前。天使想停下来，唤醒死者，将破碎的一切修补完整。可是从天堂吹来一场风暴，猛烈吹打他的翅膀，令他再也无法将它们收拢。风暴无可抗拒地将他推向背对着的未来，而面前的残骸越堆越高，直至天际。这场风暴，正是我们所谓的进步。

——瓦尔特·本雅明《历史哲学论纲·九》

目 录

第三部分　绝不让历史重演

序

　　长久以来，父亲的故事总有让我困惑不解之处。对于跟他年龄、背景相仿的人来讲，他在二战期间的经历谈不上有什么特殊之处。事实上惨绝人寰的故事多了去了，但他的经历着实也够凄惨的。

　　我第一次听父亲讲起他的战争岁月时年龄尚小。跟一些人不同，他并不忌讳重提旧事，即便有些陈年往事再回忆起来只会勾起痛苦。他讲的故事我很爱听，与之相配的还有一些勉强算得上是插图的黑白照片，尺寸很小，夹在一本相册里。我从他书房的一个抽屉里拿到了这本相册，闲来翻翻聊以自乐。照片拍得中规中矩，但在我看来却足够奇特，不禁好奇地打量了一番：有张照片拍摄的是东柏林一座条件原始的劳工营；另一张里，我父亲龇牙咧嘴地扮着鬼脸，毁了本来挺正式的照片；还有一张里有几个文官模样的德国人，身上穿着带纳粹徽章的西装；此外有几张是周日去湖边郊游的留念；最后一张里，一群满头金发的乌克兰女孩笑容可掬地看着镜头。

　　照片记录的还算是比较好的光景。那时跟乌克兰人来往估计是被禁止的，但每每回忆起这些女子，父亲眼里还是会闪动着一丝怀念的神情。他曾经险些死于饥饿和体力透支，饱受害虫摧残的他不得不在一个浸满水的弹坑里解决内急，与此同时，这个"公共厕所"还兼具唯一澡盆的功能。这段苦难史都没有相片为证，但让我困惑 2 的并不是这点，而是后来他返乡后发生的事。

父亲的家在荷兰东部小镇奈梅亨（Nijmegen），镇上居民大多笃信天主教，那里是 1944 年阿纳姆战役（Battle of Arnhem）爆发的地方。经过一番激战，盟军攻占了奈梅亨，阿纳姆则正是那座"遥远的桥"*。我祖父 20 世纪 20 年代曾作为新教牧师被派驻到那里，负责照顾一小拨门诺派教徒†。奈梅亨是个边陲小镇，从父亲家出发，步行就能到达德国。由于德国物价相对便宜，全家人常常会选择去那儿度假，这种习惯到了 1937 年前后不得不画上句号。纳粹在当地的势力已经发展到了即使游客也已不堪忍受的地步。有一天，父亲一家在途经"希特勒青年团"的一片训练营时，亲眼目睹了几个小伙子遭到穿制服的青年团的毒打。还有一次，一家人乘船游览莱茵河，我祖父吟诵了海因里希·海涅（Heinrich Heine）赞美莱茵河女神的诗《罗蕾莱之歌》（"The Lorelei"）（海涅是犹太人），让同船的德国乘客很是尴尬（他也许是故意为之）。我祖母最终决定，德国是去不成了。三年后，德军大举越过了边境。

即使处于德占期，人们的生活一切照旧。这说来有些奇怪，但对于大多数荷兰人，只要他们不是犹太人，日子还是照常过，起码最初一两年都是如此。1941 年，我父亲进入乌得勒支大学（Utrecht University）攻读法律。如果将来想做律师，有一件事在当时势在必行（从某种程度上来讲现在依旧如此）——加入联谊会这个所谓的学生团体。这是个排他性组织，而且会费很高。尽管我祖父在社

---

* 《遥远的桥》（A Bridge Too Far），1977 拍摄的战争片，描绘的正是盟军在荷兰遭遇的最大挫败。（说明：本书页下注除特别标明"作者注"外，皆为译者添加。）

† 为避免误解，在此需要提一下，荷兰的门诺派教徒和他们在美国的教友有很大区别。荷兰的门诺派非常进步，对其他信仰不抵触，而且也不崇尚遁世。反观美国和德国的门诺派则不是这样。因此，穿着老派的黑西装、留着大胡子的人来奈梅亨拜访我祖父时，总会造成几分尴尬。——作者注

会上备受尊重，但单靠他那点儿做牧师赚来的微薄薪水远不足以支付我父亲的开销，于是一位有钱的舅舅决定出资赞助他的社交活动。

然而，父亲入会那年，学生联谊会已经被德国当局取缔了，理由是担心这是个窝藏抵抗力量的大本营。就在这不久前，凡是有犹太血统的教授都被荷兰的大学开除了。为抗议此举，莱顿大学法学院的院长鲁道夫·克莱夫林格（Rudolph Cleveringa）发表了一篇著名的演说。演讲前，他在包里备好了牙刷和换洗衣物，以防有人来抓他，他后来也的确被捕了。学生罢课游行，大多数参与者曾是学生联谊会的成员。莱顿大学（Leyden University）关门停课。在阿姆斯特丹，德国人出台禁止招募犹太人的规定后，那儿的联谊会就已经被自己人解散了。

但是乌得勒支的大门依旧对外敞开，联谊会也照常活动，只是由地上转到了地下，这意味着欺侮新会员的入会仪式也得在暗中进行。那些在社团里被叫做"胚胎"的大一新生再也不用被强行剃头了，因为这么做会向德国人暴露他们的身份。但是惯例终究是绕不开的，"胚胎们"被人勒令像青蛙一样跳来跳去，不让睡觉，被人当奴隶使唤，在各种满足学长施虐欲和想象力的游戏里受尽羞辱。我父亲跟有同样出身和教养的人一样，没有奋起反抗，而是默默屈从于这种折磨。规矩历来如此（现在也不例外），用施暴者喜欢卖弄的拉丁文说，这是"惯例"（mos）。

到了1943年，年轻人面临一项更加严峻的考验。德国占领军逼迫所有学生在一份效忠宣言上签名，发誓自己绝不会参与任何同第三帝国作对的活动。拒绝签字的后果是被遣送至德国，被迫为纳粹的战争工业效力。同85%的学生一样，父亲拒绝签字，之后便开始了东躲西藏的日子。

那年晚些时候，他收到了一封乌得勒支学生抵抗组织寄来的信，号召他返回家乡。这么做的动机至今不甚明朗，写信人要么处于惶恐之中，一时糊涂做出了错误决定，要么本来就是无能透顶。毕竟，这些人只是学生，不是什么久经沙场的游击队战士。于是父亲就跟着祖父来到了火车站，不幸的是，纳粹守株待兔，选在这个时候围捕送去德国做苦工的青壮年。月台两边都被德国警察堵住了去路，家长受到威胁，说如有人胆敢逃跑，账就记在他们头上。因为担心连累自己的父母，父亲只得签了名。这个决定经过了深思熟虑，但算不上什么英雄事迹，直到今天他依然时不时为此感到困扰。就这样，他和别的小伙子一起被装上车，运到一个脏兮兮的小型集中营。看管他们的荷兰喽啰在党卫队的培训下，学会了一整套野蛮的管理手段。父亲在那儿没待多久，后来辗转至柏林，在一座工厂制造火车使用的制动设备，一直干到战争结束。

这是一段复杂的经历，至少一开始是这样。只要不主动跟德国人对着干，荷兰学生工人就不必被关进集中营。纵然工厂的工作单调乏味，给敌人干活有失国格，供人睡觉的营房又冷如冰窖，害虫到处乱爬，十分不舒服，但未成想这些不幸遭遇竟然也换来了补偿。父亲记得，当初听过几次柏林爱乐的音乐会，担任指挥的是威廉·富特文格勒（Wilhelm Furtwängler）*。

另外，克诺尔（Knorr）制动设备厂也并非表面看上去那样铁板一块。厂里有个叫埃利松（Elisohn）†先生的人，长着一头黑发，为人沉默寡言，一看到荷兰学生工人朝他走来，转身就溜。另外一些工人也不太愿意跟人接触，他们有的名叫罗森塔尔（Rosenthal）‡。过了很久，父亲猜测这家工厂也许在藏匿犹太人。

1943 年 11 月，情势急转直下。英国皇家空军开始对德国首都展开绵延不断的轰炸。到了 1944 年，英军的兰开斯特轰炸机迎来了新搭档：美国 B-17 型轰炸机。但是，真正针对柏林和其居民无休止的地毯式轰炸始于 1945 年初那几个月，轰炸和随之燃起的熊

---

* 威廉·富特文格勒，著名的德国指挥家，1922 年成为柏林爱乐的音乐总监。
† Elisohn 是典型德籍犹太人的姓。
‡ Rosenthal 是典型犹太人名。

熊烈焰几乎成了家常便饭。美国人和英国人分昼夜轮流出击发动空袭,到了4月,东线苏军的"斯大林管风琴"(Stalin Organs)*开始炮击这座城市。

学生们有时会想办法挤进防空洞,或钻进地铁站躲避空袭,反观集中营的囚犯是没有这个待遇的。有时候,他们唯一能找到的掩体只是一条匆忙挖就的堑壕。据父亲回忆,面对空袭,学生们是既兴奋又害怕。其最折磨人的地方在于轰炸和炮击几乎从不间断,吵得人根本没法睡觉。耳边不时会响起防空警报、爆炸声、人们的尖叫,以及砖块掉落和玻璃碎裂夹杂在一起的噪音。然而,学生们还是为英美两国的轰炸机欢呼叫好,尽管这些飞机轻易就能要了他们的小命,而且这种事不是没发生过。

1945年4月,劳工营已经不能住人了:狂风掀去了屋顶,大火烧坍了墙壁。通过向熟人求助,父亲或许从不那么亲纳粹的新教教会处获得了帮助,在柏林郊外一座别墅里找到了栖身之所。房东太太叫伦哈德(Lehnhard),接纳父亲之前已经收留了从柏林市中心废墟里逃难至此的其他难民。他们中间有一对德国夫妇,男的叫吕梅林博士(Dr. Rümmelin),是个律师,他妻子是犹太人。丈夫成天担心有人来抓他老婆,于是在屋里藏了把左轮手枪,一旦事情真的发展到那一步,夫妻俩死也要死在一起。伦哈德太太喜欢唱德语歌,父亲就弹钢琴为她伴奏。用他的话讲,在柏林最后一战的大破坏中,只有这种时候才"让人感到人类社会尚存一丝文明"。

在他去往东柏林工厂上班的路上,父亲穿过一条条满目疮痍的街道,苏德两军曾在这里的屋舍之间展开巷战。他站在波茨坦广场上,看着身前的"斯大林管风琴"发出尖利的嘶鸣声,对着希特勒的总理府一番狂轰滥炸。自打那时起,父亲余生都对爆炸和焰火充满了恐惧。

---

* 即喀秋莎火箭炮(Katyusha rocket launcher)。

4 月下旬，抑或是 5 月上旬，伦哈德太太的家里来了一群苏联兵。这些不速之客的到来通常伴随着对妇女的轮奸，且不分老幼。不过这一次暴行没有发生。然而，当苏联士兵从屋内搜出吕梅林博士的左轮枪后，父亲差点为此丢掉性命。当兵的里面没一个会讲德语或英语的，所以解释手枪由来纯属白费口舌。父亲和吕梅林博士是屋子里仅有的男丁，苏联人命令他们背靠墙壁，准备枪毙他俩。父亲至今还记得当时那种听天由命的感觉，他那时已见惯了死亡，轮到自己大限将至，居然一点都不感到意外。但就在千钧一发之际，决定生与死的重要关头，命运神奇地站到了他们这边。门外来了个会讲英语的苏联军官，听罢吕梅林博士的解释后决定相信他。枪决被叫停了。

父亲和另一名苏联军官之间也建立起了某种友谊，军官在战前是列宁格勒的高中教师。由于语言不通，他们只能通过哼唱贝多芬和舒伯特的作品进行沟通。这位名叫瓦连京（Valentin）的军官开车载了我父亲一程，把他送到一个接送人的关卡，那里曾是西柏林郊外工薪阶层的居住区，经过战火摧残，现在只剩下一堆瓦砾。父亲得从那儿出发，找到一条通往城东某个战时流离失所者难民营（DP camp）的路。在断壁残垣间艰难跋涉的过程中，他遇到一个荷兰人结伴同行，父亲猜那人要么是勾结纳粹的通敌者，要么是原党卫队军人。因为连续几周没吃过一顿饱饭，没睡过一个安稳觉了，父亲举步维艰。

还没走多远，他就摔倒了。形迹可疑的同伴拖着他走进一栋破损的楼房，跨过几级楼梯，来到一户人家家里。房主是这个男人的相好，是个德国妓女。之后的事情父亲记不太清了，他多数时候大概全无知觉。这个妓女救了他一命，经过她的悉心照料，父亲恢复了精力，成功地抵达了难民营。那里已经聚集了 1,000 多人，他们国籍不同，有些还是集中营的幸存者。所有人只能从一个水龙头里取水用。

　　六个月后，父亲回到了荷兰。因为战时的饥饿，照片里的他依旧显得身材浮肿。他穿着一套不太合身的西装，裤子上还有尿渍，这套行头有可能是美国门诺派慈善组织送给他的，也有可能是他父亲传下来的。总之，尽管体型有些虚胖，肤色苍白，但照片里的他看起来还是神采奕奕，四周是和他年龄相仿的小伙子，大家高举啤酒杯，嘴巴张开，看样子在欢呼，或者高唱学生歌曲。

　　父亲重返乌得勒支联谊会应该是在 1945 年 9 月，他那时 22 岁。因为战时入会是悄悄进行的，团体元老们决定重启种种整人仪式。父亲记不清是否被迫学过蛙跳，是否曾被撞得东倒西歪。这些待遇更多是用来"招待"初来乍到的新生，一些人也许刚刚脱离集中营，且条件要比我父亲待过的恶劣得多。当中估计也有犹太学生，他们曾躲在别人家的地板下，一躲就是数年。勇敢的异教徒救命恩人挺身而出，不惜冒生命危险庇护他们。然而，我父亲不记得有谁对这些历史感到难堪；没人对生平故事感兴趣，不管是犹太人还是别的什么人；人人都有自己的故事，往往都不堪回首。作为迎接新人入会的一个环节，"胚胎们"被人扯着嗓子骂，戏弄，甚至人挤人关进狭小的地窖里（后来的联谊会圈子管这个游戏叫"玩转达豪"*）。

　　好了，这就是让我疑惑的地方。在经历了那么多磨难后，父亲怎么还能忍受如此毛骨悚然的做法呢？再说总该有人觉得这很荒诞不经吧？

　　没有，父亲连连摇头。不，这很正常，过去都是这么干的，这就是**惯例**，没人会质疑。他日后为自己的话进行了辩解，说欺负犹太幸存者很可耻，但别人是不是这么想他说了不算。

　　我对此感到困惑，但渐渐地，我觉得自己想通了。这种"**事情很正常**"的思路似乎提供了一条帮助理解的线索。人们太想回到纳粹占领前他们熟知的那个旧世界，在那个世界里，没有炸弹，没有

---

* 达豪（Dachau），德国地名，曾经是大型集中营所在地。

集中营，没有杀戮，而整整"胚胎"则稀松平常。这种想法意在重温旧梦，恢复传统，似乎这样，就算回归了本原。

也存在其他的可能性。也许在那些目睹过血腥暴力的人看来，学生之间的游戏相对而言温柔多了，年轻人嘛，就好这口，打打闹闹也无伤大雅。但更有可能的是，那些极其热衷于整人的人，本身并没有怎么受过欺负。面前摆着个充男子汉的大好机会，而且如果受害者吃过的苦头远远不止这点儿的话，那么整人所勾起的快感会更加强烈。

* * * * *

父亲的这则故事——如前文所述，不算最惨，但也够辛酸的了——让我对人类历史上一场空前惨烈的战争结束后不久发生的事很是好奇。这个世界是如何从废墟里站起来的？当数以百万计的人饿着肚子，一心只想报仇雪恨、血债血偿，又会发生什么？人类社会或"文明"（当时是个热门词）将何去何从？想要找回一切照旧的感觉，是人类应对灾难的惯有态度，既符合人性，但也不切实际。因为世界可以按照战前状态重建这种想法，就好像以为早在1939年之前就已降临的那个惨绝人寰的十年可以当作失忆被抹掉一样，只能是一种幻想。

然而，不光政府抱有这种幻想，作为个体的人也抱有这种幻想。法国和荷兰政府幻想它们能够收复殖民地，生活一切照旧，一如日本入侵东南亚之前的状态。但这只能是幻想，因为世界已经大变样了。发生了太多的事，太多的变化。太多的人，甚至是整个社会丧失了根基。而且，除了许多人以外，多国政府也并不希望世界回到战前的状态。英国工人打仗时愿为国王陛下和祖国粉身碎骨在所不辞，战后却再也不愿苟活在旧的阶级体制下，他们在希特勒倒台仅仅两个月后，就投票把温斯顿·丘吉尔（Winston Churchill）赶下了台。约瑟夫·斯大林（Joseph Stalin）也无意让波兰、匈牙利和捷克斯洛伐克恢复任何形式的自由民主体制。即便在西欧，共产主义也被包裹在冠冕堂皇的"反法西斯"道德外衣下，使不少知识分子都将其视为比旧秩序更可行的替代选项。

　　在亚洲，处于萌芽阶段的变革比欧洲来得更加民主。印尼人、越南人、马来人、中国人、缅甸人、印度人和其他民族看到，同样是亚洲国家的日本把西方殖民主义列强羞辱得体无完肤，从此就彻彻底底摒弃了西方无所不能的观念。国与国之间的关系也会迎来重塑。与此同时，跟德国人一样，日本人在见证了领袖狂妄自大的迷梦化为泡影后，也心甘情愿地接受了战胜一方的盟国占领军软硬兼施塞给他们的变革了。

　　战争时期，英美两国的女性投身劳动大军，她们再也不甘于当"贤妻良母"，放弃经济独立。当然了，许多女性依旧在家相夫教子。这和殖民地赢得全面独立是一个道理，都是循序渐进的过程。人们一方面抱有想要回到过去"正常状态"的保守想法，另一方面又期盼变革，从头再来，希望建立不再有毁灭性战争的美好新世界。两种想法不停地作着较量。希冀源于真诚的理想主义。国联未能阻止二战爆发，但这没有打消一些人的理想主义。于是，到了1945年，他们转而寄希望于联合国能维持永久的世界和平。后来的历史发展证明了这些宏愿如同想要把时钟往回拨一样，只能是人们的幻想。不过，这一事实并未削弱理想主义者的力量，或者一定就矮化他们的目标。

　　战后1945年的历史从某些方面来讲是个老掉牙的故事。古希腊人清楚地了解人类复仇渴望所潜藏的巨大破坏力，他们的悲剧家浓墨重彩地描绘了血仇如何被法治所消解：靠的是法律审判，而不是冤冤相报。无论在东方还是西方，关于人类东山再起梦想的历史记载均是汗牛充栋。基于崭新理想的社会，将屹立在昔日战争废墟和如今的建筑空地之上。不同于人们所认为的那样，类似观念往往并不新颖。

　　我本人对战后初期的兴趣部分源于时事。近年来，我们见惯了寄托着推翻独裁者、建立全新民主国家这一宏愿的各类革命性战争，但我主要还是想走进历史，读懂我父亲和他那代人身处的世界。这么想部分是因为对家长经历的好奇是孩子的天性，随着孩子长大，年纪超过同龄时期的家长，这种好奇心便愈发强烈。而如果父辈经受过苦难的考验，后人对此只能凭空猜想的话，好奇心则尤为炙热。

　　但是原因不止于此。父亲差点在战争中送命，他作为一分子在战争废墟上重建起来的世界是我辈长大成人的世界。我生活的年代是父辈理想所孕育的产物：欧洲福利国家、联合国、美式民主、日本和平主义、欧盟。除了这一面，1945 年缔造的世界也有其另一面：共产党在俄国和东欧推行专政，毛泽东在国共内战中异军突起，还有冷战。

　　我们父辈创造的这个世界大体上已经灰飞烟灭，或正在高速解体，分崩离析。当然了，在最后一次世界大战波及的几乎所有地区，如今的生活在物质条件上都要远远优于 1945 年。人们最害怕的一些事终究还是没有发生。苏联帝国崩溃了，冷战最后的战场虽说是朝鲜半岛，但差一点就落在了狭窄的台湾海峡。然而，就在我写作本书的时候，世界各地的人都在讨论西方的衰落，西方既包括美国，也包括欧洲。如果人们在战后初期的一些担忧已经减轻，那么同样消逝的还有梦想。如今很少还会有人相信某种形式的世界政府能保障永久和平，甚至也不再相信联合国有能力阻止武装冲突。原先对于社会民主体制和福利国家的种种愿望——这是导致 1945 年丘吉尔下野的直接原因——如果还没被扼杀殆尽的话，也已经在意识形态和经济约束的夹击下遍体鳞伤。

　　我对人类能以史为鉴的看法一直将信将疑，至少从认识到过去的愚蠢行为可以防止未来再犯同样错误这点来看，我的质疑不是没有道理。历史归根到底是一门阐释的学问。对过去的错误阐释往往比愚昧无知更危险，对旧伤和仇恨的记忆又会点燃熊熊烈火。话虽如此，但还是有必要搞清楚过去发生了什么，并且试着加以领会。因为不搞清楚的话，我们就无法读懂当下的时代。我想探寻我父亲的经历，这能够帮我了解自己，甚至了解所有人，因为我们都生活在过去长长的阴影中。

第一部分

解放心态

第一章

欢腾

希特勒的第三帝国垮台后，盟军从德国集中营、劳工营和战俘营里解救了数以百万计的俘虏。他们本以为这些囚犯肯定很听话，而且对救命恩人感恩戴德，任何形式的要求一概乐意配合。毋庸置疑，事情有时的确如此，但通常情况是，盟军遭遇了后来俗称"解放心态"的问题。拿一个目击者有些官僚口气的话来讲："这其中包含复仇心理、饥饿和欢欣鼓舞。三种因素结合起来，让刚刚重获自由的战争流离人员在行为和举止上都问题重重，这对他们的安顿、食物供给、杀菌消毒和遣返都构成了挑战。"[1]

"解放心态"不光体现在流离人员收容所里的囚徒身上，这个词还可以用来形容刚取得民族解放的国家，有时候战败国亦是如此。

我出生在一个富庶的国家，因为生得晚，所以未曾见识过饥饿的后果，但还是能隐隐约约感受到报复心理和喜庆欢腾的回响。对那些勾结敌人，或者更恶劣的，和敌人上床的人的报复，以一种悄无声息、几乎鬼鬼祟祟的方式依旧在上演，且大都并不激烈。人们从不会在某家店铺购买日用品或香烟，因为"是个人"都知道，那些店的店主在战时"底子不干净"。

另一方面，欢庆光复在荷兰经过制度化后，已然被确立为一年一度的国家仪式：即每年5月5日的光复日。

　　自打我孩提时代记事时起，5月5日这天必然是艳阳高照，教堂钟声回荡在空中，红、白、蓝三色相间的荷兰国旗在轻柔的春风中迎风飘扬。12月5日的圣尼古拉节本来是个更隆重的家庭节日，但光复日这天是彰显爱国热情的大好契机，至少在我儿时的五六十年代时是这种情况。由于荷兰人不是靠自己摆脱德国占领，而是被美、英、加和波兰军队解放的，因此一年一度的爱国热情大爆发总让人感觉有些怪怪的。话虽如此，由于荷兰人跟英美两国的人一样信奉自由是民族认同的构成要素，所以德国战败在国民意识里被淡化这点就很好理解了，需要加强的是荷兰在16至17世纪期间的八十年战争（Eighty Years' War）中战胜西班牙王国的集体记忆。

　　作为战后六年出生的一辈，我和同龄人每当看到苏格兰风笛手顶着枪林弹雨在诺曼底海滩上行军奏乐，以及法国民众高唱《马赛曲》的影像时，总是很容易淌下动情的泪水。当然，这些画面并不源自记忆，而是好莱坞大片。不过，我也算亲历过一些欢庆场面，1995年5月5日，为庆祝荷兰光复五十周年，当年加拿大部队进入阿姆斯特丹的场面得以重现。但实际情况是，盟军5月8日才抵达阿姆斯特丹，但这点无关紧要。当时的场面一定是盛况空前，据亲历此事的一名英国战地记者回忆："荷兰人又是亲我们，又是哭着对我们千恩万谢，我们被人拥抱，捶打，直到身上青一块紫一块，累到不行，耳边尖叫声、喊声一片。荷兰人把自家花园挖了个空，花朵就像下个没完的雨点一样落在盟军车辆上。"[2]

　　五十年后，上了年纪的加拿大老兵穿着笔挺但褪了色的军装，佩戴军功章，登上老式吉普车和装甲车再次驶入阿姆斯特丹，他们眼含热泪地向人群挥手致意，回忆起自己叱咤风云的峥嵘岁月，尽管这些事迹孙儿们早就听腻了。为期几天的欢庆过后，当年的战斗英雄们在卡尔加里（Calgary）和温尼伯（Winnipeg）解甲归田，有的做了牙医，有的当了会计。

　　让我感到诧异的，不是这些老先生"好汉重温当年勇"，而是荷兰老妪们的表现。毋庸置疑，她们穿着得体尊贵，但却跟其他人一样陷入了癫狂状态，跟孩子似的上蹿下跳，那股子大喊大叫的劲头活像置身摇滚演唱会的小姑娘。她们中有的还张开双臂去摸吉普车里老兵的军装，嘴里不住地重复"谢谢！谢谢！谢谢！"，激动得不能自已。这些老妇人也在重温曾经的欢乐时光。这是我见过的最奇特的情色场景之一。

* * * * *

事实上，之前已经提过，加拿大军队进入阿姆斯特丹的时间并非 5 月 5 日，战争也不是在这天正式结束的。没错，就在一天前，纳粹海军大将汉斯-格奥尔格·冯·弗里德堡（Hans-Georg von Friedeburg）和埃伯哈德·汉斯·金策尔（Eberhard Hans Kinzel）将军来到位于吕纳堡（Lüneburg）野外的军帐内，向人称"蒙蒂"（Monty）的陆军元帅伯纳德·蒙哥马利（Bernard Montgomery）呈上了投降书。自此，德国西北部、荷兰和丹麦境内的所有德军全部缴械投降。这两名德国军官坐着奔驰轿车、沿着乡间小路前往蒙哥马利指挥部，恰好被一位名叫布莱恩·厄克特（Brian Urquhart）的年轻英国军官看到了。就在前不久，他作为首批盟军军官之一进入了附近的贝尔根—贝尔森集中营（Bergen-Belsen）。据他称，那里被解救出来的因犯"就算觉得找到了可以与我们沟通的语言，似乎也无法口齿清晰地讲话"。因为距离稍远，起初被厄克特误认为是圆木的东西，后来证实其实是堆积成山的尸体，"视线所及之处"，无所不在。[3] 几天后，美国报纸发表了一篇记录德国暴行的报道，依旧穿着精美皮质军大衣的海军大将冯·弗里德堡读罢勃然大怒，斥之为对他国家的造谣中伤。

5 月 6 日，瓦赫宁恩（Wageningen）附近一栋残破的乡间小屋里举行了另一场受降仪式。德国陆军大将约翰内斯·布拉斯科维茨（Johannes Blaskowitz）带着他的部队在这里向加拿大中将查尔斯·福克斯（Charles Foulkes）递交了降书。阿纳姆此时已经被破坏得差不多了，经历了 1944 年 9 月的炮战后，小城只剩下残砖碎瓦。同月，美、英、加、波联军本计划挺进荷兰，结果遭受了一场滑铁卢，史称"市场花园行动"（Operation Market-Garden）。厄克特是预见这场军事失利的人之一，他当时在一位行动主要策划人绰号"男孩"（Boy）的布朗宁（F. A. M. Browning）将军手下担任情报官。布朗宁为人风流倜傥，手上血债累累。厄克特给长官看照片，证明阿纳姆附近埋伏着德军的坦克旅，正等着迎头痛击盟军。但上峰却不听，责令他去休病假。谁都休想搞砸蒙蒂的派对*，更别说是一个芝麻绿豆大的情报官了。

但战争此时仍未结束，在荷兰也一样。5 月 7 日，人们聚集到阿姆斯特丹市中心的水坝广场，在荷兰王宫前欢呼雀跃，载歌载舞，挥舞着象征荷兰王室的橙色旗帜，满心欢喜地等着迎接高奏凯歌、即将到来的英国和加拿大部队。透过广场上一所绅士俱乐部的窗户，德国海军军官看着兴奋的人群。因为自尊心受损，他们最后时刻起了杀心，下令在屋顶上架起机枪，向人群扫射。结果导致 22 人死亡，100 多人重伤。

但这起惨案也并非战争暴力的绝唱。5 月 13 日，也就是光复日过去一周后，有两人被德军处决。死者是德国人，因为反对纳粹，他俩开小差当了逃兵，之后藏匿在荷兰人中间，其中一人的母亲还是犹太人。5 月 5 日这天，两人走出藏身之处，向荷兰抵抗运动成员投诚，后者把他们移交给加拿大人。然后，他们就不幸沦为典型战时混乱的牺牲品。5 月 4 日，蒙哥马利接受德国投降后，由于荷兰境内盟军兵力不足，无力解除德国人的武装，或负责战俘的吃喝，

17

---

* 事实上，这次行动在筹划阶段的代号就叫"派对"（Party），阿纳姆战役中最著名的将领之一的约翰·弗罗斯特（John Frost）上校甚至想把高尔夫球杆运到荷兰。——作者注

德国军官就被暂时允许继续行使指挥权。这两个倒霉的逃兵被分配到阿姆斯特丹郊外一所废弃的福特汽车组装厂里，与其他德国兵为伍。当官的按捺不住最后一次摆官威的冲动，草草设立了一个军事法庭，并判处两个逃兵死刑。为了处决"叛徒"，德国人向加拿大人借枪。对条例认识模棱两可、又不想打乱临时安排的加军还真同意了。两人被迅速处死。类似的厄运也发生在别人身上，加拿大人最终制止了这种乱象，但为时已晚。[4]

官方给出的欧战结束时间，即欧洲胜利日（V-E Day），是在 5 月 8 日。虽然早在 5 月 6 日晚上，法国兰斯（Rheims）一所学校内就已签署了全体德军无条件投降声明，但庆典还不能开始。听闻艾森豪威尔（Dwight D. Eisenhower）将军自以为是地接受了东西两线德军的投降后，斯大林怒不可遏。在他心里，只有苏联人才有权这么做，而且地点必须是在柏林。斯大林希望把欧洲胜利日延迟至 5 月 9 日，但这反过来又惹恼了丘吉尔。

全英国的人已经在忙着烤面包，做三明治庆祝胜利了；国旗和横幅都已准备就绪；教堂的钟声等待人们敲响。让所有人困惑的是，率先在电台里宣布战争结束的居然是德国人。消息发自弗伦斯堡（Flensburg），海军上将卡尔·德尼茨（Karl Dönitz）坐镇当地，名义上依旧控制着气数已尽的德意志帝国。BBC 获悉了这则消息，很快，美、英、法等国家的报纸号外便出现在街头。在伦敦，大批人群涌向皮卡迪利圆环和特拉法加广场，期待首相丘吉尔宣布胜利，并继而拉开史上最大庆典的序幕。在纽约，大街上铺天盖地飘散着电报纸条。然而，盟军首脑们迟迟不发表正式声明，宣告对德战争已经结束。

就在 5 月 8 日午夜前不久，心狠手辣的军事奇才格奥尔吉·朱可夫（Georgy Zhukov）元帅在设于卡尔斯霍斯特（Karlshorst）的苏军指挥部——那里距离我父亲被关押的劳工营不远——接受了德国人的投降。海军大将冯·弗里德堡不得不再次在投降书上签上了 18

自己的大名。陆军元帅威廉·凯特尔（Wilhelm Keitel）面无表情，一本正经，举手投足之间透露出普鲁士军人的做派。他告诉俄国人，德国首都遭破坏程度之严重让他触目惊心。话音刚落，一名苏联军官便反问凯特尔，数以千计的苏联村庄和城镇被夷为平地，包括儿童在内的上百万苏联人因此长眠于废墟之下，他凯特尔作为下达侵略命令的人，是不是一样感到触目惊心。凯特尔耸耸肩，没有回话。[5]

受降仪式结束后，朱可夫令德国人离开。接着，俄国人就同美、英、法盟友一起开始庆祝，他们噙着泪花发表演讲，大口大口地灌下红酒、干邑和伏特加。翌日，同一房间里还召开了庆功宴。席间，朱可夫向艾森豪威尔敬酒，称赞他是史上最伟大的将领之一。酒敬了一轮又一轮，包括朱可夫在内的俄国将军都跳起舞来，直到全部醉倒在地。

5月8日，纽约的人们已经欣喜若狂，伦敦大街上一样是万人空巷，但英国民众还是平静得出奇，似乎是在等丘吉尔发话，好宣布庆典的开始。丘吉尔决定不理睬斯大林将欧洲胜利日挪至9日的愿望，计划在下午3点整发表演说。哈里·杜鲁门（Harry S. Truman）总统已经先他一步了。夏尔·戴高乐（Charles de Gaulle）将军也不甘被丘吉尔抢了风头，坚持要在同一时间向法国民众发表告国民书。

丘吉尔在BBC的讲话通过电波传遍了全世界。威斯敏斯特大教堂安装了喇叭，外面的国会广场上人山人海，连挪脚的空间都没了。人们叠罗汉似的簇拥在白金汉宫门口。在伦敦西区，马路已经被蜂拥至此的人堵得水泄不通，车辆根本无法通过。接着，大本钟敲了三次，人群安静下来。终于，丘吉尔深沉而洪亮的声音从喇叭里冒了出来："对德作战就此终结……几乎全世界都联合起来，对抗邪恶势力，他们如今已俯首投降……现在，我们务必集中精力和资源，去完成我国在国内外的使命……"讲到这儿，他的嗓音陡然一变："前进大不列颠！自由事业万岁！上帝保佑国王！"不多一 19

会儿，他又站在卫生部的阳台上，做出代表胜利的 V 字手势。"上帝保佑各位，胜利属于你们！"人群高声回答："不，胜利属于您！"

《每日先驱报》(*Daily Herald*)是这样报道当时情景的："伦敦市中心陷入了一派狂热庆祝的场面，人们又是欢呼雀跃，又是翩翩起舞，又是开怀大笑，已经无法自已了。他们把公共汽车团团围住，跳上轿车车顶，扒掉了一段临时围墙，在堤道上燃起篝火；他们亲吻警察，还拉后者一块跳舞……司机摁车喇叭，奏响胜利的最强音。河道上航行的拖船和轮船也在夜晚鸣响汽笛，与陆地上的胜利奏鸣曲遥相呼应。"

我母亲那年才 18 岁，也置身于人群中，寄宿制学校放了假，她也不用再照看弟弟。我的外婆名叫温妮弗雷德·施莱辛格(Winifred Schlesinger)，父母分别是德国和犹太移民，这种时候她高兴是理所当然的，她对丘吉尔的崇拜之情更是一发不可收拾。但是一想到自己的孩子可能在"兴冲冲、醉醺醺的人群，特别是美国佬中间"走丢，她就有点紧张。

在纽约，50 万人走上街头欢庆胜利。官方解除了宵禁，各大夜总会——科帕卡巴纳、凡尔赛、拉丁区、钻石马蹄铁、摩洛哥——客满为患，通宵达旦地营业。桑给巴尔酒吧请来了莱昂内尔·汉普顿(Lionel Hampton)[*]驻场演出，罗斯福烧烤酒店则由艾迪·斯通(Eddie Stone)[†]撑台面。在杰克·邓普西酒吧，提供的美食"量大得惊人"。

在巴黎的共和国广场上，《解放报》(*Libération*)的一名记者目睹了"高举盟军旗帜、熙熙攘攘的人流。一名美国大兵尽管长着一对大长腿，但为了拍照还是使劲地踮脚，摇来晃去的样子让人忍俊不禁。他的卡其裤口袋里塞着两瓶干邑酒，一瓶满的，一瓶已经

---

[*] 莱昂内尔·汉普顿，美国爵士音乐家，演奏电颤琴。
[†] 艾迪·斯通，美国爵士音乐家，演奏吉他和键盘。

空了"。一位美国轰炸机飞行员驾着米切尔 B-25 型飞机，飞越了埃菲尔铁塔下的拱门，看得在场人群击节叫好。在巴黎的意大利街上，"一个大块头美国水手和一个帅气的黑鬼"商量着赌一把，他们把每个路过的女人揽入自己"宽阔的胸膛"，然后数谁脸上留下的口红印多。好事者给两人下了注。在凯旋门附近，人群比往日任何时候都要庞大，他们向戴高乐将军致谢。见此情景，平时不苟言笑的戴高乐也难得绽放出一丝笑容。人们齐声高唱《马赛曲》和战时风靡大街小巷的《玛德隆》（"La Madelon"）：　　20

> 在很远的布列塔尼有家馆子，
> 疲惫的士兵喜欢去那找乐子。
> 老板的女儿名叫玛德隆，
> 在他们欢笑和闲扯时斟上酒……
> 噢，玛德隆，你就是唯一，
> 噢，玛德隆，为了你我们不会放弃，
> 我们没见过女人好久了，
> 你就行行好亲我们一口吧。

　　然而在巴黎，一些人却觉得胜利日这天过得有些意兴阑珊。毕竟，法国在 1944 年就获得了解放。回忆起当晚的情景，西蒙娜·德·波伏娃（Simone de Beauvoir）这样写道："和我记忆中经历过的其他节庆相比，这天的体会格外复杂，也许是因为我的情绪有些五味杂陈。胜利是在距离家门口十万八千里外的地方取得的，我们并没有怀着焦急的心情，像盼着光复一样翘首期盼这一天的到来；很久以前就有人预见到这一天，因此没带来什么新的希望。从某种角度来看，这样的结局跟死亡差不多……"[6]

　　反观莫斯科市民，9 日凌晨听到胜利宣言后则蜂拥至大街上。许多人不顾身上还穿着睡衣睡袍，跳起舞来。"胜利啦！我们胜利

啦！"的纵情欢呼响彻夜空。在寄给英国史学家马丁·吉尔伯特
（Martin Gilbert）的信中，曾担任斯大林翻译的瓦连金·别列日科
夫（Valentin Berezhkov）回忆道："我们自豪，因为终于战胜了狡
猾而邪恶的敌人；我们悲伤，为的是那些战死的英灵（我们那时还
不知道苏军在战场上阵亡 3,000 万人）；我们满怀希望，但愿世界永
远和平，和战时盟友能继续合作。所有这些情绪交织在一起，汇集
成一种既释然又憧憬的别样心情。"[7]

　　也许 5 月 8 日刊发的《解放报》说的没错：胜利日总体上是年
轻人的派对。"只有年轻人兴高采烈地跳上盟军的吉普车，似乎跳
上的是隆尚（Longchamps）赛马场的观众看台。车子驶过香榭丽
舍大街，年轻人的头上绕着国旗，嘴里引吭高歌。当然事情本该这样，
对于年轻人来讲，危险过去了。"

　　我外婆人在英国，心里却还惦记着在印度服役的丈夫，无心分
享子女的兴高采烈。跟她感同身受的人无疑还有很多。她们思念远
在他乡的丈夫和儿子。有些人在战争中失去了太多，已经不爱说笑
了。让人颇感意外的是，身为移民的女儿，我外婆的反应却像个典
型的英国人。"我是如此想念你，所以无心庆祝胜利，"她在给我外
公的信中这样写道，"所以借着这大好时光，我在花园里会多干些
零活。"

　　我父亲甚至都不记得战争是哪天正式结束的，他只依稀记得俄
国人曾鸣枪庆祝。朱可夫元帅在回忆录里写道："我们（在 5 月 9 日）
走出宴会厅，听到外面各种武器开火的交响曲……枪炮声连绵不绝，
响彻柏林部分市区和郊外。"[8] 我父亲已经听惯了枪声，所以没怎
么在意。

　　年轻的英国情报官厄克特当时被困在了德国北部。不久前刚见
证贝尔森集中营惨状的他从心底里高兴不起来："要想再现当时那
种大变局下我的心理活动，并非易事。从最初的绝望，到最后的胜利，
过去了差不多六年。这六年里，我有好几个朋友死于战争，我目睹

21

了难以置信的荒凉和破败……我会想起战时照片里见过的那些无名氏的脸，他们中有难民、囚犯、遭遇空袭的平民、家园被毁置身冰天雪地的俄国人，还有那些即将沉没的商船上的海员——他们当中又有多少能与家人团聚呢？"[9]

但对于在纽约、巴黎和伦敦寻欢作乐的人，这些想法可不会扫了他们的兴。胜利日既是年轻人的节日，也是灯光的盛宴。这么说一点也不夸张。《纽约先驱论坛报》(New York Herald Tribune) 5 月 9 日头版头条的大标题写着"纽约城灯火璀璨！"。5 月 8 日出版的伦敦《每日先驱报》也声称"夜色中的伦敦再度流光溢彩"。在巴黎，歌剧院的景观灯自 1939 年 9 月以来第一次点亮，绽放出蓝、白、红三色光芒。在黑灯瞎火多年后，照明灯一盏接着一盏重新亮了起来，将凯旋门、玛德莲教堂和协和广场照得灯火通明。《纽约先驱论坛报》不无骄傲地报道："景观灯照亮了巴黎贝利街大楼前方的星条旗、米字旗和法国三色旗，巨大的旗帜呈波浪形在风中飘舞。"

纽约市自从 1942 年颁布灯光管制令以来，灯光一点点地变暗，到了 1943 年 10 月后进而发展为"局部断电"，只有自由女神像的火炬还能发出微弱亮光。但根据《纽约每日新闻报》(New York Daily News) 报道，到了 5 月 8 日晚上 8 点，"百老汇皇冠上镶嵌的所有珠宝光彩夺目，熙熙攘攘的人流像是在灯光里游泳，灯火温暖人心"。

伦敦特拉法加广场上的纳尔逊纪念柱被探照灯锁定。作为伦敦金融区被轰炸后几乎硕果仅存的一栋建筑，圣保罗大教堂沐浴在景观灯光中。灯火通明的电影院把莱切斯特广场映照得一片妖娆。从伦敦一路北上，直至苏格兰，夜空中无不闪耀着万堆篝火发出的温暖红光。

既然不用再害怕德国人的炸弹和"超级赛车"(即德国 V1 飞弹)，灯光又亮了起来，这让人如释重负。不仅如此，灯光的回归还带有一层感人的象征意义。读着这些当时的文字，我不由想起了一位俄国学者在莫斯科给我讲的一则故事。她醉心于研究法国文学，一辈子都梦想能看一眼法国和其他西欧国家，却只从书本上读到过它们。
终于，1990 年，柏林墙被推倒后，她美梦成真，获准乘火车赴巴黎
旅行。我问她对旅途中哪些见闻感触最深，她回答说，夜车从东柏
林到西柏林的一瞬间，四周突然有了灯光，这一刻让她记忆犹新。

* * * * *

灯光的盛宴世界各地都有，起源可追溯至人类点亮的第一支火
把。这种仪式往往有着神秘的起源，同季节变换和新生命的开始有
关联。人们对光复初期的回忆部分带有一种很明显的宗教热忱，这
点在女性对盟军士兵的热情接纳上尤其显著。来自海牙的年轻姑娘
玛利亚·哈延（Maria Haayen）回忆，她平生第一次看见加拿大坦
克轰隆隆地驶向她时，有个士兵从炮塔口伸出脑袋，向外张望。那
一刻，"我浑身的血都像被抽干了，心里默念：我们解放了。坦克
驶近时，我无法呼吸，当兵的站起身，他看着就像个圣人"。[10]

这种情绪也许在年轻姑娘中间更为普遍，但也有男人持相同看
法。据一名荷兰人回忆："当时哪怕是摸一摸加拿大军人的衣袖都
是件了不得的事，每个加拿大大兵都是基督，是救世主……"[11]

从某种重要维度来看，1945 年夏，盟军士兵在被解放国家的
经历也许可以同二十年后甲壳虫乐队造访这些国家时的情况相提并
论。那时，表达解放的方式很狂热，首当其冲地体现在男欢女爱上。
1945 年，在诸如荷兰、比利时、法国——战败的德国和日本更是如
此——男丁无处可寻。就算有，也是被关着，或者穷困潦倒，营养
不良，情绪消沉。异族占领和军事失利多多少少摧毁了本国男性的
权威——至少暂时如此。当时某位荷兰史学家有过这么一段描述：
"荷兰男人 1940 年在军事上吃了败仗，1945 年又在性事上吃了败
仗。"[12] 同样的话也适用于法国、比利时或任何曾被异族占领的国家。
战争的一大后果是许多女性再也不会百依百顺，逆来顺受。她们出

门工作，为抵抗组织效力，或肩负起照料家人的重担。拿当时法语
里一句很不客气的话来讲，女人都变得"男性化"（hominisée）了，
她们的举手投足开始像男人。

　　跟瘦骨嶙峋、澡也不洗、衣衫褴褛的荷兰、法国和德国男人相比，
加拿大人干干净净，美国人高高大大。他们伙食好，军饷足，穿着
征服者军装的模样实在是又性感又帅气，看着肯定跟神仙差不多。
不少荷兰女人后来嫁给了加拿大军人，拿她们当中一个人的话来讲：
"面对事实吧，我们旱了那么久，加拿大人看着就美味可口。"

　　没有什么比跟盟军一起到来的音乐更能说明解放的性意味了，
纳粹曾取缔这类音乐，其中有摇摆乐，爵士乐，比如格伦·米勒（Glenn
Miller）的《兴致勃勃》（"In the Mood"），另外，汤米·道尔西
（Tommy Dorsey）、斯坦·肯顿（Stan Kenton）、本尼·古德曼（Benny
Goodman）、莱昂内尔·汉普顿等音乐家的作品也在取缔之列，比
如那首"Hey! Ba-Ba-Re-Bop"。巴黎年轻人在俗称"胜利唱片"——   24
发给美军的爵士乐唱片——的音乐中翩翩起舞。而法美混搭的精神
也传递到法语香颂（chanson）中。1945 年由雅克·皮尔斯（Jacques
Pills）唱红的一首热门歌曲歌词如下：

> 欧拉拉！（Oh! Là là!）*
> 早上好小姐，
> 欧拉拉！
> 哈罗，就是这样啦，
> 欧拉拉！
> 我觉得你好美，
> 欧拉拉！
> 你是帅气的阿兵哥……

---

* Oh! Là là! 是法语里常用的一句口语，表达无奈感慨之意。

　　1945 年，西线盟军依旧被明文禁止跟德国人往来。在荷兰和法国，这种行为倒是得到了积极提倡，甚至还出现了"亲善行动"（Operation Fraternization）。到了 7 月，在朱莉安娜（Juliana）王妃和伯恩哈德（Bernhard）王子的授意下，荷兰成立了娱乐管委会，目的是为逾 10 万名加籍军人提供会讲英语的女伴。具体而言，年轻女性可以陪同这些当兵的参观艺术展、博物馆，一起看电影，或去有人监督的舞厅跳舞。

　　本来此举可谓用心良苦，人们期待这些女性可以"维护吾国的荣誉"。我的荷兰祖母作为新教牧师的太太，受命监督这类舞会，以确保加拿大军人和他们的荷兰女友不会做出什么有辱国格的事来。跟她一起行使这项权力的是一位名叫奥格特洛普（Ogtrop）的天主教神父。男男女女们跳舞时喜欢和着"Hey! Ba-Ba-Re-Bop"的拍子，大声喊出神父的名字。我吃不准这些舞会上都发生了什么，但借一名加拿大士兵的话来讲，他还从来没"遇到过比荷兰女人更积极主动的"。[13]

　　从盟军士兵的角度来看，这种安排也还过得去，毕竟他们的长官对买春嗤之以鼻。即使在法国，红灯区也是不得光顾的。反观在德占期，妓院（maison de tolérance）的生意异常红火。部分美国老兵对 1918 年一战结束后的巴黎依旧怀有美好的回忆，那时"猪巷"（Pigalle）里的妓院可是向这些大头兵敞开了温柔的怀抱。即便二战结束，禁止嫖娼的条令也无法得到完全遵守。至少有一起记录在案的事例可以证明，瑟堡（Cherbourg）的几家妓院就是美国军方间接经营的。[14] 一些专对黑人士兵开放，另一些只做白种人的生意，妓院门口还有美国宪兵把守，确保排队秩序。但总的来讲，这一次，那些有充分理由担心因为缺乏有组织性交易，将导致性病大肆传播的人可是失算了，因为勾搭当地女人完全是基于你情我愿的原则。

　　这倒不是说占领军和当地女人的关系是平等的。男人有钱，有奢侈品、香烟、丝袜，更重要的是，他们手里有人们迫切需要并赖以为生的食物。解放者收获的各式各样的谄媚之辞显示出双方之间很可能存在一种耻辱性的倒贴关系。然而，把女人看成头脑简单的动物，因为崇拜英雄，所以主动去勾搭军人，或者无力抵抗，任人玩弄的看法都是不尽准确的。波伏娃在回忆录里写到过一个年轻的巴黎女人，她的"主要消遣方式"是"猎捕美国人"（la chasse à l'Américain）。

　　日后成长为知名小说家的伯努瓦特·格鲁（Benoîte Groult）和她的妹妹弗洛拉（Flora）一起记录过她们"猎捕美国人"的战果。姐妹俩给这部小说起名叫《四手日记》（*Journal à Quatre Mains*），说是小说，但内容实际上绝非虚构。格鲁会说英语，她同其他法国女人一道，向美国红十字会报名，志愿和美国兵交往。但她经常出没的地方其实没有这么健康正面，大多数夜晚她都流连于巴黎的夜总会之间。那些夜总会只对盟军士兵开放，欢迎法国姑娘，但将法国男人挡在门外。通常，它们的名字看起来没什么异样，比如"加拿大俱乐部""独立""彩虹一角"。

　　格鲁对美国和加拿大军人的体态描写很具体，而且笔触和那些自以为见到了圣人的人一样充满好感。只不过在她笔下，姐妹俩高度现实，大兵也绝非什么清心寡欲的圣人。她描写自己如何征服男人时的口吻和一些男人吹嘘自己"把妹"本事如出一辙。她经常光顾的夜总会在小说里叫"奴隶市场"，但在眼下，"奴隶"却成了打 ²⁶ 胜仗的英雄。

　　这里有一段格鲁描写美国战斗机飞行员柯尔特的文字："他鼻子较短，略微有点朝天鼻，这让他看起来有几分美国人普遍的孩子气；因为长期在平流层飞行，他的皮肤晒成了古铜色；他双手粗壮，肩膀宽得像红毛猩猩……臀部完美，笔直，算是平衡了身体其他部分的臃肿……"柯尔特从不看书，只对美食和飞机感兴趣。但她又怎会在乎呢？诚如她在日记里所言："我渴望被白痴拥抱，被白痴亲吻。他有着迷人的笑容，嘴角上翘，露出一口美国人的洁白牙齿。"[15]

　　简言之，格鲁在法国男人眼里一定是个彻头彻尾的男人婆。她结过婚，丈夫死于战争。1944 年那个光复之夏给了她在男人怀抱中寻求欢愉的资格和欲望，尽管事后她和这些男人此生不会再见。这种自由千金难买。事实上，对这段感情更认真的人倒是柯尔特，他给格鲁看父母的照片，表达了将她作为战争新娘带回美国的意愿。对于格鲁这位胸怀文学抱负的巴黎文青而言，这自然是不可能的。

　　格鲁也许格外老于世故，也许只是故作老成，但她的文字印证了一位法国史学家对于德占期的看法。据帕特里克·比松（Patrick Buisson）称，战时法国大量青壮年的德国男子给许多女人提供了反抗的机会：其中既包括那些身陷不幸婚姻或活在压抑的资产阶级家庭的女人、被雇主欺负的女佣人、无人问津的老处女，也有可能是任何阶层的妇女，她们一心只想挣脱保守的家长制社会的种种桎梏，哪怕只是一时半会儿。跟占领军往来还能带来物质上的好处，让这些女人过得比别人好，有时还好过她们昔日的主子，这无疑加强了报复的快感。[16]

　　而且不光女人如此。按照常理，所有少数派都会同强大的外来者结盟，借别人之手摆脱多数派的欺凌，这点是一切殖民社会的共通之处。然而，战时法国的同性恋人数畸高，他们有的选择通敌，有的则把巴黎当成纵情性爱的乐园。这种情况也许跟他们都看不惯养尊处优的资产阶级有关。鉴于此，纳粹和维希政府（Vichy）反对同性恋的宣传没起到什么阻碍作用。外国占领并不一定受到拥护，但其打开了机会之门。

　　无论如何，跟盟军解放者"勾勾搭搭"总比跟德国人穿一条裤子要好，因为这么做没有叛国的耻辱感。很难弄清楚同性恋之间的亲善活动到底有多广泛，因为这种事人们显然都喜欢藏着掖着。曾经在荷兰国家芭蕾舞团担任舞蹈演员、编剧和编舞的鲁迪·范·丹齐格（Rudi van Dantzig）对此就有过十分精彩的描述。他在1944—1945 年"饥荒之冬"期间曾从阿姆斯特丹逃至一个北方村庄。

基于这段经历，范·丹齐格写了一部名叫《献给迷途士兵》(*For a Lost Soldier*)的小说。当加拿大军队抵达他所在的村庄时，他只有12岁，但心里却充满了说不清道不明的热望。一辆军车停在乡间小路上，车上伸出一只手，把小范·丹齐格拉上车。小说的主人公男孩杰罗恩正是在此刻邂逅加军士兵沃尔特，并在最后受到了他的性诱惑。不过这本书绝不是在控诉恋童癖，相反，这是一曲挽歌："包围我的臂膀温暖而舒适，就像包围我的椅子。我几乎带着一丝喜悦，任由这一切的发生。我心想：'这就是解放，事情就该是这样，跟过去不同。这是场派对。'"[17]

　　伯努瓦特·格鲁十分清楚和美国人上床能得到什么物质好处。在她笔下，性饥渴和对食物饥饿感之间的关联很清晰。她感慨道，躺在床上，被柯尔特压在身下的感觉就好像跟整片大陆同床共枕；"况且你无法拒绝一片大陆"。完事后，他们找东西吃："四年的敌占期和守了二十三年的贞操让我胃口大开，好吧，差不多是二十三年。我狼吞虎咽地吃下两天前在华盛顿下的鸡蛋，嚼着在芝加哥罐装的午餐肉和四千英里以外成熟收割的玉米……战争可真是个好东西啊！"

　　午餐肉、鸡蛋和好时巧克力一到手就会被一扫而光，丝袜也会穿上腿，但好彩、骆驼、切斯特菲尔德和法国高卢等香烟则会被拿到黑市上去交易，以换取更多的食物。美国大兵补给充足，这点跟他们宽阔的肩膀、甜美的笑容、笔直的臀部和精致的制服一样，都成了一种难以估量的诱惑。光是能轻易搞到香烟这点，就让他们在贫穷国家摇身一变成了有钱人。因此也不难得出结论，跟他们上床的女人实际上比妓女好不到哪里去。

　　持这种想法的人也确实不在少数，特别是那些吃了上顿没下顿的女人，或者被拦着不让进只对解放者和他们本地相好开放的舞厅、电影院和娱乐中心的男人。这种猜测也因为某一事实得到了加强：一些勾搭上盟军官兵的年轻女人，依旧裹着头巾，遮住她们最近被

28

人剃得精光的脑袋。这是对她们不久前和德国人睡觉的惩罚。

毋庸置疑，有些女人是自愿出卖肉体，特别是在战败国，提供性服务是她们自己和孩子得以活命的唯一办法。但即便是那些见风使舵、急吼吼地把德国情人换成盟军情人的女人，这么做的理由也不纯粹都是为了钱。法国的某个小镇上，一名"横向通敌者"（horizontal collaborator）不久前刚被人剃光了头发，折磨她的人还不罢休，扬言要进一步惩罚她的"不道德"行为。对此，女人只是对着这群自诩替天行道的人冷冷地说道："我才不管你们会不会剃我头发，我跟我丈夫（过去的战俘）已经断了联系，我可不会因为自己是有夫之妇就不和美国人快活了，只要我想，我就会。" [18]

读着后来人的记述和媒体评论，人们也许会得出这样一种印象：1945 年的夏天燃烧着漫长的情爱之火，外国军人和驻在国女性或出于贪婪，或出于情欲，或出于寂寞沉湎其中。数据似乎支持这种印象：1945 年，巴黎因感染性病而住院的女性人数要比 1939 年高出五倍之多。在荷兰，1946 年有 7,000 多名新生儿是私生子，比 1939 年高出两倍。对于性病高发的解释多种多样，既有缺乏医疗救护和避孕药，也有贫困地区糟糕的卫生状况，还有若干其他原因。然而，实际情况是，许多男男女女这么做只是在寻求温暖、陪伴、爱情，甚至是婚姻。虽然解放后最初几个月的确存在严重的滥交情况，但人们还是渴望回到正常状态。不应被忽略的一点是，1946 年，荷兰全国合法出生的新生儿数量达到了 27.7 万人，是这个国家有史以来最高的生育数字。

* * * * *

贝尔森集中营于 4 月 12 日解放。德里克·辛顿（Derrick Sington）中尉指挥的一队英军接到命令，让他们火速赶往那里。战争尚未结束，但集中营里情况过于恶劣，当地人担心自己会感染上斑疹伤寒——这种传染病几周前刚刚夺去了安妮·弗兰克（Anne Frank）*的生命。由于德国当局既无能力、也无心应对爆发伤寒的风险，他们不顾两国尚处于交战状态，同意让英军进入贝尔森。

士兵开车经过成堆的尸体和散发着粪便和腐尸臭气的营房时，简直不敢相信眼前的这一切。贝尔森的图片是第一批发表在西方媒体上的集中营照片。在英国，贝尔森成了纳粹大屠杀的主要符号。据布莱恩·厄克特回忆，他对纳粹的反犹主义有所了解："但即使如此，所谓的'最终解决方案'其实旨在肉体消灭几百万人，这让人难以想象。贝尔森让我们措手不及。"[19] 但无论是他，还是其他英军官兵都不知道的是，贝尔森其实还算不上是一座灭绝营。真正的灭绝营在波兰，其中的大多数在德国人向西后撤之前就已经被毁掉了。

辛顿中尉没停车，他通过扩音器告诉生还者他们自由了，但大多数人已经神志不清，根本无力做出反应。接着，他来到关押女囚犯的主营前，手里依旧拿着麦克风。

> 几秒钟后，车子被上百名妇女团团围住，她们歇斯底里地号啕大哭，难以控制情绪，导致扩音器里传出的话一句都没听清。集中营的营地上种着白桦树苗，女人们采下嫩芽，掰下小树枝，抛向车辆。[20]

这些女人还算是走运的，她们还能走路。一名学医的英国兵志   30

---

* 安妮·弗兰克（1929—1945），生于德国法兰克福的犹太女孩，二战犹太人大屠杀中最著名的受害者之一，死时年仅 15 岁。安妮用 13 岁生日礼物日记本记录下了从 1942 年 6 月 12 日到 1944 年 8 月 1 日的亲身经历，成为第二次世界大战期间纳粹德国灭绝犹太人的著名见证。安妮一家被捕后，日记被梅普·吉斯（Miep Gies）发现并保存下来，1952 年以《安妮日记》为题出版，成为全世界发行量最大的图书之一。

愿加入救助行列，他在一间营房里目睹了以下场景：

> 我惊恐万分地站在这间肮脏不堪的屋子里，努力适应混着
> 解剖室、下水道、汗水、伤口化脓味道的气味。突然，我听到
> 地板上有动静。借着昏暗的光线，我低下头，看到有个女人正
> 在脚下爬。她浓密的黑发结成一团，肋骨根根突出，好像中间
> 根本没有肉……她在大便，但她如此虚弱，以至于无法将屁股
> 抬离地面。她拉稀了，黄色的稀屎在大腿内侧糊了一片。[21]

医生和医护志愿者迫切地需要更多食物、药品和医疗器材。他
们所面临的疾病和饥馑规模前所未见，甚至想都不敢想。每天都有
几百人死去，有时是因为吃了军粮——囚犯的肠胃已经萎缩，再也
无法消化肥腻的食品。然而，军队有时也效率低下，而且德国的局
势十分混乱。4月下旬的一天，集中营里迎来了一批神秘的货物，
打开后，里面装着大量的口红。

这被证明是场及时雨。英军救护车队的指挥官戈宁（Gonin）
中校回忆道：

> 我相信，没有什么比口红对女囚犯们帮助更大的了。她们
> 躺在没铺床单的床上，身上也没穿睡袍，但嘴唇却涂得绯红。
> 你看到她们走来走去，肩上除了披了条毯子外，什么也没有，
> 但她们的嘴唇却是红彤彤的……总算有人做了件善事，让她们
> 重新变成了人。她们是人，不再只是文在手臂上的号码。她们
> 终于有心思关心起自己的外表来。是口红率先把人性还给了她
> 们。"[22]

日后成为英国著名哲学家的理查德·沃尔海姆（Richard　　31
Wollheim）时任情报官，跟厄克特一样，他在5月份被短暂派往贝

尔森，那里情况依旧糟糕，但对比之前已经没那么惨不忍睹了。部队某些长官自以为出了个好主意，想为官兵和贝尔森幸存者组织一场舞会。沃尔海姆受命操办此事。可惜结果却是灾难性的，因为当由匈牙利集中营看守（他们残暴成性，声名狼藉）组成的乐队穿着民族服装，拉起手风琴舞曲时，引发了误会。由于语言不通，女人们露出手臂，给人看文在身上的集中营记号。男人们无言以对，只是抓住女人们的手，希望能和她们跳上一曲。匈牙利人越拉越快，女人们吓坏了，开始对官兵拳打脚踢。[23]

然而，这次泡汤的舞会只能算是意外。差不多同一时间，营房之间的空地上还举办过另一场舞会，这回伴奏的换成了皇家空军军乐队。一名英国兵描述道，虽然有些姑娘"几乎无法走路"，还有些"看起来一动都要断成两截"，但这次舞会取得了巨大的成功。有位身材特别高大的加拿大军官抱着一个娇小的姑娘，姑娘的脑袋刚刚到他腰的位置。他俩跳着华尔兹。"女孩特别高兴，在场的人看了无不动容，为她欢笑，为她落泪。"[24]

这则故事或许比沃尔海姆的更具典型性，因为许多在集中营工作过的人，不论是美国犹太拉比*，还是联合国义工，多多少少都对幸存者快速复苏的性意识表达过赞许或非议。正如口红一样，性欲的恢复帮她们找回了一丝人性，除此之外，她们已孑然一身。

如果说1946年荷兰的出生率很高，那么难民营里的出生率就更高了。仅仅在美占区，收容站里每个月就有750名婴儿降生。年龄在18岁到45岁的犹太妇女中，有接近1/3的人生过孩子，或者怀有身孕。[25]包括贝尔森在内的昔日集中营曾因为条件无比艰苦，吞噬过数千条生命，如今它们则成为性行为高发之地，就好像幸存者都迫不及待地想向自己和全世界证明他们还活着——不仅如此，他们还能孕育新生命。

32

---

* 拉比，犹太教的合格律法教师。

　　义工有时对此很震惊，提起收容站，特别是犹太人收容站的时候，会说"囚犯们纵欲无度，毫无节制"。有人将此归咎于百无聊赖，毕竟，除了喝酒和交媾外，还能干什么呢？另外一些人则恪守道德原则。一名为慈善组织服务的法国医生明显对这一现象嗤之以鼻，他如是写道："集中营幸存者中有不少道德水准低下……糜烂的性行为已经达到了骇人听闻的程度。"但他也承认，这些情况实属情有可原，人们实在不该怪罪这些刚经历过炼狱的年轻姑娘，她们"被想要重新去爱、忘却过去的欲望捆绑着，无从抵抗，只能通过手头仅有的手段来满足这种欲望"。[26]

　　其他观察者提出了更加详尽的解释。一名叫玛尔塔·科尔温（Marta Korwin）的波兰籍义工相信，集中营的受害者存在一种幻想：他们苦难的结束将促使一个完美世界降临人间，似乎"他们过去的所有磨难都会被淡忘，自由会将他们带回那个一切正常的旧世界……"但当他们发现在收容站的生活依旧痛苦不堪，爱人一去不复返后，希望破灭了，只能通过买醉或滥交来逃避现实。[27]

　　所有这些解释都颇有道理，但还漏了一层理由——传宗接代。一个身陷危机的族群必须通过繁衍后代才能生生不息。难民营里的多数犹太人都不是灭绝集中营的幸存者，因为很少有人能在那儿活下来。许多人来自苏联，因为之前在那儿避过难，这才逃脱了纳粹的魔掌，但大多数犹太人失去了儿女、父母、兄妹和其他亲属。上了年纪的人没有办法，只能靠回忆往事了却残生，但年轻人渴望重组家庭，有了家人才有活下去的动力。况且，犹太复国主义者和其他犹太旗手也正儿八经地提倡族人多生育后代。许多犹太男女见面才几周，甚至几天就结为夫妻。犹太收容站里，避孕药没有市场，人们把尽可能地多生孩子看成是一种责任。性爱并不只是出于鱼水之欢，而是一项抗拒灭亡的行为。

33

* * * * *

1945 年，一个人若身为德国人或日本人，跟身为法国人、荷兰人、中国人相比有着迥然不同的境遇，遑论犹太人了。这点也适用于描述同外国占领军的往来。"阿米"（德语俚语里对美国佬的称呼）或"阿米库"（日语里的说法）和同他们一块到来的加拿大人、澳洲人、英国人和苏联人可不是什么解放者，而是征服者。从某种程度上讲，这句话也适用于许多意大利人，特别是意大利南部的人，盟军的入侵让当地人本来就苦不堪言的生活雪上加霜。城市在空袭中灰飞烟灭，经济形势十分困窘。这让卖身为娼在许多时候成为一种必须。

在柏林，娼妓被人称为"废墟里的老鼠"（Ruinenmäuschen）。姑娘和妇人们在城市的废墟间游荡，试图搭上个当兵的，换点钱、吃的或香烟。有些女孩进入青春期没多久，却已经在黑市商人设在废墟中的临时妓院里操起了皮肉生意。男孩有他们自己的接客地点，叫做"废墟男娼馆"（Trümmerbordellen），接的大多是美国兵，其中有个绰号叫"安娜阿姨"的人，后来成为法兰克福黑社会里一号臭名昭著的人物。

求生的欲念通常能消解阶级之分。有个叫诺曼·刘易斯（Norman Lewis）的年轻英军军官曾被派驻在那不勒斯，在他的力作《那不勒斯 1944》（Naples'44）里，他写道，有一天，一位意大利贵族前来指挥部拜访。访客是南部的庄园主，随行的还有他的妹妹。

两人的外貌十分接近：瘦瘦的，皮肤极其苍白，脸上挂着一副名门望族惯有的冷淡表情，甚至有几分严厉。他们来访的目的是想打听有没有可能安排妹妹进入军队慰安所服务。我们解释说英军没有这样的机构。"好可惜。"这位王公贵戚回答。

他和妹妹曾在英国女家教手下学习过，讲得一口流利的英语。
"哎，路易莎，看样子是行不通了，行不通了。"他们礼貌且平   34
静地谢过我们后就离开了。[28]

在日本，卖淫嫖娼从一开始就是制度化的。日本人这么做有自
己的理由，日军曾在中国和亚洲其他国家大肆奸淫妇女，官方于是
担心盟军士兵会如法炮制，强暴日本妇女。在 1937 年沦陷的南京
和 1945 年"玉碎之战"里几乎被摧毁殆尽的马尼拉，都有成千上
万的妇女惨遭强奸，然后被剁掉手足。如果经历这些兽行的受害者
一息尚存，往往还是会惨死在日军的屠刀之下。这只是两起极端恶
劣的事件，类似的情况不胜枚举。在中国战场，日军大范围地强暴
和蹂躏妇女，以至于激起中国人更强烈的抵抗，给军事推进造成了
麻烦。为了应对军纪败坏的问题，日本有时会在其占领下的地区——
特别是朝鲜——征募年轻女性，但更多时候是把她们掳了去充当所
谓的慰安妇，即日军慰安所里的性奴。

日本政府和军部的宣传机器从没有停止过吓唬国民，说是一旦
日本战败，妇女就会遭到外国军人奸淫、折磨甚至杀害。为了避免
这种可怕而耻辱的命运，日本人被命令要么战死，要么玉碎。太平
洋岛屿和冲绳的妇孺被勒令拉响手榴弹，或者跳崖自尽。很多人照
做了。

鉴于此，8 月 18 日，即日本投降后第三天，日本内务省指示各
地警署官员为占领日本的盟军设立"慰安机构"，招募女性加入"特
殊慰安设施协会"（RAA），为尽爱国义务"牺牲她们的肉体"。前
首相近卫文麿公爵——挑起太平洋战争的主要责任人——告诉警视
厅厅长，"拜托阁下保卫日本的年轻女性"。[29] 也许此举能安抚来犯
的外国人，这样，出身较好的日本妇女就敢于走出她们的藏身之处，
走路也不用怕遭人调戏了。

这注定是门龌龊的勾当。建造特殊慰安设施的工作进行得如此   35

仓促，以至于里面都没有床铺供士兵和"舍身取义"的女人所用。只要有空间，交媾行为哪里都有可能发生，大多数情况下是在地板上，或者在简易妓院的过道和走廊里。几个月过后，日本人才做出较为高效的安排。在东京郊外的船桥市，一栋大体量、形似机库的妓院拔地而起，人称"国际宫殿"（International Palace）或者 IP。IP 提供的是流水线式的性服务，其有个别名叫"威洛伦"（Willow Run），这当中有个典故：战时，福特公司曾在底特律附近设有工厂，专门制造轰炸机，厂址就选在威洛伦。光顾此处的男人在踏进这栋狭长建筑之前，要把鞋子留在门口，完事出来后，去另一头取回擦得锃亮的鞋子。

在军队招待所，譬如东京的野村饭店，女人来往十分频密。她们对外要么自称职员，要么是清洁妇，但常会在饭店里过夜。有些还拖家带口，以躲避冬季严寒。东京市中心有家大型舞厅，门外挂着用日语写的招牌："爱国女青年们！来做舞女，为日本重建出力吧！"[30] 军队福利社（PX）这种特供商店向占领军成员兜售食品、服饰和其他补给品，其中还有避孕套。

跟德国情况不同的是，在日本，盟军最初并没有禁止"同当地人员亲善行为"的明文规定。作为盟军最高司令官，道格拉斯·麦克阿瑟（Douglas MacArthur）将军知道这种禁令形同虚设。他曾告诉手下的一名幕僚："有人一直想方设法想让我出面，阻止这些'蝴蝶夫人'在眼皮底下晃来晃去，但我不会这么干……我不会下达禁止亲善的命令，就算说破了天也不行。"[31]

占领初期，驻日美军差不多有 60 万人，此外还有一些澳洲、英国和少数其他国籍的军人。因此，驻军和当地人存在大量往来。1945 年 10 月，一位名叫威廉·西奥多·德巴里（William Theodore de Bary）的美国海军军官——也就是日后显赫一时的中国和日本问题学者狄百瑞——当时在一封信中谈起自己在九州佐世保海军基地的所见所闻：

　　亲善本身成了个问题。事实上，我们指挥部旁边的大桥上
总是挤满了人。饥渴的海军陆战队士兵跟友善的日本老百姓打
着手语交流，对方不知所云，只是笑呵呵的。最后宪兵不得不
出面，阻止桥上聚集更多的人。情况从一开始就是这样。[32]

　　尽管美国国内存在一种相当种族主义的宣传，这种情况并未因
此销声匿迹。比如，这里有段摘自《周六晚报》(Saturday Evening
Post)关于盟军占领日本的文字："日本女人平胸、塌鼻子、扁平足。
对于大多数美国男人而言，她们的吸引力跟有一千年历史的石头人
偶差不多。说实话，还不如人偶。美国人喜欢给人偶拍照。"[33]

　　如果我们积点口德的话，该文作者可以说不知所云。早在1945
年，最高司令官手下的多数高级军官都给自己找了日本情妇。由于
起初日本国内鲜有西方女性，出现这种情况当属意料之中。局面只
有在新一波的军官到来后才发生改变，新来的人通常包容度较差，
而且没有亲自上阵打过仗。在德国，虽然禁止与德国人亲善的条令
已经解除，但军官们还是决定在日本加强军纪，宣布多数公共场所，
比如餐馆、温泉胜地度假区、电影院和军队宾馆为"禁区"。

　　结果，亲善照常进行，只是隐秘性更高罢了，此外还出现了越
来越多作为"个体户"的卖淫女，她们的存在对控制性病发病率只
会起到反作用。妓女在受过轰炸的街道和城市公园里有自己的地盘，
俗称"岛屿"。有些女人一次性交易只收区区1美元，在黑市上差
不多只能买到半包香烟。这种生意十分红火，而盟军当局不顾日方
建议，执意要在1946年取缔有组织卖淫后，更是变得一发不可收拾。

　　日本人做事情喜欢分门别类。娼妓中的个体户，人称"潘潘女"
(pan-pan girls)，被划归为几类：专门服侍白人士兵的，专门服侍
黑人士兵的，只服侍日本人的，不过也有一些大胆的女人才不接受
这套清楚分类的劳什子。一些妓女只侍从一位客人，她们叫做オン

36

リー（onrii，意指"唯一"）[*]；那些特别放荡淫乱的女人则得到了バタフライス（batafurais，即花蝴蝶）的称号。东京市中心的部分地区，比如正对麦克阿瑟将军指挥部的日比谷公园，或毗邻的有乐町车站，成为了典型的"潘潘女"活动区域。[34]

涂着鲜艳口红、脚穿高跟鞋的"潘潘女"是日本人耻笑的对象，因为她们象征着民族堕落，但同时也激发了人们的好奇心，当中还夹杂着些许羡慕。她们的物质生活要比大多数无家可归、饥肠辘辘和一贫如洗的日本老百姓富足得多，这些"上班族"姑娘还是美国货最早的消费者和拥趸。她们比多数日本人更了解战胜者的流行文化。操着由日本俚语和从美国大兵处学来的散装英文混搭的黑话，"潘潘女"也比大部分日本人更能掌握占领者的语言。

从某种意义上讲，"潘潘女"与日本一种特别下三滥的传统是一脉相承的——职业固然卑贱，但却有光彩照人的一面。东京在古时候叫江户，这一时期，妓女的穿着就代表时尚潮流，这点透过浮世绘和歌舞伎可见一斑。盟军占领的起初几年里，"潘潘女"的文化内涵大大失去了当年的雅致韵味。军事失利，再加上战时审查制度和军国主义教育的覆灭，使得根植于过去的性商业文化死灰复燃，但如今更多地带有美国色彩。内容色情猥亵的低俗杂志，譬如《可人儿》（Lovely）、《维纳斯》（Venus）、《性爱奇幻》（Sex Bizarre）和《美女墙照》（Pin-up）等大红大紫。原先的娱乐区里开设了脱衣舞馆，大都是在弹坑边草草搭建的窝棚。便宜的舞厅里，皮条客、黑市商人和穿着夏威夷衬衫的年轻混混搂着他们的女友跳着曼波舞。日本的摇摆乐队和爵士乐歌手再度活跃起来，多年前，因为诸如此类的"外国腐朽文化"遭到查禁，他们一度销声匿迹。现在，大众对布基伍基（Boogie Woogie）的靡靡之音又是趋之若鹜了。

许多女人走上卖身这条路是为现实所迫，但也不尽然。当时的

---

[*]　取自英文 only 一词。——编注

调查显示，不少女性成为"潘潘女"是"出于好奇心"。[35] 比起单纯的钱色交易，这一初衷是"潘潘女"遭人极端蔑视的一大原因。"牺牲"肉体，维系一户贫农家庭的生计，或履行爱国义务，这些借口都还说得过去，甚至还有可能赢得赞赏；但若因为好奇心的驱使，或者出于对钱、香烟或丝袜的物欲，那就是一种耻辱。有组织卖淫在日本历史悠久，而且是为社会所容许的。但"潘潘女"因为自甘堕落而广受谴责。这样的社会氛围，让她们孤立无援，身陷险境。

尽管十分艳俗，而且饥不择食，但1945年的性商业文化好比曼波舞和布基伍基音乐，起到了解放人心的作用，其受到一些人欢迎的同时，也为其他人所不齿。1946年，日本有差不多9万名新生儿的母亲都是单身未婚女性，这一点不可能归因于纯粹的性交易。[36]在接受了蛮夷外国兵是强奸犯和杀人犯的大量负面宣传后，许多日本女人真正见到美国人时，发现他们根本没那么吓人，于是心里的石头落了地。一位女作者曾在享有极高口碑的女性杂志《妇人画报》刊文，她的话值得参考："我觉得他们有礼貌、很友好，无忧无虑而且十分开朗。跟过去住在我家附近军营里那些傲慢、小气和粗鲁的日本兵一比，反差真是太明显了，这可真叫人悲哀。"[37]

这倒不是说盟军士兵从来不施暴，尤其是在占领日本早期。根据一项估计，1945年下半年，平均每天就有40名女人遭到强暴，而且这个数字很可能偏低，因为许多受害者出于耻辱感都没有报案。[38]再说了，这样的数据不可能出现在受到占领军审查的媒体报道中。尽管如此，大多数日本人仍然觉得美军的军纪比他们原先担心的要好多了，特别是对比他们自己的子弟兵在海外奸淫掳掠的行为。

有些吊诡的是，性风俗的变迁和美国人企图"改造"日本民族性的宣传工作是相契合的。要转型成为民主国家，日本人被告知女性必须得到平等对待。"潘潘女"的出现也许是改造者们无心插柳的结果，但他们鼓励日本人学习美国人，更加开放地通过肢体动作表达爱意。拜美国人的循循善诱所赐，1946年，日本银幕上第一次出现了接吻镜头，这部电影名叫《20 岁的青春》（『はたちの青春』），旨在使日本观众得到熏陶。影片在年轻观众中十分风靡。

当然，日比谷公园里招揽美国兵生意的站街女和开创先河的银幕一吻之间可谓天南地北，但是公众对色情娱乐和有着丰富性暗示的流行音乐的确胃口巨大，这显示出被解放民族和战败民族之间的区别其实没有人们想象的那么大。对日本人而言，随着格伦·米勒的一曲《兴致勃勃》一起到来的还有一种崭新的自由意识。

在西德，情况如出一辙。但在苏军占领的东德，情况就大为不同了，至少就性方面来讲是这样。如果说"勾搭"是对德国人和外国军人关系的最佳阐释的话，那么强奸就是被苏联红军击败后的多重诅咒之一。当然了，在西德强奸案也有发生，虽然别的地方也有，但法占区尤其高发。举例而言，在斯图加特，多达 3,000 名德国妇女声称遭到了法军的强暴，施暴者主要是阿尔及利亚人。[39] 而在当时面积最大的美占区，美军在 1945 年全年犯下的有记录在案的强奸案，没有超过 1,500 起。[40]

有若干原因可以解释西占区的强奸案发生率为何低于苏占区。也许除了法军之外，盟军并没有苏联人那么强烈的报复心理，而且他们的长官也没有鼓励下属肆意蹂躏德国女性。（斯大林本人说过一句臭名昭著的话：当兵的行军几千里，经历了血雨腥风，枪林弹雨，当然有权利"和妇女们快活快活"。）另外，德国女人也十分乐意和盟军官兵"勾三搭四"，所以强奸根本没有必要。1945 年之夏，美国大兵中间盛传这样一句玩笑话：德国女人是"塔希提（Tahiti）以西"最好得手的。[41]

毫无疑问，这句俏皮话有夸大之嫌，积极传播它的人不仅有得了好处的美国兵，也有德国人自己。在他们看来，这些女同胞的行为无异于在民族自豪感的伤口上撒了一把盐，不少德国人对此很是愤慨。尽管如此，许多士兵还是宣称，比起法国女人，有着"小姐""皮

39

草"和"友善的纳粹"等绰号的德国女人更愿意同他们发生性关系。对于这一现象,一名返乡的美国兵曾做出过分析,虽然听起来没有人性,但不无道理。"尽管可能泄露天机,"他写道,"但有必要承认,美国军人在欧洲只想要一笔'好交易'——这包含'尽可能频繁地勾搭当地女人的机会'。"他接着写道:"自然而然,美国兵在德国收获了最好的交易……到了法国情况就不同了,美国兵没有享受到在德国那种抱大腿的礼遇。跟他从老爹和1944年解放法国的美军口中听来的说法不同,法国并不是可以供人亵玩的玩物。"[42]

　　当然,那时德国国内的女人远比男人多,比例差不多是16比10,而那些剩下来的男人多半又老又瘸,或者遭人嫌弃。导演罗西里尼(Rosselini)曾在柏林废墟里拍摄杰作《德意志零年》(*Germany, Year Zero*),借电影里一个年轻德国人的话来讲:"我们曾经是男人,是国家社会主义者,现在只是纳粹。"

　　伯努瓦特·格鲁在文学回忆录里写到法国光复时,不禁要对比"漂亮的美国男人"和"在我眼里普遍皮肤粗糙、黑不溜秋和营养不良的法国男人"。[43]德国和日本男人灰头土脸的程度则会有过之而无不及。著有《蓝天使》(*The Blue Angel*,1930)的德国戏曲和电影剧作家卡尔·楚克迈耶(Carl Zuckmayer)在1946年曾作为美国文化参赞回到故乡。他采访过一名德国女服务生,对方的态度代表了德国女人普遍的心声。女服务生不肯碰德国男人,她说:"他们太软弱,再也不是男人了。过去他们威风过头了。"[44]

　　在我看来,对丧失男性气概令人印象最深刻的描写出自小说家野坂昭如之手。1945年时他已长大成人,整天混迹于大阪的黑市。野坂的中篇小说力作《美国羊栖菜》(『アメリカひじき』,1967)便是围绕男子气概和种族血统这一主题展开,小说的主人公是个和他年龄相仿的日本男孩,战时在学校读书的时候,老师告诉他西方人比日本人高,但体格要弱,特别是在臀部这块,因为他们是一群娘娘腔,习惯于坐椅子,而不像日本人坐的是榻榻米地板。所以哪

40

怕身材矮小，任何有着强壮大腿和顽强意志的日本男人都能击败他们。老师经常向学生们提起山下奉文将军。山下人称"马来亚之虎"，曾在新加坡接受英国将军白思华（Percival）的投降。对比身材敦实、脖子粗短的山下，白思华两条长腿细如棒槌，露在卡其短裤外，显得格外滑稽，实在算不上威武。

　　但后来，这个日本孩子近距离见识了真正的西方人，偶然看到的美国兵形象让他难以忘怀："他的手臂粗得就像圆木，腰杆壮得就像磨盘……臀部散发着阳刚之气，身上的军装裤子闪闪发亮……哎，难怪日本会战败了。"[45] 显然，并非所有盟军士兵都是这般人高马大，肌肉发达，许多日本男人也不算矮小。但野坂的这种看法，一个饥饿男孩的第一印象，则会成为一段永恒而伤感的战争记忆。这场战争在日本人心目中原本被描绘为种族对抗，对垒双方是高贵的亚洲武士和傲慢自大的白种人。因为秉持这种心态，战后盟军和战败的日本人之间第一次碰面所造成的心理冲击，要比在德国来得更大。

　　在德国，起初西方当局（不包括苏联人）竭力想实行禁止亲善的政策。"漂亮姑娘能毁掉盟军的胜利。"美军广播电台昭告官兵。"聪明的官兵不会去勾搭德国人，"军方的《星条旗报》（*Star and Stripes*）警告道，"别学参孙（Samson）去靠近大利拉（Delilah），她想减掉你的头发，而且是在脖子这里动手。"[46] 伦敦的《泰晤士报》也加入了声讨亲善的行列，发文说道，取消禁令"恐怕会让许多留守后方的军嫂心寒"。[47] 不过这些大道理对身处当地的男人毫无作用。"情妇部队"这个词当时在西方盟军中间很流行，指的是那些被美军军官包养的德国情妇（出于某些原因，被英国军官包养的情妇数量要少；英国人似乎更钟情于饮酒作乐）。上头的这种风气继而引发了下级军官的嫉妒，有人还编了酸溜溜的笑话来形容这种心态："这政策只是给了领导们先上漂亮妞的机会。"[48]

　　乔治·巴顿（George Patton）将军和麦克阿瑟将军一样，也觉得禁止亲善没什么好处。不愁吃喝的美国士兵真的应该拒绝给饥饿的孩子糖吃么？难道所有德国人都是纳粹？（需要提到的是，巴顿对德国人要宽宏大量得多，哪怕他们曾经当过纳粹。而他对共产主义盟友或犹太人可没这么慈悲为怀。）即便是很少充当公众舆论急先锋的《纽约时报》（New York Times），在从占领区发来的报道中也批评了禁止亲善令。该报的驻德通讯员在6月写道，他"还没碰上过一个当兵的希望维持禁令的，不管他的老家在伦敦，密西西比河谷，还是阿尔伯达的麦田"。同样是这位记者，还曝光了为强化禁令所采取的一系列荒唐措施。盟军往美占区的一个村子里派驻了一支反间谍小分队，目的是监视一名保安，而他正在监督一名"和德国女孩打得火热"的宪兵。[49]

　　6月8日，艾森豪威尔将军下令解除了同儿童亲善的禁令，自此，英美两国军人跟年轻姑娘打招呼的惯用问候语就变成了："你好，孩子！"到了8月，盟军士兵又获准可以同成年人讲话，甚至和成年女性手牵手，前提条件是他们必须身处户外的公共场合。终于，到了10月1日，盟国管制委员会——统辖四国军事占领的机构——彻底解除了禁令。促使禁令破产的一大因素是当英美两军抵达柏林时，先他们一步的苏联人早就和德国人无拘无束地勾搭上了。这种差别让西方军队越来越无法容忍，所以从某种意义上来讲，对和德国人亲善开绿灯是早期大国对抗的结果。然而，取消禁令还是有附加条件的：和德国人通婚或者把德国人安顿在军队招待所里的做法依旧遭到禁止。但是随着时间推移，这点同样成了一纸空文，上万名德国女人跟着她们新嫁的老公，跑到美国去过承诺过的好日子了。

　　德国也有自己的"潘潘女"，其中最卑微、最饥不择食的当属"废墟里的老鼠"。不过，所有处于军事占领下的国家都存在这样一条颠扑不破的真理：情爱、欲望和卖身之间的界限并不十分清晰。在苏联治下的东柏林，无论老幼，很少有女人没受到过性侵，哪怕战争结束已经几个月了，苏军强奸德国妇女的事件依然时有发生。

即使如此，跟外国军人的性关系并不总是赤裸裸的。对此，《柏林的女人》(*A Women in Berlin*) 这本书提供了最出色、同时也最揪心的文字记录。这是一部日记式的自传体作品，作者是一个 20 岁出头的女记者，她靠向一位俄国军官求助，才摆脱了被无名士兵无休无止强暴的命运。温文尔雅的中尉阿纳托尔最后成了她的固定情人。毕竟，她写道："他追求的不是单纯的肉欲快感，而是更有人性、更富女人味的抚慰。我愿意向他提供这种抚慰，甚至还挺高兴的……"[50]

在西占区，大部分从美国男友那里收受物质好处的德国女人很快被贴上了妓女的标签，反观她们如果是从德国男人手里收礼，则不会轻易招来如此骂名。话说回来，能搞到军队福利社的物资对许多人来讲都是生死攸关的大事。在严冬的几个月，哪怕是一家供暖良好的夜总会，也比躲在遭受过轰炸、冷如冰窖的房间里，另外还要和许多陌生人共处一室来得更让人欣慰。然而，好彩香烟、巧克力和丝袜，乃至摇摆乐和美国大兵随和的性格，都向妇女和许多男青年展现了一种文化。这种文化，因为在专制的第三帝国曾被查禁，只会激起人们对其更为炙热的向往。不管新世界有多么粗俗不堪，人们还是对其诱惑心驰神往，因为旧世界的崩溃是以如此耻辱性的方式到来的——不光是物质上，而且是文化、智识和精神上的多重崩溃。对光复的国家是这样，比如法国和荷兰，对于德国和日本更是如此。以"亲善"为肇始，战后两国文化的美国化程度比任何其他国家都走得更远。

至少有一个女人预见到了这一切的本质——不过是一场梦，既然是梦，终究会让人失望。话虽如此，但总还会留下些许印记。伯努瓦特·格鲁在最后一次拒绝美国情人柯尔特的求婚后，决意终止自己"猎捕美国人"的游戏。事到如今，她写道："古老的欧洲形单影只，我感觉自己跟欧洲一样，老态龙钟，而且绝望消沉。今晚我刚跟整个美国说了拜拜，也跟斯蒂夫、唐、泰克斯、沃尔夫、伊恩在内的你们所有人都说了拜拜，你们曾带着醉人的笑容走进我的生活，但现在我要关上心门了……跟来自遥远西方的各位厮混再也无法让我感到快乐：你们来的地方过于遥远，而且马上就要打道回府了。你们解放了我，现在是时候让我重拾自由了。"

* * * * *

　　日本小说家永井荷风以擅长用怀旧笔触描写他心爱的东京的丑陋一面而闻名于世。日本战败两个多月后的 10 月 9 日，他曾写下这样一篇日记："在山王饭店吃了晚饭。看到了七八个年轻的美国人，模样像是军官。他们似乎并不缺乏教养。饭后，我看到他们坐在吧台边，跟日本女侍应生交谈，练习日语。跟日本兵相比，他们的举止实在像谦谦君子。"[51]

　　一个月前，永井在他的日记里写道，报纸上讲，美国兵不知廉耻地跟日本女人鬼混。哦，他总结道："如果真是这样，那就是对日本兵在中国占领区所作所为的报应。"[52]

　　永井是个见过大世面的怪人，他热爱法国文化，对寻常观点不屑一顾。实际上，他这种态度上的反差很是罕见。对于美国人勾搭日本女人一事，即使在受过高等教育的作家和知识分子中间，普遍的反应也是横挑鼻子竖挑眼。比永井年轻、相对更宽宏的作家高见顺因为曾经支持过战时政权穷兵黩武的民族主义而感到羞愧，尽管他的立场十分模棱两可。他在日记里记述了 10 月某个夜晚在东京火车总站里目睹的一幕。一群大嗓门的美国兵调戏两个女乘务员，怂恿她俩在他们身边坐下来。姑娘咯咯直笑，而且看起来心甘情愿，一点都不扭扭捏捏。用高见的话来讲："看她们的样子，似乎这么被人调戏有种无法抵挡的快感。这时，又走来另一个乘务员，她的一切神态都说明她也想尝尝被人哄的滋味。这种场面真是让人无比耻辱啊！"[53]

不论是这幅场景还是看客的观感，想必一定很普遍。但高见口中所说的耻辱到底是指什么？是因为这种打情骂俏让他感到耻辱，还是因为日本姑娘在和外国人调情？抑或这份耻辱只是他自己的感受，作为一个日本男人的感受？对这种亲善交往的不满还可以通过更为暴力的方式表达。受雇为驻北海道美军工作的日本女孩抱怨她们隔三差五会因为和外国军人的关系而遭到日本男人殴打。鉴于此，美军不得不派武装卡车护送她们回家。

无疑，嫉妒心理对男人恶从胆边生起到了推波助澜的作用，而且这种情绪很泛滥：战败的男人羡慕战胜一方、美军羡慕苏军（美国的禁止亲善令依旧有效期间）、士兵羡慕军官，如此等等，不一而足。在小说《美国羊栖菜》里，野坂昭如就写道，这种情绪可以持续很久。故事的男主人公长大后有了自己的家庭，他的太太在夏威夷度假期间，和一对美国中年夫妇成了朋友。夫妇俩后来造访日本，这个曾经带给希金斯先生美好回忆的国度。在老婆敦促他要善待客人后，日本丈夫决定尽地主之谊，让曾是占领军一员的希金斯先生好好乐乐，于是便带他去东京看现场性爱表演。一个号称日本"头牌"、无比阳刚的表演者承诺要让观众见识下日本男人的雄风。然而，当晚"头牌"的能力并未让希金斯心悦诚服，日本丈夫心中再度涌起一股似曾相识的耻辱感，他不由回想起当年第一次在大阪废墟里见到美国大兵的场景，想到他那圆木般粗壮的手臂和被包裹在闪亮华达呢军裤里的结实臀部。

希金斯先生是白人，战时日本的宣传机器不会提及黑人，除非是拿这点做文章，来抨击美国的种族主义，进一步贬低敌人。然而，一支多种族部队占领所带来的后果要比单纯的性能力对抗更让人忧虑。美军审查官曾截获一封日本女人的来信，信里提到一则谣言，说是"在横滨，多达 2 万名妇女和盟军士兵有暧昧关系。县政府也已注意到，在关西地区，将有 1.3 万名混血儿降生。光是听说横滨有 3,000 日本妇女怀了黑鬼的孩子，就够让人不寒而栗的了"。[54]

45

这里，真正让写信人愤怒的并不是不伦行为本身，甚至也不是卖淫，而是纯净的血统受到了玷污。

在德国也能感受到类似的情绪，特别是 1945 年临近战争结束前夕。那时禁止亲善的命令刚刚撤销，正好赶上许多德国青壮年男子逐渐从战俘营里获释回家。跟日本的情况如出一辙，年轻老兵对"勾搭"这个问题尤其敏感。有份在纽伦堡广为流传的小册子对"黑鬼的女人"（Negerweibern）进行了谴责："脸上浓妆艳抹，穿得色彩斑斓，指甲涂得绯红，丝袜上还有个洞，鸟嘴里还叼着根又粗又大的切斯特菲尔德香烟，趾高气扬地挽着她们的黑人骑士四处转悠。"[55] 另一个用来形容勾搭占领军的德国女孩的词叫"巧克力女人"（Chokoladeweibern），这个词一语双关，一来说明这些女孩对物质的贪欲，二来说明她们恬不知耻，居然对有色人种情有独钟。

正因如此，讲述占领期历史的日本和德国电影中，有相当一部分表现黑人美国兵糟蹋本国妇女，就肯定不是巧合了，因为似乎施暴者的种族会加重战败一方的耻辱感。一份德国宣传册如是警告："我们现在郑重告诉你们，我们会剪掉你们的头发，黑名单已经准备好，等时机一到就动手。"[56] 实际上，有些妇女在 1945 年就已领教过这种羞辱。在拜罗伊特（Bayreuth），有个女人还被烧死了。在维尔茨堡（Würzburg），有三人因组织名为"黑豹党"（Black Panthers）的恐怖团伙而被逮捕，他们威胁要剪掉"所有跟有色人种士兵出双入对的德国女孩"的头发。[57] 一个 20 来岁的前纳粹分子这样描述跟盟军来往的女人："德国人的气节难道荡然无存了么？……我们可以战败投降，可以被人羞辱，但不能亲手玷污自己的荣誉！"[58]

无独有偶，正如高见顺所用的"耻辱"一词，德国人对荣誉的提及很能说明问题。女人的荣誉（遑论她们选择跟谁交往的权利）无关紧要，重要的是男人的荣誉，他们才是真正觉得被羞辱了的人。当然，这点在所有传统上由男人主导的社会里都是如此，战后的局势颠覆了旧秩序，女人再也不受男人的控制和摆布，这也许才是她们罪孽深重之处。

　　分析怨恨情绪的一种办法是将其与盟军希望扼杀的反动政治观点联系起来看。即使这种观点并非源自他们的祖国，也至少出现在战败国国内。日后成为《生活》（*Life*）杂志编辑的美国陆军中尉朱利安·塞巴斯蒂安·巴赫（Julian Sebastian Bach）曾记录过占领德国期间的一些心得。他认为"德国人接受'亲善'的程度好比一根温度计，反映出他们接受战败事实、克制民族自豪感和展望未来美好新生活的程度。显然，看到德国妇女和美国占领军混在一起就发怒的多半是'未经改造'的德国人，而不是那些急切地想和我们合作的德国人"。[59]

　　在最初愤慨于女站务员自轻自贱的可耻之举后没几天，高见顺在日记中也表达了同巴赫类似的看法。这一回，还是在火车站，作家看见一个日本女人从火车车窗里探出上半身，跟她的美国兵男友说"拜拜"，其余日本乘客向她投来憎恶的目光，但她似乎熟视无睹。高见在这一幕里读出了一种别样的凄楚。他写道，在包括自己在内的旁观者看来，这个女孩"看着就像出身于'特殊慰安机构'"。但这姑娘根本就不是妓女，而且她似乎也不在乎别人怎么看她。相反，她看起来"对能和美国兵这样大胆地表现爱意十分自豪"。高见因此预言，此情此景在日本会变得越来越稀松平常。此外，他还写道："这其实是件好事……这样的场面多多益善。这对日本人会是一种很好的锻炼，因为届时，更加自然和唯美的社会关系就会来临。"[60]

　　高见富有人情味甚至理性思考的看法固然让我吃惊不小，但同样的一番话，出自朱利安·巴赫这位美国占领军中尉之口，却又显得太天真，太以自我为中心了。这是因为，男男女女对巴结敌人的同胞的嫉妒和仇视，并不仅仅在未经改造的法西斯分子身上才有。毫无疑问，战败一方的耻辱感要强烈得多，但在获得解放的人们中间这种情绪也很普遍，即便是一开始把盟军官兵看作神圣的战胜者、向他们抛撒鲜花致意的人，也有脸上无光的时候。

战后的荷兰有首脍炙人口的歌谣，歌名叫《姑娘，管好你自己》（"Girl, Watch Out for Yourself"），歌词是这么唱来着：

> 勇敢的小伙，骄傲的战士，
> 千里迢迢来到这里。
> 他们为我们赢得了自由，
> 所以他们理应快活快活。
>
> 但不少"荷兰女孩"，
> 很快抛却了尊严，
> 就为了一包香烟，
> 以及一块巧克力……
>
> 许多向匈奴人点头哈腰的人，
> 已经付出了代价。
> 女孩，你对祖国荣誉的背叛，
> 丝毫不逊于前者……
>
> 没有荷兰小伙子愿意再看你一眼，
> 因为你让他们寒了心……

48

所有令人不齿的元素一应俱全：民族荣辱，道德败坏，物质贪欲，抛弃本国小伙。这里最具启发性的一点，是将跟德国占领者有一腿的女孩同傍上英国或美加两国军人的女孩做直接对比。意思再清楚不过了，女性伤风败俗事大，情郎乃何国人事小。

这就解释了为什么一些同加拿大军人卿卿我我的荷兰女孩落得和"德国佬婊子"（Moffenhoeren）一样的下场，也被愤怒的暴民剪掉了头发。

　　无论是在获得解放的国家还是在战败国，有几件事加剧了异族占领引发的道德恐慌。占领军错误的政策对软化当地人的仇恨心理无济于事。盟军征用电影院、咖啡馆、舞厅和游泳池，供自己享用。这些设施对本地人是不开放的，但对傍上盟军士兵的当地女孩却又大开便利之门。这种区别对待自然会招致怨恨。在乌得勒支，一伙荷兰青年逮住一群姑娘，试图剃光她们的头发，原因是有人看到她们和加拿大士兵在一起。加拿大人摆出一副自卫的架势。接着，有人拔出了刀子，有人扔石块，枪声响了。这起事件里没人丧生，但伤者甚众。

　　盟军当局取缔有组织卖淫的规定也为性病肆虐起到了推波助澜的作用。宣布战争结束后不久，身在德国的美国人中间曾流行这样一句话："欧战胜利日（V-E）先来，性病（VD）紧随其后。"在德国的美占区，据说从胜利日直到1945年底，性病发病率激增了235%，也就是说，从每年每1,000名士兵里有75个性病患者上升至每年250人罹患性病。[61] 尽管在火车站和红十字会俱乐部，常有人给美国大兵发放装有避孕套和高锰酸钾药丸的"胜利小包裹"（V-packets），但依然未能杜绝这种情况。在德占期，荷兰就已呈现畸高的性病发病率，而战争一结束，这一趋势又进一步加强。媒体散播耸人听闻的文章，说是有大约1万名妇女感染上了性病，自己却还浑然不知。在法国也出现了类似的恐慌。

　　在意大利南部，道德恐慌上升到了将性病的危险与民族耻辱相提并论的高度，而这种恐慌，在库尔齐奥·马拉巴特（Curzio Malaparte）的名作《皮》（*La pelle*）一书里得到了一种典型的夸张化表述。马拉巴特对自己信口雌黄之处倒也从不否认，他对法西斯主义者的同情也不止是表面功夫。不过，他在表达大众情绪上很有一套，虽然有时为了达到效果会杜撰一些无中生有的细节。在他的书里，盟军入侵被比作一场瘟疫，感染后，"四肢看上去依旧完好无恙"，但"灵魂已经腐败溃烂"。马拉巴特解释道，在德国占领期间，"只有妓女"才跟占领军睡觉。但如今，美国人和英国人掌权后，"由于这种可憎的瘟疫，首先遭到腐化的是女人的荣誉和尊严感"，耻辱已经感染了每一户意大利家庭。为什么这么说？因为"有害的力量是如此强大，以至于自轻自贱成了一种值得歌颂的行为，甚至可以证明一个人爱国与否。所有男男女女不仅不脸红害臊，反而对他们自己和全世界的自甘堕落感到分外光荣"。[62]

这当中恐怕有夸大其词的成分。但是除开作者，也许还有不少人抱有同感。跟外国军人上床无异于出卖肉体。如果是出于自愿，那就更糟了。

驻扎法国的美国大兵看了部名叫《良家女孩也会得性病》（*Good Girls Have VD Too*）的纪录片。不管她们身在阿姆斯特丹还是东京，被占领城市的女性经历的诸多耻辱之一就是时不时被人随机拦下，检查是否患有性病。毋庸置疑，战后的乱局中，医疗机构数量不足，卫生状况堪忧，青年男女缺乏经验，这些因素加剧了医疗问题，这一点，在保守、禁欲的社会里也时有提及。但有些紧张过头的马拉巴特，却一语切中了要害：出于一系列原因，女人的行为太过随心所欲。

并非所有人都对此嗤之以鼻，一些思想进步的人，比如荷兰妇科医生、性问题改革家维姆·斯托姆（Wim Storm）就认为亲善政策存在有利的一面：其为女性解放打开了一个突破口，也标志着一些过时观念可算寿终正寝了——譬如男性拥有特权和妻子应顺从丈夫。女人在加拿大人的"卡其布臂弯"中寻欢作乐，"接触了一门崭新的语言，学跳吉特巴舞，学会如何去爱，"这么说吧，"所有这些女人都清楚她们想要什么。"说她们是为了一块巧克力或几根香烟就出卖自己"是一种很过分的侮辱"。[63]解决性病蔓延的最好办法是向女性发放更多避孕套，并且在年轻人当中普及性教育。

但是诸如斯托姆这种人只是少数，他们的看法不会为大众所认可，至少暂时不会。在一片道德恐慌的氛围中，那些呼吁重整伦理纲常、在传统道德基础上重建社会的声音要强大得多。在荷兰是如此，以至于连《誓言报》（*Het Parool*）这样一份隶属于自由派、由反纳粹抵抗运动创立的报纸，也解雇了旗下一名编辑，理由是他发表了一篇赞同向妇女分发避孕药的文章。该报对此的解释是："本报将教育吾国人民追求更高的道德准则视为我们应尽的义务……从而会反对各种形式的放任自流。"[64]同样的论调也出现在法国。戴高乐将军的临时政府十分担心战时沦陷和后来的光复会削弱公共道德，对"法兰西民族"的繁衍生息构成致命威胁。[65]在获得解放的法国，禁止堕胎和通奸的法律跟维希政权时期一样严厉，有时甚至有过之而无不及。

针对一些人认为的道德崩溃，采取清教徒式对策的绝不只有宗教保守派或者政治右派。在法国，一大批效力抵抗组织的男男女女出于革命浪漫主义情怀或理想主义，都加入了共产党。战时的局势让常规道德法则出现了松动。但在战后，法国共产党在党魁莫里斯·多列士（Maurice Thorez）的带领下，迅速终结了这种状态。忠于党、保持稳定的家庭生活成了党员热情践行的信条。由战争和同外国军队亲善而引发的"堕落行径"备受谴责。无独有偶，在东德，共产党人在苏联的卵翼下，强化了对本地区的控制权。与政治压制一同到来的还有一种道德新秩序。共青团书记埃里克·昂纳克（Erich Honecker）千方百计想说服女青年不要再沉溺于轻浮的摇摆乐和性爱之欢中，希望能赢得她们对共产主义事业的支持。但他感到努力受挫了，其中的根源在他看来十分清楚："我们必须打压她们对享乐的偏好（Drang nach Lebenesfreude）。"

绰号"昂尼"的埃里克·昂纳克对享乐生活其实并不陌生，他跟比自己小得多的女性有过几段风流韵事，所以没必要瞎操这份闲心。人们欢腾的状态不会维持多久。到了1945年末，收复河山带来的快意已经开始渐渐退去。外国军人一拨拨地回国，每批人数都在增加。德国和日本仍会保留大型军事基地，英国和意大利的规模则相对较小。道德恐慌为制定保守对策奠定了基础。在历经多年的危险、混乱和剥夺后，人们对女性掌握性爱自由的担心以及对资产阶级稳定状态的共同向往，不久便会在光复和战败的国家恢复一种更为传统的秩序。到了 20 世纪 50 年代，1945 年的夏天仿佛已是一段遥远的记忆。性解放还得再等个二十年，那时节育药得以问世，相伴而来的还有第二波盎格鲁−撒克逊式享乐主义。披头士乐队和滚石乐队所释放出的巨大能量，是格伦·米勒和本尼·古德曼做梦都想不到的。

　　即便这样，战后的无序状态尽管短暂，但也不是一点积极效果都没有。伯努瓦特·格鲁重塑自由的愿望并非建立在彻头彻尾的幻想之上。早在法国光复前，法国女性便在 1944 年 3 月被临时政府赋予了投票权——这种权利源于男人的匮乏，前提是老婆可以代表缺席的丈夫发表意见。1945 年，意大利女性也获得了这一权利，一年后轮到了日本女性，1946 年，好运又降临到了罗马尼亚和南斯拉夫女性头上，到了 1948 年，比利时女性也喜获特权。不管有些人多么渴望回到过去，世界再也不可能退回到昔日状态了。

第二章

饥饿

　　如果说 5 月到来的加拿大军队被一些荷兰人视为救世主的话，那么荷兰光复还留下另一种同样让人意气风发、难以磨灭的印象——"吗哪行动"（Operation Manna）[*]。几十年过后，说起 1945 年 5 月由英国皇家空军和美军轰炸机空投，再由红十字会分发的"瑞典白面包"时，荷兰人依旧会留下感激的泪水。孩提时代的我曾经幻想过那个奇妙的情景，想象大块大块的白面包像雨点一样从天而降。实际上，当人们站在红瓦屋顶上兴高采烈地挥舞厨房抹布时，超低空飞行掠过他们头顶的兰开斯特轰炸机和 B-17 型轰炸机投下的不仅仅是一袋袋面粉，还有一个个柳条箱，里面装满了巧克力、人造奶油、腌牛肉、鸡蛋粉、香烟、咖啡和口香糖。英国人给这次行动起名叫"吗哪行动"，美国人叫"贪食行动"（Operation Chowhound）。

　　对于英美两国的轰炸机飞行员而言，在荷兰空投食物是一项令人欢迎的差事。一名英国飞行员写下这样一张字条，藏在巧克力罐

＊　吗哪（manna），圣经故事中古以色列人经过荒野时所得的天赐食物。

头和一袋装面粉中间。

致荷兰人民：

　　别担心跟德国的战争，就快要结束了。空投食品和我们平时执行的轰炸任务不一样。我们会一直带来新的食品供给。你们要振作起来，祝好。

一名英国皇家空军飞行员 [1]

　　荷兰人对此感激涕零，许多人已经饥肠辘辘。5月，光复后不久，《纽约时报》提起鹿特丹的一所"饥饿医院"，那里"憔悴的病人"每天"进食六份清淡的病号饭"。据报道称，30来岁的男男女女，"看着像60岁，他们眼眶凹陷，皮肤长出黄疸，四肢严重浮肿，显示出获救之前经历的苦难之重"。与此同时，鹿特丹却还有餐馆开门营业，向"衣着品位良好的客人"提供"精美的大餐和种类繁多的饮品"。愤慨的荷兰人"得知还存在截然相反的一面时，迅速斥之为'黑市'"。[2]

　　这种局面在欧洲大陆比比皆是，而且许多地方的情况要比鹿特丹恶劣得多。在苏联的部分地区，数以百万计的人死于饥饿。但荷兰的饥荒有其特殊之处：荷兰是唯一一个遭受饥荒的西欧国家，而且是作为一种有意为之的集体惩罚。斯拉夫人也经历过这种惩罚，但其他西欧人并没有领教过挨饿的滋味。

　　1944年9月，为了协助蒙哥马利从阿纳姆挥师东进、横跨莱茵河的行动，荷兰铁路工人举行了罢工。结果行动惨遭滑铁卢。作为报复，德国人切断了向依旧处于占领下的荷兰西部的食物供给。不仅如此，他们还拉了电闸，淹没良田，禁止荷兰人乘火车。祸不单行，1944年和1945年的"饥饿冬天"格外寒冷。有1.8万人死于因饥饿和营养不良而引起的各种疾病。侥幸活下来的人通过燃烧家具来取暖，靠吃宠物（如果还能找得到的话）过活。他们也吃死马，马匹在街上一倒下肉就被分抢一光；他们还吸食从带刺荨麻和煎炒过的郁金香花苞里提取的汁液。

饥荒的问题在于，食物太多或者种类不对，一样可以要了人的命。即使是友好的加拿大士兵递过来的饼干，吃下去的结果也可能是灾难性的。饼干可诱发极度口渴，只能靠大碗大碗地喝凉水来解渴。而大量饮水会导致没有消化的饼干在胃内膨胀，最终撑破胃壁。受害者很快就会死亡。

放眼世界各个角落，不论是在光复的国家还是在战败国，因为所有公共服务一概陷入停滞，经济不再运转，几乎各地都是饿殍遍野。除荷兰外，还有其他地方也不得不依赖空投食品。野坂昭如在《美国羊栖菜》里写到的那个日本少年，曾目睹美国轰炸机投下一个带降落伞的钢桶。一开始，日本村民以为这又是一枚威力巨大的炸弹。他们听说过广岛的事，投在广岛的原子弹就吊在降落伞下。然而，这个钢桶并没有爆炸，于是乎，人们的饥饿和好奇心便胜过了恐惧。村民撬开桶盖，发现了许多装食品的包裹。他们猜这些原本是要空投给附近一所战俘营里的俘虏的，但是在粮食短缺的情况下，很难再对陌生人发善心。包裹里有面包、巧克力、口香糖。小孩们连着几天把口香糖嚼了又嚼，淡而无味、硬邦邦的一团团胶泥在他们之间"口口相传"。另外还有一个包裹，里面包着棕褐色的东西，村民以为这肯定是紫菜，也就是日语里的"羊栖菜"，这在日本可是一道很受欢迎的美味佳肴。但这玩意吃起来味道极差，哪怕用沸水煮过还是很难吃，而且很硬，不易吸收，村民们十分好奇美国人的胃居然消化得了这样的东西。尽管这些被当成"美国紫菜"的东西其实是难以下咽的红茶茶叶，日本人还是把整袋东西吃了个底朝天。

在饱受饥饿的一年里，最糟糕的情况发生在集中营内。日本设在东南亚的集中营里饥馑状况令人发指，但跟大多数德国集中营比，则显得小巫见大巫。德国人把那里的奴工和"死亡行军"（death marches）幸存者撂在一旁，任其自身自灭。据大部分当时记载来看，最肮脏不堪的当属贝尔森集中营，建造初衷是为了"交换犹太人"——用那些地位显赫的犹太人来换取德国战俘的自由，但实际上这样的交换鲜有发生。后来，集中营里还来了政治犯和刑事犯。1944 年末，贝尔森成了一个垃圾倾倒场，负责收容从苏联红军解放地区死亡营里迁来的犹太幸存者。其中就有安妮·弗兰克，她在离集中营解放不到一个月前死于伤寒。贝尔森从一开始就人满为患，到了 1945 年初更是变得极度拥挤，囚犯几乎是叠罗汉似的睡在彼此身上，他们缺乏清洁卫生设备，到最后连吃的和喝的都没了。有些饿极了的人尚有一丝体力，竟然分食起堆在营房外的尸体来。只有党卫队看守能吃饱肚子，集中营的长官约瑟夫·克拉默（Josef Kramer）还派人养猪，专供他个人享用。

56

由于英国人从来没见过这样的场景，根本不知道如何是好。他们唯一能提供给这些饥民的只有军粮：火腿、培根、烘豆、香肠、牛排和腰子派。但囚犯们萎缩的肠胃哪能再吸收得了这种食物，所以食物几乎是穿肠而过而未作停留。即使如此，许多人还是不顾一切地狼吞虎咽。最后死了 2,000 人。

英国人仅有一次见识过如此大规模的饥荒，那是在 1943 年的孟加拉。水灾的爆发致使作物歉收，政府官员又无能，腐败横行，战时秩序混乱，官方的麻木不仁令人震惊。在这些因素的统一作用下，共有 300 万人丧生。鉴于此，英国军医借助不久前的研究成果，使用了一种名为"孟加拉饥荒大杂烩"的药方。具体成分是加了糖、奶粉、面粉和水的粥，味道甜得发腻。除此以外，他们还试验了滴鼻液和注射氨基酸的办法。在贝尔森，"孟加拉饥荒大杂烩"是给那些还能吞咽的人吃的，氨基酸、滴鼻液留给那些没法进食的人。这两种办法都失败了。"大杂烩"太甜，囚犯们吃不下去。而药物注射和滴鼻液这两种办法最后也只能作罢，因为死亡营的幸存者对任何看似医学实验的做法都充满了恐惧。他们确信自己死期将至，嘴里念叨着集中营里的德语："我不要火葬。"[3]

许多人最后活了下来，这既得益于英国军医和医学生的不懈努力，也不能忘了那些本身就是医生的集中营幸存者。通过一次次的试错，他们找到了食物和水的合理配比，让奄奄一息的囚犯恢复体力。集中营里幸免于难的医生中有一位名叫哈达萨·比姆科（Hadassah Bimko）的波兰牙医。还在贝尔森的时候，她嫁给了别名"约西勒"的约瑟夫·罗森萨夫特（Josef "Yossele" Rosensaft）。他是波兰犹太人，十分顽强，曾经数度被送往奥斯维辛，却都设法中途逃脱，他后来成为贝尔森集中营里犹太复国主义运动的主要领导人之一。我们在本书后面的章节里还会谈到他。夫妻俩的儿子梅纳赫姆（Menachem）*就出生在贝尔森。

* * * * *

对比荷兰、意大利、南斯拉夫或德国的生活，英国人的日子过得可是舒坦多了，但也远不到殷实的程度。事实上，到了 1945 年 5 月，战时食物配给还一度减量：家家户户分到的烹调油少了，培根也少了。到了 1946 年，甚至连面包都搞起了配给制。许多人依旧睡在伦敦地铁的隧道里，而且就算战后一年里，供暖也是时有时无的，以至于 1946 年和 1947 年之交的那个严冬盛传着这样一句顺口溜，"跟欣韦尔一块哆嗦，跟斯特雷奇一块挨饿"。伊曼纽尔·欣韦尔（Emanuel Shinwell）时任英国的燃料和能源大臣，约翰·斯特雷奇（John Strachey）则是粮食大臣。

美国文学批评家埃德蒙·威尔逊（Edmund Wilson）曾在 1945 年夏天造访伦敦。在一位朋友的陪同下，他在伦敦的霍本区

---

* 梅纳赫姆·罗森萨夫特后成为一名在纽约执业的律师，并创立"犹太大屠杀幸存者之子国际网络"（Children of Jewish Holocaust Survivors）——编注

散步，走着走着，他闻到了一股恶臭。转过身，他看到了"一个小型市场，一面打开窗户的窗台上摊着一排排死乌鸦。很明显，这家店只卖这个"。[4]

到了12月，一艘载有香蕉和橙子（还混着4名一靠岸便跳进水里的牙买加偷渡客）的轮船抵达布里斯托（Bristol），受到了以该市市长为首的官方委员会的热烈欢迎。这还是战争开始后英国人第一次见到香蕉。

伦敦在庆祝胜利几个月后依然显得很压抑，不单单是因为缺少像样的食物。埃德蒙·威尔逊用他自己的话总结了当时英国社会的普遍情绪："战争一结束，一切突然显得那么空虚、病态和没有意义！我们一蹶不振，生活穷困潦倒，灰头土脸，而在众志成城抵抗外敌时，却可以全然忘记这些困难。我们所有的努力最终只收获了破坏，却无力在废墟上建起我们赖以为生的东西。"[5]

法国人的心态更加消沉和低落。供应部长保罗·拉马迪埃（Paul Ramadier）被人戏称为"拉马丹"（Ramadan），即穆斯林禁食的斋月；每天那点少得可怜的食品供给则叫"拉马节食"（Ramadiète）。[6] 法国农民拒绝以固定价格出售粮食，因为他们依靠无处不在的黑市可以赚得盆满钵满。要是没有黑市，大部分法国人根本不可能有好日子过。诗人斯蒂芬·斯彭德（Stephen Spender）当时身在德国，受命为英国政府撰写一篇关于文化生态的报告，他曾前往法国休了几个月的假。对比英法两国国民的精神状态，他察觉到一种重要的反差。在英国，人们不需要求助于黑市就能吃饱穿暖。但在法国，斯彭德不用走进穷人的生活，就能不时碰到类似巴黎大学教授那样的人，"他的西装差不多大了两号"，而且还要"面带苦笑地解释自己已经两个月没去黑市了，一直就是这么过的"。[7]

但法国至少大体上做到了"国破山河在"：历史名城、教堂和大教堂都完好无损。在刚目睹了德国满目疮痍的斯彭德看来，这只会让一切显得更加阴沉。法国，他写道，是一堆"看不见的废墟"。

跟德国一样，法国必须"推倒重建"，但"尽管社会上弥漫着这种情绪，高墙依旧岿然不倒，咖啡馆依旧门庭若市（虽然没有咖啡供应），而且黑市永远存在"。[8]

由于法国经济被德国人全方位榨干了，黑市在法国的存在已经有些年头。光复后主要的问题并不只是食物紧缺，而是将食物从乡村运往饥肠辘辘的城市变得很困难。运载卡车和汽油十分紧俏。因此掌握这些重要交通资源的人就能迅速致富。瞅准了这个机会，一些很能钻营的美国兵——他们中有些在老家还有犯罪记录——开小差做了逃兵，在巴黎组织起黑帮。他们计划盗取军用卡车，然后伪造文书，或贿赂看守油库的门卫，以取得燃油。这些油接着被倒卖给法国黑帮。美国"倒爷"从中发了一笔横财，但很多人因为太过招摇，花钱无度，结果东窗事发被抓。一旦往美国国内汇款，他们的行迹就会败露，于是这些人选择在巴黎花天酒地，他们挥金如土的阔绰劲儿引起了官方的警觉。想在欧洲大陆像王公贵戚一样逍遥自在，就得干在合法和不合法之间打擦边球的勾当。也只有在这样的世界里，在黑市餐馆和夜总会里，香槟和美酒依旧流淌，各种珍馐应有尽有。

埃德蒙·威尔逊在伦敦搭乘了飞往罗马的航班，在他看来，罗马这座城市"比过去更加脏乱和腐败"。[9] 一次，他和来自美国的朋友在一家黑市饭店吃饭，一干人围坐在露天餐桌旁。一开始，威尔逊的心思全在享用美食和同朋友交谈上，没注意周围有什么异常，不知何时，他身后已聚起了一群人，"伸手从我们的盘子里拿东西"。接着，负责看场子的人出现了，他把一名老妪打翻在地，人群往后缩，其中多半是妇女和小孩。"有些人知难而退，但剩下的站着没走，隔得老远，眼巴巴地望着我们这些食客。"[10]

跟巴黎差不多，罗马大体上没有经受战火的摧残，但诸如巴勒莫（Palermo）和那不勒斯这些城市则毁坏严重。米兰也在经历了盟军轰炸和内战后伤痕累累。5月，在造访米兰的威尔逊看来，这座城市"俨然地狱的一角。有些破烂不堪的绿皮电车依旧在运行，部分居民还是照常过日子，但整个城市都像是经过震撼后陷入了停摆。那些面无血色、营养不良的人们，身上随随便便套了块旧布遮盖皮肤，他们看起来像是被禁锢在……一种永恒的负担之中"。[11]

匈牙利小说家马洛伊·山多尔（Márai Sándor）亲历了布达佩斯的解放过程。这座受到战火严重戕害的城市在 1945 年 2 月苏联红军解放前被围困了两个多月，随之而来的是恶性通货膨胀。1 美元或一块金子的价值隔夜就能涨至几十亿。农民"知道他们的好日子来了"，"靠在布达佩斯的市场上用一头注水猪换一台钢琴或拿破仑金币"发了横财；而"知识分子、工人和公务员则一天天地等待转机，越来越苍白，越来越饥饿，越来越绝望……"马洛伊回忆道，在物价飞涨的日子里，"多数布达佩斯的居民都变得骨瘦如柴，就好像解剖学教科书里那些人体骨架素描一样，一点肉和脂肪都没有"。[12]

然而，对比柏林和大多数德国城市，布达佩斯的情况就算是好的。因为在柏林、法兰克福、汉堡、不来梅、德累斯顿，以及规模更小的市镇——比如 1945 年仿佛事后才被人想起并加以摧毁的维尔茨堡和普福尔茨海姆（Pforzheim）——所剩下的只有余烟未尽的碎瓦颓垣，其间还散发着死亡的恶臭。战后最初几个月里，这些地方静得出奇，这让初来乍到的参观者吃惊不小。

站在柏林市中心，左右手边分别是魏玛共和国时期最时髦的咖啡馆——罗曼咖啡馆（Romanisches Café）——和已是尺椽片瓦的威廉皇帝纪念教堂。剧作家卡尔·楚克迈耶回忆起这里在战前的样子：路上车水马龙，汽车喇叭声不断，人们叽叽喳喳地聊天，购物，喝酒吃饭。如今，他感到自己仿佛独自一人置身于一片寂静的废墟中。这时他听到身旁一阵轻微响动，只见一个瘦弱的小男孩，脚上穿着木拖鞋，正拖着一辆小手推车穿过遍布残骸的卵石路。风轻柔地吹过眼前这片破败景象，楚克迈耶都能听到自己的心跳声。

60

　　然而，他写道："与此同时，在德国上下还存在着一种持久的
感官刺激，就像一个巨大的蚁丘，在不停地爬动，抓挠，触弄人的
神经……来来去去的脚步从不停歇，徘徊，行走，穿越；这是几
百万只鞋子摩擦地面的声音。这就是'黑市'……在这个世界里，
游走着无家可归者、难民、流民，还有凶神恶煞般的青年。"[13]

　　这里还有一段文字，出自斯蒂芬·斯彭德之手，描述的是另
一座已是华屋秋墟的德国城市科隆："这座城市的毁坏反映在居民
内心的颓废上。他们活着，却无法变作覆盖城市创伤的疮疤，反
而成为噬咬死尸的寄生虫，在断瓦残垣间挖掘藏在下面的食物，
在靠近大教堂的黑市上做着买卖——这是一种毁灭而非创造的
营生。"[14]

　　如果说科隆或柏林够凄惨了的话，那么东京或大阪——遑论广
岛——的情况恐怕更糟。这还没算上马尼拉、华沙、斯大林格勒和
其他在轴心国铁蹄下荡为寒烟的城市。英国的犹太教正统派首席拉
比所罗门·舍恩菲尔德博士（Dr. Solomon Schonfeld）当年 12 月
造访华沙，他告诉记者：昔日整个华沙犹太人隔离区，"几乎是一
片覆盖着残砖碎瓦的巨大荒地。街道还保留着犹太人被尽数灭绝那
一天的原貌，一望无垠的砖块和人骨下，躺着几千具尸体，我还捡
了几块骨头"。[15]

　　摧毁华沙犹太人隔离区是一项大规模罪行的一部分。轰炸日本
城市的动机则不同，但造成的破坏性结果却差不多。日本人的房子
大多用木材搭建，地毯式的轰炸和之后迅速蔓延的熊熊大火几乎把
一切都烧了个精光，只剩下公共澡堂的几根石头烟囱还孤零零地矗
立在一片焦土之上，景象颇为惨烈。跟德国一样，日本国内也是沉
默处之。在寄给日后成为日本文学研究巨擘的唐纳德·基恩（Donald
Keene）的一封信里，美国海军中尉舍伍德·莫兰（Sherwood R.
Moran）如是写道："东京是我第一个亲眼目睹的战争受难者，这座
雍容华贵的城市如今毁于一旦，但最让我震撼的还是这里的死寂：

没有汽车喇叭声，没有人的叫喊声，没有金属碰撞声——所有城里人既憎恨却又期待听到的声音，这里一概没有。依我看，对于东京和全日本，灾难已经是过去式了，但所有人依旧在死一般的静默中凝视着。"[16]

在战败国，饥荒和疫病肆虐的可能性是实实在在的。德国城市已经爆发了斑疹伤寒、普通伤寒、肺结核等传染病。在日本，1945 年有 2 万多人死于痢疾，到了 1948 年，有将近 70 万人感染上了斑疹伤寒、普通伤寒、肺结核、霍乱和脊髓灰质炎。[17] 在乡村地区生活略好，那里还能找到吃的。但日本城市比起德国来恐怕境遇要差很多。愿意工作的德国人都领到了食物配给证，《扬基人》(Yank) 这份美军军刊曾刊登过一篇发自柏林的报道，文中描述了一名养育 6 个孩子的体力劳动者一家一天的伙食标准：早餐，每人一杯茶，一片黑面包；晚餐是用一个洋葱、一个土豆、半品脱牛奶再加一丁点儿花椰菜煮成的土豆汤。这点量肯定不够吃，但足以让人活命。

日本人在战争结束前很久就已经开始饿肚子了。政府当局指导国民如何用橡子、谷皮、锯屑（用来做煎饼）、蜗牛、蚱蜢和老鼠做菜。等到战败后大批军人返乡时，本来就很困顿的局面演变成一场危机。许多无家可归的人只能住在火车站的地下过道里，狭长、迷宫般曲折的地道宛如维多利亚时期伦敦的贫民窟。在这个狄更斯式的世界里，父母双亡的孤儿靠捡拾烟蒂换取吃的东西，除此之外要么当扒手，要么出卖他们营养不良的肉身。东京的上野车站作为城市无家可归者的老巢，尤其恶名远扬。成群结队的饥饿儿童被人叫做"呷铃小孩"（チャリンコ，charinko），在日语里，charin 是模仿硬币丁零当啷的象声词。*[18] 照片中这些穿着粗布乱服、吸着烟屁股的顽强的小家伙看着像未驯化的动物，而不像是人。这与一个英国兵

62

---

*　チャリンコ又特指当扒手的小孩。——编注

对在破败的德国地下通道或火车站里的流浪汉的描写不谋而合："他们浑身上下没一块干净的地方，黑不溜秋的，人在哪儿你都看不清。"一见到外国兵，他们就作鸟兽散，再出来时手里拿着石块或铁棒。"他们的牙齿很黑，有些都断了。"身上唯一一块干净的地方是"他们的眼白"，而那种眼神就像生了病的豹子幼崽，"唯一的敌人就是人类"。[19]

为了更好地了解这段历史，我们还应该铭记家园毁于战火的几万万中国人的生活状态。在蒋介石委员长统率的国统区，美国军人吃惊地发现竟然有小毛孩溜进他们的军营，从垃圾箱里翻找食物。一名美军中士回忆道："牵着年幼女儿的母亲们来到我军的岗哨前，提出想把小女孩送给我们，换点糖果和香烟。"[20]与此同时，有中国人会钻到军队厕所下方，透过地板上的裂缝淘粪，然后把粪便兜售给农民当肥料。

战后人类经历的苦难程度是如此深重，以至于几乎没必要在不同国家之间作对比。德国不仅要安顿本国国民和返乡士兵，还要应对从捷克斯洛伐克、波兰、罗马尼亚远道而来的 1,000 多万讲德语的日耳曼族难民，他们被驱逐出土生土长的家园，这种排德潮还得到了同盟国政府的官方批准。许多难民死在了前往德国这个他们从未谋面的国家的路上，有些还是被人杀害的。几乎所有人都变得一贫如洗。这股庞大的难民潮大大增加了四处游荡、寻找食物和栖身之所的流民的数量。63

1945 年可怕的粮食歉收，进一步加剧了日本和德国的粮食危机。农业生产遭到了战争的巨大破坏，牲畜减少，农田被毁，农具变成废铁，劳动力稀缺，再加上冬季的严寒，可谓雪上加霜。在德国东部，大量的农业机械要么毁于战火，要么在战争最后几个月里被洗劫一空。战时顶替德国人劳作的外国雇农在战后纷纷离开。日本帝国曾依赖其治下的亚洲各地提供粮食，如今则被切断了供应。

10 月，日本财政大臣告诉美国记者，如果不能马上进口食品，在即将到来的冬季将有 1,000 万日本人饿死。在德国，人们也做出了同样灾难性的预测。下萨克森州的一名社会民主党行政官表示："如果昔日的敌人不提供援助，很难说德国人何时会饿肚子。"[21] 英国议会对德国即将崩溃的报告进行了讨论。联合国善后救济总署（UNRRA）官员阿瑟·萨尔特（Arthur Salter）提出严正警告："如果我们现在的担心成为现实，即数以百万计的人将在今冬饥寒交迫，这种局面将不会是资源破坏和全世界物质短缺导致的不可避免的结果。"下院议员被提请重视这一"人类迄今为止所面临的最大灾难"。[22]

这种观点后来被证明言过其实。一些在德国旅行的人发现，那里的状况，特别是西占区，并不比许多其他西欧国家来得差，事实上，比起东部地区还要好些。不过即使能依靠从被占领国家掠夺来的余粮储备度日，德国人的生活的确处境维艰。柏林尤其窘迫，但从德国各地传来的信息来看，其他地方情势一样不容乐观。一位美国记者在汉堡附近目睹了以下场景："一天晚上，一名穿着西装的德国老者在一片遍布沼泽的洼地上用拐杖打死了一只鸭子。关于食物短缺还有很多段子，但这则故事可谓高度概括。"[23]

所有这一切当然都让人生起恻隐之心，但一想到纳粹德国曾经的受害者还在类似贝尔森集中营这样的地方挨饿，想到在日军战俘营里的囚犯饱受煎熬，想到上百万的难民和流离人员需要被遣返回乡，想到英国人、荷兰人、法国人、波兰人、意大利人自己都只能靠少得可怜的食品供给果腹，而菲律宾人、中国人、印尼人分到的只会更少，最后再想到对德国陆军和党卫队全面饥饿政策记忆犹新的苏联人，公众对日本人和德国人的同情心只能是十分有限的。要说服美国议员，特别是那些倾向采取孤立政策的共和党人出钱赞助如 UNRRA 这样的国际救灾机构，向遭到德国和日本侵略的受害者伸出援手，已经是一件相当困难的事了。而要花更多纳税人的钱，或按照一些人的建议，削减英国人自己的配给，去供养昔日的敌人，

64

这样的政策自然更是难以推行。

但是总得做点什么，哪怕不是出于道德理由，而是实际考虑。德国和日本的全盘崩溃将使盟国政府肩负难以承受的压力，并使任何有序的——遑论民主的——战后秩序重建工作化为泡影。英国亲工党的《每日镜报》（Daily Mirror）在士兵当中拥有大量读者，该报用简明扼要的标题表明了其对提供援助的看法——"喂饱野蛮人？"报纸清楚地指出，根本没必要对德国人甚至是那些被赶出家园的日耳曼难民报以同情。不，"并不是什么同情心理作祟，催使我们强调有必要对当下局势做出反应"。问题在于，"如果任由欧洲在泥潭里越陷越深，就要花更长的时间让其重见天日——导致占领也得持续下去"。[24]

关于援助还有其他考量，这种考量对美国议员更具说服力。即使 UNRRA 的国际主义理想有同情共产主义之嫌，美苏之间愈演愈烈的对抗迫使美国必须采取行动，而 UNRRA 在这方面是不可或缺的。来自宾夕法尼亚州的民主党议员丹尼尔·弗勒德（Daniel J. Flood）向同僚呼吁："饥馑、荒芜、疾病会酝酿动乱，催生共产主义的幽灵。饥民是反上帝学说的肥沃土壤，他们很容易被那些企图将全能国家等同于上帝的人蛊惑。"[25]

于是，盟国采取了行动。在德国的英占区，自 11 月下旬起，英国将军杰拉德·坦普勒（Gerald Templer）爵士开始主推"大麦粒行动"（Operation Barleycorn）。他下令释放约 80 万名德国战俘，让他们在农场干活，抢救仅剩的一点收成。为了向德国出口更多食物，英国国民被迫进一步勒紧裤腰带；这就是 1946 年搞面包配给制的原因。同样，遵照 1944 年参谋长联席会议关于"西北欧俘虏之战俘处置问题"的一纸手令（JCS 1076 号令），美国人开始向德国人提供足够的经济支援，以"防止疾病与动乱"。这一政策的初衷在于保障德国人的最低生活标准。至于到底有多低则没有定论。崇尚"强硬和平论"的政客希望制裁德国，解散工业，让其国民只

65

能过上基本温饱的生活。这一强硬方针的主要倡导人是亨利·摩根韬（Henry Morgenthau），罗斯福时期的财政部长。他计划把德国改造成一个田园牧歌式的国家，让其失去再次发动战争的能力。同样，日本的盟军司令部也收到了类似的严苛指令。参谋长联席会议第 1380/15 号命令严令麦克阿瑟将军限制向日本人发放救灾物资："只需达到避免出现危及占领军或阻碍军事行动的大面积疾病和动乱的程度即可。诸如此类的进口品只能限于最少量的食品……燃料、医疗卫生用品……"[26]

　　值得德国人和日本人庆幸的是，这些惩罚性指令不是被束之高阁，就是被人为弱化了。因为那些真正负责管理被占领国的长官对这些措施的危害性心知肚明。德国美占区总司令卢修斯·克莱（Lucius Clay）将军的财政顾问，就曾将参谋长联席会议第 1076 号令斥为"经济白痴"的杰作。克莱将军没有摧毁德国的工业经济，从而避免引发更为深刻的骚乱。在得到华盛顿强力人物——譬如战争部长亨利·史汀生（Henry Stimson）——的支持后，他很快放开手脚帮助德国人重建经济。比起财长摩根韬，史汀生更能体会德国人的疾苦，他怀疑后者正"因为自己犹太人的怨念变得心胸狭隘"[27]——史汀生的看法虽然让人不悦，但却同英美政府不少高层人士不谋而合。指望这些大人物会顾及犹太人的感受是不着边际的想法。他们真正担心的是德国人一怒之下会转投共产主义，或者孕育复仇思想。麦克阿瑟将军并不打算帮助日本人将工业水平恢复如初，但他同史汀生和克莱的想法一致，认为"饥饿……能轻而易举地让一个民族臣服于任何一种能带来食物、维系生命的意识形态"。[28]

　　德国大部分农业都集中在东部，此外还有几大工业基地（比如莱比锡、德累斯顿、开姆尼茨），但东德的苏联统治当局并未出力重建德国的经济基础。相反，硕果仅存的一些工厂和其他资产被苏联人哄抢一空。机械设备、火车、电车、卡车都被装上载重列车运往东方。银行金库里的金子和债券被抢了个精光，研究所的档案也一点没剩，众多艺术珍品被当作战利品没收充公。刚刚从纳粹监狱获释和从莫斯科流亡归来的德国共产党领导人对此无能为力，只能眼看着他们"兄弟同志般的"俄国主子强取豪夺。

　　同样的事情也发生在满洲，也就是今天的中国东北。自20世纪30年代初，日本人在当地扶植了"满洲国"这一伪政权，并借此建立殖民统治。伪满洲国是日本帝国的工业重镇。苏联在美国的敦促下，于8月8日，也就是战争临近结束前不久才对日宣战。

　　8月9日，广岛原子弹爆炸后三天，苏联举兵南下攻打伪满洲国。日本人靠残酷镇压当地人后建造起来的重工机械厂、现代铁路、采矿设备，均被苏联人以风卷残云之势分抢得干干净净，所抢物资悉数运回苏联。工厂被整间整间地拆卸分解，化整为零，运上一列列早就准备就绪的火车。发展到最后，苏联人连火车也偷，甚至连铁路的枕木也没放过，全部运了回去。还没等中国人有机会夺回东北，就出了这种事情。不管是中共，还是蒋的国民党，根本无力制止如此肆无忌惮、明火执仗的强盗行径。而且，如果苏联人有机会入侵日本北方的话，必然会在那里重演这出掠夺资产的戏码，这也是为什么美国决意尽快结束太平洋战争的一大原因。

　　苏占区的德国人，包括共产党人，处于一种两难的境地，因为他们的国民经济正在遭受苏联人的大肆劫掠，但除了养活自己外，他们还要供养苏联占领军。有许多例子表明，德国工人本来已经用残留机械的零部件把被洗劫过的工厂重新拼凑起来，结果只能眼巴巴地看着厂子又被人大卸八块，工人抗议的话还会遭到殴打。这些待遇使得德国工人很难对共产主义事业产生同情。当时一首脍炙人口的小曲这样唱道：

　　　　欢迎欢迎，解放者！
　　　　你们拿走了我们的鸡蛋、肉、黄油、牲口和饲料，
　　　　还顺走了手表、戒指和其他物件。

你们把我们由从汽车到机器的所有一切中解放出来，

带着火车皮和铁路设备满载而归。

你们把我们从这一切没用的劳什子中解救出来！

我们兴奋得痛哭流涕，感激涕零。

你们对我们真是太好了。

过去的日子太苦，现在无比幸福。

你们真是善良的大好人啊！[29]

  话说回来，苏占区里许诺发放给德国人、让他们得以活命的食品配给并不比盟军占领区的份额低：每个在职人士每天差不多可以分到 1,500 卡路里；广泛的共识是，一个成年人要想保持健康，一天最少需摄入 1,200 卡路里。实际上，1945 年时，大多数城市居民能分配到一半热量的食品就已经算得上走运了。即使面包充足，新鲜食品还是寥寥无几。是军粮，让德国人和日本人在战后第一年里避免了灭顶之灾。秋天一到，驻日盟军的人数从 60 万减至 20 万，大量军用食品，比如腌牛肉和豆子，被转交由日本政府分发给国民。多数日本人都吃不惯这种食物。有些出身上流社会的日本名媛抱怨吃了豆子后，肚子里会胀气，很是丢脸。有人向宾客发牢骚："新的配给食品吃了让人斯文扫地。"[30] 但不吃，他们又会挨饿。1946 年夏，东京市民从本国渠道依旧只能获得 150 卡路里的热量。[31]

  然而，即使有了盟军提供的给养，大部分欧洲人和日本人还是得依靠庞大的犯罪网络——也就是黑市——来维持生计。在许多地方，货币交易已经被以物换物的形式所取代，香烟成了主要的硬通货。对于占领军而言，这种机会难以抵挡。在荷兰，加拿大产的香烟，特别是"甜心下士"牌香烟，在黑市的卖价最高。黑市商人以每根 1 荷兰盾的价格收购该烟，再以 5 荷兰盾的价格转手。一个加拿大军人可以让人从老家寄 1,000 根香烟来，邮费只要区区 3 美元，然后就能赚取差不多 1,000 荷兰盾的利润。[32]

68

而且用香烟几乎什么都能买到：精美的古董手表、看戏用的小型望远镜、钻戒、莱卡照相机，以及人们愿意拿出来交换燃料和食物的那些物件。用香烟还能买到一些必备品。5月，德国作家埃里克·卡斯特纳（Erich Kästner）来到奥地利乡下。一天，他看见一长队德军士兵，一眼望不到头，他们刚从东线战场上撤下来，或步行或一瘸一拐地踏上返乡之路。他在日记里写道："为了换点现金，他们兜售手头的香烟，价格从1马克到3马克不等。对于平民衣服的需求从来没断档过，但供应量几乎为零。住在我隔壁屋里的一个人用一条旧裤子换了四百五十根香烟。我不介意拿裤子换烟，但我身上只有一条裤子。这交易和结果太丢人了。只穿一条裤子的人可没法做这买卖。"[33]

日本杂文和短篇小说作家坂口安吾常常和其他活跃在战后初期的作家一道被归为"无赖派"或"新戏作派"。他注意到，那些受训为天皇陛下光荣捐躯的年轻士兵和飞行员，摇身一变成为黑市投机分子的速度是何其之快。能与之相比的也只有那些战争寡妇，她们把对自己战死丈夫忠贞不贰、恪守妇道的原则全抛之脑后，给自己物色了新情人。事实就是这样，安吾写道。他对此也并无厌恶之意。因为通过颓废堕落，通过舐尝人类最原始的贪婪和欲望，日本人能够找回他们共有的人性。让愚蠢的天皇崇拜见鬼去吧！让开着自杀式飞机舍生取义那套见鬼去吧！"我们变得如此堕落，不是因为吃了败仗，我们堕落因为我们是人，因为我们还活着。"[34]

毋庸置疑，许多日军的退伍老兵都进入黑市，谋得了一份营生，同样以此为生的还有朝鲜和台湾黑帮、日本混混组成的团伙，以及一个垮掉社会里的其他无业游民。当时流行一句顺口溜："女人当潘潘成站街妹，男人给黑市做运输队。"[35] 全日本共有超过一万五千个黑市，主要分布在火车站周围。当年的黑市有些至今还在，比如"アメ横市场"（Ameyoko-cho），从读音来看跟美国人有些渊源。这是位于东京上野铁路沿线一块熙熙攘攘的狭长形商业区，小吃店和服装店林立。过去，民众去那里购买赖以为生的必需品，或在几千个被风一刮就倒的小吃摊上吃点东西。小吃从油炸青蛙到杂碎汤一应俱全，如果食客走运，杂碎汤里的食材可能取自不同动物的内脏；曾有谣言说汤里还放了人体内脏。

　　什么东西都能拿来卖，也会被人买走，包括血迹斑斑的医院旧毛毯。在中国东北，日本殖民者骑在中国人头上作威作福了十五年，苏联军队一杀到，轮到他们害怕了，而且由于无法回国（大多数交通工具都留给部队和高级日本官员），他们不得不在黑市上变卖所有财产，换口饭吃：有和服、家具、古董，有时甚至还卖亲骨肉。经过殖民主义教化，日本人天生智商就比中国孩子高的观念让日本婴儿十分吃香，对于将来需要男性劳动力的中国农民而言更是如此。日后成为日本央行副总裁的藤原作弥在战争结束时还是个孩子，家住中国东北。他的父母把家里值钱的东西都拿去黑市卖了。藤原至今仍记得当初听见中国人吆喝："有卖小孩的么？有卖小孩的么？"开价介于 300—500 日元之间。有时孩子刚买到手，立刻就被转手卖出更高的价格。[36]

　　日本黑市上的大部分商品来自部队给养，盟军士兵将其转卖给日本黑社会。我曾和一个退隐江湖的日本黑帮成员攀谈过，他在聊起当年的好日子时不禁泪眼蒙眬。那时，通过在黑市倒卖从美军福利社弄到的商品，他挣了不少钱，钱多到他买得起一部美国大轿车，里面塞满了钞票，一直堆到车顶。但跟那些近水楼台先得月的日本人一比，他这点能耐就是小巫见大巫了。那些人设法在战争末期藏匿了 70% 的军用物资，剩余的 30% 里有各式各样的机械设备和建筑材料。美国人后来将这笔物资转交给日本政府，用以造福百姓。不过这些大体上跟先前被中饱私囊的物资一样不翼而飞了，许多日本官员——有些还是昔日的战犯——因此富得流油。

　　德国人和日本人在文化、政治和历史上有着明显的区别，但是就类似局面下的人类行为而言，他们又十分相似。对于靠犯罪支撑

70

起来、乘人之危发国难财的经济形态，其一大后果是社会凝聚力的崩溃——也就是坂口安吾形容的"堕落"形态之一。具体体现在每个男人——或者更常见的是——每个女人都只顾自己，不问他人。用海因里希·伯尔（Heinrich Böll）的话来说："每个人掌握的只是属于自己的生活，以及任何落到他们手上的东西：煤炭、木头、书籍、建材。所有人都能理直气壮地指责别人偷窃。"[37]

指责别人正是大多数人的做法。在德国，犹太人和流离人员经常被诟病为暴力行为和投机倒把的元凶。在日本，人们眼里最恶劣的犯罪分子是朝鲜人、中国大陆人和台湾人这些"第三方国籍人员"——既非日本人，也非美国人。他们中许多人被运到日本做奴工。朝鲜和中国台湾的帮会当然要同日本人夺食，参与黑市交易的犹太人和流离人员亦是如此；他们一样也得想法子生存。贝尔森集中营因此成了黑市活动的几个主要窝点之一。不少流离人员——犹太人、波兰人、乌克兰人、南斯拉夫人——被困在集中营好多年，一直缺这个少那个。卡尔·楚克迈耶在他关于德国和奥地利的报告中警告道："只要缺乏解决流离人员问题的国际性手段，就无法根除德国的反犹主义。"[38]实际上，德国人常常不做区分——不管对方是自愿为希特勒帝国效力的拉脱维亚人，还是犹太人，他们都是"外国人"。有时德国人不得不找上门来，以极其高昂的价格从这些"外国人"手里购买商品。然而，实际情况却是，大部分投机分子，特别是那些最有势力的"倒爷"，既不是犹太人，也不是别的外国人，而是德国人自己。

欧文·海蒙特（Irving Heymont）少校时任巴伐利亚某地区的美军司令官。当地有几个大型犹太难民营，比如兰茨贝格（Landsberg），这个希特勒曾经服过刑并在狱中写下《我的奋斗》（Mein Kampf）的地方。海蒙特写道："跟许多身在德国的人一样，收容站里的难民是黑市积极分子……概而言之，他们的活动不外乎基本的以物换物，换取生活用品和新鲜食品。"[39]他同时还指出，黑市里"几个大交易商"过去是商人或罪犯。他们只是在做自己得心应手的事,这是他们的老本行。

犹太人、第三方国籍人员和其他外国人会被看成是一肚子坏水的罪犯,其中一大原因是纯粹的偏见。这是一种人类共有的脾性,在恶劣条件下会更趋强化,另外,普遍的看法也进一步加深了这种偏见。许多人认为,盟军优待和偏袒外国人,驻日美国宪兵对朝鲜人的行为听之任之,而盟军官方为了确保犹太人生活优渥,不惜牺牲无辜的德国人。这些说法不是一点道理都没有。但是,鲜有犹太人能过上优渥的日子,甚至连舒服也谈不上,更别提那些在收容站里度日如年的犹太人了。说这话的人只知其一,不知其二。因为事实情况是,盟军官兵自身也无法对反犹主义或种族主义免疫。巴顿将军在瞧不起犹太人这点上也许比大多数人都要更极端,或者说更口无遮拦一点。他在解放达豪集中营后,曾颇为鄙夷地形容犹太幸存者"比畜生都要低贱"。[40] 纵然艾森豪威尔将军曾训示驻德美军要给犹太难民比德国人更多的优先待遇,他的话经常被当成耳边风。多数美国人似乎觉得德国人、通敌分子和来自波罗的海的难民比深受创伤的犹太人更好相处。[41]

最重要的是,迁怒外国人是否定思想的一种表征,其本质是拒绝承认德国人和日本人对其他民族犯下的罪行。人更容易对自己的遭遇顾影自怜。8月的一天,《扬基人》杂志的一名记者在柏林散步途中目睹了这么一出:一个德国女人,穿着破破烂烂的裙子,脚上蹬着宽大的男鞋,正朝一个俄国女兵破口大骂:"你们吃香的喝辣的,我们德国人却只能饿肚子。"骂完她朝地上啐了口唾沫。[42] 但即使在当时,也能听到意见不一的声音。《柏林每日镜报》(Berliner Tagesspiegel)刊登的一篇文章就谴责:"这种竖起一道墙,企图将自己和对波兰人、犹太人以及俘虏犯下的骇人暴行隔绝起来的做法;对美国和英国恩赐的食品毫无感激之意,反而觉得理所应得,这种思想太过愚蠢……"[43]

当然，随着时间的推移，黑市经济逐渐被更有秩序的市场所取代。但这段无法无天的岁月对后世有着深远的长期影响，尤其是在德国和日本。因为战后经济的崩溃和随之而来的黑市一举打碎了旧的阶级分层。名门望族的女眷们不得不迈着缓慢的步子来到乡下，拿出祖传的宝贝去换食物。贫穷的农民突然手握大把现金，因此当时不难见到身着漂亮古董和服的日本村姑穿行在泥泞稻田之间的景象。换在过去，置办这套行头要花上一大笔钱。昔日贵族的千金小姐，在家道中落后，迫于生计只能委身下嫁给腰缠万贯但通常品行不端的暴发户。不过，战后的乱世也带来了自由，由于没有了老牌竞争对手的打压，建立公司成为可能。1945 年，井深大在东京一家被轰炸过的百货商店里开了间修理无线电的铺子，这就是后来索尼公司的雏形。

在此，有必要一字不漏地引述阿尔弗雷德·德布林（Alfred Döblin）的一段文字。这位在战前著有《柏林，亚历山大广场》（*Berlin Alexanderplatz*，1929）这部鸿篇巨制的作家曾流亡加利福尼亚，躲避战祸。战后，德布林回到德国，却自感再度成了流亡者。这里有一段他在温泉胜地巴登—巴登（Baden-Baden）写下的话：   73

> 回到德国，我的一大印象是德国人就像一群蚂蚁，在一个业已被摧毁的蚁穴间钻来钻去，他们高度亢奋，迫不及待地忙这忙那，连巢穴被人端了、自己将无处安身立命都不自知。他们唯一担心的是如果没有必需的工具，没人给他们下命令，就没法立刻开展工作。对国殇，他们并不感到太难过，反而充满了想发愤图强的干劲。今天的他们没办法，但要是有，他们定会为明天欢欣鼓舞，欣喜于陈旧不堪、胡乱堆建的巢穴已被推倒，摆在眼前的是建立一流和现代新家园的大好契机。[44]

第三章

复仇

　　1945 年夏，捷克斯洛伐克国内以出产优质啤酒闻名的百威小镇（Budweis，捷克语里叫布杰约维采 [Česke Budějovice]）附近有一座集中营，大门上钉着块牌子，上面写着："以眼还眼，以牙还牙。"集中营现在落入了捷克人之手，里面挤满了德国俘虏，多数是平民。捷克指挥官年纪很轻，但却是出了名的心狠手辣，他逼迫德国人每天工作十二个小时，而且只提供极少量的食物；夜半时分，他叫醒德国人，把他们赶到每天例行点名的地方，勒令他们唱歌、爬行、互殴、跳舞，或接受任何其他形式的折磨，给看守找乐子。[1]

　　人类复仇的欲望就跟"食色性也"一样自然。对这点的表述，很少有人比波兰作家塔德乌什·博罗夫斯基（Tadeusz Borowski）做得更为细腻也更让人不寒而栗了。战时的华沙，地下文化活动庞杂且活跃，形式包括办学、办报、排演戏剧和出版诗歌杂志，所有这一切都让参与者面临被关进集中营甚至立即处决的危险。因为在秘密刊物上发表自己的诗歌，博罗夫斯基于 1943 年被捕，先后被关进盖世太保的监狱、奥斯维辛和达豪集中营，但每次他都能大难不死。达豪解放后，他作为流离人员在慕尼黑附近一座原党卫队军营里被关了一段时间。他对当年置身肮脏环境、前途未卜的这段经历的回忆，被收录进《去毒气室请这边走，女士们先生们》（*This Way for the Gas, Ladies and Gentlemen*）这部以白描手法记述集中营生生死死的经典作品中。[2]

其中一则故事名叫《寂静》（"Silence"）。一名纳粹狗腿子试图越窗逃跑时恰好被一伙难民发现，他们协力把他逮住，然后开始"用贪婪的手撕扯他"。这时人群听到有人走近，来者是管理难民营的美国军人，便立马把德国人推到一床草甸子上，还在他身上盖了几层厚厚的被子。难民营的最高长官是一名年轻的美军军官，为人很和善，制服烫得笔挺。他通过翻译告诉众人，自己十分理解纳粹集中营的幸存者有多么痛恨德国人，但眼下最重要的是务必坚持依法办事。即使被判有罪，犯人也必须在经过合理的程序后才能接受处罚，美国人会确保这点的实现。难民纷纷点头示意，给这个美国老好人送上欢呼。祝他们晚安后，军官伴随着"一片友好的声音"出门去巡视别的营房了。他刚走，德国人就被拖下床，在一顿踢打之后，死在了混凝土地板上。

解放后不多久出现这种事不足为奇，对于处于半解放状态的难民而言亦是如此。据另一则资料显示，盟军解放者震惊于德国人的卑劣行径，并不太坚持程序正义的原则。在达豪，党卫队看守被幸存者处以私刑，不是被淹死，就是被肢解、掐死或用铲子砸死。与此同时，美国兵则站在一旁袖手旁观。起码有一次，某个囚徒在表明用意后，还从美国大兵那儿借来了刺刀，割掉了一个看守的头颅。有时，美国兵会亲自枪毙德国看守。还是在达豪，一名美国中尉用机枪处决了300多名守卫。他的愤怒可以理解；他方才在集中营焚尸炉前看到了堆积如山的囚犯尸体。[3]

1945年4月，一群德国护士首次进入贝尔根—贝尔森集中营。有名英国护士目睹了接下来发生的事。在受命照顾病情危重的幸存者后，她们走进一间医院病房。一瞬间，"一群囚徒厉声尖叫着向她们扑来，当中还不乏奄奄一息的病人，他们手拿刀叉，或从敷料车上一把抓起某样工具，对着护士就是一通乱划乱刺"。[4]

出了这样的事，英国人就得出面保护这些德国平民，因为她们的存在对囚犯能否活下来至关重要。但要平息受害者正常的复仇欲望，抑制这种以牙还牙的野蛮正义，无论是盟军军人、流亡归来的政府官员、福利组织成员，还是任何想要在这片备受摧残的大陆上恢复些许秩序和常态的人，都感到十分棘手。然而，正如博罗夫斯基笔下那个无奈的美国大兵一样，人们常常无力制止进一步的暴力行为，尤其是在那些因内战四分五裂的国家。许多时候，他们决定放手不管，还有时候，他们甚至积极地协助复仇，而且助纣为虐的程度要远远超过达豪集中营里借给囚犯刺刀的那个美国兵。不过分地说，大部分有组织报复事件如果不是因为官方怂恿，根本不会发生。就好比性欲本身很少会直接导致淫乱，大规模的暴力事件也很少是个体单枪匹马的行为；相反，这需要有人领导和组织。

此外还需要恰到好处的时机。战后比较让人意外的一件事是，大部分德国人并没有攻击自己的同胞。柏林有个女记者曾是少数几个积极抵抗纳粹的德国人之一，战后她在日记里写道，人们已经"为报复准备就绪"。战争结束前最后几个月里，许多德国人绝望无助，"即使是最蠢的蠢货也明白自己被纳粹骗得有多惨……"于是，她接着写道："如果在溃败和盟军攻占德国之间有三天时间的空隙，成千上万对纳粹失望透顶或被纳粹欺侮过的人，一定会对他们的敌人展开报复，绝不会放过任何一个施暴者。'以眼还眼'，人们那时信誓旦旦。'溃败后第一个小时要长刀见血！'*但命运最后却发生了转折。"[5]

她说得没错，在外国占领下，德国人都过着苦日子，是这点阻

---

*　这里的长刀（long knives），暗指长刀之夜（night of the long knives）。1934 年 6 月 30 日，希特勒在柏林和慕尼黑对其政敌、冲锋队头子恩斯特·罗姆（Ernst Röhm）展开清洗行动，此次事件中，有数百名冲锋队军官被处决。

止了他们自相残杀。报复德国人的是其他人。　　　　　　　　　78

　　汉斯·格拉夫·冯·伦多夫（Hans Graf von Lehndorff）曾经是位于东普鲁士城市柯尼斯堡（Königsberg）、也就是如今俄罗斯加里宁格勒（Kaliningrad）一所医院的院长，这座城市于1945年4月被苏联军队攻占。他在日记里用既十分清醒又带着浓重宗教色彩的笔触写道：苏联军人突袭了医院附近一家酒厂，喝得烂醉如泥后，摇摇晃晃地闯进医院病房，见到女人就强奸，而且不分老幼，不管是护士还是病人，致使一些受害者身受重伤，几乎丧失知觉。一些女人不堪其辱，央求当兵的开枪打死她们，但一般只有在遭到屡次强奸后，苏联人才会成全她们，而多数时候这么做已经纯属多余了。

　　伦多夫不是纳粹。事实上，他出身贵族世家，同许多亲属一样，他对纳粹也恨之入骨。他母亲就被盖世太保抓走了，有个堂兄因为参与1944年7月20日刺杀希特勒的行动而被处决。看着自己生活的城市陷入一片火海，女人被强暴，男人被杀戮，弹痕累累的房屋被洗劫一空，伦多夫不禁思忖着这一切的意义："这更多的是源自人类原始的野蛮本性，还是报复心理？大概是报复心吧……他们四处搞破坏给人看，真是煞费苦心啊！……看看这些发了疯似的孩子，也就十五六岁出头，却像饿狼一样扑在我们的妇女身上，他们都不知道这么做究竟是为了什么。这跟俄国无关，跟任何国籍和种族无关——这是人类目无神明的结果，是人性令人发指的荒诞展现。要不是这样的话，这一切就不会如此刺痛人心——好比某人自己的罪孽。"[6]

　　这里流露出的情感十分虔诚，伦多夫说得一点也不错，无论是哪里的人，一旦得到允许能对别人恣意妄为，很容易甚至也很乐意做出丧尽天良的事来。但那些犯下伤天害理罪行的人，通常还自以为上帝或什么世俗圣人跟他们是一条战线的。报复心很少是没来由的，背后通常深藏着一段历史渊源、个人恩怨或者集体仇恨。除了犹太人外，苏联人是德国野蛮暴行下最苦难深重的民族。死难人数　79

之多难以想象——800 多万苏联军人战死，其中 330 万是被故意饿死的。在炎炎夏日或冰雪寒冬，他们的尸首被扔在露天战俘营里，任其腐烂发臭。另有 1,600 万苏联平民死亡。唯一接近这一数字的是，1,000 多万中国平民在日军占领下丧生。但这些只是统计数据，并未反映出历史的全貌。跟谋杀和饥荒相伴相随的是从不间断的道德沦丧和羞辱。同其他斯拉夫人一样，俄国人在纳粹德国眼里属于不完整的人，是德语里所说的劣等人（Untermenschen），他们唯一的使命就是像奴隶一样给德国主子干活。而那些身子骨太弱、无法当奴隶使用的人则不值得给他们饭吃。纳粹德国奉行一项名为"饥饿计划"的政策，意在饿死苏联人，为德国人腾出更多的"生存空间"（Lebensraum）和粮食。如果这项恐怖的经济计划得到充分实施的话，将会造成几千万人死亡。

但复仇并不仅仅是因为愤怒或军纪败坏。被上级粗暴对待的下属时而会拿平民撒气。这从一个角度解释了日军在中国为何极其凶残，当然还有其他原因，比如他们认为中国人是劣等民族。众所周知，苏联军人要忍受长官、政委和秘密警察的百般虐待。但这种情形后来大为不同了。德军被迫从苏联境内撤出后，苏联红军一踏上德国领土，就被明确告知要无恶不作。苏德边境上的路牌用俄语写道："士兵，你现在到德国了：狠狠报复希特勒的那群狗崽子们。"[7]诸如伊利亚·爱伦堡（Ilya Ehrenburg）这样的宣传家，天天在他们耳边鼓吹："如果你一天下来连一个德国人都没杀，你这天就算白过了……如果你杀了一个德国人，那就再杀一个——因为没有什么比德国人的尸体堆积如山更让我们开心的事了。"格奥尔吉·朱可夫元帅在 1945 年 1 月公然下令称："杀人犯的国家要倒霉了。我们要为自己经历的一切狠狠地还以颜色。"[8]

苏联兵多年来顶着"劣等人"这一帽子，可谓受尽了侮辱。况且他们多数都在可怕的战争环境下失去了亲友，因此做坏事根本不需要有人鼓励。此外还有另一层因素。苏联人早先接受了资本主义吃人本性的宣传，现在有机会诉诸暴力，革资本家的命了。让苏联兵讶异的是，即便在遭受轰炸的城市和战时缺衣少食的艰难局面下，德国百姓的生活相对也要富足多了；相形之下，他们有人甚至还没见过电是个什么玩意，怎么用的，更别提诸如手表这样的奢侈品了。贪婪、民族仇恨、阶级嫉妒、政治宣传、历历在目的德国暴行，所有这些都加剧了对复仇的渴望。正如某位苏联军官所言："我军越是深入德国境内，就越是对随处可见的富足景象感到愤慨……我真想一记老拳狠狠砸烂那一排排整齐的瓶瓶罐罐。"[9]

即使这种情绪并非源自复仇的欲望，也可能诱发强烈的攻击性。1945 年 8 月，日本投降前一周，苏联红军挥师南下，入侵中国东北，之后苏联军人便在诸如哈尔滨、奉天（沈阳）、新京（长春）等东北的主要城市大肆烧杀抢掠。本来，苏军没有理由对这些城市里的大量日侨展开报复，更别说针对中国人了。日本从未入侵苏联一寸领土。尽管在 1905—1906 年的日俄战争中日本曾让俄国人耻辱性地吃了败仗，但当时的战场正是日后的伪满洲国领土。日本仅有一次犯浑，愚蠢地主动进攻苏联，那是在 1939 年，但在苏蒙边境上被打得溃不成军。*然而，苏联军队在中国东北的行径，却如同 15 世纪的西班牙征服者。

和东欧的日耳曼族一样，日本平民完全无依无靠，原因也一样：如同大部分逃往西方的德国党卫队军人、国防军军官和高级纳粹官员，日军将领和政府官员霸占了最后几班开往码头的列车，然后乘上船逃回日本了，弃大批平民于不顾。这意味着大约 200 万日本人被困在东北，无人保护。许多人是 1932 年东北建立了伪满政权后陆续移民到这片新大陆来的；日本政府积极地鼓励国人外迁，为国内农村人口谋求"生存空间"。在奉天、新京、吉林和哈尔滨这些城市，出现了成片的日本社区，银行、铁路、百货商店、学校、美术学院、

---

* 即诺门罕战役，又称诺门罕事件、哈拉哈河战役。

电影院、餐馆等设施，全部由日本人经营，也只服务日本人。在农村，为了给日本定居者腾地方，中国人被赶出家园。所有这一切在日本官方的宣传中都得到了美化：这是大东亚共荣的需要，为的是建立一个美丽的新东方，它更加现代，更加高效，而且在日本主子的统治下，比西方帝国主义旧秩序更加公平。

有些中国人眼看日本战败了，也开始抢劫日本平民。他们有理由感到愤愤不平。因为在日本关东军扶植和控制的伪满洲国，中国人被当作三等公民，地位比朝鲜人还低，几乎只要是个日本人就可以随意摆布他们。然而在许多日本人的记忆里，苏联人远比中国人要坏。比如有人回忆："他们开着枪，闯进日本人家中，看到什么新奇玩意就抢，见到瞧得上眼的女人就强奸。"[10]

南下逃难、躲避苏军的日本人通常只能徒步，他们的情况也好不到哪里去。食物很快吃光了，长满虱子的躯体爆发了斑疹伤寒。婴儿被活活闷死，以防哭声引来一心寻仇的中国人、朝鲜人和苏联兵。父母把年幼的孩子出让给中国农民，希望这样他们至少能活下来。总的算来，11,000多名日本殖民者在这段苦难岁月中丢掉了性命，其中差不多1/3的人选择了自杀。

有关苏联人残暴成性的小道消息不胫而走，逼着日本人祭出老法子来巴结苏联红军。在毗邻中国东北和朝鲜边境的安东市＊，日本侨民决定成立欢迎委员会，迎接苏军的到来。日本孩子被分发了小红旗，火车站竖起一座拱门，上面挂满了红旗和表达与苏联诚挚友谊的标语。当地的日本名流还准备了热情洋溢的欢迎致辞。他们等啊等，等啊等。孩子们等得都睡着了，手里还捏着红旗。直到夜深了，日本人才得知，红军决定改道，所以暂时还不会来安东。

对于中国人在苏联人手里遭的罪，日本人的回忆录倾向于避而不谈，不过事实上的确是日本平民的下场更惨一些。他们有钱，或

＊　即今日的辽宁省丹东，旧时称安东。

被认为有钱，这点显然成了怂恿别人对他们下手的理由。之前引述
过的目击者回忆道："苏联兵在城里耀武扬威，好像地方是他们的
一样，他们两条手臂上都戴着手表，肩上挎着照相机，军装口袋里
还插着一排自来水笔。"[11] 跟在德国的苏联人一样，许多来到东北
的苏联兵对现代社会的标志物十分陌生。手表不走了，是因为新主
人没有上发条，但苏联兵会愤愤地把表扔了——结果被中国顽童捡
到，拿到黑市上去卖。一些当兵的看到天花板上吊着的电风扇害怕
得不得了，端起枪就打。

　　退一万步说，如果不是受到官方鼓励，或当官的率先带头，苏
联军人抢劫平民的行为还不至于到达这种空前的规模。跟大肆洗劫
日本工厂、矿场、铁路和银行相比，偷几块手表又算得了什么呢？
苏联人唯一能为他们强盗行径正名的说辞——他们倒并不十分致力
于为自己开脱——是将其定义为反法西斯人民战争的固有权利。而
在共产主义宣传里，法西斯就是资本主义的延伸。盗窃是革命计划
的一部分。总而言之，除非是穷当兵的一下子掉到富人堆里后油然
而生的耻辱感，否则羞耻心并不太能解释苏军在中国东北的所作所
为。德国的情况不太一样，在那里，苏联人的暴力恶行更加肆无忌惮。

　　对于德国人的侮辱，最好的回击方式就是还以颜色，强奸女人，
而且还得是在公开场合强奸，当着束手无策的男人的面强奸。这是
人类冲突史上最原始的一种恐怖手段，而且不是俄国人特有的做派。
在这点上，汉斯·格拉夫·冯·伦多夫医生说得没错。但作恶的人
为他们行为的辩护总是不尽相同的。两国人民的贫富差距，以及纳
粹的种族主义，导致了一种互相敌视的恶性循环，这才使得苏军在
德国尤其残暴。德国人被号召宁可战死，也不能让他们的女人落到
"亚洲"或"蒙古"蛮夷的手里受辱。德国人越是顽强抵抗，"蛮夷们"
就越是想要把他们遭受的暴行加倍奉还，这种暴行的恶劣性要远胜
于他们对德国人所做的任何事。但在这里，报复依然同对抗资本主
义联系在一起。德国女人在苏联宣传里不仅被描绘成跟男人一样坏

的纳粹，而且还都是脑满肠肥、养尊处优、富得流油的纳粹。在一部俄国漫画里，一个有钱的德国女人同她的女儿和佣人一起被包围在一堆从俄国抢来的战利品中间，慌忙之中，她们四下寻找能用作投降白旗的东西。具有讽刺意味的是，美军杂志里出现的脸谱化的德国女人（维罗妮卡·唐克肖恩*小姐），则清一色体态丰腴，金发碧眼，裙子上绣着纳粹党徽。唯一的区别在于美国大兵受过警告，要他们离维罗妮卡小姐远点，免得患上性病。反观苏联人，则是受到怂恿，把德国女人当成他们的自用品，想用就用。正如一幅苏联漫画描绘的那样，一位俄国奴仆告诉她曾经的女主人："等着瞧啊，太太，轮到我来收拾你了。"[12]

他们的确收拾了。《柏林的女人》一书的佚名作者用具体到让人头皮发麻的笔触，叙述了女人们所遭受的侮辱。施暴者对她们的厌恶之情，在先前那个想要一拳砸烂德国小资产阶级家庭里摆放整齐的便宜货的苏联兵身上也流露过。作者曾屡次遭到强奸，有一次，一个苏联兵正对她施暴，其余的则在一旁等着轮到他们。她注意到这个施暴者瞧都不瞧她一眼，不仅如此，她还成了他的泄愤对象："他把我突然扔到床上时，特别吓人……我感到有手指在扯我的嘴角，这时我闻到了一股马匹和烟草的臭气。我睁开眼。那人的手指老练地掰开我的下巴。我们目光交汇，接着这个压在我身上的男人吐下一口唾沫，吐进我嘴里……"[13]

强奸德国女人，特别是那些看似腰缠万贯的富户，让饱受歧视的"劣等人"觉得自己又像男人了，而且最好还要当着雄风不再的昔日"主宰者民族"斗士的面这么干。拿柏林一名苏军高级军官的话来讲："在被胜利冲昏头脑的最初时刻，我军的小伙子们毫无疑问从凌辱主宰者民族（Herrenvolk）的女人当中获得了些许满足。"[14]然而，在胜利之初的喜悦退去后，奸淫之风依旧在延续。发展到最

---

* Veronika Dankeschön, Dankeschön 为德语里的"非常感谢"之意，这里是双关。

肆无忌惮的时候，官方对此根本不加约束，针对德国妇女的奸淫一直持续到 1945 年夏天。在这之后，苏联的军职和文职干部尝试过进行打击，多少算是有一搭没一搭地管过。强奸犯有时面临包括死刑在内的严厉惩处。事实上，被苏联兵强奸的风险只有等到 1947 年苏联军人被关进军营后才真正宣告消失。

84

* * * * *

如果说洗刷屈辱、恢复男性骄傲的想法，是驱使苏联军人在德国四处施暴的一种说得通的解释，那么这一说法或许同样能够解释，为什么那些远没有苏联人苦大仇深的人也图谋报复。1944 年，战争尚未结束，法国就爆发了所谓的"狂野清洗"（l'épuration sauvage）运动。在此期间，多达 6,000 人因为在德占期通敌卖国被杀，处决他们的武装力量形形色色，都和抵抗组织有联系，而且常常能看到共产党的身影。另外，还有两倍于这一人数的女人被扒光衣服游街示众，她们的头发被剃得精光，身上涂满了纳粹标志。人们讥笑她们，朝她们吐口水，有的还横加折磨。有些女人被关在临时设立的监狱里，结果遭到狱头强暴。共有 2,000 多名女性被害。类似的情景还发生在比利时、荷兰、挪威等从德国占领下获得解放的国家，虽然规模完全不可相提并论。有时，一心复仇的暴民会用老法子，在这些赤条条的女人身上浇上沥青，插上羽毛。

女性通敌的形式大多涉及出卖肉体。跟叛国罪不同，这种罪行之前在任何法典里都不存在。人们可以斥责其有失体统、自私自利、伤风败俗，但充其量就是行为不检点，构不成犯罪。所以，1944 年法国订立了一部新法，专门用于处置这类情况。那些有不爱国行为——譬如和占领军上床——有辱国威的人，被判犯有"丧失国格罪"（indignité nationale），并剥夺其公民权。

1945 年 5 月后，法国国内形形色色的人，不分男女，均遭到秋后算账，而且手段通常极端暴力。许多人被判卖国罪；其他的除了因个人恩怨挨整外，也有政治原因，比如当事人曾跟共产党作对的话，也会遭到整肃。但公众的一腔怒火却主要撒在了被控犯有"横向通敌"罪的女人身上，这不仅有失偏颇，而且经常发生在众目睽睽之下。同样，这点也可以通过普遍的耻辱感得到部分解释。对于法国臣服于强大德军这一事实，人们的描绘常常具有性意味。不可一世的德军象征着一个强大、阳刚的民族，把孱弱、堕落和阴柔的法国打得甘拜下风，俯首称臣。笑嘻嘻的法国女郎（française）坐在德国佬（Boche）的膝盖上，呷着上好的法国香槟，这一画面就是横向通敌的写照，是最刺痛人心的屈服外敌的象征。所以女人就成了极尽羞辱和惩罚的对象。

确切来讲，早在 1944 年 4 月，也就是光复和"狂野清洗"前夕，法国女人就已破天荒地被赋予了投票权。下面几句话，摘自抵抗组织报纸《厄尔爱国者报》（Le Patriote de l'Eure）发表于 1945 年 2 月的一篇文章，其内容很能反映当时的人们对向敌人投怀送抱的女人的态度：

> 不久之后，我们就会看到这些女人跟我们勇敢的法国女同胞、忠诚的母亲和战俘的妻子肩并肩，一起投票了。但对于那些曾经嘲笑过我们、威胁过我们、在德国佬的怀抱里神魂颠倒的人，我们绝不容许她们来决定涅槃重生的法国的命运。[15]

将纵声浪笑、神魂颠倒的荡妇和深明大义的母亲和战俘的妻子一对比，人们不仅感到了耻辱，强烈的清教徒倾向也被唤醒了。"横向通敌者"不仅不爱国，而且还威胁到资产阶级家庭的传统道德观。再加上红眼病这层素来加剧怨气的因素，义愤填膺就真的变得一触即发了。从这些恶女人受到的控告来看，有一点总是不甚清楚，到底哪项罪状更重？是性生活不检点，还是跟德国人睡觉换来物质好

处？上错床已经够可耻的了，但过着比所有人都好的日子，更加重
了这一罪名。波尔热夫人（Madame Polge）是尼姆（Nimes）当地
一个著名足球运动员的太太，从她的凄惨下场中就可见一斑。

　　占领期间，波尔热夫人成了当地一位德军指挥官的情妇，他
有一个典型的法国姓氏，叫圣·保罗（Saint Paul）。她用身体换取
各种各样的物质好处。据当时一份报纸《人民报》（Le Populaire）
报道，波尔热夫人"承认每天都让人送来两到三升牛奶，另外，每
周还能吃到两三次新鲜野味。她把家打理得漂亮而温暖，还有条件
做头发，却从来不必付一分钱……与此同时，工薪阶层的居民和他
们的孩子却都快要饿死了……"[16] 波尔热夫人后来被判死刑。她被
剃光了头，扒光衣服绑在车上游街，车子开往刑场。行刑后，她的
尸体被公开示众，尼姆的正义之士朝她吐口水，用扫帚柄戳她。死
后还被人这般侮辱简直如同现代女巫。

　　那些最热衷于迫害"德国鬼子的娘们"（filles de Boches）的人
在战时一般并没有什么特别的英勇之举。曾经沦陷的国家一旦光复，
所有人都试图标榜自己是抵抗组织成员，戴着新弄到的臂章，端着
斯登式冲锋枪，一副趾高气扬的派头。他们四处追捕叛徒和站错队
的女人，在扮演英雄的戏码中乐此不疲。过去，因为慑于危险，没
有挺身而出，如今报复便成了掩饰良心不安的一种做法。这种现象
具有普遍性，而且穿越时空。正如具有真正英雄气概的波兰异见分
子亚当·米赫尼克（Adam Michnik）在 1989 年后抗议迫害前共产
党员时所写的那样，他过去没做过什么亏心事，所以现在也没必要
靠手指着别人来证明自己是个英雄。这种人性化的立场一直都很少
见，1945 年时就更少了。

　　贪婪、偏见和良心不安也许能为我们解释 1945 年最丧心病狂
的一种报复——针对波兰犹太人的迫害。在波兰，历史悠久的犹太
社区几乎被赶尽杀绝。300 万波兰犹太人在纳粹占领期间遇害，不
是被枪决就是被送进毒气室，而且这些罪行大都发生在波兰领土上。

只有 1/10 的人靠着波兰义士的藏匿，或流亡到苏联的边远地区，才幸免于难。这些身心受到双重伤害的幸存者在失去了大部分或全部亲友后，步履蹒跚地回到老家，回到他们生活过的村庄，却常常发现他们成了不受待见的人。更糟的是，他们常遭人威胁，被轰出家乡。他们的房子被人鸠占鹊巢。犹太教堂被毁。很久以前留下的财产业已遭窃，多半是昔日邻居所为。很少有人愿意退回赃物。

　　这些事也发生在欧洲其他地区。相当一部分犹太人在返回阿姆斯特丹、布鲁塞尔和巴黎后发现他们已经无以为家。但在波兰，尤其是大城市以外，犹太人还面临着人身威胁。曾经发生过犹太家庭被人拽下火车，财物被一抢而光，然后人被当场杀害的事件。在1945 年夏到 1946 年之间，1,000 多名犹太人在波兰遇害。即使在城市，他们也并不总是安全的。

　　1945 年 8 月 11 日，一则犹太人在犹太教堂里杀害基督徒儿童的谣言开始在克拉科夫（Kraków）传播开来。这是由来已久的反犹主义流言的升级版本。人们阴恻恻地说犹太幸存者在用基督徒的血来让他们元气大伤的身体恢复健康。很快，一群暴民便聚集起来，在警察和民兵的带领下，袭击犹太教堂，洗劫犹太人的家。男男女女和孩子在街上遭到殴打。一些人（具体人数不详）还丢了性命。对于刚从种族灭绝中捡回条命的人来讲，这不啻一次血腥的反犹暴动（pogrom）。受了重伤的犹太人被送进医院，有些在等着动手术的时候又遭到暴打。一位女性生还者回忆道："有两个负责护送我们的士兵和护士说我们是犹太人渣，说我们是杀害孩子的刽子手，要不是迫不得已，他们才不会救我们，相反，我们都应该被枪毙。"另一个护士发誓手术一做完就要把犹太人都碎尸万段。医院里还有个铁道工人扬言："作为一个波兰公民，如果连揍一个毫无还手之力的人的勇气都没有，那可真是太可耻了。"[17] 此君说到做到，后来真的痛揍了一个受伤的犹太人。

　　波兰人同样在德国占领下饱受煎熬。他们跟俄国人一样被视为

"劣等民族"，因而遭到了奴役，首都被夷为平地，另外还有 100 多
万非犹太裔的波兰人被杀。决定在波兰领土上建造灭绝营的是德国
人，为此我们不应谴责波兰人。然而，波兰人的所作所为似乎是在
拿一个更加多灾多难的民族开刀，发泄自己所受的冤屈。

　　一种普遍的说法是，波兰人的报复源于犹太人要为共产主义压
迫负责这一看法。当苏军占领波兰各地的时候，一些犹太人希望他
们可以保护自己免受波兰反犹分子或者杀心更重的德国人的伤害。
对于一个弱小的少数民族来讲，作为民族主义对立面的共产主义，
长久以来有一种天然的吸引力。所以，因所谓的"犹太共产主义"
而报复犹太人，客气地来讲，也是不分是非。事实上，政治分歧可
能根本不是报复的主要根源。因为大多数犹太人战后遭到袭击并不
因为他们是共产党，而仅仅因为他们是犹太人。何况，在盛行的反
犹主义传说里，犹太人不光和布尔什维克主义有关系，和资本主义
也有牵连。人们认为他们很有钱，比别人富有，甚至握有特权。共
产党自己也好不到哪里去，也排犹，这就是为什么多数波兰犹太生
还者最后都离开了这个他们出生的国家。

　　虽然大部分波兰犹太人实际上生活得清贫，但他们财富过人这
一印象依旧挥之不去。这和良心不安有一定关联，奇怪的是，抹黑
犹太资本家的共产主义宣传有时却能缓解良心上的不安。波兰人自
然无须对德国的屠犹计划承担罪责，但他们当中的确有不少人驾着
马车候在犹太隔离区边上，就等犹太人被屠戮殆尽后，瞅准机会进
去捞上一笔。另一些波兰人和许多欧洲人一样，在房子和公寓的合
法主人被带走并杀害后，兴高采烈地搬了进去。

　　在一些地方，特别是波兰东北比亚韦斯托克（Białystok）周
围的村落，波兰人自己也参与了屠犹。1941 年 7 月，拉济武夫村
（Radziłów）的犹太人被关在一间大谷仓里活活烧死，他们的波兰
同胞却在外四处奔忙，往包里塞满抢来的赃物。一名目击者回忆起
当时的情景这样说道："当波兰人开始围捕和追赶犹太人时，洗劫

犹太家庭的行动也同时开始了……人们疯了，他们破门而入，撕碎
被褥；空气里尽是羽毛，他们只顾装满麻袋跑回家，再返回时袋子
又空了。"芬基尔施泰因（Finkielstejn）一家设法逃脱了。重返家园后，
他们请求牧师为他们改宗，也许这样活命几率更高。这家的女儿哈
亚（Chaja）回忆起村民的谈话："他们总会谈论一件事：谁抢了多
少东西，还有就是犹太人如何如何有钱。"[18]

　　我们也不能忘记，一些波兰义士有着截然不同的壮举。藏匿或
协助犹太人活命要冒巨大风险，不光会威胁施救者自己，而且还会
连累家人。如果一个人在西欧国家因为帮助犹太人被捕，等待他的
将是被送往集中营。在波兰，被捕意味着绞刑。然而，仍然有犹太
人得益于波兰义士的非凡勇气而保住了性命。犹太孩子被人收养，
多户人家被藏匿起来。在一起著名的事例中，有个名叫利奥波德·索
哈（Leopold Socha）的蟊贼带领几户犹太家庭在利沃夫市（Lvov）
的下水道里躲藏了一年之多。20多个人在暗无天日的地下，靠吃索
哈提供的面包皮活了下来。在一片漆黑中，他们驱赶老鼠，且不止
一次因为暴风雨倒灌下水道而差点被淹死。当他们最终从窨井盖下
钻出来时，脸色苍白，形同枯槁，身上沾满了粪便和虱子。地上的
人们惊讶地发现居然有犹太人还活着。几个月后，索哈死于一起事
故。一个喝醉酒的苏军卡车司机轧死了他。邻居们窃窃私语，说这
是因为他帮助犹太人，遭了天谴。[19]

　　这也许是战后波兰社会最让人震惊的一点。救过犹太人的人被
苦口婆心地劝告不要谈论索哈的义举。这不光是因为上帝会惩罚那
些帮助"杀害基督的凶手"的人，而且也是出于会遭人算计的担心。
鉴于犹太人在公众眼里都是阔佬，人们想当然地认为他们的救命恩
人定会得到大笔酬谢。所以任何承认窝藏过犹太人的人都极易遭到
抢劫。

　　就算他们早已长眠地下，还是有人惦记犹太人身上可能还藏着
什么值钱的东西。1945年秋天，当年夺去80多万犹太人生命的特

雷布林卡（Treblinka）灭绝营成了一片泥泞的万人坑。当地的农民 90
开始挖掘死人头骨，盘算着还能从上面拔下几颗被纳粹忽略的金牙。
数以千计的人或是拿着铁锹刨土挖坑，或是在成堆骨灰间翻来找去，
愣是把乱葬岗变成了一片满是深坑和碎骨头的巨大泥淖。

　　需要强调的是，波兰人并不是唯一这么做的。贪欲是野蛮占
领的普遍结果，不计其数的欧洲人都染上了这种毛病。历史学家托
尼·朱特（Tony Judt）就曾写道："纳粹对于生命和躯体的漠视臭
名昭著，无可辩驳；但他们处置财产的做法倒可能算得上是对重塑
战后世界最重要的遗产。"[20] 谁都可以抢犹太人的财产，这点是引
发暴行的重要推手。波兰的特殊之处在于掠夺的规模之大。战争中
涌现出一批全新的阶级，他们发迹完全靠的是侵占那些被杀害或被
赶出家园的业主的财产。持久的负罪感可能导致他们变本加厉。

　　当时一份波兰周刊《复兴》（Odrodzenie）在 1945 年 9 月就一
针见血地表示："我们知道，在这个国家，一个全新的社会阶层——
新生的波兰资产阶级——业已形成，不夸张地说，其往往取代了被
害犹太人的位置。而且大概因为手上能闻到一股血腥味，这个阶层
的仇犹情绪比以往更为强烈。"[21]

　　这一观点比任何其他说法都更好地解释了，为什么希特勒帝国
的主要受害者有时还会遭到血腥报复。抢劫犹太人从某种方面来看
是宏大社会革命的一部分。而且同苏联人一样，如果不是因为波兰
官僚和警察队伍里位高权重的机会主义者时而心照不宣的纵容——
更多时候是积极的怂恿——这类报复就不会发生。共产党主导的波
兰政府在 1945 年并未出台把犹太人赶尽杀绝的官方政策，但通常
只要有中间派的鼓励就够了。

＊ ＊ ＊ ＊ ＊

　　渴望复仇的波兰人如果希望把矛头对准德国人就更容易理解

了。但这么做部分也是缘于阶级斗争的需要。几个世纪以来，德国人在西里西亚（Silesia）和东普鲁士这些如今已被划为波兰国土的 91 地区扎下了根。像布雷斯劳（Breslau，今天的弗罗茨瓦夫[Wrocław]）和但泽（Danzig，今天的格但斯克[Gdansk]）等大城市的居民主要是德国人。城市精英阶层，比如医生、银行家、教授和商人等都讲德语。1945 年，在苏军入侵的原德国领土上依旧住着 400 多万德国人。另外有差不多 400 万人在听闻俄国人奸淫掳掠、无恶不作后，已经逃往西方。早在 1945 年 5 月之前，驱逐剩余德国人的方案就已成型。1941 年，身在伦敦的波兰流亡总理瓦迪斯瓦夫·西科尔斯基（Władysław Sikorski）将军就曾宣称：“德国人几个世纪以来一直在往东部迁徙和渗透。他们理应被摧毁，并且被迫远远后撤（至西方）。”[22]

这一政策得到了盟军首脑们的许可。更恶劣的还在后头，斯大林建议波兰共产党“创造一些条件，让德国人自己想要逃命”。丘吉尔也在 1944 年 12 月告诉英国下院：“驱逐这一办法在我们现在看来，最令人满意，也最一劳永逸。”[23]

只要苏联红军能控制局面，波兰人多少还会克制自己。丽布萨·弗里茨−克罗科（Libussa Fritz-Krockow）是波美拉尼亚地区（Pomerania）一户显赫的地主人家的小姐。据她回忆，有时在俄国人手下，全家人反而感觉受到了保护，即便还是同一伙俄国人，“要为大部分强奸和抢劫行为负责”。但是，她认为：“他们对我们施暴，无论将其解释为以眼还眼的法则，得意忘形，还是征服者的权利，多少还能让人理解。相反，波兰人纯粹就是群跟风之徒。他们夺权后是另一副嘴脸，行事阴沉，偷偷摸摸的，甚至还有点见不得人，比赤裸裸的武力坏得多了。”[24]

克罗科一家不是纳粹。作为他姐姐丽布萨回忆录的作者，克里斯蒂安·冯·克罗科（Christian von Krockow）属于自由派人士，他很清楚地认识到他们家的苦难是“我们德国人自己疯狂的结果”。[25]

但丽布萨的话里也许还带有一丝瞧不起波兰的偏见或挖苦之意，甚
至还可能读出一种遭人背叛的感觉。她的这种情绪并不罕见。一位
德裔新教牧师赫尔穆特·里希特（Helmut Richter）也曾表达过同
样的看法。他一直认为波兰人老实巴交，本性纯良。毕竟，德国人过
去对他们难道不好么？但事到如今他总算认出了"这些东欧人的顽劣
本质"。长久以来，波兰人只要"头顶上有只拳头"，就会表现得规规
矩矩，但"有朝一日他们有机会爬到别人头上作威作福了"，就变得"野
蛮了"。[26] 这是殖民者谈论原住民的一贯口吻。然而，与大部分欧洲
列强在亚洲和非洲的殖民地不同的是，这一事例中，许多曾经的殖
民者本身就是土生土长的原住民，只是他们属于特权阶层。

　　总之，波兰人可不希望苏联军队在征服地区多待哪怕一会儿，
这些地方如今已经是波兰国土了。大举驱逐德国人和由此而来的人
口迁徙固然残酷，但这是几个大国在 1945 年 2 月的雅尔塔会议上
的决定，所以不能统统归结为波兰人的报复。有 200 多万属于"议
会波兰"（Congress Poles）*的波兰人从波苏边界以东——也就是今
天的乌克兰——迁移到西里西亚等地，那里的德国人基本上已经被
清除殆尽了。于是他们就占据了德国人的房子，顶替了德国人的工
作，接收了德国人的资产，这一过程很少是和风细雨的。

　　当然了，种族清洗并不是 1945 年才出现的，希特勒为了给德
国移民腾地方，在西里西亚等边陲地区驱逐并屠戮犹太人。但围绕
争议领土的矛盾其实要久远得多。与多数血腥的族群报复相似，在
希特勒排波排犹之前，当地历史上还爆发过内战。1918 年，德国和
奥匈帝国战败后，两国在西里西亚的领土面临着重新划定的命运。
其中一部分后来被判给奥地利，一部分划给捷克斯洛伐克，波兰和
德国也各分到了一部分。然而，上西里西亚（Upper Silesia）到底

---

* 　拿破仑战争后，沙俄成为赢家，根据 1815 年维也纳会议（Congress in Vienna）的决议，
　进一步获得了原为普奥吞并的那部分波兰领土，并把立陶宛的一部分也并入波兰，此后
　的俄属波兰就称为 Congress Poland，或译为议会波兰，实为俄属波兰。

归谁依旧悬而未决。当时上西里西亚存在着一股强大的独立运动浪潮，获得了当地波兰人和德国人的支持。但协约国在 1919 年决定，有必要进行全民表决，裁定这片领土到底归波兰还是归德国。这一决定导致了严重的流血冲突。全副武装的波兰民族主义者到处攻击德国人，在离奥斯维辛（波兰语里叫 Oświęcim）不远的卡托维兹（Kattowitz，波兰语里叫 Katowice）周围的工业区，这一现象尤为严重。这些袭击招致了凶残的德国冒险分子更为血腥的报复，他们隶属于自由军团（Freikorps）这一极端民族主义的准军事组织，其成立于德国战败后的 1918 年末，是酝酿日后纳粹运动的温床。他们的口号蛊惑人心，其中有一句："黑红金飘扬！粉碎波兰帮！"[*] 上西里西亚的大多数人投票支持德国管辖，这一决定引发了更多的流血事件。最后，上西里西亚的一部分终究还是划归给了波兰。但即使时过境迁，世界已经来到了 1945 年，波兰人对当初依旧记忆犹新，而且在经历了纳粹占领期的种种对待后，记忆只会更加刻骨铭心。

约瑟夫 · 赫尼施（Josef Hoenisch）一家世世代代生活在上西里西亚。由于他从未加入过纳粹党，他满以为 1945 年留下来应该很安全。他错了，苏联人走后，波兰民兵取而代之，逮捕了他。民兵审讯赫尼施时，问他是不是纳粹，他回答不是，结果被人踢脸。他被踢打了好一会儿，浑身是血，然后被拖进一个宽六英尺、长九英尺的牢房，牢里还有其他 9 名德国囚犯，挤得都快没地儿站了，更别说找地方坐了。据赫尼施回忆，波兰民兵威逼被俘的男男女女脱光衣服，看他们互殴，以此为乐。过了八天，赫尼施竟在狱中见到了昔日同窗、波兰人格奥尔格 · 皮萨齐克（Georg Pissarczik）。他是个轮毂匠，1919 年参加过争夺上西里西亚的内战，和德国人打过仗。皮萨齐克终于有机会报复了。现在这个德国佬可总算要遭报

---

* 黑、红、金三色是德国国旗的颜色，也是传统的日耳曼民族图腾的颜色。

应了。但是，这一故事后来的转折颇具西里西亚的意味。两人重逢后，老同学告诉皮萨齐克，20 世纪 20 年代早期赫尼施的父亲曾帮助他父亲谋得了一份工作，那时没有一个德国人愿意雇佣波兰人。都这么说了，皮萨齐克难道还能不知恩图报么？四周后，赫尼施获释了。

不幸的是，赫尼施的故事跟不少德国受害者的回忆一样，都对别人的苦难表现出一种让人费解的麻木不仁。他感叹自己真是幸运，没在获释后被送去奥斯维辛，这个"出了名的波兰死亡营（战后归波兰人管辖）"，"没有德国人能从那儿活着出来"。[27] 同样的措辞在德国保守主义者的文字里也不难见到。1945 年，军人作家恩斯特·荣格（Ernst Jünger）在日记里就提到了俄国的"灭绝营"，并将"反日耳曼主义"和反犹主义相提并论。他写道，报纸正在"纵容"反德情绪，"像淫乱一样亢奋"。[28]

但是，即使是在最顾影自怜的德国人的陈述里，也鲜有波兰人沉湎于自发性集体报复的证据。但很显然，许多无辜的德国平民被莫须有地定性为纳粹，或因曾加入过党卫队，遭受到非人的对待。通常，设在原纳粹集中营拘禁所里的景象最为惨烈。西里西亚的德国人，如果拒绝成为波兰公民，将会失去公民权。但他们又不会讲波兰语，所以本来就无从选择。失去权利的人在任何民兵或低级官员面前都只能任人宰割。在集中营里，只要听不懂波兰语，或者点名时跟不上就可能招致一顿暴风骤雨般的拳头和乱棍，或者更糟。

丽布萨·弗里茨－克罗科把家里的地毯拿出来卖，买家是波兰市长的太太，这个女人过去好几次从她手里买过东西，都是贵重物品，但只给一丁点儿钱。这次，丽布萨被民兵逮了个正着。法律禁止德国人出售财产。犯了法的丽布萨被上了枷锁，这样人们就可以朝她脸上吐唾沫。但是，据她回忆，"德国人过马路的时候，波兰人基本上只是清清嗓子，或朝地上吐口水"。[29]

针对德国人的暴力事件中最恶劣的一些毫无疑问都是民兵干

的。他们掌管着集中营，对囚犯用刑，想杀就杀，还给人上枷锁，有时这么做毫无理由。民兵组建得很仓促，成员中不乏恶贯满盈的波兰人，常常有一些年纪很小的罪犯。其中最臭名昭著的一个刽子手当属切萨罗·金博尔斯基（Cesaro Gimborski）*，他是兰姆斯多夫（Lamsdorf，今天的万比诺维采［Łambinowice］）战俘营的司令官，年仅 18 岁。他曾下令处死过 6,000 人，包括 800 名儿童。金博尔斯基就像一个撕掉苍蝇翅膀并乐在其中的小毛孩，从各种记载来看，他十分享受大权在握的感觉。

　　一些最心狠手辣的民兵过去是德国集中营的幸存者，报复心必然会驱使他们痛下杀手。但需要重申的是，嗜血心理其实受到了物质和阶级嫉妒的激化。教师、教授、商人和其他上流社会的成员成为众矢之的。波兰看守在得到德国叛徒的大力协助后，特别热衷于拷打有地位有身份的囚犯。一位关押在兰姆斯多夫的教授就这样被活活打死，原因仅仅是他戴了副"知识分子的眼镜"。让小青年把老师和其他权威人物树为标靶、加以围攻从来就不是一件难事。在这一事例中，族群冲突的历史加剧了人们施暴的欲望。

　　在旧奥匈帝国的其他地区，也发生过差不多一样的事情。1919年，德语区的居民先是被置于非日耳曼人主导的政府掌控下，而后成为了希特勒帝国里的特权公民，最后又被昔日的邻居、员工，有时甚至是朋友赶出了家园。在捷克斯洛伐克受够了各种报复的德国人一致认为，对他们最凶的莫过于尚未成年的小孩，他们受了成年人的蛊惑，其中一些的确是苦大仇深。不少捷克人和斯洛伐克人在希特勒 1938 年吞并苏台德地区（Sudetenland）后吃了不少苦头；有些在经历了达豪、布痕瓦尔德（Buchenwald）等德国集中营后大难不死。同上西里西亚的情况相似，捷克人和斯洛伐克人的仇恨是

95

---

* 此人姓名的波兰拼音为 Czesław Gęborski（切斯瓦夫·根博尔斯基），一般档案也是以波兰拼音记载。——编注

其来有自的，最早可以追溯至 17 世纪，当时笃信新教的波希米亚贵族曾被天主教神圣罗马帝国一网打尽。自此，德国人就爬到了捷克人和斯洛伐克人的头上。非德国人则只能做奴仆，或者农民。所以，在捷克斯洛伐克，1945 年的夏天同样也是追求阶级和族群报复的好时候，而且上层也鼓励下面这么做。

战时的捷克流亡总统、民族主义者爱德华·贝奈斯（Edvard Beneš）曾想建立一个各民族和谐相处的捷克斯洛伐克，但如今他认定必须一劳永逸地解决德国问题。1945 年，他在电台广播里宣布："灾难，灾难，灾难，德国人要领受三倍的灾难！我们要让你们完蛋！"[30] 自 4 月起，政府在之后的三个月里接连颁布了数条法令，剥夺德国人的财产权，还建立了"特别人民法庭"，用以审判纳粹战犯、叛徒和为虎作伥的人。到了 10 月，所有行为有损"国家荣誉"的人——这也包括所有德国人——都将接受处罚。

如果官员授意让捷克人对手无寸铁的人下手，他们也会和别人一样无恶不作。在布拉格等城市，人们设立审讯室，对犯人大刑伺候。有党卫队嫌疑的人被吊在路灯灯柱上。1 万多名德国平民被塞进斯特拉霍夫足球场，接着机枪对准他们扫射，为的只是寻开心。捷克也组建了同波兰民兵相同性质的革命卫队，年轻的流氓阿飞在得到官方许可后，尽情地将他们的暴力幻想付诸实践。他们带领暴民，不是在街上用石头砸德国人，就是骚扰曾经属于特权阶级、戴着"知识分子眼镜"的德国公民。他们有军方撑腰，而且刚获释的国家最高领导人也站在他们这边。

那年夏天，暴力浪潮如同欧洲各地的性放纵一样如火如荼，后来才渐渐退去，新秩序得以建立。在这之前，要想知道那狂野的几个月里都发生了些什么，光从一个故事中就可见一斑，而且这还算不上是最可怕的故事。这是发生在德国女演员玛格丽特·舍尔（Margarete Schell）身上的真人真事。舍尔出生在布拉格，战前在剧院和电台的表演让她出了名。5 月 9 日，4 名革命卫队士兵逮捕了她，其中一人是她家附近的肉铺老板。她同别的德国女人一道被带到火车站，负责清扫空袭后留下的碎砖瓦砾。看守逼着她搬沉重的铺路石，拿枪托砸她，还用厚底军靴踹她。暴民们高呼："你们这些德国猪猡！这些年养肥了自己！好吧，落到现在这步田地，应该好好谢谢你们的元首！"

接着，局面迅速升级："我没什么东西可以用来遮头，而我的头发似乎惹怒了人群……一些人认出了我，厉声尖叫：'她是个戏子！'不幸的是，我的指甲修过，还涂了指甲油，我戴的银手镯则让人们更加疯狂。"[31]

人们逼着德国女人吃下希特勒的照片，还把从她们头上剪下来的头发塞进她们嘴里。舍尔被送进一个劳工营，那里的革命卫队动辄拿鞭子抽她，她都想不通是为了什么。然而，她不像中东欧一些德国人那般麻木不仁。并非所有捷克看守都是恶人，有个守卫看到她穿着破烂的鞋子，几乎没法走路，更别说干活了，就主动给她找了双拖鞋。舍尔回忆道："当我听到这个革命卫队士兵说他在德国集中营里待了七个月后，我们会受到粗暴对待就真的不足为奇了。"[32]

此外，舍尔也理解捷克人恨意的真正来源。尽管还是弄不明白为什么某一天唯独她被选中，结结实实挨了一顿毒打，但她回想起来，有人告诉过自己，劳工营的司令官觉得她"太过高雅"。在 8 月 8 日这天写下的日记里，她提到了劳工营厨房里的一个女看守，人特别凶。"女的，"她写道，"不管在哪儿都是最坏的。很显然，这和她们心存怒气有关。因为她们看得很清楚，就算我们现在的身份是干苦力的奴仆，但并没有丢掉过去的气质。"[33]

爱德华·贝奈斯不是共产党，但他试图向斯大林示好。况且，祖国过去被西方民主国家出卖的事实还历历在目，于是他很不明智地选择和苏联结盟。这份魔鬼盟约后来导致捷克斯洛伐克于 1948 年落入共产党之手。但是，革命的种子已经播下，其形态就是玛格丽特·舍尔在劳工营厨房里深刻体会到的那种愤怒。1945 年的捷克斯洛伐克，尤其是那些几个世纪以来一直为德国人主导的地区，仿佛处于法国大革命的恐怖时期。其区别在于，两个世纪前的法国是先革命后恐怖，但在 1945 年，是先有恐怖，再有革命。

＊＊＊＊＊

舍尔的日记里还有件事值得一提。她讲到自己被人带进一间屋子，过去这里是盖世太保的老巢。她和同组的囚犯被勒令在房子油漆完毕后，进去打扫干净，然后把新家具搬进屋内。她们的监工碰巧是个犹太人，但他对舍尔和其他德国犯人却很客气。"他说自己在集中营里待了五年，失去了双亲和姐妹，他无意欺负任何人，因为他知道当囚犯是什么滋味。虽然他完全有理由仇视所有德国人，却没有拿我们当出气筒。"[34]

98

这则故事也许不太具有典型性，毕竟在人类被授权昧着良心胡作非为时，这种同情心十分罕见。但事实上，尽管全欧洲的人都在忙于报复，报复德国人、叛徒、辱没国家荣誉的女人、阶级敌人和法西斯分子，那些苦难最深重的人却展现出了惊人的克制。这不是因为别人身上有驱使他们报仇雪恨的卑鄙本能而犹太人没有，更不可能是因为 1945 年时犹太人对一个曾妄图致他们于死地的民族还怀有好感。当然，集中营的大多数生还者体弱多病，反应迟钝，根本无力做出任何报复行为。但部分集中营里还是出现了原始正义的案例。在调查有纳粹嫌疑的人员时，某些犹太裔美国审讯者展现出了超出职业热情的积极性。斯图加特附近的一所监狱里关押着部分德国党卫队军官，他们遭到了极其粗暴的对待，事后的调查报告显示，其中 137 人的"睾丸被美国战争罪调查团队的办案人员踢坏，永久丧失功能"。[35]大部分审讯者都有犹太名字。

但这些只是个案。犹太人并未有组织地实施以眼还眼、血债血偿的报复。同之前提到的一样，这不是因为他们不想，而是因为政治因素的掣肘。报复的欲念在 1945 年曾十分高涨。1944 年，英国陆军成立了一支犹太旅。德国战败后，该旅驻扎在意大利和奥地利边境上的塔尔维西奥（Tarvisio），后来被编入驻德占领军。对在大屠杀中家破人亡的犹太人来讲，报仇雪恨有着天然的吸引力，但为了防止出现报复德国人的个体行为，该旅发布了一条诚令："记住，我们每个人都背负深仇大恨，任何不负责任的行为将使所有人都受损……"另一条诚令提醒官兵，在德国打出犹太复国主义旗帜就算得上是一种很过瘾的复仇了。[36]

虽然该旅不准官兵自己主持公道，快意恩仇，但其组织了复仇队，起名叫"亲我的屁股"，希伯来语发音是 Tilhaz Tizi Gesheften（TTG）。领头的叫伊斯雷尔·卡尔米（Israel Carmi）。靠着从囚犯和军中熟人那里搞来的情报，TTG 的成员在夜幕下离开塔尔维西奥，前去执行暗杀任务，暗杀对象是恶贯满盈的党卫队军官等被认为应对屠犹负责的人。这些行动一经英国军方察觉，犹太旅就被调离德国，派往比利时和荷兰的非热点地区。我们不知道这支部队到底杀了多少纳粹，但具体数字恐怕也就几百人。

有个人拒绝放弃报仇的念头，他叫阿巴·科夫纳（Abba Kovner），是立陶宛犹太人。科夫纳有一双忧郁的眼睛，留着卷曲的长发，这些特征让他看起来不像杀手，倒更像浪漫派诗人。此言不虚，他还真就是个诗人。时至今日，让他在以色列大名远扬的主要原因仍然是他的诗作。科夫纳出生于塞瓦斯托波尔（Sebastopol）*，在维尔纳（Vilna，今立陶宛首都维尔纽斯 Vilnius）长大。战前他加入了犹太复国主义运动的社会主义派别。1941 年，他设法逃出维尔纳的犹太隔离区，藏身于一所女修道院，后来跑进森林，加入了游击队。德国投降后，科夫纳和一些幸存者——主要是波兰和立陶

99

---

* 乌克兰港口城市，位于黑海旁边的克里米亚地区，2014 年俄乌危机后，克里米亚公投并入俄罗斯。

宛犹太人——认为战争其实并未结束，而且也不应该结束。他们成立了一个组织，名叫 Dam Yehudi Nakam，意为"犹太人的血不会白流"，简称 Nakam。组织的章程是由科夫纳订立的，其中一条这样写道："犹太人的血可以白流、不必担心报复这一想法必须从人类记忆中清除出去。"科夫纳坚信，如果不进行适当的报复，还会有人企图灭亡犹太人。"这不仅仅是报复，"他写道，"而务必成为屡遭残害的犹太民族的律法！名字就叫 DIN（希伯来语"以色列流淌着复仇之血"的首字母缩写）。只有这样，后人才会知道，就算在这个惨无人道、毫无怜悯的世界上，也还是会有法官和审判。"[37]

　　1945 年的科夫纳，看问题的角度有如《圣经·旧约》，很是阴暗，他的想法远不止搞些秘密暗杀，除掉几个党卫队军人。相反，这是一个民族对另一个民族的清算，只有杀死 600 万德国人 *，才能完全抵消德国人对犹太人犯下的滔天罪行。若干年后，家住基布兹（kibbutz）† 的科夫纳坦言，自己当时的方案有丧失理智之嫌。他说："任何理智的人都能看出，这种想法太过疯狂，但在当时，人们真的就快疯了……也许比发疯还要糟糕。这种一命抵一命的观点很可怕，既源于内心的绝望，还带有杀身成仁的味道……"[38] 科夫纳"有组织、独一无二的报复计划"最终搁浅，其经过和原因颇为耐人寻味。

　　他的计划是往几座德国大城市的水源里投放致命化学药品。为了搞到毒药，科夫纳去了趟巴勒斯坦。人们对他的想法表示同情，但没多少人支持大规模屠杀，就算杀的是纳粹余孽。戴维·本-古里安（David Ben-Gurion）‡ 等犹太复国主义领导人的首要任务是建立一个崭新的犹太国家，为此他们需要博取盟国的好感。拯救欧洲剩余的犹太人，把他们变成自豪的以色列公民，这才是目标所在。在欧洲，再也不可能回归正常生活了。欧洲代表过去。纠缠于

100

---

* 二战中德国屠杀了 600 万犹太人，约为全球犹太人总数的 1/3。
† 基布兹指以色列集体农庄，为以色列常见的集体社区体制。
‡ 戴维·本-古里安（1886—1973），以色列首位总理。

屠杀德国人的计划，说得好听点，也是浪费时间。正因如此，尽管科夫纳从未将他的计划和盘托出，犹太复国运动的军事组织哈加纳（Haganah）也无意出手相助。

故事讲到这儿，接下来的发展就近乎搞笑了。尽管得不到官方协助，科夫纳还是想方设法从耶路撒冷希伯来大学的化学实验室里买到了毒药。实验室的助手是一对姓卡齐尔（Katzir）的兄弟，其中，哥哥伊弗雷姆（Ephraim）*后来成为以色列第四任总统。兄弟俩以为科夫纳拿毒药只是为了毒杀党卫队军官——没人会反驳说这些人不该杀——于是就给了他一种毒性极强的药物；仅一毫克的剂量就能致大量人员死亡。

1945年12月，科夫纳背着一个筒状旅行袋，登上一艘开往法国的轮船，袋里塞满了一罐罐贴着奶粉标签的毒药，跟他同行的是个叫罗森克兰茨（Rosenkranz）的同伙。他们俩拿着伪造的身份证件，佯装成英国军人，尽管科夫纳一句英语也不会讲。旅途中，科夫纳大半时间都在晕船。快到土伦的时候，船上的广播呼叫了科夫纳的名字。科夫纳以为自己的身份被戳穿、计划败露，把一半"奶粉"罐头全丢到了海里，并指示罗森克兰茨一旦发现苗头不对，就把剩下的一半也销毁掉。

实际上，科夫纳根本没有暴露，任务也没被人察觉。他遭到逮捕的原因是被人猜中了使用的是伪造证件。总之，毒药没运到欧洲。慌乱之中，罗森克兰茨把剩下的罐头也扔到了水里。纽伦堡等地的水源因此安然无恙，几十万德国人逃过一劫。科夫纳的朋友曾想在集中营里给纳粹吃的饭菜里下毒，但他们的态度不够坚决。所以就连这个计划最终也不了了之，除了一些人中毒生病外，并未有人死亡。

由于得不到政治支持，犹太人从未真正实施过复仇。犹太复国

---

* 伊弗雷姆·卡齐尔（1916—2009），从政前是以色列著名物理生物学家，以色列国防军首席科学家。他的弟弟拉沙米也是享誉世界的化学家，后来死于1972年巴解组织策划的卢德机场大屠杀。

主义的领袖希望建立一种区别于既往的正常状态，这种状态下，英雄的以色列人将降服荒漠，耕种作物；骄傲的以色列公民兼士兵将与敌作战，保家卫国。欧洲那片土地浸透着战争鲜血，还是离得远些为妙。领袖很有觉悟，他们面向未来。未来一样会充斥流血、族群和宗教冲突，但要流的不是德国人的血。然而，阿巴·科夫纳无法适应这种面向未来的生活。过去的阴影一直萦绕在心头，挥之不去，催使他写下悲情的诗篇，而且经常在夜半惊醒，仰天长啸。

他写过一首给妹妹的诗：

> 我在应许之地呼唤你，
> 四处找寻你的踪迹，
> 翻遍了成堆的小鞋子。
> 每逢佳节临近，我都找寻你。

还有一首写给他父亲的：

> 上帝保佑，我们的父亲四十年里，
> 一直从同一个炉子取出烤好的面包。
> 他从未想象过，
> 整个民族能从焚尸炉里涅槃重生，
> 而全世界，在上帝的帮助下，却一切照旧。[39]

* * * * *

托尼·朱特谈到战时的法国，曾这样写道：不管对于积极的抵抗者还是通敌分子，"他们的主要敌人，通常情况下就是彼此：德国人基本上可以忽略不计"。[40] 同样的话也适用于不少处于外国占领下的国家：南斯拉夫、希腊、比利时、中国、越南、印尼。占领军会效仿殖民当局，利用早已存在的敌我矛盾。没有德国人，维希政权的反动派独裁者也不可能走上权力前台，克罗地亚杀人如麻的安特·帕韦利奇（Pavelić）和他手下的法西斯派别"乌斯塔沙"（Ustaša）也不会有机会问鼎权力宝座。在佛兰德斯，弗莱芒国民联盟（Flemish National Union）勾结纳粹占领军，希望借德国主导欧洲这一契机，摆脱讲法语的瓦隆人（Walloons）的压制。在意大利和希腊，法西斯分子和其他右派同德国人沆瀣一气，这么做既是出于自身利益的考量，也是为了打压左派的势力。

那么在中国情况如何呢？ 1972 年，时任日本首相的田中角荣因为日本对中国人犯下的战争罪行向毛泽东主席道歉。毛这个人讲话很有黑色幽默，让客人别背负心理包袱。当时的历史发展是无心插柳柳成荫这句话最具戏剧性的例证。日本人和蒋介石的国民党一样害怕共产主义，双方甚至还有过联手剿共的想法；国民党里汪精卫这一支也的确同日本人大搞绥靖。但是由于战争严重挫伤了国民党的元气，日本人实际上助了共产党一臂之力，帮着后者打赢了国共内战。1945 年，内战的苗头就已初露端倪，之后很快全面爆发。

同希腊一样，中国在外敌入侵前就早已深陷内战。在法国和意大利，内战也已是箭在弦上。而欧洲人在亚洲殖民地"分而治之"的做法造成了很深的积怨，使得所有社会冲突呈现出一点即燃的状态。在被德国人和日本人操纵后，这层积怨变得更加致命。

共产党和左派在反纳粹、反法西斯斗争中发挥了举足轻重的作用，而德国和日本为了建立帝国，诱使许多知名右派人士"落水"，名誉扫地。法国共产党自豪于其抗争历史，管自己叫"血肉筑成的党"（le Parti des Fusillés）。即使是左翼同志，如果胆敢同共产党唱反调，对斯大林主义路线叫板，也会被共产党谴责不爱国，甚至惹来"希特勒—托洛茨基分子"这一针对通敌卖国者的骂名。鉴于左翼的武装抵抗史，他们要求发动革命、建立新秩序的呼声也情有可原。战后，苏联至少在其势力范围内的国家利用了这些呼声，反观西方盟国，却解除了一些与他们并肩作战、对抗德日法西斯的部队的武装，或者参与镇压了他们。不仅如此，某些原敌伪政权的统治精英在得到盟军的帮助后，重回权力舞台。这些事件为日后的冷战播下了种子。

然而，勾结外敌并不总是泾渭分明的。在 1943 年的南斯拉夫，铁托（Tito）的共产党游击队就同德国人进行过谈判，因为铁托希望可以"腾出一只手"，去攻打塞尔维亚保皇党的切特尼克部队（塞尔维亚语里叫 Cetniks）。同年秋天，切特尼克部队又同德国人合作，一同打击铁托的游击队。而波斯尼亚穆斯林则愿意同任何能保护他们的一方合作：克罗地亚法西斯，塞族游击队，甚至是纳粹。所有这些暂时性的结盟针对的都是内部敌人，并非外敌。

在法国，多数通敌者并不是直接勾结德国占领军，而是通过为菲利普·贝当（Philippe Pétain）领衔的法国政府效劳。有了德国帮忙，维希派认为复国有望，他们将复原一个真正的法国，一个由教堂、家庭和爱国主义构成的法国，没有自由派，没有犹太佬，没有共济会，也没有其他玷污"地道法国"（La France profonde）的人或事。意大利法西斯真正意义上的通敌发生在 1943 年，当年，意大利被德军占领后，贝尼托·墨索里尼（Benito Mussolini）的权力辐射范围仅限于加尔达湖上隶属纳粹伪政权的一片弹丸之地。然而，过去二十年的法西斯统治已经在左派心中埋下了巨大的仇恨，只等德国人一走，他们就准备展开疯狂的报复。

后来当选英国首相的哈罗德·麦克米伦（Harold Macmillan）受丘吉尔委派，时任负责地中海国家事务的全权大使。1945 年 4 月，他坐上一辆军用吉普车，前往博洛尼亚（Bologna）与同盟军的军事主管会晤，后者刚刚在富丽堂皇、完好无损的市政厅里落脚。路上，他看到两具当地著名自由派人士的尸体，庄严肃穆地躺着，旁边不时有路人经过，眼含热泪地向遗体致以最后的敬意。黑衫党这个法西斯组织一天前仓皇出逃，临走之前枪杀了这两位自由派。"棺材盖开着，"麦克米伦在日记里写道，"这样，生前友人和仰慕者就能最后一次瞻仰领袖的遗容。两人被杀害于市政厅墙壁前——墙上血迹斑斑，很是显眼。他们曾经站立的位置已经摆满了鲜花，还有年龄不一的男男女女的照片，看着让人揪心。这些人是最近几个月里被法西斯黑衫党杀害的。"

在日记里援引了这段话后，麦克米伦接着写道："地方行政长官是一名法西斯分子，他没能及时逃脱，被游击队员击毙，倒在了自己最后一个受害者身旁。你能看到他的脑浆溅到了砖块上，血流了一地。"[41] 然后，麦克米伦就去吃午饭了。他注意到过去给德国军官烹制意式菜肴的意大利厨子，现在改为给盟军将领烧美国菜了。"这里面蕴含着一则道理。"他写道，却没有透露到底是什么道理。

1945 年 4 月，死于寻仇的游击队之手的人还包括墨索里尼自己，以及他的情妇克拉拉·佩塔奇（Clara Petacci）。他们在试图逃往奥地利时被人逮住，同行的人里还有一些德军防空部队的士兵。游击队在一个路障前拦下了他们。德国人被放行了，游击队对他们不再感兴趣。但意大利人不准走。尽管在红裤缝的意大利将官马裤外套了件绿色的德国军大衣，但墨索里尼还是被人认出来了。4 月 28 日，他、克拉拉，还有 15 名随机挑选的法西斯分子，在加尔达湖上的一间乡间别墅前，被人用机枪处决。翌日，他们的尸首出现在米兰一座破破烂烂的广场上，像猎物一样被倒吊在埃索（Esso）加油站的悬梁下，供暴民发泄怨气。很快，尸体的脸就变得血肉模糊，难以辨认。

一个月后，埃德蒙·威尔逊被带到事发地参观。埃索加油站现已废弃，但悬梁上用黑字写下的死刑犯名字依旧清晰可见。威尔逊写道："墨索里尼和他的追随者被虐杀，死后暴尸街头，被人辱尸泄愤，这件事的臭气依然飘散在整个城市上空。意大利人会在酒吧里拦住你，给你看他们拍的照片。"[42]

事实上，在 4 月至 7 月期间，意大利北方可能发生过不下 2 万起处决法西斯和他们狗腿子的事件，这只是其中一起罢了。在这当中，有 8,000 起发生在皮埃蒙特，4,000 起发生在伦巴第，3,000 起发生在艾米利亚，另有 3,000 起发生在米兰省。[43] 许多人是被共产党主导的游击队草草处决。其余的在临时设立的人民法院——即所谓的广场（Piazza）正义——里接受了简单审判。处决来得很快，有时还存在滥杀无辜的现象。验明身份的法西斯分子连同老婆孩子一起被枪毙。死于这种粗暴正义屠刀之下的既有警官，也有法西斯政府官员。就算有些人已经身陷囹圄，也并非绝对安全。7 月 17 日，维琴察附近的斯基奥监狱遭到了蒙面游击队的袭击，牢里关着的 55 名法西斯分子被杀。有些复仇者是久经战阵的抵抗组织战士，有些则是待到真正的战斗一结束，最后时刻才摇身一变成了英雄，这类人壮大了各地的抵抗组织。还有些则是身背前科的罪犯，利用他们新晋的"爱国者"身份，敲诈富商、地主，或盘剥他们的财产。

话说回来，在意大利，报复的背后时常也有政治目的；这是一种反攻倒算的革命行为。共产党游击队将清洗看成是和资本主义的必要斗争。由于大企业，譬如都灵的菲亚特公司，都与墨索里尼政权合作过，它们被视为理所当然的目标。尽管都灵和米兰城里最有钱有势的生意人往往都能设法跨越瑞士边境，或者用黑市商品买通前来索命的人，以此保全性命，但对于地位较低的人，他们被害后常被人抛尸当地公墓门口。

由于对意大利可能爆发共产主义革命忧心忡忡，盟军军事当局罔顾许多游击队员曾英勇抗击德军这一事实，急不可耐地想解除他们的武装。保守派意大利政客对这项举措表示支持，这点并不让人奇怪，因为他们中间一些人曾经同法西斯蛇鼠一窝。的确，正是因为罗马的意大利过渡政府在惩办法西斯分子一事上磨磨蹭蹭，才有了后来的"广场正义"。

　　为了讨好和安抚原游击队员的自尊心，意大利多个城市举行了游行。盟军指挥官在左右两侧意大利达官显贵的陪同下，接受了游击队的致敬。队员分别戴着不同颜色的围巾，象征着他们各自效忠的对象：红色代表左派，蓝色代表基督徒，绿色代表多由意军逃兵组成的独立派（autonomi）。不少人放下了武器，但也有人拒绝缴械。激进的左翼依旧势力强大，有时还掌握武装力量。不过，后来的事态发展证明，保守派是多虑了。意大利不会出现革命。斯大林被允许将他的帝国扩展至中欧，作为回报，他同意把地中海留给西方盟友。但是杀气腾腾的报复行动依旧在上演，意大利被赤化的担忧也依然挥之不去，左派仍旧痛感遭人背叛，这种感觉有时甚至绵延至21世纪。

106

　　埃德蒙·威尔逊素来同情左翼，他对这些事态表达了不齿。他提到，美国对战后意大利民主体制建设的主要贡献是，"管我们的一条电话线路叫自由线；另外，当初游击队为我所用时，我们提供武器，鼓舞他们，但现在却在没收他们的武器，禁止他们发表政治演说，如果他们制造事端，还会被扔进监狱"。尽管知道左派手上也沾满了鲜血，但他认为，"全新的意大利革命不只是一场野蛮仇杀，我相信，这一运动的势头此刻很难被扼杀"。[44]

　　然而，左派的势头的确被扼杀了，一如南朝鲜、法国、南越、日本和1945年夏威尔逊造访的希腊。他下榻在雅典宪法广场上的大不列颠酒店，酒店服务很差，甚至有几分敌意，威尔逊留意到他的房间墙壁上还有弹痕。他受到怠慢是有原因的，因为雅典也像意大利一样被笼罩在一团臭气之中——一团因同样背叛而生的臭气。

　　这里有必要对墙上的弹孔做出解释。一年前的12月，民族解放阵线（希腊语里简称 EAM）的支持者举行了一场声势浩大的示威游行。EAM 是受共产党控制的游击队组织。英军正式接管了光复后的希腊。那时，控制雅典的是一个由民族团结党主导的希腊过渡政府，政府成员多为保守派和保皇党，此外也有一些左翼人士。
但大半个希腊依旧在 EAM 及其下属武装力量 ELAS 手里。赶走了   107
德国人后，EAM 和 ELAS 本以为可以接管政府，在希腊掀起革命。
但是有英国人撑腰的保守派不惜一切代价想要加以制止，于是就有
了 1944 年 12 月 3 日的示威抗议。在哈罗德·麦克米伦看来，这一
天"拉开了内战的序幕"。[45]

事实上，麦克米伦一定清楚，内战很早以前就开始了。希
腊在一战期间严重分裂，当时的总理埃莱夫塞里奥斯·韦尼泽洛
斯（Eleftherios Venizelos）打算支持协约国，而国王康斯坦丁一
世（Constantine I）和其军事统帅扬尼斯·梅塔克萨斯（Ioannis
Metaxas）则支持同盟国。于是，后来一段时间里，保皇派和"韦
尼泽洛斯派"一直严重对立。1936 年，梅塔克萨斯独揽大权，表面
上看他是个银行家，但心地却如同法西斯元首（caudillo）般歹毒。
他崇拜希特勒的第三帝国，作为国父"统一"了希腊——取缔所有
政党，把共产党和政权的其他反对者关进监狱。梅塔克萨斯死于
1941 年，他的死让多数希腊人松了一口气。

后来，德国人举兵来犯。过去梅塔克萨斯政权的支持者大都勾
结入侵者，而从梅塔克萨斯的监狱里放出来的共产党人则带领人们
抵御外敌。在德国人的鼓动下，希腊法西斯兵团和一开始得到盟军
帮助的左翼游击队展开激战。双方都穷凶极恶，不少受害者都是不
幸身处战火夹击之下的无辜民众。

但麦克米伦说得没错：在英国人看来，真正的战斗是 1944 年
才正式打响的。英军在得到意军的增援后，把枪口对准了几个月前
还在打德国人的左翼游击队。埃德蒙·威尔逊对这种背信弃义、过
河拆桥做法的不齿得到了广泛响应，特别是在美国。英国出兵希腊
被看成是又一次典型的英帝国主义干预战争。不过，在英国，许多
人对此也抱有同感。丘吉尔因为对德作战的领导才能备受尊崇，却
因为敌视共产党游击队收获了不信任。

哈罗德·麦克米伦写道，在希腊等地，"抵抗运动在我们的宣传里被描绘成一帮充满浪漫主义情怀的理想主义者，以拜伦式的热情献身战斗，为的是争取国家的自由"。[46]最有拜伦风范的一位英雄莫过于阿里斯·维卢奇奥蒂斯（Aris Velouchiotis）。阿里斯率领他的游击队，骑着战马翻越崇山峻岭，他们清一色的一袭黑衣——头戴黑色贝雷帽，身穿黑夹克，留着黑胡须。这位英雄人物在1945年和共产党一刀两断。他不仅散发着浪漫主义气息，同时还是个杀人如麻的刽子手。人们后来在他经常出没的地区挖出了万人坑，里面七零八落地埋葬着他政敌的骸骨。

希腊解放后的真正问题是，在动用武力这点上到底谁说了算。这在意大利、中国等地也是一样的。经过漫长的谈判后，希腊民族解放阵线（EAM/ELAS）同意放下武器，前提条件是右翼武装民兵，譬如纳粹占领下组建的臭名远扬的警备营（Security Battalions），也放下武器。政府想的是把双方最出色的士兵吸纳进政府军。据EAM/ELAS称，政府方面没能遵守约定；即便左派遣散了部分部队，右派还是获准保留了武装力量。不难理解，不少原ELAS的战士将此视为恬不知耻的背叛。一名游击队员回忆道，1944年他们曾包围了一帮通敌者，但最后放了对方一条生路，把他们移交给了警方。游击队失策了，因为后来警方给这些人配枪后，放他们走了。1945年，战败的游击队员明白了一个道理："那些说'杀了他们'的同志现在可以理直气壮地指出，如果我们当时枪毙了所有的法西斯，就不会再起战火，打内战了。"[47]

1945年的雅典就被笼罩在这样一种躁动不安的气氛中，对此，埃德蒙·威尔逊在酒店房间里看出了端倪。1944年12月3日，宪法广场上人头攒动，人群由妇女和孩子带头，朝大不列颠酒店行进，那里是临时政府办公所在地。据传言，人们计划冲击酒店。而威尔逊从同情左派的人士那里听来的说法是——也是当时大部分希腊人的看法——这是一场和平示威。大部分群众在保皇党的警察朝他们开枪后依然毫不退却，镇压共导致 100 多人死伤。翌日，示威者再次途经酒店，这次是为死难者送葬，但就在这时，保皇党从酒店窗口向外射击，打死了将近 200 名手无寸铁的市民。

109

可以预料，麦克米伦的看法会有些不同。"这群所谓的平民，"他回忆道，"里面有许多全副武装的 ELAS 游击队员。"而且打出致命枪弹的恐怕是有心煽动暴乱的共产党特工。[48]

尽管这起惨案的真相依然扑朔迷离，有两件事当无争议。首先，1944 年 10 月德国人被赶出希腊前，共产党领导的游击队行事冷酷无情，处决了大批名副其实和莫须有的通敌者，还有"阶级敌人"，而且在 1944 年之后一段时间里，清洗和杀戮依旧在上演。其次，希腊人有充分的理由认为他们被人背叛了。

在许多国家，共产党和左派是反纳粹和反法西斯抵抗力量的中流砥柱。在希腊，他们通过残酷地清除异己，垄断了抵抗组织。在乡村，EAM/ELAS 建立了某种游击政权，人民法院负责处置所有革命的敌人。1944 年 9 月，一位被派驻到希腊的英国军官写道：共产党在阿提卡（Attica）和维奥蒂亚（Boeotia）施行"恐怖统治"。"过去几周内有 500 多人被处决。由于尸体腐烂，臭气熏天，我营地附近的一个地方根本没法走近。赤身裸体的尸体被人砍掉脑袋，就这么躺在地上，无人掩埋。这片地区有很多死硬的反动派，ELAS 就来整肃了。"[49]

鉴于此，人们有理由担心希腊一旦爆发革命将会出现的后果。丘吉尔曾一心想把国王乔治二世送回希腊，复辟王权，但他的那套忠君尊王的训诫就连一些希腊保守派都十分反感；此路不通。20 世纪 30 年代末期，乔治二世曾短暂执政，碰巧赶上扬尼斯·梅塔克萨斯的右派暴政，因此公众可不会怀念那个时代。

但出于对共产主义的畏惧，英国人觉得他们别无选择，只能协助雅典政府同左翼游击队作战。1945 年初爆发的内战持续了五个星期，多达 2 万名"阶级敌人"被 ELAS 驱逐，而且经常在被强行赶

进深山后屠杀殆尽。另一方面，许多有左派嫌疑的人被英国人流放
到非洲劳改营。交战各方无所不用其极，战争空前残酷，以至于 2
月份达成停火协议时，公众无不感到宽慰。当时，丘吉尔出现在大
不列颠酒店的阳台上，在东正教大主教的陪同下，对着人山人海、
欢呼雀跃的群众讲道："希腊永世长存！希腊属于所有人民！"[50]

后来证明，这不过是战事重启前的短暂停歇。翌年，希腊再次
陷入内战，一打就是三年。但其实早在这之前，丘吉尔振奋人心的
演讲一结束，另一种形式的报复，或者说反报复就开始了，这回矛
头指向的是左派。右翼军事组织和宪兵发了疯似的到处抓人。大批
共产党或有左派嫌疑的人在未经授权的情况下被捕，遭到殴打，羁
押或被杀害。民族解放阵线发出呼吁，号召全世界关注"一个甚至
比梅塔克萨斯独裁专政还要骇人听闻的恐怖政权"。[51]1945 年末，
大约 6,000 名 EAM 的支持者都被关进大牢，其中不乏妇孺之辈。
由于人数众多，不得不专门兴建关押女囚的拘留所。犯人受到的普
遍指控是他们在德占期间犯有战争罪行。然而，曾经勾结纳粹的人
以及右翼保安团的罪行却大都逃脱了制裁。

哈罗德·麦克米伦和埃德蒙·威尔逊来到希腊的原因大相径庭，
各自的看法也势如水火。前者是作为英国的常驻公使，后者是服务
于美国的报告文学作家，但两人在一件事上意见一致：有必要加大
努力，把民主左派从共产党革命分子中分裂出来。麦克米伦认为，
"一种温和、合理、进步的政策"本来能撕下"共产主义冷酷本质
外包裹的那层模糊、激进的外衣"。[52] 在威尔逊看来，英国本应"协
助 EAM 的领导人，帮他们摆脱苏联的束缚，另外，他们手下有些
成员行事野蛮粗暴，抵抗时期，英国人对他们的骁勇善战求之不得，
但如今有必要管教管教他们"。[53] 遗憾的是，即使存在这样的愿望，
相应的努力很快就被复仇的渴望所湮没。各路政治力量为了一己之
私，激化矛盾，挑唆人们报仇雪恨。

　　＊　＊　＊　＊　＊

　　用解放来形容殖民社会的战争结束也许并不合适。多数亚洲人对日本人被赶跑都打心底里感到高兴，因为日本所谓的"解放亚洲"后来证实残酷性比其短暂取代的西方帝国主义有过之而无不及。但在1945年，荷兰人可不想让荷属东印度获得解放。同样，法国人也不希望印度支那解放，英国人不希望马来亚解放。

　　相形之下，美国人对菲律宾的处置方案要迁就多了，东南亚盟军最高指挥官路易斯·蒙巴顿勋爵（Lord Louis Mountbatten）对渴望民族独立的志士抱有些许同情。荷兰人和法国人则不同，他们急于尽快恢复战前的殖民秩序。即使是对渴望独立的印尼人心存同情的荷兰社会主义者，也担心一旦失去亚洲殖民地，遭受德国占领重创的荷兰经济将走向崩溃。当时流行这么一句口号："如果丢了东印度，我们就要完蛋了。"对于印尼民族主义者，较为进步的荷兰政府所能做出的最大让步，不过就是在归顺荷兰王室的前提下，赋予其一定的自治权。另外，对那些和日本人合作过的印尼人，肯定要秋后算账，绝不姑息。

　　这让通敌和清算这一问题变得颇为复杂，因为至少在战争初期，东南亚人民十分支持日本人"亚洲是亚洲人的"宣传。对于苏加诺（Sukarno）这样的印尼激进派，和日本人合作是摆脱荷兰殖民主子的最好办法。但在荷兰人眼里，苏加诺这就成了通敌分子。因此战后不可能跟他就印尼的独立问题进行谈判；相反，荷兰人认定，他因为卖国求荣理应受到惩处。

　　1945年，亚洲人胸中同样燃烧着一腔复仇的怒火，但矛头并不总是指向欧洲殖民主义者。复仇的形式通常比较间接，瞄准的是日本占领前的通敌行为。同欧洲一些地方的情况如出一辙，亚洲人复仇的受害者常常是不受待见的少数民族，尤其是那些享有特权、经济上更富裕、和西方殖民列强结盟的少数派。

华人常被叫做"亚洲的犹太人",他们是日本人在东南亚野蛮行径首当其冲的受害者。举例而言,在马来亚,日本人不信任华人,更看得起马来人。有种看法是,华商从西方殖民主义中获益,所以华人理应被打倒。与此同时,马来族精英却在公务员和警察队伍里得到了晋升。这倒不是说日本人对马来或印尼工人农民有多好;相反,许多印尼人因为被迫为日本军工项目干活而丧命,死时的状况比多数西方战俘还要凄惨。乡村常常受到战火蹂躏,上百万的农民生活困窘;城市遭打砸抢,丧失了最基本的公共服务,黑帮成了街头老大。

日本在南洋的统治尽管残暴,但却给过去倾向于对殖民之耻逆来顺受的人灌输了一套全新的叛逆思想。西方列强被日本羞辱得体无完肤,他们外强中干的特点暴露无遗。几十万马来族和印尼年轻人接受了日本人的训练,效力于"皇协军"、民兵和各个激进青年团体。这让他们感到了一种少有的自豪。日本人利用在被殖民人群当中十分普遍的羞耻感和低人一等的心理,有意煽动反西方和反华情绪。

战时,马来亚的抗日运动大都有华人背景。马来亚共产党是抵抗力量的领导者,他们一方面以中共为榜样,另一方面也许受到了国际主义的鼓舞,这种情怀让共产主义对世界各地的少数民族都很有吸引力。尽管马来亚共产党的纲领并不太反对马来族,但所有成员几乎清一色都是华人。其麾下有支军事力量,叫马来亚人民抗日军(MPAJA),到1945年8月时,抗日军已经有大约1万名武装人员,控制了大半个乡村,形成了国中国,有自己的法律和法规,并热衷于大面积整肃不同情他们的官员。这方面很像希腊的共产党游击队。

战后,抗日军的成员旋即对勾结日本人的当地人——多数是印度人和马来人——进行了报复;市长、警察、记者、告密者、日本官员的情妇,以及其他"卖国贼和走狗"被人在大街上拖着游街,关进牢笼,再由"人民法院"草草审判后公开处决。这让许多马来人心生恐惧。另外，同年 10 月，曾和马来亚抗日军有过密切合作的英国殖民政府宣布华人应被赋予同等公民权，于是，马来人自然而然担心会失去对自己国家的控制权。时至今日，马来亚的政客依旧在利用这种畏惧心理。

马来人决定对华人予以反击。领头的是个戴着头巾、凶神恶煞的原黑帮头子，叫基亚伊·萨雷（Kiyai Salleh），他在战后一跃成为"圣战红军"（Red Bands of the Sabilillah）的头目。该团体的宗旨是防止华人异教徒威胁穆斯林的信仰，并为那些在日本战败后遭华人羞辱和处决的马来人报仇。尽管排华的圣战表面上符合伊斯兰教义——萨雷诵读古兰经文，引用苏菲派圣人的教诲——但他更多地借用马来神秘主义，对外宣称自己刀枪不入："子弹打不死他，他能不湿脚穿越河流，能撑破任何绑在身上的绳索，他的嗓音能让攻击者瘫痪。"[54] 萨雷的追随者相信，在用金针刺扎身体并喝下神圣勇士头领"开光"的汤药后，他们也被赐予了类似的神力。

"圣战红军"最喜欢用大砍刀或马来族的"克里斯"（kris）短剑杀人。据传说，这种武器跟战士们一样被赋予了神奇的力量。在 11 月 6 日发生的一起典型的袭击事件中，一伙马来族圣战主义者袭击了巴当里峇（Padong Lebar）的一个华人村庄，用短剑和砍刀杀死了 40 人，其中男性 5 人，其余为女人和孩子，孩子的尸体被扔进一口水井。马来政客并不支持这种杀戮，但他们也未采取行动加以制止。据一份英国军事情报显示："在受过教育的马来人中间，似乎能察觉到他们对马来人在未来马来亚的地位很是担忧。此外，人们普遍相信，华人正在掌控这个国家的经济命脉，如果对这种势头不加遏制，他们终将获得政治主导权。"[55]

同样的担心还困扰着印尼人。正因如此，马来族头领萨雷手下 3 员大将都是来自荷属东印度的印尼民族主义者，就绝非偶然了。1945 年秋的东印度，时局要比马来亚动荡得多。

雅各布斯（G. F. Jacobs）是英国皇家海军陆战队的一名少校，

114

南非人，是 1945 年 8 月第一批被空投到苏门答腊的盟军士兵之一。
他的任务是同日本军方建立联系，准备接受他们投降，并为盟军登
陆打前站。雅各布斯得以率先一睹日军战俘营究竟，他发现里面关
押了数以千计疾病缠身、形销骨立、遍体鳞伤和饥肠辘辘的平民。
荷兰囚犯不能理解雅各布斯为何不准他们血债血偿："为什么制止
我们……你难道看不出我们有多想收拾这群黄皮肤的矮个儿王八蛋
么？"[56]

　　雅各布斯少校禁止战俘对看守动用私刑的原因是他担心一种更
可怕的威胁。印尼人拿着枪、匕首和长矛在乡间游荡，叫嚣要"bunuh
Belanda！"，即"杀死白种人！"。现在还需要日本人来保护昔日的
囚犯。

　　8 月 17 日早上，也就是日本投降后两天，苏加诺在巴达维亚（即
雅加达）对着不大一群人宣读了一篇短小精悍、用打字机打出来的
宣言："我们印尼人民在此宣布印尼独立。诸如权力交接等工作将
会正大光明地展开，而且会尽快落实。"

　　苏加诺任命自己为新成立的印尼共和国总统。这份独立宣言是
他和副总统穆罕默德·哈塔（Mohammed Hatta）一同起草的。在
这之前，他们和日本陆海军司令官就此事进行过密切的磋商。1945
年夏，战败看来已经在所难免，日本人因此断定，缔造一个自由的、
反西方的印尼将会是他们最好的一步棋。毕竟，多数日本人把"亚
洲是亚洲人的"这句口号很当回事，尽管他们的真实想法是自己作
为优等人种，应凌驾于其他亚洲人之上。不少印尼人都对暴力感到
厌倦，他们受尽了日军的欺压，又吃不饱饭。那些被强行送去修建
缅泰铁路等炼狱般日本工事、最后大难不死的人，把外来疾病带回
了老家。当地人体质虚弱，完全无法抵御疾病。印尼人暂时还拿不
定主意如何看待日本抛出的"自由印尼"设想。日本投降后最初的
几周里，印尼人对荷兰平民还没什么敌意。苏加诺、哈塔和诸如苏
丹·夏赫里尔（Sutan Syahrir）——一位在荷兰受过教育、从未同

日本合作过的社会主义者——等领导人竭力遏制这个千岛之国上潜在的暴力事件，但他们对国家暂时还没有多少实际控制力。

　　大批年轻的强硬派受过日军训练，做过"皇协军"，思想激进。对于他们，新一代印尼领导人的影响力十分微弱。这些青年好勇斗狠，一心想着要打仗。他们从同情印尼的日本军官那里弄到了武器。有些是买来的，有些是从日本仓库里偷来的。据估计，战士们拿到了 5 万支步枪，3,000 挺轻重机枪，外加 1 亿发子弹。[57] 荷兰人此时应该做的，而且也是西方盟友建议他们做的，是同苏加诺等印尼领导人协商，因为后者无意诉诸革命暴力。蒙巴顿一厢情愿地说过："我们唯一的想法是让荷兰人和印尼人相拥接吻，成为朋友，然后我们就好卷铺盖走人。"[58] 然而，荷兰人并未照办。相反，在向英国外交部的请愿中，他们把"所谓的苏加诺政府"比喻成亲纳粹的吉斯林政权（Quisling regime）*，把追求国家独立的年轻印尼士兵比成是希特勒青年团和党卫队。苏加诺的独立宣言则被描绘为日本意图在荷属东印度维系法西斯政权的阴谋。[59]

　　关于苏加诺勾结日本人这点没什么疑问。20 世纪 30 年代的大部分时间他不是在荷兰殖民监狱里度过，就是被流放到某个偏远的岛屿上。日本人给了他荷兰人不曾给过的礼遇。所以不管怎样，苏加诺把投靠日本视为民族解放最快捷径的看法不是一点道理都没有。1942 年他曾说过："我有生以来第一次在亚洲的镜子里看到了自己。"[60]

　　但苏加诺巴结日本人的行为，即便对不少印尼人来讲都太露骨了。他曾支持日本强迫印尼劳工为其战争事业卖命，这点玷污了他的名声。另外，激进的少壮派对他让日本人参与起草独立宣言十分愤怒。他们根本不想跟日本人有任何瓜葛。但是，没有人能够质疑苏加诺身为印尼民族主义者的气节。

116

---

* 吉斯林（1887—1945）系挪威法西斯头目，协助纳粹占领挪威。

　　然而，荷兰人没有直接和苏加诺打交道，而是做出十分模糊的承诺，许以印尼人在荷属联邦中的自治地位。与此同时，9月起，荷属东印度军队的老兵开始在印尼村庄和社区周边耀武扬威。他们肆意开枪，扯掉红白两色的印尼国旗，威胁恐吓人们，这么做完全就是为了显示这里还是他们说了算。最臭名昭著的治安部队是一个叫 X 兵团（Battalion X）的组织，长官分别由荷兰人和欧亚混血儿担任，手底下的士兵多是皮肤黝黑、信仰基督教的安汶人（Ambonese）、棉兰人（Medanese）和其他少数民族，他们担心被其余印尼人摆布，要胜过担心被荷兰人欺压。况且他们也是殖民体系的忠实仆人。当消息传来，说已经靠岸的荷兰和英国战舰搭载着盟军部队——多为印度兵——以及一心想要恢复旧秩序的荷属东印度民政局（NICA）的特派员时，东南亚最血腥的暴力冲突就此拉开了序幕。这种暴力的本质，部分是革命，部分是复仇，部分是违法乱纪，几种因素结合在一起，足以致命。同年早些时候，中欧也爆发了背景相似的流血冲突。

　　1945 年 10—11 月出现了一波暴力恐怖浪潮，俗称"bersiap"（意为"准备好！"）。发起这轮袭击的是成群结队的极端主义武装分子，成员多数在日本人领导的民团里服过役，或者是从雅加达、泗水（Surabaya）等城市的黑帮中招募的街头混混，说是混混，往往只是青少年。人称 pemuda 的青年暴力团体还囊括了学生、工厂工人和村民。他们的首领有些是黑帮老大，这些人抢劫和杀害权贵阶层的动机跟政治关系不大，更多是出于贪婪。有些头领很有魅力，比如人称"虎父"的土匪头子，他把护身符卖给手下，说是能保他们刀枪不入。爪哇神秘主义和日本人灌输的武士道精神两相结合，让年轻战士充满了大无畏的英雄主义精神："Merdeka atan mati！"（"不自由，毋宁死！"）曾经出现过热血青年只拿砍刀和竹枪对抗坦克的事例。

　　革命复仇的主要受害者一是华人，他们大多从商，有通敌背叛的嫌疑；二是欧亚混血，亦称"Indos"；另外还有其他常跟荷兰人穿一条裤子的少数民族。除此之外，还要算上经常被凭空臆想出来的 NICA 间谍。对于 NICA 间谍的定性十分武断：一个人所穿的纱笼（sarong）*如果红、白、蓝三种颜色太多的话（荷兰国旗的颜色），就可能被当成荷兰当局的间谍揪出来。

雅加达的华人、混血儿和安汶人一旦听到街上有人像擂响战鼓一样用竹枪敲打空心金属路灯灯柱时，就知道麻烦来了。日本兵手里拿着枪，奉命在盟军不在时保护平民，但一听到敲击声响起后，经常会溜之大吉。暴徒袭击商店，将住宅付之一炬。狂性大发的青年把屋里的一家人乱刀砍死，他们嗜血成性，乐此不疲地挥刀砍杀，有时甚至会喝受害者的血。在雅加达附近的一个地方，干净的水源已无处可寻，因为水井被腐烂的华人尸体塞得严严实实。

在印尼式荷兰语里，最常见的一类杀戮叫 getjintjangd。Tjintjang 的意思是用克里斯短剑或大砍刀杀人。荷兰平民愚蠢地离开了尚有日本兵把守的集中营，结果往往是被人给 tjintjanged。而日本兵如果拒绝帮助叛军，或交出手里的武器，一样也会被 tjintjanged。尽管过去的集中营和充斥病怏怏的饥民的肮脏村落也是袭击目标，但只要日本看守还坚守岗位，它们依然是最安全的栖身之所。

跟许多荷兰平民一样，有个名叫彼得·范·贝尔库姆（Peter van Berkum）的年轻人生在印尼，长在印尼。一天晚上，他在泗水碰巧被一群少年暴徒盯上了，他们手持削尖的竹枪。范·贝尔库姆被推上一辆卡车，送到当地一座牢房。据他回忆："卡车减速的时候，一群厉声尖叫的人围了上来。我隐隐约约地看到一堆棕褐色、汗涔涔的脸，人们嘴部扭曲，张得很大。他们晃着攥紧的拳头，挥舞着各式各样的武器。"在一片"杀死白种人！"的呼号声中，囚犯们

---

* 东南亚人穿的布裙。

被推下卡车。"一瞬间，人群冲了上来，对他们拳打脚踢，用刀砍，用棍棒戳，用刺刀捅，还用上了斧头、枪托和长矛。"[61]

印尼领导人不希望出现 Bersiap，但事到如今，他们对局面已经完全失控了。爪哇和苏门答腊岛上爆发了全面战斗。这不光是针对殖民者和他们所谓帮手的报复行动，而且还发生在叛军和日军之间，这样的报复和反报复导致了一种血腥的恶性循环。在三宝垄（Semarang），一支由木户新一郎（Kido Shinichiro）少佐率领的日军部队与 pemuda 发生了冲突，后者认为日本人蓄意破坏水源。为了以儆效尤，日军杀死了一部分印尼民兵。这之后，印尼人虐杀了关押在三宝垄市内监狱的 200 多名日本平民。一份英国陆军报告如此描绘当时的情景："有些尸体吊在屋顶上，有些吊在窗口，其余的被竹枪捅了一遍又一遍……有些人临死前试图在墙上写下血书，留下临终遗言。"[62] 被激怒的日军继而还以颜色，屠杀了 2,000 多名印尼人。

陷入最严重暴力的是泗水。这座工业城市到 10 月底已完全落入印尼人之手。监狱里都空了。一个留着满头长发、富有感召力、人称"托莫老哥"的人，通过"叛乱电台"散播古时爪哇人大无畏的传说。在受到他的蛊惑后，成群结队的 pemuda 自由战士、小流氓和浪漫主义青年纷纷走上街头兴风作浪，用短刀和长矛攻击华人、安汶人和被指控是 NICA 间谍的混血儿。日本人由于担心自己性命不保，很乐意向暴民提供更多致命武器。

彼得·范·贝尔库姆的姐姐卡拉（Carla）和附近某个集中营里的荷兰难民一起来到泗水，但迎接他们的是下面的遭遇："我们被一群土著暴民围攻，他们气势汹汹地用竹枪刺我们。边刺还边叫："merdeka！merdeka！merdeka！"（"自由"之意）他们衣衫褴褛，黑眼睛里透射出让人胆寒的凶光。我好害怕。"[63]

盟军决定采取行动。荷兰海军上尉胡耶（P. J. G. Huijer）奉命进入泗水，为盟军登陆做前期准备。他的到来自然被视为进一步的挑衅。日本军火库里的枪械源源不断地流入 pemuda 战士手中。10
月 25 日，大约 4,000 名英军在泗水登陆，其中多半是印度兵和尼泊
尔的廓尔喀兵（Gurkhas）。顿时谣言四起，说这些士兵其实是把脸
涂黑的荷兰人。于是，他们遭到了一群印尼乌合之众的攻击。因为
担心自己的军队遭到屠戮，英国人恳请苏加诺和哈塔出面干预，约
束暴徒。他们照办了，也取得了些许成效。停火协议多少算是得到
了遵守。直到 10 月 31 日英军指挥官马拉比（A. W. S. Mallaby）准
将在试图干预一场争斗时被印尼人开枪打死，协议才又被撕毁。

　　这回轮到英国人报复了。自 11 月 10 日起，泗水市经历了为期
三周的轰炸、炮击和扫射。一个目击者如此描述市中心的景象：

　　　　地沟里遍布人、马、猫、狗的尸体。路上横七竖八地掉着
　　碎玻璃、家具和缠在一起的电话线。战斗的喧嚣声在办公楼之
　　间回响……印尼抵抗运动经过了两个阶段，第一个阶段是狂热
　　的自我牺牲，标志是人们手持匕首攻击谢尔曼坦克，后一个阶
　　段更有组织性，行事也更有效，一板一眼地遵照日军编写的战
　　争手册。[64]

　　到了 11 月底，泗水之乱终于得以平定，但代价惨重：这座城
市经过轰炸，成了一片破败的战场，到处弥漫着印尼人、印度人、
英国人、荷兰人、混血儿和华人尸体的恶臭。在此之后，报复行动
继续发酵，荷兰人在 1946 年派出由绰号"土耳其人"的雷蒙·韦
斯特林（Raymond "Turk" Westerling）率领的敢死队，深入数以千
计荷兰平民遇害的南苏拉威西岛（South Sulawesi）展开报复。当然，
发动报复的不光有荷兰人。直到 1949 年，印尼才赢得完全独立。（因
为在印尼的这段经历，二战期间曾在北非同德军打过仗的韦斯特林 120
成了虔诚的穆斯林。）

　　然而，流血只会换来更多流血。除了扣在苏加诺头上的变节

罪名外，荷兰人还将他看作共产党的头面人物。泗水之战过去整整二十年后，印尼军队里的一些军官借口要杜绝共产党接管印尼的隐患，发动政变，推翻了苏加诺。这一政变标志着全国范围内清洗共产党的开始。穆斯林义警、武装青年、兵团军人、爪哇神秘论者和普通平民人人有份，总共屠杀了 50 万人，其中多数为华人。领导政变的是苏哈托少将，也就是日后的印尼总统。苏哈托受过日军训练，而且被彻底灌输了反对西方帝国主义的思想。他在 1945 年曾同荷兰人作战。苏哈托在位时间长达三十二年，在此期间，作为坚定的反共主义者，他获得了所有西方大国热情而毫不动摇的支持，其中当然也包括荷兰。

* * * * *

1945 年，法国人和荷兰人一样害怕失去他们的殖民地，如果说两者有区别的话，那就是他们的耻辱感更强，这不光是因为 1940 年的军事失利，还因为法国人有官方通敌的历史。在事实上的日本占领期间，法属印度支那依旧处于维希派主导的殖民政府管辖之下。日本人把这块殖民地当作军事基地，而法国人则继续在西贡的体育俱乐部（Cercle Sportif）里喝着他们的开胃酒，心无旁骛地过自己的日子。但在 1945 年 3 月，这种安逸的生活走到了尽头。法国一光复，人们对法国和日本曾经沆瀣一气这点无法再视若无睹了。于是乎，法国军队和官员随即被关进西贡和河内的大牢里。

8 月的第一周，随着战败几成定局，日本人将政治权力移交给越南王室政府，共产主义越盟（Vietminh，即独立越南联盟运动）则控制着北越。几周后，中国军队浩浩荡荡从北方进入越南境内，而南越又即将迎来英军，越南皇帝保大（Bao Dai）和共产党领袖胡志明都明确表示，不论发生什么，法国恢复殖民统治都将是不可容忍的。在河内，法国殖民高官的雕像被人推倒。9 月 2 日，30 多

121

万越南人聚集在毗邻昔日法国总督府的巴亭广场（BaDinh Square）上，听胡志明宣布国家独立。乐队奏响共产主义进行曲，其中不乏"豪饮法国佬的血"的刺耳歌词。站在红旗飘飘的讲台上，胡"大叔"头顶上遮着一柄王室御用的阳伞，周围有配备手枪的越盟士兵负责保卫工作。他细声细语地对着麦克风说道："同胞们，你们听得到我说话么？"人群山呼海啸般地回答听得见。

一位目睹这一事件经过的美军情报官向他在中国南方城市昆明的上峰报告说："就我所见，这些人是动真格的，恐怕法国人真得跟他们打交道。同理，我们也应该跟他们打交道。"[65] 他当时还不知道自己的话多有先见之明。

许多法国人还被关在日军把守的监狱里，如果说越南人宣布独立一事吓到他们了的话，那么在阿尔及利亚的法国殖民者则是惶惶不可终日了。1945 年早期，阿尔及利亚和印度支那都经历了严重的灾荒，这既是旱灾的结果，也有将食品供给调拨给军队的原因。在印度支那，100 多万人死于饥饿。在阿尔及利亚，饥荒导致民怨沸腾，心存畏惧的法国人将之视为暴力革命的肇始。

实际上，除了阿尔及利亚共产党和激进民族主义者刻意煽动叛乱外，大多数阿尔及利亚人只是想得到一视同仁的权利。但是每每有穆斯林朝法国殖民者扔石块，法国人就认为"阿拉伯革命"已经近在咫尺。1945 年，新一届殖民当局上任，左派在其中占据领导地位，他们中不少人曾积极抗击过德军。许多殖民者都拥护维希政府，而且极端反犹。（通常，只有阿尔及利亚穆斯林才会站出来捍卫法国治下犹太人的权利。）然而，那些呼吁阿尔及利亚独立或争取平等权利的穆斯林很快被人贴上了"纳粹"的标签。这就好比把印尼和越南要求民族独立的呼声看成是日本法西斯的部分阴谋一样，从而为左派殖民当局和原维希分子打压阿尔及利亚人授以口实。

阿尔及利亚的暴力冲突不断升级，在该国西北城镇塞提夫（Sétif）的周边地区，由于饥荒肆虐，暴力事件尤为高发。法国殖

122

民者同牧民发生冲突，飞扬跋扈的警官被人轰出村庄，右翼欧洲青年高喊"贝当万岁"甚至是"希特勒万岁"的口号挑衅阿尔及尔的穆斯林。法国警察还朝打算参加 5 月 1 日游行的一群穆斯林开了枪。

　　作为煽动穆斯林造反和阿尔及利亚民族主义的策源地，塞提夫理所当然成了严重暴力冲突的重灾区。尽管过去曾同德国人狼狈为奸，但法国人决定在 5 月 8 日当天庆祝盟军战胜德国，好好地弘扬下爱国热情。当天清早，穆斯林聚集在主要清真寺前，他们多数是乡下来的，有男人，也有妇孺。一些人在耶拉巴斗篷（jellabas）*下藏着传统式样的短刀，有些怀揣手枪。AML 的领导人（AML 的全称是 Amis du Manifeste et de la Liberté，即宣言和自由之友，是穆斯林要求平等权利的一个组织）向官方保证这不是一场政治示威，不会有人打出民族主义的标语。

　　到了 8 点，人群壮大至 300 多人，沿着乔治·克列孟梭（Georges Clemenceau）†大街向战争纪念碑行进，目的是去那儿敬献花圈。AML 没有兑现承诺，人群里的民族主义者摊开标语，上面写着："我们想要和你们一样的权利。"一个路障旁，警察看见有人高举"阿尔及利亚独立万岁"的标语，一把抢了过来，然后当场打死了这个可怜的阿尔及利亚人。接着，似乎是蓄谋已久的法国平民端着机关枪，从阳台上和法兰西咖啡馆里向外头的人群扫射，导致 20—40 人死亡。被枪击吓坏了的穆斯林逃进小巷里，用手枪和匕首攻击欧洲人。法国共产党领袖阿尔贝·德尼耶（Albert Denier）被严重砍伤，以至于双手必须截肢。

　　一名法国教师当时正在学校对面的咖啡馆里喝东西，她回忆道："四面八方涌来一群高声尖叫的当地人，他们手持匕首，冲向阿拉伯市场，犯下了许多骇人听闻的暴行。我看到大约 15 个人拿棍棒

123

---

* 耶拉巴，一种带帽子的斗篷，常见于北非地区。
† 克列孟梭（1841—1929），一战期间任法国总理，主持了巴黎和会。

围殴瓦扬（Vaillant）先生，他可是阿拉伯人的老朋友了……回想起当时的情景，真是太可怕了。奇怪的是，大多数袭击受害者都是亲阿拉伯的人士。"[66]

法国人大开杀戒的消息很快传到了村庄。虽然报复行动呈现出零星的状态，但是手段十分残忍："我们带着刀子和步枪，我父亲杀了个面包师，只因为他是法国人。我们把门撞翻，用找到的汽油一把火把房子给烧了。"[67] 法国殖民者只得逃到当地警察局避难。有些人被抓，然后被剁掉手足，女的被割掉乳房，男的生殖器被割掉塞进嘴里。三天里，共有大约 100 名欧洲人遇害。

社会党总督伊夫·沙泰尼奥（Yves Chataigneau）没有呼吁各方冷静，而是向军队搬来了 1 万人的救兵：其中有摩洛哥人、西非人和外籍兵团士兵。这次行动的目的不止是恢复秩序，还有必要教训一下阿尔及利亚人。杀害法国人的凶手必须血债血偿。

法国殖民者组建了民兵联队，并开始攻击当地人。其中的一支虎狼之师——阿尔及利亚兵团——被一纸调令从德国调回北非，这支部队曾为击败希特勒殊死战斗。回到故乡，他们却被派往内陆，追杀阿尔及利亚同胞。到 6 月底，整个乡村已经陷入一片死寂。村庄和城镇连续几个礼拜被飞机轰炸，又被停在海上的战舰炮击；数以千计的人遭到逮捕，很多在领受酷刑后被处决。阿尔及利亚人的具体死亡数字一直是个谜，有种说法是死者高达 3 万人。与屠杀相伴而来的还有刻意的羞辱。法国人重新祭出了 19 世纪让原住民毕恭毕敬臣服于外来征服者的做法。成千上万的农民满脸菜色，再也无法忍受无休无止的轰炸。法国人逼着他们跪在法国国旗前，恳求宽恕。其他人被推翻在地，在威逼之下高喊："我们是犹太人，我们是狗，法国万岁！"

在一部分法国人看来，似乎阿尔及利亚总算恢复了往日的平静。但更有远见的人，包括戴高乐将军，清楚地认识到屠杀当地人是一个让"永恒法国"（La France éternelle）蒙羞的污点。在官方吹嘘的事迹里，法国可是大义凛然地抵御了纳粹的威胁。因此，发生在塞提夫和周边地区的事情许多年来一直被官方掩盖。

然而，西贡的法国人将塞提夫事件视作一则警告：如果不尽快扼杀越南人渴望独立的念头，同样的事就会轮到他们头上。到了8月，时局看似对法国人不利。他们中不少人仍被关押在日本人的监牢里。越盟从日军那里接收了越来越多的武器弹药，有时甚至想拿就拿。部分日本军官还加入了越盟，不管是出于信念驱使（"亚洲是亚洲人的"），还是因为他们需要一个藏身之所，避免被追究罄竹难书的战争罪行。虽然当时仍处于蒋介石国民党治下的中国并不反对法国统治印度支那，但是法国的帝国主义计划并不讨美国人的喜欢。全心全意站在法国人这边的只有英国人，这点倒不足为奇。

暴民的暴力活动往往因谣言而起。比如9月20日，河内民众相传法国人正在密谋，计划通过殖民警察里越南人的协助，重新获得对局面的控制。据说，有人发现了大量藏匿的武器，还有人说法国人要动用毒气。法国兵不仅被日本人从牢里放了出来，甚至手上又有了枪。为了挫败法国佬的阴谋，成千上万的越南人拿着刀子、长矛和砍刀，冲进法国人家里打家劫舍，在街上见到法国人就寻衅滋扰。日本兵多数时候只是袖手旁观。

河内最好的酒店大都会饭店（Metropole）里的招待也闯进客房，殴打客人，把他们堵在餐厅里。一个设法逃脱的法国人请求日本人释放法国俘虏，以维持秩序。

弗朗索瓦丝·马丁（Françoise Martin）是个法国女青年，她来河内"不是为了赚这个国家的钱，恰恰相反，自己浑身上下流淌着人道主义的理想"。她满脑子只有"对中国—安南文化的崇敬"。然而，她对在街上抗议、要求独立的越南人的看法恐怕颇能代表多数法国殖民者的心声："他们中间可能有**真正的**爱国者……但是，就这帮举着旗子、满大街乱窜的乌合之众而言，里面尽是些罪犯和低能儿，只要一看到五六支枪，他们立马就会龟缩进鼠洞里。不幸的是，我们连这么几杆枪也没有，而且一时半会也不会有。"[68]

8月，关于一栋法国人的别墅里藏有大量武器的流言更加甚嚣尘上。示威人群谴责法国帝国主义。但是，除开乡下出了些杀人案外，越南人针对法国人的暴力行动并未形成多大规模。但法国人还是怕，就算国内大放厥词——戴高乐将军宣称要把印度支那当成"法国凤凰涅槃、重振国威的几大主要目标之一"[69]——法国人因为孤立无助，恐惧感反而加深了。

"每个人都武装到了牙齿，"弗朗索瓦丝·马丁回忆起河内的局势时说道，"美国人、华人、安南人都是如此；只有法国人手里除了棍棒和空瓶子外，就没有其他可以用来自卫的武器了……"[70]她对越南人争取独立的分析同她所处的大环境和时代背景十分吻合，也和她认为抗议者都是"低能儿"的看法一脉相承。这就是一个彻头彻尾的阴谋："表面上，日本人是放下了武器，但他们还在以另一种方式延续着战争，阻碍印尼和马来亚重新落入欧洲人之手；无论在哪儿，他们的伎俩都别无二致：制订背信弃义的计划，处心积虑地准备，一丝不苟地实施……这可真是亚洲人表面一套背后一套的又一个令人叹服的例证啊，而白种人就是会不断上当。"[71]

然而，流血事件最终却并非发生在河内，而是在西贡。重大麻烦来临前的最初迹象跟阿尔及利亚的情况有着惊人的相似。9月2日，几十万被西方媒体惯称为"安南人"的越南人聚集到西贡，通过无线电收听河内的胡志明发表独立宣言，他们当中多数是乡下赶来的农民。一大早，全副武装的越南青年在一座军营大门前举行抗议，里面依旧关押着法国军人。对于越南人的冷嘲热讽，法国人用辱骂回敬，并高唱《马赛曲》。由于技术故障，人群没能听到胡志明的广播演讲，他们怀疑是法国人从中作梗，更加群情激奋。游行的人刚抵达大教堂，就听到了枪声。人群顿时乱作一团，暴民怀疑是法国人开的枪，于是见到法国人就打。华人和欧洲人的店铺遭到打砸抢，神甫遇害，一些女人被踢掉了牙。

　　法国人指责是挑事的越南人开的枪，导致了暴乱。两周后，他们做通了英国将军道格拉斯·格雷西（Douglas Gracey）的思想工作，说是时候把越南人从警察局和公职队伍里开除出去了，是时候重新武装法国人了。出于殖民主义者之间的同仇敌忾，英国人同意了。9 月 23 日，西贡看似恢复了往日的秩序，法国人再度大权在握。几个礼拜、几个月乃至几年来忍受的屈辱和无助，让法国人的欢庆胜利演变为一场"武斗大会"：如今轮到越南人被法国暴徒处以私刑了。一位英国军官在报告中描述："枪声大作，安南人在街上被人拖行，然后扔进监狱。"[72]

　　报复来得很快。第二天，越南人就闯进法国人家里，殴打住户。法国人在河岸边遭受严刑拷打。嫁给法国人的越南女人被捅伤致残。据史料记载，一名怀有八个月身孕的孕妇还被人开膛破肚。西贡的战斗持续了大约两个月，英国人、法国人和日本人都同越南人展开激战。有些日本人后来倒戈，投靠了越南人。法国的外籍兵团里也是鱼龙混杂，不乏曾在北非和盟军打过仗的德国人，甚至还可能有党卫队军官。数以千计的越南人在监狱里受尽了酷刑，只经过五分钟的"审判"，就被处以重刑，甚至是死刑。

　　到了 11 月中旬，法国人又能在体育俱乐部里享用他们的开胃酒了，并确信生活将一切照旧。这种假象维持了一段时间，直至1949 年南越独立、定都西贡时才宣告破灭；而在北越，随着 1954年胡志明的共产党被承认为北越民主共和国的统治者，并且定都河内，这一幻想也化为了泡影。然而，世界上没有一个地方比这个狭长的东南亚国家更能印证莎翁的话了。麦克白对他夫人说过，冤冤相报，血债血偿。此言不虚，越南在历史上曾分为法属东京、安南和交趾支那三部分，后来呈现南、北越分庭抗礼的格局，最后才实现国家统一。

第二部分

清理废墟

第四章
回家

1945 年 5 月，逾 800 万"战争流离人员"被困在德国，等待被遣返回国，我父亲就是其中之一。在欧洲其他地方，这样的人还有差不多 300 多万，他们中一些人思乡心切，有些则不想回家，去哪儿都成。其余的人则再也回不去了，因为他们无家可归：比如流落乌克兰的波兰人、奥地利的塞尔维亚人和克罗地亚人、藏身南斯拉夫的白俄人、逃难到哈萨克斯坦的犹太人等等。在亚洲，流离人员的数量同样庞大：650 万日本人被困在亚太各地，其中一半是平民。100 多万客居日本的朝鲜劳工依然寄人篱下。成千上万的澳洲、欧洲和美国战俘则散落在日本、中国大陆及台湾、东南亚等地，印尼人和其他亚洲人则被迫为日本在该地区的军事工程卖命。多达 18 万亚洲人参与修建了泰缅铁路，其中只有约一半人活了下来。

但凡是战争都会导致流离失所。2003 年由美国主导的伊拉克战争致使 500 万人背井离乡。二战所引发的人员流散规模空前巨大，究其原因，可以发现其中很大一部分是人为造成的：既出于冷酷的现实考虑，也有意识形态的驱动。比方说：奴隶工程、人口流动、"种族清洗"、国家边界变更、德国和日本两个"主宰者民族"外迁以寻求生存空间、内战爆发，以及整个民族被流放，不是死在屠刀下，就是在流放中忍受煎熬。凡此种种，不一而足。在欧洲，这些灾难背后的主要元凶是德国人，但斯大林在苏联国内及其边疆地区所施行的政策往往和希特勒一样导致生灵涂炭。[1]

对我父亲而言，回家的想法并不复杂。1944年，盟军解放荷兰部分国土，并切断他老家和德国之间的联系后，他和家里人的通信就中断了。即便如此，他至少还有家可回。1945年夏天，他从马格德堡（Magdeburg）一座英国收容站出发，先后乘坐英军卡车，而后转火车，再换公共汽车，被送至荷德边境。边境小镇恩斯赫德（Enschede）的接收委员会对他和其他返乡的荷兰人进行了盘问，调查他们在德国做工是出于自愿还是被逼无奈。那些被怀疑自愿效劳的人不光失去了领取食品配给的权利，而且还面临着麻烦。从这种麻烦上，可以管窥未来几十年一直困扰荷兰人的一大问题。这个问题就像覆盖在民族伤口上的旧疮疤，一遍遍地被人揭开：谁是"好人"，谁是"坏人"；谁是勇士，谁又是懦夫；谁卖国求荣，谁抗击外敌；谁是英雄，谁又是恶棍。（当然，实际上很少有非此即彼的那类人。）想要在欢迎声中回家，之前的路途可谓颇费周折。话说回来，盘问我父亲的人倒是彬彬有礼，他对此印象深刻：在习惯了当官的朝他大吼大叫后，他对这种礼貌已经有些不适应了。

到达家乡奈梅亨后，父亲的心情变得更加复杂。他离开柏林时，这个城市已经满目疮痍，可以说他见惯了破坏。但即便如此，走过奈梅亨古老的市中心时，他一定没了方向感。原先许多气派的建筑都不见了，有些可追溯至中世纪。1944年，美国人的一场空袭搞错了目标，结果这些古迹遭了殃。父亲多年来一直渴望回家，但突然间他却心生怯意，以至于离家不远了，他却难以迈开步子。个中原因他已记不太清了，也许是因为无法确定双亲是否还健在，或者老房子还在不在。抑或者，他也许担心魂牵梦萦的团聚会让人尴尬；他不在的时候，可是发生了很多事情。

最后他还是回了家。全家人都安然无恙，团聚充满了欢声笑语，他也很快找回了属于自己的地位，并重新融入社会。父亲是幸运的。

反观其他人，流离失所的状态持续了更长一段时间，而且回家也只会收获失望，甚至还有更糟的下场。曾经遭遇的极端经历在人与人之间产生了一道理解上的鸿沟。所有人都觉得自己是有故事的人。一个在奥斯维辛集中营活下来的人，怎么可能让家乡人理解他或她曾经历过的事呢，更何况这些人甚至连灭绝营都没听说过？

匈牙利作家凯尔泰斯·伊姆莱（Kertész Imre）在 1992 年的小说《命运无常》（Fateless）一书中就谈到了这种理解鸿沟。[2] 作者本人是归化了的布达佩斯犹太人，曾被囚禁在奥斯维辛和布痕瓦尔德集中营。他被遣送时年仅 14 岁，所以是在集中营里长大成人的。作家在小说里塑造了哲尔吉（György）这个有他自己影子的人物。哲尔吉回到布达佩斯，身上还穿着布痕瓦尔德集中营配发的破破烂烂的条纹囚服，他脸庞消瘦，满是斑痕，像个老头。老家的房子里住着一群陌生人，他们充满敌意，形迹可疑，见到哲尔吉后便狠狠关上了门。对于集中营的生还者，特别是犹太人而言，这种经历并不鲜见。因为人们不指望犹太人还会回来，如果真回来了，只会对他们冷眼相待。然而，从某种意义上来讲，同设法滞留在布达佩斯的昔日犹太邻居重逢只会让哲尔吉更加痛苦。他们告诉他："国内日子也不好过。"得知他曾被关在哪里后，邻居给了哲尔吉一条善意的忠告：他应该"忘了恐怖的经历"，一心只想未来。这样的话哲尔吉之前也听到过。他在电车上遇到一位热心人，一名"民主派"记者，后者告诉他：最重要的是"纳粹的地狱火坑"总算完蛋了，一切都结束了。

哲尔吉没法让人们明白他并未去过什么地狱，他的经历不存在什么超自然的成分，他待的地方是集中营。他怎么可能忘记过去，只想着未来呢，难道过去只是做了个噩梦？或看了部恐怖电影？集中营的生活既非出于自愿，也谈不上舒适，但这终究是生活，是**他** 134

的生活。你无法忽视这一延续性。问题在于，没有经历过相似情景的人，难以想象当时的情况，他们也不愿去想象，于是就遁入了抽象的话语，一会儿"地狱"，一会儿"恐怖"，而这些东西应该尽快被抛之脑后。

凯尔泰斯在小说结尾描写的那些人物——记者、哲尔吉的邻居施泰纳先生、弗莱施曼夫妇——都对哲尔吉抱有善意。但战时留在国内的人，后来在面对集中营幸存者或其余归国人员，譬如战俘或第三帝国客籍工人时，并非都表现得如此友好和温情。吃苦受难本来是件很个人化的事，但我们许多人都希望自己的悲惨经历得到别人的承认。如果别人也吃过苦，而且吃的苦明显多过我们，就有可能惹人恼火，也许还能勾起罪恶感，因此才有了"国内日子也好不到哪里去"这样的话。

犹太幸存者重返故乡，不管是回到波兰等经历血雨腥风的中欧国家，还是回到荷兰这样的西欧国家，他们有时遇到了冷若冰霜的对待。这种情况同一种模糊的、未完全泯灭的良心负罪感有一定关联，此外也源于反犹主义偏见。在经过了若干年德国占领军宣传大棒的教化后，这种偏见其实更可能是不减反增了。

这一点不止在通敌者和纳粹同情者身上得到了印证。1944年，荷兰南部光复后，一个名叫内蒂·罗森菲尔德（Netty Rosenfeld）的女青年终于可以告别躲躲藏藏的日子了。她来到一家荷兰抵抗运动管理的广播电台求职，却被告知罗森菲尔德这个姓氏不适合干广播这行。毕竟，她要理解，已经有足够多的犹太人为"重生荷兰"广播公司（Radio Herrijzend Nederland）工作了，这家电台甚至被起了个绰号，叫"重生耶路撒冷"。犹太人经历的遭遇固然不幸，但他们肯定吸取了一个教训：就是别想再排到队伍的最前面，期待还能主宰社会——这可是好言相劝。

1945年9月，一个名叫齐格弗里德·古德斯密特（Siegfried Goudsmit）的人在《准备报》（Paraat）这份荷兰抵抗运动创办的左翼报纸上讲述了下面这则故事：

> 一个公交车站。乘客们正在等候开往阿姆斯特丹的公交车。　135
> 人群中有两个犹太人。其中一个坐在凳子上……某位非犹太"女
> 士"对此不能接受，她告诉犹太人他应该站着。"其他人才有权
> 坐这个位子"。您说得对，太太，要是我身体健康的话一定站着，
> 但我从德国集中营逃出来后，十分虚弱，最近刚出院。您也看
> 得出来，我身子骨依然很弱。"他们真该把你留在集中营，你这
> 样的人我们这儿已经够多的了……" [3]

纳粹集中营的其他生还者被告知，不是只有他们才吃过苦；荷
兰人也在挨饿，或丢了自行车*，或如何如何不幸云云。犹太人被奉
劝不要老是提要求，也不要太得理不饶人。他们应该认清自己的地
位，最重要的是要懂得感恩。

曾经隶属于抵抗运动的报纸《爱国者》（*De Patriot*）发表过一
封讨论战后荷兰反犹主义问题的读者来信。这封信刊登于 1945 年 7
月 2 日：

> 毫无疑问，犹太人正是由于遭受过德国迫害，博得了荷兰
> 人民的巨大同情。现在犹太人有必要见好就收，别太过分；他
> 们应该时时刻刻牢记感恩的义务，而表达这种感激之情最重要
> 的方式，就是尽他们所能，为那些代犹太人受苦受难的荷兰人
> 提供补偿。犹太人应该感谢上苍，他们从集中营里活着走了出来。
> 这份（来自荷兰人的）同情也可能被人弃如敝屣……他们（犹
> 太人）真的不是唯一吃过苦的人……[4]

---

* 二战时，很多德国人在荷兰偷自行车，因此荷兰人开玩笑常说德国人是"偷自行车的贼"。

　　如此看来，多数犹太幸存者选择保持缄默就不足为奇了。对于1940 年大约 15 万荷兰犹太人中有 3/4 未能活下来，他们保持缄默；对于只有区区 5,000 人从集中营返回家乡，他们保持缄默；对于荷兰官僚、警察和法官积极协助纳粹刽子手屠犹，他们保持缄默；对于犹太人被一火车皮一火车皮往外遣送时荷兰人的噤若寒蝉，他们一样保持缄默。

　　战后最初几年里，荷兰一口气兴建了大批战争纪念碑，有为抵抗运动战士立的，有为阵亡军人立的，有为民族苦难立的，也有为英雄烈士立的。第一块犹太大屠杀纪念碑立于 1950 年，位于阿姆斯特丹，靠近昔日犹太市场、17 世纪葡萄牙犹太教堂和犹太人住宅区的交界处。这些宅子的主人曾经被人拖出家门，房子自此空置，里面的东西继而被瓜分，什么也没剩下。纪念碑由白色石料雕琢而成，顶端有一颗大卫星，表面刻着五幅浮雕，分别描绘爱、抵抗、坚韧，以及荷兰人的悲恸这几个主题。这座纪念碑名叫"犹太感恩纪念碑"。

　　事实上，犹太生还者的存在让人尴尬。因为在战后废墟上匆匆构建起来的英雄事迹根本和他们无关。不管在荷兰、法国或任何其他国家，人们都想忘记一些不太光彩和叫人难过的往事。经历了战时国土沦陷的男男女女，看到别人大难临头时，选择低下头，当做什么也没看见，他们靠这种明哲保身之举，竭尽所能地在国耻中委曲求全，完了却跳出来冒充自己一直是英雄。20 世纪 50 年代，那时我还在读小学，从小到大，老师自豪地给我们讲荷兰人民抵抗外敌的故事——大多是些小题大做的段子，比如德国兵跟人问路时，故意给他们指错方向，等等。

　　我年幼时最喜欢的儿童作家是诺雷尔（K. Norel），他的书讲的都是抵抗运动小战士的英勇行为，标题个个起得慷慨激昂，譬如《赶走暴政》（Driving Out the Tyranny）、《待命，儿童团》（Stand By, Boys）、《抵抗和胜利》（Resistance and Victory）。然而，不管是真实的还是虚构的，英雄名单里都没有犹太人的位置。陈旧的偏见并未消逝。这里有一段文字，摘自诺雷尔的《赶走暴政》："犹太人也许不是英雄，但他们真的很精明。只有在纳粹开始搜刮犹太人的财富和资产时，他们方才觉醒并发动报复。他们精到骨子里了，所以才没让敌人卷走上百万的钱财。"

* * * * *

137

在法国，经过一段时期的狂野报复后，戴高乐政府决意弥合法国社会的深刻裂痕，做法是营造一种多数公民都曾英勇抗击德国人的假象。然而，尽管这一功利性的自我麻醉也许有其必要性，但回乡的战俘却同犹太人一样，与其基调格格不入。这些邋里邋遢的男人，穿着磨破了的老式军装。作为 1940 年耻辱战败的责任人，法国自然不会轰轰烈烈庆祝他们回国。在"战斗的法国，唯一的法国，真正的法国，永恒的法国"中（这是巴黎解放后第二天戴高乐的原话），没有这些人的位置。他们唯一的希望是还能领到食品配给券，拿到一些现金，让医生给他们做一次体检，最后还能光临几个放《马赛曲》的酒吧（前提是他们人数够多，值得奏乐欢迎）。

维希政府曾把战俘描绘为一群勇士，他们忍受牢狱之灾，为的是保全法国的荣耀，这些宣传在战后给回乡的战俘帮了倒忙。日后成为著名作家的罗杰·伊科尔（Roger Ikor）于 1940 年 5 月被俘，虽然他有犹太血统，但还是和其他法国战俘一样被关押在波美拉尼亚（Pomerania）的大牢里。他在回忆录里写道："我们被人噤声，无法抗议，成了贝当和他党羽最好的支持者。他把我们比作法兰西最纯净的血液，难道不是再正常不过了？出于恰恰相反的理由，戴高乐主义者鄙视我们。200 万战俘，200 万沾上贝当主义污点的战俘，让那些不可一世的大佬和他们对法兰西的看法蒙羞了。我们没像他们那样顽强抵抗，而是甘愿束手就擒了吧？所以我们必须得是懦夫，流的不是最纯净的而是最肮脏的血。"[5]

于是，战俘回国后，人们对他们常常摆出一副公事公办的冷脸，嘴上虽然不说，但举止悄无声息地透射出蔑视。战俘们能够得到的最好待遇也就是被人俯视。在遣返中心，接待他们的都是穿制服的官员，态度蛮横，而且常常是女人。她们的官衔有时高过这些在铁丝网后度过战争的男人，而且并不羞于拿官阶压人。

作家玛格丽特·杜拉斯（Marguerite Duras）曾参加抵抗运动，她在《战争》（The War）这部回忆录里描写了这种官大一级压死人的做派： 138

> 不断有人抵达。一卡车接着一卡车……战俘被分成五十人一组，扔在遣返中心……这些可怜的小伙子看着大厅，脸上都挂着笑容。他们周围站着遣返中心的军官。"来，小伙子们，排好队！"他们于是排好队，依旧面带笑容……最近这几天我一直在火车东站，有个女人对着外籍兵团一名士兵一通臭骂，然后指了指她的肩章："不知道要敬礼么，小子？你没看到我是上尉？"[6]

杜拉斯本人很左，而且对她描述的这些爱摆官架子的官员甚为鄙夷。拿她的情人和左派抵抗运动同志迪奥尼·马斯科洛（Dionys Mascolo）的话来讲（马斯科洛在回忆录里简称"D"）：这些人是反动派，他们"反对任何不直接归属戴高乐派的抵抗运动，他们会占领法国，他们自以为代表了有思想的法国、有权威的法国"。[7]他们口中"永恒法兰西"的英勇事迹一定是对自己的讴歌。

杜拉斯的回忆录里还有一段让人为之心碎的文字。她的丈夫罗贝尔·安泰尔姆（Robert Antelme）也是左翼抵抗运动战士，他被德国人逮捕后送往布痕瓦尔德。尽管在战时已经和"D"好上了，但杜拉斯依旧渴望见到丈夫活着回来。这也是她为什么来来回回往返于遣返中心和火车东站之间的原因。她迫切想要得到他还活着的

消息。后来，一次偶然的机会，日后的法国总统弗朗索瓦·密特朗
（François Mitterrand）在德国人的集中营里巧遇了安泰尔姆，后者
已经无力说话，更别说走路了。但是，日思夜想的团圆最后还是在
巴黎上演了：

> 博尚（Beauchamp）和"D"用肩膀架着他。他们在一层楼
> 停了下来，他抬头往上看。
>
> 后来的事我记不太清了。但他肯定是在看我，然后绽放出
> 笑容。我尖叫着说，不，我不想看到你这样。我又开始狂奔，
> 这次沿着台阶飞驰而上。我记得自己在撕心裂肺地尖叫。我的
> 尖叫引发了战争，六年了，我从未哭过一次鼻子。我躲进了某
> 个邻居家里。他们逼我喝下一些朗姆酒，往我嘴里灌酒，对着
> 尖叫的嗓门灌酒。

接着，过了一小会儿，她又见到了他，安泰尔姆的脸上依然挂
着笑容：

> 正是这个微笑，才让我认出了他，但我们之间隔着好长一
> 段距离，就好像我是在隧道的另一头与他相见。这是一丝带着
> 尴尬的笑。他在为自己以这种颓废的状态出现在我面前表示歉
> 意。然后，笑容渐渐隐去，他再度成为一个陌生人。[8]

我父亲没去过布痕瓦尔德，他老婆也不是某个投身荷兰抵抗运
动、找了情人并很快同他离婚的女人。他的回家之路远没有安泰尔
姆那样富有戏剧性。但在杜拉斯回忆录的这段文字之中，有些地方
也暗示着我父亲害怕回家的原因——担心自己变成陌生人。

＊＊＊＊＊

　　如果说法国战俘的回乡之路已经够艰辛了的话，那么对德国和日本战俘就更是如此。他们肩上不仅承担着吃败仗的负担——这已经够沉重的了——还要面对来自同胞的鄙夷，甚至是仇视。在国人眼里，他们要为一场灾难性的战争负责，他们还犯下了罄竹难书的罪行；曾几何时，这群不可一世的战士骑在整个民族头上作威作福，但最后却输得一败涂地，灰溜溜地回来了。这种说法当然有失公允。也有人，包括几百万女性，曾经夹道欢送他们奔赴战场，手里挥舞旗帜，嘴上唱着爱国主义歌曲，还庆祝他们打了胜仗——有些是真打赢了，有些则是政府的虚假宣传。在一个高度集权的国家里，官方歇斯底里的蛊惑导致全民血脉偾张，对于其后果，普通士兵所承担的责任，并不比那些曾高声祝愿他武运长久的普通百姓要多。起码在德国，什么样的罪名都可以往纳粹头上扣。日本人没有纳粹党，所以就把他们的军事灾难归咎于"军国主义者"，或者往大了说，归咎于任何同军队有关联的人。这同样也是战后美国宣传机器所传播的观点，日本媒体对此也是亦步亦趋。

140

　　正如日本散文家坂口安吾所写的那样，神风特攻队的飞行员"今天已经摇身一变成了黑市上的混混了"。[9] 人们把这种云泥之别的落差，把这一挣脱国家妄想的全民觉醒，完全归咎于那些被派去为天皇玉碎、最后却不幸苟且偷生的人。战后没多久，日本曾流行过这样一个词，"特攻崩れ"（Tokkotai kuzure），即"堕落的神风队员"，用来形容那些曾经满怀病态理想主义、后来却堕落到整天嫖妓买醉的年轻男子。

　　1945 年日本战败前夕，人们就已经对日军的耀武扬威颇有微词，虽然公开抱怨要冒极高的风险。战时军人滥用暴力，到了和平时期又从事犯罪勾当。当人们见识了其转变之快后，帝国军人的高大形象就变得更为不堪了。战争末期，军队仓库依旧塞满了商品，要什么有什么，除了武器外，还有毛毯和衣服，这些对穷困潦倒的国民而言都是必需品。经过高级军官和他们的平民亲信——多为战时劣迹斑斑的帮派成员——大规模且有组织的掠夺后，仓库空空如也。渐渐地，这些商品流进了黑市，售价之高，使多数人无力消受。

让几百万接受训练、成为国家杀戮机器的年轻人重新做回老百姓，从来都不是一个顺利的过程。吃了败仗的耻辱感让这一转型更难实现。1946 年夏天，一档电台节目开播，其在提供失踪人员信息之余，还推出了一个特别板块，目标听众是彷徨无措的老兵，每周播放两次，栏目名字叫"我是谁？"。此举显得再合适不过了。[10]

垂头丧气的士兵因为军事失利已经毫无血性。返乡后，看到家园破败，或者婚姻告急，他们面临更为沉重的打击。描写战后初期的德日两国的电影和书籍都有一个相同的主题，即返乡士兵和妻子之间的鸿沟。妻子因为寂寞难耐，或只是为了糊口活命而与人偷情。这一主题和战争本身一样古老：从特洛伊征战归来后，阿伽门农被他的妻子，或是他妻子的情人杀死在自己家里，也有说法是两个人协力谋害了他，这取决于读者读到的是哪个版本的故事。赖纳·维尔纳·法斯宾德（Rainer Werner Fassbinder）拍摄于 1979 年的电影《玛丽娅·布劳恩的婚姻》（*Die Ehe der Maria Braun*）是将这一主题刻画得最入木三分的德国电影之一：玛丽娅的丈夫刚从惨烈的东线战场退下来，发现自己的老婆几乎赤身裸体躺在一个黑人美国兵的怀里。这一故事中，最后命丧黄泉的是奸夫。日本也拍过一部类似的影片：由小津安二郎执导的《风中的母鸡》（『風の中の牝雞』，1948），虽然知名度较前者要低不少。跟小津一贯平如止水的风格不同，影片最后高潮迭起，丈夫因为妻子在他离家期间和其他男人上床，醋意大发，愤而将她推下楼梯。妻子受了伤，一瘸一拐却仍央求他的原谅。最后，随着两人的泪水纵情流淌，影片在皆大欢喜中结束。

在跌宕起伏的大结局到来之前，影片的故事情节很能反映当时的时代背景。片中的妻子时子不知道丈夫是死是活，努力用她做针线活赚来的微薄收入维持自己和年幼儿子的生计。儿子后来身患重病，时子无力支付医药费，于是只好在一天夜晚下决心向一个陌生人出卖自己的肉体。当丈夫修一最终从战场上归来后，时子向丈夫坦白自己曾卖淫失身。修一对妻子的不忠怒不可遏，狂性大发。但忠不忠其实不是重点：真正激起战败士兵怒火的是他为了重获自尊所作的挣扎。影片高度现实主义，尽管在真实的生活中，婚姻也许不会因为催人泪下的和解而得到挽救。

报纸收到的读者来信显示出士兵返乡的问题十分严重。1945年12月16日的《朝日新闻》曾刊登过知名的小说家志贺直哉的一封信。信中，他提出政府有义务改造昔日的神风队员。年轻人曾被教唆要为国家荣誉舍生取义，这叫他们在1945年后人吃人、冷漠的世界里有何资本重建生活呢？唯一能防止他们坠入绝望、被人唤作堕落者的办法就是国家要启动一项特殊教育计划。在给志贺直哉的回信中，一位作者对他的建议表示赞同，但同时指出日本社会本身也亟须再教育。某封信的作者本人就是受训进行自杀式袭击的神风队员，他表示特攻队在战时的训练和精神正是战后日本堕落文化中所需要的元素。

《朝日新闻》收到的所有来信中，有一封言辞最为激烈，作者同样也是退伍军人。这封信刊登于12月13日：

> 同袍们！我们现在自由了。我们从暗无天日、惨无人道的军旅生涯中解脱出来，从血淋淋的战场上活着回来了。但在国内，等待我们的却是老百姓犀利的眼神，他们怀着对好战派的满腔怒火。我们的家园在战火中毁于一旦……血腥的战斗是结束了，但是生活真正的战斗才刚刚打响……[11]

事实上，他写道，年轻时的一些幻想已经被军旅生涯扼杀了。

自私自利、欺软怕硬的军官们平日里总是惺惺作态，表现出一副效忠国家、或忠于其他浮夸理想的姿态，后来被证明完全就是矫揉造作，毫无真情。普通一兵被当成一台机器。事到如今，他写道："老兵已经成了坏人的同义词……"

"人们到底是如何看待我们这些老兵的？"同一天的报纸上，另一位作者这样问道。"人们认为当兵的和好战分子是一回事。当然，好战派应当为我们战败承担责任。但是普通士兵并不是这样的人。他只是一个为自己国家而战的爱国者。你们真的以为我们放弃自己的大好青春，在陆地战场或太平洋上厮杀，为的只是满足我们自己的利益和欲望么？我真心希望人们能对我们老兵多一些温情。"[12]

类似的情绪一定能得到越战美国老兵的共鸣。但即使是打赢了一场几乎全世界人都认为师出有名的战争，胜利者回国后过回老百姓的生活时也会遇到问题。小名"比尔"的威廉·莫尔丁（William "Bill" Mauldin）是美军里最有声誉的漫画家。他在《星条旗报》里用调侃的笔法塑造了威利和乔这两个努力适应欧洲战场军旅生涯的美国大兵。他的作品让他成为了美国大兵——亦称"大头兵"（dogfaces）——心目中的英雄。威利和乔说话风格及思维方式跟一般士兵没什么两样。他们的想法常常都不讨长官喜欢，这一点使莫尔丁招来了巴顿将军的抨击，后者还威胁要让这"兔崽子蹲班房"。1945年6月，威利的形象出现在《时代》（Time）杂志的封面上，他的模样看起来很疲惫，胡子拉碴，蓬头垢面，邋遢得很，左侧嘴角叼着根香烟，这跟勇士的威猛形象相差十万八千里。

在发表于1947年的作品《回家》（Back Home）中，莫尔丁图文并茂，描绘了威利和乔的返乡之路。从莫尔丁的画来看，两人面临的麻烦，以及他们展现出的态度，很接近日本报纸编辑收到的老兵来信中流露出的情绪，只是立场更为温和。比如拿反感上级这点来看：威利和乔两人穿着宽松的平民服装，站在酒店前台前，等待登记入住。身旁，一个穿着条纹裤子、头戴帽子、上衣缝有肩章和金黄色纽扣的搬运工正提着他俩的行李。这人脸色阴沉。乔搭话道："是威尔逊少校啊，哦哟，你又穿上制服啦。"

比起日本兵对他们长官的仇恨，威利和乔的坏脾气还没有那么烈。要知道，日军长官曾派手下几万人执行自杀式任务，在新几内亚或菲律宾遭遇敌军火力、食物短缺之际，还杀掉下属，靠吃他们的肉果腹。但莫尔丁要表达的主旨，即一个不合格的士兵最多也就让自己倒霉，而若"将帅无能"，则会"累死三军"，说的同样是这个道理。[13]

要跨越军旅生涯和凡人生活之间的鸿沟，不管是对战斗英雄，还是对没立过什么重大战功的人来讲，都是一个痛苦的过程，前者的适应过程甚至可能更为艰难。对于军嫂和女朋友来讲，返乡的军人并不总是英雄气概十足。一幅漫画里，威利就穿着一套脏兮兮的西装，格外别扭地抱着自己战时出生、从未见过的孩子。他那戴着考究的帽子和手套的太太如此评价："我本来希望你能穿上军装，这样我就能以你为荣。"莫尔丁介绍道："威利太太认识威利时还在读大学，那时处于战争初期，战事还较为顺利，和班上的女同学一样，她崇拜穿漂亮军装的男人。她一直对威利有些失望，因为他没有当上手握马鞭、穿粉红色马裤的军官"，甚至连勋章都没得过。因此，莫尔丁接着说："她不仅被剥夺了佩戴他的勋章、昂首阔步的乐趣，而且她突然意识到，自己之前从未见过他穿便装的姿态，而且他看着真有些皮肉松弛，其貌不扬。"[14]

因此，一些老兵在理想幻灭后，由于无法适应平头百姓的生活，或者受战争创伤太深，从而出手伤人，就不足为奇了。所有战争过后都有这种情况。但是在二战结束后的第一年，媒体对这些案件给予了过高的关注。一则漫画里，威利的太太在读报，标题写着"老兵脚踹婶婶"，她身旁的威利满脸沮丧，坐在扶手椅里，喝着一杯威士忌。漫画的文字介绍是这样的："第17版上有条凶杀案的短讯，凶手用斧子连杀3人，没有老兵牵涉此案。"[15]莫尔丁一语道破了

144

悲哀的事实，诸如此类耸人听闻的标题"为战后每个国家都存在的流言蜚语火上浇油——返乡军人所受的训练就是杀戮和斗殴，他们将是社会潜在的威胁"。

　　跟德日两国老兵相比，返乡美国兵造成的问题尽管在某些方面有些近似，但可能没那么严重。他们毕竟是战斗英雄，回到了地球上最富裕的国家，沐浴在胜利的光环之下，而且不久之后还将获益于伟大的美国兵法案，由政府出资，接受教育。但即便在美国，身着戎装的男人常常和英雄事迹对不上号。不过，战胜国和战败国之间有一点重要区别，这种区别造成的影响比任何惨绝人寰的战争过后的苦日子都要长久得多。一方面，德国人和日本人对英雄理想丧失了兴趣。他们再也不想和战争扯上关系。另一方面，英国人和美国人却一直未能摆脱对以前峥嵘岁月的怀念，这就导致了一种很要命的倾向，诱使他们未经深思熟虑便贸然发动军事冒险，如此一来他们和他们的国家就能重温一回当英雄的旧梦了。

145

* * * * *

　　那么，那些不愿回家的人后来下场如何呢？

　　克恩滕州（Carinthia）是奥地利的农业区，那里的德拉瓦河谷（Drau Valley）因壮观的阿尔卑斯山风光闻名于世，山涧湖水冰凉澄澈，牧场绿草茵茵，松林覆盖，鲜花烂漫。这番美景，对于从南斯拉夫逃难至此的斯洛文尼亚难民而言，就像来到了人间仙境。他们之前藏身于深山中，躲在一条劳工为德军所挖的隧道里，里面伸手不见五指，被水浸泡。此刻，他们终于走出隧道，重见天日。后来，也有别的人顶着严寒，走过崎岖艰险的山路，来到这里。其中一个人回忆起当时情景时说道："在这片风光旖旎的大地，在这方奇妙多姿的世界，四周各个角落似乎都闪着生命的光芒，发出生命的回响。"[16]

　　1945年的春天很美。然而，如果走近了看，除了能见到星罗棋布点缀其间、美不胜收的村落和乡村教堂外，还能在这片神赐之地上看到一些奇怪且不太和谐的迹象。德拉瓦河谷遍布着难民营和棚户区，这些临时搭建的房子里住着上万人，有退役军人、妇孺，还有他们的马匹、牛车，甚至还有骆驼。村子里能看见哥萨克人，他们戴着高高的羊皮帽子，神气活现；除了斯洛文尼亚农民外，还有塞族的切特尼克党人，部分是保皇党，部分是法西斯，有些则兼具双重身份。此外，这里还有克罗地亚法西斯，他们曾隶属于令人谈之色变的"乌斯塔沙"；剩下的人里有乌克兰人、俄国人和诸多欧洲国家的战俘。甚至有些纳粹杀人狂也藏身在山间棚舍中，比如在同党口中叫做"格洛博斯"（Globus）的奥迪路·格洛博奇尼克（Odilo Globočnik）。他是斯洛文尼亚籍德国人，曾下令在波兰建造了几座灭绝营，除此之外还犯下过其他罪行。这群难民大多是为了躲避铁托的共产党游击队或是苏联红军，才逃到这里，他们身心俱疲。伦敦《泰晤士报》的一名记者把这群人和"一千五百年前的东哥特人大迁移"相提并论。[17] 奈杰尔·尼科尔森（Nigel Nicolson）时任英军情报官，日后成为著名的伦敦出版商，用他的话来讲，克恩滕是"欧洲的污水池"。[18]

克恩滕被英军所攻占。从某种方面来讲，说克恩滕是民族迁移的痛苦渊薮，实在是恰如其分，因为该地区所见证的政治变迁很能够代表以族群划界的民族主义思潮。这股思潮曾在欧洲造成生灵涂炭和文化浩劫。克恩滕南部的人口中绝大多数都是斯洛文尼亚族。战时，管辖该地的区长（Gauleiter，即纳粹政权的地区总督）是克恩滕人弗里德里希·莱纳（Friedrich Rainer），母语是德语的他试图在南部地区推行"日耳曼化"，手段要么是逼迫人们讲德语，要么一不做二不休，直接驱逐斯洛文尼亚人，让有日耳曼血统的人取而代之。战争末期，铁托的游击队曾入侵该地，并宣布克恩滕归南斯拉夫所有，但后来被英军打了回去。

但这仅仅只是"欧洲污水池"问题的冰山一角。那里人满为患，

146

既有平民，也有要么不想回国、要么已无家可归的军人。奈杰尔·尼科尔森写道：

似乎有源源不断的各民族的人来向我们求助，希望我们能提供保护。德国人担心铁托加害他们，哥萨克人害怕保加利亚人，切特尼克党人畏惧克族人，白俄人又忌惮俄国赤匪，奥地利人担心斯洛文尼亚人来寻仇，而匈牙利人则人人都怕，反之，其他人也怕他们……（克恩滕）不仅是纳粹战犯最后的藏身之地，也是躲避俄国人和铁托追杀的一些民族的栖身之所，他们相对来讲与世无争，却没人愿意收留他们，而且不论去哪儿，都会遭人迫害。[19]

很多时候，迫害还算是轻的。那些和铁托的共产党较量过的斯洛文尼亚人、克族人、塞族人，有时是帮着德国人一块打铁托，有时是孤军奋战。他们知道，自己如果落到南斯拉夫的死对头手里，等待他们的将是酷刑和死亡。1917 年后爆发的俄国内战中，不少哥萨克人和共产党打过仗，之后的岁月里，他们当起了服务生，开起了出租车，有些还成了作家，靠向散落在欧洲各国首都、没什么名气的流亡人士杂志卖文为生。哥萨克人知道，如果回到苏联，等待他们的要么是被处决，要么是在古拉格里慢慢死亡。同样担心的还有乌克兰人，他们愚蠢地——但不是毫无理由地——拉希特勒做靠山，希望借此摆脱斯大林。这些想想就让人胆寒的揣测后来都成了现实。他们没有预料到的是，本以为欧洲最侠肝义胆、最光明磊落、最慷慨大方的英国人，居然会逼他们走上绝路。

奥地利小镇布莱堡（Bleiburg）位于克恩滕州南部，靠近南斯拉夫边界。驻扎此地的英军爱尔兰 38 旅的指挥官斯科特（T. P. Scott）准将于 5 月 14 日收到一份报告，称有 20 万克罗地亚军人和 50 万平民正在靠近英国人的防线。斯科特前去会见了他们的代表。

虽然他富有同情心这点人尽皆知，但斯科特还是硬着心肠告诉克罗地亚人，他们恐怕不太可能获准进入奥地利境内，因为已经没地方了。他们只能饿肚子了。好吧，一些克罗地亚人回答，饿就饿吧。其余的人则想知道能不能去非洲，或者美国。不行，这同样也行不通。既然这样，那他们"宁愿死在这里，战斗到最后一个人，也不会向布尔什维克投降"。[20]

英国人费了不少口舌，最终，克罗地亚人被说服了，他们又渴又饿，已经到了山穷水尽的地步，同意向铁托主义者投降（英国人管他们叫"铁头帮"）。克罗地亚人得到承诺，男人会被当作战俘好好对待，而女人则会被送回克罗地亚的老家。斯科特旅长大可放心。

也许永远不会有人知道后来到底发生了什么。活下来的克罗地亚人寥寥无几，他们的回忆充满了恨意，也许带有添油加醋的成分。但从中我们还是能窥见他们所遭受的非人待遇。根据部分生还者的口述，5 月 15 日和 16 日两天，有 2,000 名士兵和军官在南斯拉夫境内被枪毙，尸体被扔进事先挖好的壕沟。5 月 17 日，一场沿着德拉瓦河、目的地为斯洛文尼亚马里博尔（Maribor）的"死亡行军"开始了。据一种说法来看："几万名克罗地亚人被分为几列，他们手上绑着绳索……然后，在又渴又饿、虚弱无力、缺胳膊少腿、痛苦不堪的情况下，被逼着和骑着马或坐着马车的'解放者'一齐长途奔袭。受不了这种奔跑'行军'的人不是被捅死、打死，就是被枪毙，尸体被留在路边，或被扔进土坑。"[21] 另有资料估计"约 12,000 名克罗地亚人"葬身壕沟。"由于血水渐渐渗出地面，肿胀的死尸使地表上浮，游击队在地上浇了某种碱性溶液，再盖上一层土，最后开着坦克把地面轧平。"[22]

就算这些故事因为愤怒而失真，无可置疑的是铁托的游击队的确杀害了一大批人，受害者不仅有死在"死亡行军"过程中的克族人，也有塞族人和斯洛文尼亚人。他们被人用机枪处决在科切夫耶（Kocevje）茂密而美丽的森林里，那里至今还有野猪、猞猁和马鹿出没。他们之所以会作为共产党的俘虏出现在当地，是因为英国人把他们送上了开往南斯拉夫的火车，但骗说目的地是意大利。如果说出真正的目的地，会造成极大的恐慌，英军可是不惜一切代价要防止其发生。

英国人把俄国人和其他共产党的反对派交给他们的死对头，必要时靠的是花言巧语、虚与委蛇，有时则是强制执行。对这种政策，英国人为自己开脱的说辞不外乎是这些克族人、塞族人、斯洛文尼亚人、白俄人和乌克兰人反正都是叛国者，他们曾经和德国人并肩作战。简言之，他们不仅是苏联的敌人，也是英国的敌人。但妇女和孩子很难被归为敌方战斗人员，况且，实际情况远没有那么简单。

的确，诺曼底登陆后，盟军在法国境内俘虏的德军士兵中有 1/10 其实是穿德国军装的俄国人。这些俄国人大多一句德语都讲不来，他们很乐意向英军投降，甚至如释重负。他们从来就对希特勒的计划不抱任何热情。其中不少人过去是东线战场上被俘虏的战俘。1943 年，那些在德国蓄意饿死苏联囚犯政策下侥幸生还的俄国人面临着一个残酷的抉择：当时德军兵员严重不足，他们要么就加入德军特别成立的外籍兵团，要么就坐等饿死。

哥萨克人的情况更为复杂。他们的高级军官都是参加过俄国内战的老兵，如今已经年逾花甲。他们将纳粹入侵苏联看成是夺回哥萨克人传统领地的最后机会，回到故土，他们就能像祖辈那样生活，延续类似 18 世纪时的武士等级制。德国人承诺，如果他们愿意和德国人并肩作战，就会帮助他们实现这一夙愿。哥萨克人同意了，他们作战异常骁勇，佩戴着镶嵌珠宝的祖传短剑和弯刀。要恢复一种恐怕早已一去不复返的生活方式是充满浪漫主义色彩的追求，但是并不明智，而且过程常常十分血腥。哥萨克人在苏联打仗，后来被迫撤退至南斯拉夫，身后还跟着数以千计的难民。这些人再也无法忍受在斯大林统治下的生活。战争末期，德国人效仿日本人在东南亚的做法，把侵占的领土分给同他们合作的政权，算是最后时刻

149

买通对方接着打下去的筹码。哥萨克人被告知可以在意大利的阿尔卑斯山区建立"哥萨克国"。可等英国人一到，哥萨克人便宣称英国人不是他们的敌人，苏共才是，并决定放弃建立哥萨克国，穿越国境，进入克恩滕世外桃源般的山谷中。

据传说，克罗地亚法西斯在不苟言笑的首领安特·帕维里奇（Ante Pavelić）的带领下，所作所为甚是骇人，就连德国人闻后都不寒而栗。意大利记者库尔齐奥·马拉巴特的文笔常常充满了生动的想象力，他写到自己曾采访过帕维里奇。采访间隙，他看到这个独裁者的写字台上有一只柳条篮，里面装满了又小又圆、滑腻腻的东西，看样子像是鲜嫩多汁的牡蛎，或者生蚝一类的东西。马拉巴特就问帕维里奇，这些是不是大名鼎鼎的达尔马提亚（Dalmatian）牡蛎，帕维里奇淡淡一笑，说这些重达四磅的小圆球其实是游击队员的眼睛，是忠诚的乌斯塔沙部下送给他的礼物。

乌斯塔沙跟铁托的游击队、斯洛文尼亚的"家园卫队"（Home Guard）和塞族切特尼克部队一样都是杀人不眨眼的主。然而，我们很难一分为二地将他们之间的混战清楚界定为盟军对阵德军，民主派对阵法西斯，甚至是共产党对阵反共分子的战争。这些派别被卷入同时发生的几场内战之中，围绕着不同的族群、政治和宗教路线展开厮杀：克罗地亚天主教徒、塞尔维亚东正教徒、波斯尼亚穆斯林、塞尔维亚保皇党、共产党游击队、斯洛文尼亚"家园卫队"、斯洛文尼亚共产党，所有阵营都在互相打来打去。无论是什么主义，意识形态之争只解释了一部分原因。只要能满足各自的国内目标，所有派别都会与外来势力结盟，纵使是德国入侵者也不例外。昔日的切特尼克和游击队都在某一特定时期对抗过德国人，算是盟友。当他们同时站在面前时，叫一个英国兵如何区分谁是敌，谁是友呢？150

到了最后，判断敌友同样只能借助武力了。英国的地中海事务全权大使哈罗德·麦克米伦这样写道："到了1943年12月，对时局看得最清楚的英国人明白，南斯拉夫最终会是游击队的天下，王权没有任何出路，而且再也无法起到团结各民族的作用了。与此同时，该地区有着举足轻重的军事价值；因为铁托的部队在得到充分援助后，有能力拖住好几个师的德军，这对意大利的战事，乃至今后开辟法国战场十分有利。"[23] 切特尼克保皇党很不幸，他们在内战中属于必然会输的一方。

如果说 1945 年西方人还把铁托看成是重要盟友的话，那么斯大林也一样。那时许多英国人和美国人还亲昵地管他叫"乔叔叔"*。因此，1944 年 9 月，英国外交大臣安东尼·艾登（Anthony Eden）在莫斯科会晤苏联外交部长时，居然承诺会遣返所有苏联公民，"不管他们愿不愿意"，也就不那么令人意外了。[24] 这么做，不光是因为人们觉得有必要同战时盟友保持友好关系，而且因为英国不想贸然行事，危及苏占区几千名英国战俘的命运。

英国政府的其他成员，包括温斯顿·丘吉尔，对这项绥靖政策都有着良心上的顾虑，因为他们很清楚其后果如何。经济作战大臣塞尔伯恩伯爵（Lord Selbourne）在给丘吉尔的信里写道：把这些俄国难民送回俄国，"意味着他们只有死路一条"。然而，艾登却写信给首相，告诉他"我们不能太感情用事了"。毕竟，他说，这些人被俘的时候，"是在德军阵中服役，他们在法国的所作所为常常叫人恶心"。他又列举了一些原因，进一步切中问题要害："我们当然不希望永远被这些人拖累。"[25] 就这样，在 1945 年 2 月举行的雅尔塔会议上，所有苏联人都会被遣返归国这点得到了正式确定。

151

许多俄国人是被逼无奈才穿上德军军装的；而在德国从事苦力、地位卑贱的苏联妇孺也从未穿过这身皮；另外，大部分哥萨克人从来就不是苏联公民，因此也不存在遣返他们的法律依据。然而，尽管如此，这些事实却未能左右艾登和苏联领导层。对于后者，遣返这批人牵涉到要歌颂的英雄事迹，尽管这同法国和荷兰的情况不太

---

* 斯大林的全名叫 Joseph Stalin，Joe 是 Joseph 的昵称。

一样。想想看，曾经有如此之多的俄国人和其他苏联公民跟苏联作对，而且还是心甘情愿的，其余的人选择在德国干活，仅仅是为了能苟且偷生，这简直是一种耻辱。在官方正史里，所有生活在苏维埃工人乐园里的公民都抗击过法西斯敌人。投降是一种罪行，那些落入德国人之手的苏联人**只能**是叛徒，并被当成叛徒处置。

还有另一种复杂的后果。铁托的游击队也许是共同抵抗纳粹的盟友，在英国人的想象中，他们是一群被高度浪漫化、神圣的农民英雄。但他们对于意大利和奥地利南部的部分领土主张愈发让人生厌。西方盟友无意同昔日战友动武。但为了确保挫败铁托的非分要求，已经因为手下 100 万战俘而烦恼的哈罗德·亚历山大（Harold Alexander）元帅要求上级授权他先在奥地利"清场"。这就意味着要将南斯拉夫人送回南斯拉夫，俄国人送回苏联，而且是尽快。

这种"清场"的直接后果是惨烈的场面。如果单靠花言巧语还不能让人乖乖听话，久经沙场的英军士兵有时不得不流着泪，把这些战俘赶上牛车和卡车，其间连哄带骗，拳打脚踢，有时还用上了刺刀。女人扑倒在他们脚边号啕大哭，孩子被恐慌的人群踩踏，混乱之中，一些人中枪，另一些人与其坐等被遣返，宁可拿刀捅自己的脖子，或跳进德拉瓦河自尽。

哥萨克人也许是最悲惨的。他们幻想着被大英帝国纳入帐下，送到非洲当兵，或者派到亚洲和日本人作战。英国人有意识地鼓励 ¹⁵² 他们做梦。在不可避免的命运到来之前，只要能让他们保持平静，随便怎样都行。哥萨克人表演精湛的马术，既自娱自乐，也给看守他们的英国人助兴。甚至连解除他们武装靠的都是阴谋诡计：英国人向哥萨克军人承诺，如果他们缴械，就能拿到性能更好的新式武器。英国人意识到，如果没了带头的军官，哥萨克人就不太会违抗命令。5 月底，1,500 名军官被英国人叫去"开会"，说是要商讨他们的未来，晚上就能回家。但事实上，后来就再没人见过他们。被移送给苏军后，那些没有被当即处决的军官被送往古拉格，活下来的寥寥无几。

　　剩下的哥萨克人看到长官迟迟没有返回，心急如焚，对英国人的疑心越来越重。是时候采取更为强硬的手段了。威逼手无寸铁的人把自己交给不共戴天的仇敌并不好办，这一差事落到了皇家爱尔兰因尼斯基林斯燧发枪团肩上。原因是罗伯特·阿巴斯诺特（Robert Arbuthnot）少将认为该军抗命的可能性比英军要低。但实际上，士兵们良心上很不安，甚至差点因此哗变。该团指挥官大卫·肖（David Shaw）回忆道："士兵们一个劲地唉声叹气，但最终还是执行了命令。那场面太可怕了。我记得有些女人躺在地上打滚，大声尖叫，有些还是孕妇。我的手下把枪放在地上，把这些女的抱上车，然后锁上门，站着目送火车离开，车窗里还传来女人们凄厉的哭喊。"[26]

　　6月1日，德拉瓦河畔另一个哥萨克难民营里的几千人在得到登车命令后，被他们的牧师召集到一起，彼此紧紧相依。牧师们一身东正教装束，嘴里一边祈祷，一边唱着赞美诗。一大群人跪着，手挽着手，最里面是妇女和孩子，外面围着青壮年男子。他们四周是宗教偶像的画像，黑旗，还有一个带着巨大十字架的祭坛。这么做的原因是相信军人不会对祷告者动粗。这样一来，就有必要采取行动了。人称"拉斯蒂"的戴维斯少校（"Rusty"Davies）和许多哥萨克人私交甚笃，他回忆道："随着外围的人被拉开，剩下的人挤得更紧了，因为害怕，他们开始踩着别人的肩膀往上爬，拼命想离士兵远点。结果人群像叠罗汉一样，尖叫不断，歇斯底里，有些人被压在这座人肉金字塔下，动弹不得。"[27]

　　因为拥挤，一扇车窗被挤破了，一位年轻姑娘整个人被挤了进去，她的腿在此过程中被碎玻璃严重划伤。她这样描述人墙一面坍塌后的景象：

　　　　人们奔来跑去……吓得六神无主。眼前的一切乱作一团：

歌声、祈祷声、咆哮、尖叫、这些可怜人被当兵的逮住时的哭喊声、孩子们的啜泣声、当兵的嘴里的骂娘声。所有人都挨了打，甚至连牧师也概莫能外，他们把十字架举过头顶，依旧在祈祷。[28]

最终，任务完成了。一些哥萨克人带着孩子投河自尽，一些人在营地外的松树上上吊自杀。其余的哥萨克人里大部分被装进运牲口的车，车身密不透风，只有一扇很小的窗户，里面放着一个木桶，供所有人如厕用。旅长斯科特向上峰报告，整件事"就是一出该死的丑剧"。"拉斯蒂"戴维斯少校说道："回想当时，我至今仍然心存恐惧。"[29]

哥萨克人只是许多孤苦伶仃、备受打击、最后被历史灭亡的群体之一。实际上，说"历史"太过抽象了。他们是被活生生的人推向毁灭的，背后既有革命思想助推，也缘于清除异己、建立单一种族国家的想法。除了哥萨克人，还有其他人也成了这一思想的牺牲品，有些没准还曾是其信徒。

* * * * *

1945 年的夏天，酷暑难耐，英、美、苏三个战胜国的领导人在波茨坦会晤，会上宣布的决定听起来就像是正确的大白话，甚至有些索然无味。在驱逐中、东欧的德裔居民一事上，盟国首脑达成以下共识："三国政府在全方位考虑了这个问题后，确信把留在波兰、捷克斯洛伐克和匈牙利的德裔人群以及相关人员迁至德国一事势在必行。各方同意，届时出现的任何人口流动都应以有序而人道的方式进行。"

154

听上去很公道。两年前的德黑兰会议上，丘吉尔、罗斯福和斯大林已经同意把波兰东部大片领土割让给苏联。这项遣返德国人的协议，倒是和领导人之间令人意外的友好氛围颇为协调。美国总统哈里·杜鲁门和斯大林显得尤为投缘。（杜鲁门不太喜欢丘吉尔；英国首相曾试图拍杜鲁门马屁，结果热脸贴了冷屁股。）在位于波茨坦的总统官邸"小白宫"内，杜鲁门为斯大林和丘吉尔弹奏了帕德雷夫斯基（Paderewski）*的 G 大调小步舞曲。斯大林叫道："啊，真好，音乐真是个好东西，它驱走了人类内心的兽性。"[30]

杜鲁门对斯大林的热乎劲儿似乎为当时许多美国军人所共享。美军军报《扬基人》在有关波茨坦会议的报道中，写到斯大林"很轻松地成为这场高朋满座的盛会吸引士兵关注的一块最佳招牌。而且这还是在流言四起、说他事先已得知日本人会投降之前的事。来自纽约州长岛市的约翰·图沃希（John Tuohy）下士在参军前是派拉蒙电影公司的订票员，如今在大腕云集的小白宫前站岗放哨。他形容斯大林'比预想中的要矮小些，但身上一尘不染，穿着漂亮的军装'"。[31]《纽约时报》把三个战胜国首脑在废墟中磋商的画面形容为"三个走进墓地的人，他们手上握有全世界大部分权力"。[32]这其中自然就包含了决定 1,100 多万德裔移民命运的生杀大权。他们中不少人在后来属于波兰、捷克斯洛伐克、匈牙利和罗马尼亚的地区拥有很深的根基。

波茨坦会议上的言论苍白乏味，但潜藏在背后的思潮则显得冷155酷无情得多。苏台德区、西里西亚和东普鲁士的几百万德国人已经被赶出家园。就在波茨坦会议召开前，斯大林还让捷克斯洛伐克总理兹德涅克·菲尔林格（Zdeněk Fierlinger）放宽心："我们不会妨碍你们。把他们都赶出去。"[33]

在雅尔塔，丘吉尔告诉斯大林，他"对用武力驱逐几百万人的想法并不感到惊讶"。斯大林也向英国首相拍胸脯保证："（波兰）再也不会有德国人，因为我们大军杀到的时候，德国人将闻风而逃，一个都不剩。"丘吉尔接着他的话说道："那么就有一个

---

* 帕德雷夫斯基（1860—1941），波兰作曲家，钢琴家，政治家。

问题，如何在德国安顿这批人。我们杀了六七百万德国人，战争结束前估计还得再杀个 100 万。"斯大林喜欢精确的数字，他想问个清楚："究竟是 100 万还是 200 万？"丘吉尔答："哦，我可没打算设什么上限。这样的话，就能在德国腾出空间，那些有用的人就能填补这一空间。"[34]

一些遭到驱逐的德国人曾是纳粹的热情拥护者，甚至还是战犯。生活在德意志帝国边陲的德国平民中，有不少——甚至可能是绝大多数——都对纳粹党和其当地部属怀有好感，特别是在苏台德区。虽然富甲一方，但那里的日耳曼人早在 1938 年之前就深感捷克人把他们当成二等公民。即使这样，许多人还是跟纳粹撇清关系，有些还积极反抗过纳粹。但无论是丘吉尔，还是斯大林，都无意做这种细化区分。所有德国人都得卷铺盖走人：罪犯、纳粹、纳粹反对者、男人、女人和儿童，无一例外。

在斯大林和希特勒的政策里，人口迁移、大规模驱逐和边界变动都是司空见惯的事。但丘吉尔脑子里想的是另一起先例：根据 1923 年的《洛桑条约》（Treaty of Lausanne），希腊同意让国内的穆斯林移民土耳其，土耳其则让信奉希腊东正教的土耳其人迁往希腊。实际上，由于希腊和土耳其之间的战争，早在 1923 年前就已经有很多这样的人口流动，而且都是自发形成的。官方主导下的人员交换相对而言较少出现流血。但在 1945 和 1946 两年里，中、东欧出现的人口流动在规模上完全不可同日而语。当然了，人员交换多少还是有的：波兰东部并入乌克兰，那里的波兰人就搬到了西里西亚。这片曾经的德国领土，现在已经一个德国人也不剩了。说是交换，但真实情况是，差不多 1,100 万人被迫背井离乡，而且其过程很少是有序而人道的。

柯尼斯堡的汉斯·格拉夫·冯·伦多夫医生相信人类之所以表现得像野蛮人，是因为他们背离了上帝。他曾一度试图徒步离开被炸弹和大火毁坏殆尽且被劫掠一空的故乡。他估摸着，如果挤上一班开往西方的火车——通常是煤车或牛车——实在太过危险，于是，他就在凄风冷雨中走过一片"荒无人烟的大地"：

> （经过）一片片无人收割的农田……弹坑、被连根拔起的树木、翻进壕沟的军车，以及被烧毁的村庄。我在一间破败的屋子里躲避风雨，突然感到有什么东西在动。砖头地面传来一阵响声。一些衣衫褴褛的人这儿那儿地站着，凝望天空。他们中间有3个孩子瞪着我，眼神中带有敌意。很明显，他们也想逃离柯尼斯堡，但是被困在了这里。被俄国人抓住后，他们被命令哪也不准去，因此进退维谷。他们的最后一顿饭，是从稍作停留的俄国卡车上拿来的几个土豆。我没问这是以什么代价换来的。但从他们说话的口气来看，很明显，姑娘们为此又吃了一次苦头。老天爷，谁还能从这些可怕的记忆里获得些许慰藉呢？[35]

还有比这糟得多的事情。但比起许多施虐狂滥用暴力、大开杀戒和饥荒的传言，这则故事更能反映出那些突然失去家园的人内心的无助和无奈。他们进也不是，退也不是；在一片人口衰减、落入他人之手的土地上，被困在了僵局中。

伦多夫排斥坐火车是有道理的。因为这不仅会连着几天被困在超载货物的车厢里，紧挨着别人，不吃不喝，想解手也没地方，还要忍受日晒雨淋。另外，中途还很可能被人带走，送进强制劳工营，或者最起码也会遭遇拦路抢劫。保罗·勒贝（Paul Löbe）是一名记者，因为加入社民党曾被纳粹政权逮捕。他描述过乘火车横穿西里西亚的一次经历：

> 俄国人把火车头和车身分开后，扣留了我们二十二小时。类似的中途停车还发生过几次……列车共被人打劫了四次，两

次是波兰人干的，两次是俄国人干的。过程很干脆。铁轨被人扒掉，列车一减速，劫匪们就爬上车厢，抢走我们的行李箱和背包，扔在路堤上。半小时后，他们跳下车，收集战利品。[36]

在这段无法无天的时期，警察等官员常常跟劫匪是一路货色，因此火车站就成了最危险的地方。那些不得不在车站过夜的倒霉蛋常被成群结队的劫匪盯上。妇女不分老幼，都有可能被喝醉后撒酒疯的士兵强暴。失去家园、孑然一身的一种可怕之处就在于人为刀俎，我为鱼肉，别人可以对你恣意妄为。

从某些方面来看，西里西亚、普鲁士和苏台德区的德国人所遭受的暴行，其实是德国人对其他人——特别是犹太人——所作所为的恐怖翻版。许多公共场所禁止德国人入内；他们必须戴上印有字母 N 的袖章（N 代表 Niemiec，即波兰语里的德国人）；德国人不准购买鸡蛋、水果、牛奶或奶酪；此外，德国人还被禁止同波兰人通婚。

当然，这种类比还是存在局限性。保守派日记作家恩斯特·荣格的朋友曾从捷克斯洛伐克的狱中给他写信：“就眼下发生在捷克斯洛伐克德语区和匈牙利语区的悲剧而言，唯一能与之相提并论的只有犹太人大屠杀。”[37]这纯属胡扯。对于遣返过程中到底有多少德国人丧生目前依旧存在巨大争议。一些德国历史学家称死了 100 多万，反对者则表示实际死亡人数只有差不多一半。[38]但就算 50 万也已经够惨的了。话虽如此，当时并不存在系统性灭绝所有德国人的计划。而且西里西亚和苏台德区土生土长的德国人有时得到过加入波兰或捷克国籍的选择权。纳粹魔爪下的犹太人可没有这样的权利。

德国女人时而会遭到苏军、波兰人或捷克人的性侵，她们管自己叫 Freiwild，也就是平等猎物的意思。所有无家可归、丧失权利的人基本上都会沦为这种猎物。1945 年之夏，西里西亚是人们口中的"狂野西部"。波兰人把过去的德国城市但泽更名为格但斯克，在那里建立了新政府，过渡政府领导人宣布一场"掘金潮"已拉开序幕："条条马路上都能见到来自波兰各地的人，只要有交通工具，他们都在风风火火地赶往格但斯克这条'克朗代克河'*，他们只有一个目标：不是劳动致富，而是强取豪夺。"[39] 德国人的房子，德国人的公司，德国人的一切资产，包括德国人自己，都如囊中取物，唾手可得。

　　然而，1945 年发生的种族清洗远不止是停留在遣返或奴役德国人的层面上。赫伯特·胡普卡（Herbert Hupka）具有一半犹太血统，家住上西里西亚的拉蒂博市（Ratibor，今波兰的拉齐布日[Racibórz]）。他记得曾被人在雨中赶着走，途经自己就读过的学校。过去他的父亲在此任教，教授拉丁文和希腊文。胡普卡留意到地上有一堆破破烂烂、湿漉漉的书，有托马斯·曼（Thomas Mann）†的，有阿尔弗雷德·德布林的，有弗朗茨·韦尔弗（Franz Werfel）‡的，还有其他被纳粹封杀的作家的作品。这些书在被纳粹政府没收后扔进犹太公墓，现在不知怎么的出现在大街上，拿胡普卡的话来讲，"无人认领，就这么堆在体育馆前"。[40]

　　1945 年，德国文化遭遇灭顶之灾，连同其被一锅端的还有那些传承德国文化的人。德意志帝国和奥匈帝国的一些地区历史悠久，其中部分名城——布雷斯劳、但泽、柯尼斯堡、伦伯格（Lemberg，今乌克兰的利沃夫[Lviv]）、布鲁恩（Brünn，今捷克的布尔诺[Brno]）、切尔诺维茨（Czernowitz，今乌克兰的切尔诺夫策[Chernivtsi]）、布拉格——都是上流德国文化的中心，传承这一文化的常常是讲德语的犹太人。如今，这些城市必须经历"去德国化"。

---

* Klondike，加拿大西北部的一条河，因为勘探出金矿而引来人们挖金的热潮。
† 托马斯·曼（1875—1955），在排犹狂潮中曾顶着压力，歌颂犹太人的善良性格，作品因此被列为禁书。
‡ 弗朗茨·韦尔弗（1890—1945），奥地利著名作家，犹太人。

路名和商铺的标牌被重新粉刷，地址更改，德国人的图书馆被一抢
而空，纪念碑被毁，刻在教堂等公共建筑上的铭文——有些历史十
分久远——被一一抹去；德语本身必须取缔。《扬基人》刊载了一   159
篇发自布拉格的报道，文章这样写道：

> 如果你用德语问路（除非你不会讲捷克语），别人只会对你
> 投来异样的眼光……不是说捷克人听不懂德语。多年来，德语
> 几乎算得上是他们的第二语言。一名被迫在布拉格一间工厂为
> 德国人干活的捷克人……这样说道："请别在这儿讲德语。这是
> 畜生的语言。"[41]

中、东欧人从生活中剔除德国人和德国文化的做法有诸多动机。
不仅如此，甚至连存在过的记忆也要一并抹去。对于共产党人来讲，
这么做是革命需要，旨在摆脱一个令人憎恶的资产阶级。对于党外
的民族主义者，比如捷克总统爱德华·贝奈斯而言，这么做是对叛
国行为的报复："我们国内的日耳曼人……背叛了国家，背叛了民
主，背叛了同胞，背叛了人性，背叛了人类。"[42] 一位在捷克斯洛
伐克天主教会任职的位高权重的神甫大声呼吁："千年等一回，跟
德国人清算的时候到了，他们坏透了，所以'爱吾邻居'的训诫对
他们丝毫不起作用。"[43] 所有人都有仇德情绪，但将这点表达得最
铿锵有力的是波兰首位共产主义政党的领导人瓦迪斯瓦夫·哥穆尔
卡（Władysław Gomułka）。他在波兰工人党的党中央大会上表示：
"我们必须驱逐所有德国人，因为国家是建立在单一民族的基础上，
而不是多民族的基础上。"[44]

就这样，希特勒的"宏图伟业"最终却由那些仇恨德国的人代
为完成了。他的计划建立在种族纯洁和单一民族国家的想法之上，
这些想法可以追溯至 20 世纪第一个十年，甚至比这还要早得多的
年代。就算我们充分考虑到战后发生在波兰、捷克斯洛伐克、匈牙

利和罗马尼亚等国令人毛骨悚然的种族清洗，我们也不应忘记，摧毁中欧地区德国文化的罪魁祸首其实是德国人自己。中欧的犹太人中间有相当一批都是德国上流文化坚定不移的守护者，德国人将他们赶尽杀绝，等于是咎由自取地开启了埋葬德国文化的进程。而在战后，通过把德国人赶出去，波兰人和捷克人以最快的方式为这项工作收了尾。

160

＊ ＊ ＊ ＊ ＊

1945 年的夏秋之交，数量众多的犹太生还者置身德国的难民营，这不是因为他们爱德国。就在不久前，这个国家还竭尽全力想将他们灭族，但犹太人还是感到这里更安全——反正比某些人的出生地要安全，比如立陶宛和波兰。至少，在美英两国守卫把守的难民营里，他们不太可能遭受迫害。数以万计的犹太人在波兰集中营捡回一条命后要么加入了游击队，要么结束了在苏联的流亡，返回故土。他们一窝蜂地在夏天涌入德国。很显然，虽然德国难民营提供了暂时的庇护，但他们还是离家十万八千里。而过去的"家"如今安在？多数幸存者已经无家可归，家仅仅存在于想象中，且已毁于战火。正如一些难民所言："我们不在巴伐利亚……我们哪也不在。" [45]

残存的欧洲犹太人中不少受到严重创伤，生活无法自理，而且惶恐不安，心中又有怨气，不愿接受别人的帮助，如果伸出援手的不是犹太人则更是如此。难民营里，犹太人刚开始一般都和其他犹太人共处一室。有时候，由于官员马马虎虎，敷衍了事到了不像话的程度，他们甚至还会和昔日纳粹关在一起。难民营里环境之肮脏简直难以想象。所受待遇连最卑贱的畜生都不如的人何以突然恢复自尊呢？巴顿将军对犹太人的歧视是出了名的，他的一句犹太幸存者"比畜生都低贱"也许只是一面之词，但就连坚强的巴勒斯坦犹太人来到德国帮助同胞时，也难掩惊讶之情。在哈努赫·巴托夫（Hanoch Bartov）的自传体小说《特种部队》（*Brigade*）中，一名犹太旅团的士兵称："我一遍遍告诉自己，眼前这些就是我们谈论多年的人——隔着通电铁丝网，我感到我们之间好遥远。"[46] 一名美国兵寄了封信回家，信中写到他邂逅了一名波兰犹太人。这人"刚从达豪放出来"，"哭得像个孩子"，蜷缩在慕尼黑公共厕所一角。"我不用问他为什么哭，答案肯定都是一样的，大致有以下几种：双亲被折磨致死，老婆被送进毒气室，孩子饿死，或者以上各种情况兼而有之。"[47]

如果说有哪个民族迫切需要英雄事迹，那就是犹太人。他们是众多受害者中最不幸的——顺便提一句，这点当时尚未得到广泛承认。1945 年 12 月，在就波兰犹太幸存者状况做汇报的时候，英国正统派犹太教首席拉比所罗门·舍恩菲尔德博士居然还能说出下面这句话："波兰犹太人都同意，死在奥斯维辛（那儿有浴室、煤气和红十字会提供的部分服务）比死在其他地方要来得更人道。"[48]

居然还谈什么人道！

战时，巴勒斯坦的犹太新闻媒体就曾尝试将 1943 年发生在华沙犹太区大暴动的壮举跟马萨达之战（Masada）等同起来。公元前 73 年，犹太信徒退守到这里，虽以卵击石，但仍和罗马人展开背水一战，马萨达因此成为圣地。1943 年 5 月 16 日刊发的以色列《新消息报》（*Yediot Ahronot*）的头条是这样写的："华沙的马萨达陷落了——纳粹放火烧毁了华沙犹太区的残留部分。"事实上，华沙暴动真正成为以色列建国神话并获得承认是在 20 世纪 70 年代。然而，战后没多久，就有人尝试用英雄之举来提振犹太人的士气。而且这些举动同犹太复国主义紧密相连，倡导对家园的梦想，借此鼓舞一个受苦受难的民族。有人提到，犹太旅团乘着卡车，从意大利浩浩荡荡进入德国，嘴里喊着"注意，犹太人来了！"（Achtung! Die Juden kommen! ）的口号。7 月 25 日，西德所有难民营委员会

的犹太代表发表了一篇宣言，要求允许他们进入巴勒斯坦。他们选
在希特勒 1923 年发动未遂政变的同一家慕尼黑啤酒馆见证这一振
奋人心的时刻。

　　身在圣地的犹太人同流散在世界各地的犹太人之间的联系当时
仍很脆弱，因此有必要把华沙起义和马萨达之战放在一起看，好像
在犹太区起义的莫迪凯·阿涅莱维奇（Mordechai Anielewicz）*等人
是为了阿里茨以色列（Eretz Yisrael，以色列之地）的福祉而献身
的。但在战时，犹太复国主义青年团体积极地打造这层联系，战后
也不例外。难民营里，犹太幸存者很快被按照基布兹的架构组织起
来。掌管兰德斯堡难民营的美国军官欧文·海蒙特少校自己也是犹
太人，即使如此，他也吃不准该拿难民营里的基布兹党徒怎么办："我
今天得知，营地内最出色的年轻人都加入了基布兹，这可真是给我
添堵。基布兹看起来是一种联系紧密、奉行自律的团体，成员强烈
渴望移民巴勒斯坦。到了那儿……他们计划按照理想化的集体主义
原则来构建自己的生活。每个基布兹都很抱团，对难民营的日子毫
无兴趣。"[49]

　　实际上，相当一部分幸存者还梦想过去美国建立新家园。在
巴伐利亚州最大犹太难民营之一的弗伦瓦尔德（Föhrenwald），人
们给那儿的街道起了很多令人向往的名字，比如"纽约""密歇根"
或"威斯康星大街"。[50] 但不管美国有多令人心驰神往，其并未对
活下来的欧洲犹太人敞开怀抱。而且战争才刚结束，这断然不可能。
来自中欧的年轻犹太复国主义者在幸存者中间拥有很好的口碑，因
为他们身上洋溢着青春活力，体格较为健壮，而且十分自律，士气
高昂，充满理想主义情怀，同时乐于锻炼，勤于农耕，精于自卫。
德国战败后十天，英国随军的拉比列维（Rabbi Levy）给伦敦的
《犹太纪事报》（Jewish Chronicle）寄去了一封信，信中他高度赞

---

* 莫迪凯·阿涅莱维奇（1919—1943）是华沙犹太人区起义事件中犹太战斗组织之司令。

扬了贝尔森集中营的犹太复国主义者："叫我怎能忘记……我们坐在木屋里、一起高唱希伯来语歌曲时的场景？世人会相信有这种坚忍不拔的精神存在么？两天前，我结识了一群来自波兰的年轻犹太复国主义者。他们住在一间最肮脏的营房里，但他们栖身的角落却一尘不染。" [51]

贝尔森集中营里最铁骨铮铮的硬汉是个矮小清瘦的人，名叫约瑟夫·罗森萨夫特，他很符合犹太英雄的形象。1911 年，罗森萨夫特出生于波兰的一个哈西德（Hasidic）* 犹太家庭，年轻时很叛逆，背离了家里信奉的宗教准则，成为一名左翼犹太复国运动人士。1943 年 7 月，他同老婆和继子在本津市（Będzin）的犹太区被捕，然后被推上一辆开往奥斯维辛的火车。他不知哪来的本事，居然设法半途脱逃，在机枪火力下跳进维斯瓦河（Vistula River）。后来，他在犹太区再次被捕，之后成功脱逃，结果又被人逮住，送往附属奥斯维辛的比克瑙（Birkenau）灭绝营。在一家采石场被强制劳役两个月后，他被送往另一座集中营，并于 1944 年 3 月逃脱，可只过了一个月又被人抓住了。在比克瑙，罗森萨夫特被严刑拷打了几个月，但始终没交代是谁帮助他逃跑的。因为在朵拉—米特堡（Dora-Mittelbau）集中营短暂待过——那儿的囚犯在阴冷潮湿的地道里为德军制造 V-2 火箭，直至精疲力竭而亡——他最后来到了贝尔根–贝尔森集中营。

罗森萨夫特算不上是受过教育的城市犹太精英。他只会讲意第绪语，但这点并非他同盟军谈判时坚持只讲意第绪语的唯一理由——这一决定让英国方面很是恼火。这么做更多是出于自豪感。作为贝尔森集中营获释犹太人成立的中央委员会的领袖，他希望犹太人被看成一个特殊的民族，拥有共同的家园。在他看来，这个家只能是巴勒斯坦。有必要把犹太人和其他民族的囚犯分隔开，犹太

163

---

* 哈西德，犹太教的一个虔修派和神秘运动，起源于 18 世纪的波兰犹太人。

人应该被允许自治，并做好动身前往犹太人属地的准备。[52]

其他难民营也流露过类似情绪。欧文·海蒙特少校经常被兰德斯堡犹太委员会提出的要求所激怒。但在一封家书中，他援引了一位难民营代表、立陶宛农业经济学家J. 奥雷斯基博士（Dr. J. Oleiski）的演说词。海蒙特认为他的演讲"非常具有启发性"。奥雷斯基博士回顾了他在犹太区的那段日子，那时，犹太人"隔着维尔纳（Vilna，今维尔纽斯［Vilnius］）的围栏，望向科夫诺（Kovno，今考纳斯［Kaunas］）等立陶宛城镇的方向"，嘴里唱着"我想再看一眼家乡"。然而，今时今日，奥雷斯基接着说道：

> 经历了这一切，从德国集中营死里逃生后，我们确信无疑地表示，昔日的家园已经变成了万人坑。我们只能用指尖摸索，抓住我们最深切也最痛苦的呼喊的影子：我再也无法见到自己的家乡了。20 世纪在欧洲铲除黑死病的战胜国必须一劳永逸地理解犹太人问题。不，我们出生在波兰，但我们不是波兰人；我们曾在立陶宛落脚，但我们不是立陶宛人；虽然我们在罗马尼亚见到了生平第一缕曙光，但我们也不是罗马尼亚人。我们是犹太人！！！

海蒙特既不是犹太复国主义者，也不像是虔诚的教徒。事实上，他从未透露过自己的家庭背景，原因是担心这会让他在德国本来就难办的差事变得更加棘手。尽管心里有诸多不满，但他还是对奥雷斯基的抱负表示同情，包括"在巴勒斯坦建立犹太人联邦"的目标（演讲原文中"在巴勒斯坦建立犹太人联邦"均为大写）。的确，海蒙特写道："我越是想到这点，就越是没法生委员会的气。作为一个团体，委员会无比关心对人权的保护，以及把人们送出德国。我所谓的人权，指的是他们作为一个自由民族应享有的待遇，而不是作为被监护人，或者施舍的对象。"[53]

164

作为寄人篱下的少数派，犹太人受尽了迫害，处境艰险，迫切想要巴结讨好多数派。他们满心期待能融入当地社会，却永远都提心吊胆。改造犹太人，把他们从"施舍对象"变成一个骁勇善战的自豪民族，在属于自己的神圣土地上耕作——这一理想早在纳粹实施种族灭绝之前就已存在。这种理想的表现形式多种多样，既有社会主义思潮，也有宗教观点，甚至是种族主义。不同派系之间不断对抗，有时格外激烈。人们一恢复健康，有力气投票了，贝尔森等集中营就兴起了组建政党之风。和罗森萨夫特一样，巴勒斯坦犹太复国主义运动领导人大卫·本-古里安也是位波兰硬汉，他很早就看出，犹太人所受的苦难能够协助他实现一直以来坚信不疑的计划。1942 年 10 月，他告诉巴勒斯坦犹太复国主义执委会："如果加以正面引导，我们能化灾难为动力；犹太复国主义的秘诀，说白了，就是它不像大流散那样，只会让我们的灾难催生绝望或堕落，而是一门从灾难中汲取创造力和利用价值的学问。"[54]

这种说法听起来很冷血，算是"工具化利用"犹太人大屠杀的最早例证。当然，绝不容忍软弱是本-古里安的一贯作风，也许这么做对谱写犹太人的英雄史诗很有必要。本-古里安看问题很实际，他认为光表达情感一点用也没有。但在 1942 年，连他自己也对欧洲犹太人经历的劫难之深重没有充分认识。当时知情者很少。最早对情况似乎有所了解的人是阿波利那里·哈特格拉斯（Apolinari Hartglass），一位欧洲犹太人救援委员会的成员。早在 1940 年，他就发出过警告，称纳粹"正在灭绝波兰（犹太）人"。然而，在波兰难民 1942 年证实他的最坏猜测时，就连哈特格拉斯也是轻描淡写地回答道："如果你们说什么我都信，那我不如自杀算了。"[55] 本-古里安掌握了一些情况，但和大部分人一样，他也想象不出事情的真相。

即使如此，哈特格拉斯和本-古里安利用他人苦难以服务自己政治目的的做法还是情有可原。1943 年，哈特格拉斯给救援委员会寄去了一份备忘录。他在里面写到，700 万欧洲犹太人很可能将惨遭屠戮，而巴勒斯坦的犹太人社群（伊舒夫［Yishuv］*）对此无能为力。不过，他写道，如果一小撮犹太人幸而得救，"我们怎么的也得从他们身上捞些政治好处。从犹太复国主义的角度来看，在以下情况中能捞到这种好处——即全世界都认识到，唯一愿意接收幸存犹太人的国家是巴勒斯坦，而且也只有巴勒斯坦犹太人社群才愿意接纳他们"。[56]

1945 年 10 月，本-古里安决心一睹昔日德国集中营究竟。他在日记里以干巴巴、叙述性的笔触简短记录了集中营之行。在达豪，"我参观了焚尸炉、毒气室、狗舍、绞架、囚犯营房和党卫队营房"。在贝尔森，他写道："截至今年 4 月 15 日，这里尚有 4.8 万名犹太人……之后，3.1 万人死亡……（死于伤寒和肺结核）。"[57] 据为本-古里安作传的作者沙卜泰·特维斯（Shabtai Teveth）表示，本-古里安此行目的更多是为了弘扬英雄主义。他曾设想过"从灭绝营死里逃生的人们突破英军设在滩头的障碍，奋力踏上巴勒斯坦土地"这幕景象。特维斯干巴巴地写道："幸存者骨瘦如柴。他审视他们的姿态，就像是一个司令官在战前检阅自己的部队。"[58]

本-古里安来访的消息很快便传遍了，无论他去哪儿，身旁总有离散人员前呼后拥。只有在"注意到人们倾巢而出，列队恭候在通往慕尼黑城外的马路两旁时"，海蒙特才知道本-古里安来到了兰德斯堡。"人们手捧鲜花，举着匆忙写就的横幅和标语。难民营也装点得像模像样，花团锦簇。我们还从没见过营地里如此热情高涨。我觉得就算杜鲁门总统来了，也不至于造成这么大的轰动。"[59] 海蒙特称，对于难民营里的人而言，本-古里安"就是上帝"。

本-古里安在德国之行中做过几次演讲，其中最有名的一场，是在慕尼黑附近圣奥迪林（St. Ottilien）市古老的本笃会修道院里面对集中营幸存者的讲话。该地离达豪不远。看着犹太孤儿们，本-

166

---

* 伊舒夫，指在以色列建国前定居于巴勒斯坦的犹太人社群。

古里安一度因为动情而眼眶湿润，但他很快便恢复了平静："我不会试图表达内心的情绪……这样的事是不可能发生的。"听众中有些还穿着条纹囚服，本-古里安对他们说道：

> 我要告诉诸位，一个属于犹太人的巴勒斯坦不仅存在，而且欣欣向荣。就算大门紧锁，巴勒斯坦犹太人还是会用强壮有力的大手砸开大门……今天，我们是巴勒斯坦的决定性力量……我们有自己的商店、自己的工厂、自己的文化、自己的步枪……希特勒离巴勒斯坦不远，他本有机会在那里也大肆破坏，但发生在波兰的事绝不会在巴勒斯坦重演。德国人休想在犹太教堂里屠杀我们，因为每个犹太男孩和女孩都能射杀任何德国兵。[60]

　　强壮，力量，我们自己的步枪……从犹太复国主义领袖嘴里说出的这番英雄主义话语，恰恰是英国人最不想听到的，纵然英国外交大臣阿瑟·詹姆斯·贝尔福（Arthur James Balfour）在 1917 年曾承诺要将巴勒斯坦变成"犹太民族的家园"。英国人进退两难，因为在 1917 年的《贝尔福宣言》（Balfour Declaration）里，政府曾向巴勒斯坦的阿拉伯人做过保证，"不会做任何有损巴勒斯坦现存非犹太群体公民权利和宗教权利的事情"。巴勒斯坦大约 70 万人口中有 91% 都是阿拉伯人，鉴于此，同意犹太人移民就会产生问题。于是在 1939 年，英国政府发布了一份白皮书，将 1940—1944 年之间移民巴勒斯坦的犹太人数量限制在每年 1 万人。如果出现紧急情况，可临时再增加 2.5 万人。紧急情况遂而出现了；由于人数上限设得太低，能去巴勒斯坦的犹太人只有那么一点。本-古里安现在坚持要把至少 100 万死里逃生的犹太人迁到巴勒斯坦，而且不惜使用一切可能的手段，不管合不合法。杜鲁门总统在读到一篇关于德国犹太难民生存状态的报道后大为震惊[61]，他在给英国首相克莱门特·艾德礼（Clement Attlee）的一封信中建议，英方应该允许至少 10 万犹太人移民巴勒斯坦，接着又补充说："正如我在波茨坦跟您提到的，所有美国人民都坚定地认为，犹太人向巴勒斯坦移民的大门不应被关上，犹太人在欧洲各地遭受迫害，应该遵循他们自身的意愿，允许其中一定数量的人迁往那里。"[62]

杜鲁门在信里没说的，是他不希望这几十万犹太人赴美定居。英国人积极阻止犹太人迁往巴勒斯坦，时而还对刚从纳粹死亡营里侥幸逃生的人动粗，个中原因十分现实。巴勒斯坦依旧归英国人托管。即使在工党执政时期，英国也希望保留其在中东的影响力，作为连接印度的一块跳板。况且，阿拉伯人获得了英国外交部更多的同情，如果数量过多的犹太人被允许在阿拉伯人占多数的土地上定居，后者一定会拿起武器造反。从英国人的角度来看，这种情况自然是不合时宜的。因此，那些试图非法入境的犹太人很容易遭到英国士兵的一顿乱棍，完后再被扔回破破烂烂的筏子上。有时甚至还会挨枪子儿。

但英国人的看法并非一直很现实，相反，其经常是表面一套背后一套。如果说炮制犹太复国主义是为犹太人的身份认同而战，那么英国人又抛出了另一套身份认同的说法。美国驻政府间难民委员会特使厄尔·G. 哈里森（Earl G. Harrison）曾提交过一份关于德国流离失所者的美方特别报告，英国外交部对此针锋相对，指出报告中将犹太人和其他难民分隔开的建议是错误的。另外，犹太人留在欧洲没有前途的说法也不正确。毕竟，"这么做等于间接承认纳粹认为欧洲没有犹太人的容身之处是正确的"。盟军有义务"创造条件，让犹太人自行选择要不要回家，而不是在现阶段就认定这些条件是无法创造的"。[63]

英国外交部在计划如何在波兰、立陶宛或乌克兰这些国家创造合适条件一点上闭口不谈。犹太人并非意见一致，都同意通往锡安之路才是康庄大道。当时，在囊括巴勒斯坦所有犹太复国组

168

织的犹太事务局（Jewish Agency）和美国犹太人联合分配委员会
（American Jewish Joint Distribution Committee，简称 JDC 或 "联
合会"）之间，爆发了激烈的路线之争。联合会的官员尽其所能地
帮助犹太难民和流离失所者，发放钱、食物和其他必需品。他们很
反感犹太复国主义的方针和宗旨，认为其专制霸道，而且只会适得
其反。有时，犹太事务局甚至还从中作梗，不让儿童在欧洲或美国
安家，因为这样可能会抑制犹太人返回故土的 "上升之旅"。

　　虽然轮到他们得势还要再过个几年，但最终犹太复国主义者还
是得偿所愿了。以色列国于 1948 年成立，几百万犹太人在那里找
到了庇护所。绝大部分欧洲国家，以及美苏两国，对此纷纷表示同
情，这也许是出于愧疚，也许是缘自 20 世纪以降挥之不去的观念——
即每个民族都应有自己的国家——也许还因为认识到以色列对多数
犹太人来讲是唯一靠谱的去处。艾登关于哥萨克人的说法同样也适
用于欧洲犹太人："我们不想让他们留在这儿。"[64]

第五章

沥干毒药

战争、军事占领和独裁专制不仅让国家山河破碎，而且在精神上也礼崩乐坏，政治合法性更是荡然无存。人们的冷漠腐蚀了公民意识。那些擅长独断专权的人通常都是最令人不齿、也最易受到腐化的群体。而时局扭转时，掌握最大合法性的往往是专政时期最边缘化的人物。二战期间，这些边缘人物包括一群积极投身抵抗运动的男男女女。在沦陷的国家，这么做很危险，但如果在伦敦，则相对要安全些，这里汇集了诸多流亡"自由"政府，维系着形式上的存在。

战后，人们刻意美化抵抗运动，但其在纳粹德国和日本帝国的军事败北中仅仅起到微不足道的作用。暴力反叛招致了恶狠狠的报复，遭殃的是无辜百姓，而且这些行动通常得不偿失。因此，明哲保身的民众中间普遍存在对英雄人物的反感，因为后者的行为招致了更加野蛮的弹压。当然，抵抗运动还是有象征意义的，显示局面并非大势已去，暴政也并非坚不可摧。但是，抵抗运动的真正重要性要待到战火平息后才变得清晰起来。一些人不顾个人安危、毅然决然抗击外敌的事迹，为那些曾通敌卖国或对杀人不眨眼的政权姑息养奸的社会提供了一种英雄叙事。民主的恢复取决于这些故事，因为它们不仅有助于提振公民的精神面貌，也有助于政府在战后重塑执政合法性，是战后欧洲民族复兴的依托。

在中东欧的部分地区，抵抗运动扮演的角色更为复杂，因为它们要对抗两大暴政。那些视斯大林为头号死对头的人有时勾结德国人。乌克兰最著名的抵抗英雄是"乌克兰民族主义者组织"（OUN）的领导人斯捷潘·班杰拉（Stepan Bandera）。1991年，苏联解体，乌克兰最终赢得独立，班杰拉被人奉为国父，地位就仿佛乌克兰的乔治·华盛顿。班杰拉的塑像随处可见，此外还有班杰拉纪念碑、班杰拉纪念堂、班杰拉博物馆。然而，班杰拉很难算得上是统一国家的英雄，因为他来自乌克兰西部，那里曾隶属于奥匈帝国。而在笃信俄国东正教的东部，班杰拉至今仍然被视作1941年和纳粹沆瀣一气的法西斯分子。另外，1944年时，班杰拉手下的民族主义者还杀害了大约4万名波兰人。这桩惨案发生时，大英雄本人还被关在纳粹集中营里，原因是他宣布乌克兰独立，脱离德国和苏联管辖。1959年，他在慕尼黑流亡期间被苏联克格勃派出的特工暗杀。

在西欧，事情可就没那么复杂了。英雄事迹在诸如法国这样的国家特别重要，因为法国的官僚机构、警察部队、司法部门、实业界领袖，乃至许多艺术家和作家都跟通敌的维希政权有密切牵连，可以说都"落水了"。1940年6月18日，身在伦敦的戴高乐将军通过广播，发表了豪情万丈的讲话。那时他的大名还不为多数法国人所知，法兰西祖国（patrie）的伟大国父仍旧是贝当元帅。甚至没多少人听过戴高乐的讲话。电台里，他断断续续，但又异常感人地宣读："无论发生什么，法国抵抗运动的火焰都不能被扑灭，也不会被扑灭。"

事实上，在战争最初几年里，法国并不存在什么抵抗势力。但到了1944年，盟军在诺曼底大败德军后，戴高乐杀回法国。作为民族气节无可挑剔的象征，他一身制服，昂首阔步走在"光复"巴黎的法军队列之首。实际上，在行进途中曾有亲纳粹的狙击手朝他开枪，但他依旧迈步前进，好像啥事都没有。就这样，这个似乎如有神助的人建立了过渡政府，一直执政到 1945 年 10 月战后第一次选举。过渡政府中不乏维希派人士，而且同抵抗组织分歧重重。这些组织大多由共产党领导，有理由对戴高乐的政治目标不信任，反之，戴高乐对他们也一样。不过，戴高乐将军作为抵抗力量引以为豪的头面人物，他的执政合法性得到了公认。他是把国家从道德困境中解救出来的不二人选。

德国和日本没有什么英雄象征或领袖可以拿来做文章（尽管在共产主义东德，人们编造了所谓"反法西斯"的英雄事迹）。1944年 7 月，曾有军官试图暗杀希特勒，最后杀身成仁。那时，多数德国人还未将他们视为英雄。而且由于他们当中不少人出身普鲁士将门世家，德国以外的人，连同许多德国人，一谈起这些军人，就联想到军国主义传统（又名"普鲁士主义"［Prussianism］）这一被广泛归结为战争导火索的因素。战时也有部分日本人与国家对立，但他们多半是共产党，或者激进的左派，在大牢里度过了战争岁月。总的来说，希特勒的第三帝国和日本帝国政府的反对者并未吐露心声，或者以德国为例，他们选择远走他乡。

但在德国国内，还是有一些积极抵抗的团体，规模虽小，但成员不顾个人安危，几乎完全与世隔绝。其中一个人是鲁斯·安德烈亚斯－弗里德里希（Ruth Andreas-Friedrich），她是一名记者，加入了柏林一个名叫"埃米尔叔叔"（Uncle Emil）的抵抗组织。她和她勇气可嘉的朋友一同藏匿犹太人等遭受纳粹迫害的人，并秘密散发反纳粹的传单。做这种事的很少能保住性命。像安德烈亚斯－弗里德里希这样的人还太少，肯定不足以塑造一段全民抵抗的佳话。然而，战事一结束，危险一过去，人们还是感到有必要开展道德救赎。安德烈亚斯－弗里德里希在柏林俄占区的废墟里艰难度日，1945 年5 月 15 日，她在日记里写下这段文字：

无论在哪儿，政治运动都如火如荼，人们好像急着要追回逝去的十二年时光。各种"反法西斯"团体像蘑菇一样冒了出来。到处是横幅和大字报，遍地是告示和标语。随便哪个街角都成立了某某政治组织……这些反希特勒组织并非都经历过一段漫长的斗争，有些只是在希特勒时代结束后才开始了所谓的反抗。[1]

类似的虚伪之举也发生在其他摆脱德国占领的国家中，尽管性质没那么恶劣。但即使在这些国家——遑论德国或日本——英雄事迹也并不足以解决道德崩溃的问题。战后新秩序要获得合法性，就得先开展一场清洗纳粹、日本军国主义者和通敌分子的运动。那些发动战争的人、那些应该对专制独裁、迫害异己、奴役他人和大屠杀负责的人必须被清理出户。但这项工作该从哪儿着手呢？如何推进？又怎么定义罪行？帮凶应不应该也受到清算？到哪儿去找有罪的人？要不要适可而止？如果每一个曾做过纳粹或和纳粹合作过的德国官员都要被清洗，已经风雨飘摇的德国社会很可能就此分崩离析。因为这样的官员实在太多了。在濒临饥荒边缘的日本，如果彻底肃清战时的官僚和政治体制，就很难剩下有知识和能力维持国家运转的人才。但是，总要做点什么，好让人们觉得正义得到了伸张。

对于一个出问题的社会，除了处决作奸犯科者，最古老且最简单的解决办法就是流放。在比利时，一位保守派基督教民主党参议员在思考如何处置原通敌分子时就建言："如果我们国家真的没地方吸纳这些人，难道就不能把他们送到别处去么？……比方说，在拉美就有一些合适的国家，他们没准能在那儿开始新生活。"[2]虽然这一选项私底下的确为部分纳粹刽子手所采纳，但很难算得上是一项切实可行的政府决策。况且，驱逐欧洲所有通敌卖国者、把他们送去拉美，本身就纯属异想天开，更别提把德国纳粹也悉数往那儿送了。

作者父亲S. L. 布鲁玛（左一）和同学在乌得勒支

苏联军人在柏林载歌载舞

荷兰姑娘和加拿大士兵一同庆祝解放

伦敦，英国水兵和女友庆祝欧战胜利日

美国大兵在东京的公园里和日本女孩谈情说爱

1945 年 5 月，荷兰人为轰炸机空投食品欢呼雀跃　　　荷兰暴民戏弄"横向通敌者"

希腊人接受盟军援助

阿姆斯特丹，一名女性通敌者被人浇沥青

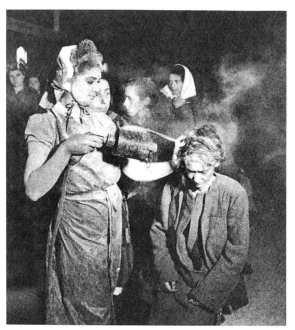

为贝尔森集中营的囚犯除虱

马来亚日军战俘营，战俘饿得皮包骨头

英军放火烧毁贝尔森集中营最后一间牢房

柏林，趁清理废墟的间隙，人们稍作休息

柏林的难民儿童

横滨，家园被毁的日本人

希腊妇女为死者哀悼

意大利，一名德国将军被绑在柱子上，等候行刑

诺曼底的奥马哈海滩附近，两名德国战俘在打理阵亡美军墓地

德国孩子走进位于亚琛的学校

山下奉文将军在接受审判时宣誓

戴高乐将军在法国洛里昂，原纳粹海军 U 型潜艇基地。基地遭盟军空袭，面目全非

巴黎，赖伐尔在审判贝当元帅时作证（右后方为贝当）

海牙，荷兰抵抗主义者逮捕荷兰国家社会党领袖安东·米塞特

日军向西贡的英国皇家空军投降

印尼自由战士

温斯顿·丘吉尔寻求连任

克莱门特·艾德礼胜选后

　　然而，在 1945 年 7 月召开的波茨坦会议上，苏、美、英三国领导人一致同意，有必要采取激进手段，将战败国的余毒涤荡干净，并把它们重建为永不再战的民主国家。德国和日本都要经历"去军事化"，接着再是"民主化"。取缔纳粹组织和警察部队就成了题中应有之义，不过，"所有旨在维系德国尚武传统的军事组织、社团、协会"也在取缔之列。另外，作为德国民主化的一个环节，"所有不止在名义上参与过纳粹党活动的党员，以及所有对盟军目标怀有敌意的人员，都将被开除公职或准公职，也不得留任重要私营部门的负责人"。

　　当然，苏联人和西方盟友在一点上存在分歧，即到底什么才算民主。另一件悬而未决的事是如何区分前纳粹分子、"军国主义者"和"对盟军目标怀有敌意的人员"——前提是可以区分的话。毕竟，我们可以设想一个人过去是纳粹，但现在十分乐意为盟军效劳，或者一个人过去反对纳粹，但对盟军的政策强烈反对——比方说，西占区里的共产党，或苏占区里的自由民主派。而且，开展清洗的方式也取决于人们如何看待德国经历的浩劫。在这点上，大国之间多了几分求同存异。普鲁士军国主义，或称普鲁士主义，被看成是有待铲除的主要问题。当时这一看似颇有些偏题的讨论直到日后才为世人所共知。

　　波茨坦会议上，有关日本的决议在措辞上稍有不同："对于那些欺骗和误导日本人民走上征服世界之路的人，必须一劳永逸地消除他们的权威和影响力。因为我们坚信，只有当不负责任的军国主义在世界上不复存在，和平、安全和正义的新秩序才有可能实现。"

　　这种措辞同样有些模棱两可，而且很有误导性。真的有所谓的**"负责任的**军国主义"么？还有，到底是谁误导了谁？掌握日本最高权力的盟军最高司令官（SCAP）道格拉斯·麦克阿瑟将军——SCAP 成了他广为人知的别名——并未同意裕仁天皇主动承担战争责任的请求，因为他确信，有必要保全天皇，避免发生骚乱，因此裕仁未被追究任何过错。

作为全日本最有势力的人，麦克阿瑟头上还闪耀着人们有意赋予他的伟大白人慈父的光环。他收到过不少日本人的来信，一些人对他表现出了不可思议的尊崇。司令官大人本意是想扮演权倾一时的将军这一角色，辅佐只具象征意义的天皇。结果，从某些方面来看，似乎他本人倒成了圣人。"尊敬的阁下，"一封信这样写道，"当我想到阁下对吾民以德报怨，而不是血债血偿时，我的心便为敬畏之情所震动，仿佛我面对的是一尊真神。"[3]

对于多数日本人而言，战时天皇拥有神圣的地位。但对于自由派或左倾的日本人来讲则完全不是这回事。一位或许是基督徒的作者给司令官写信，质疑他为什么不以战犯罪名逮捕天皇："为了在全世界和上帝面前实现名副其实且不受玷污的法律正义和人类公理，我们恳请您将现任天皇作为战犯严加处置。如果您放天皇一马的目的只是为了操纵人民，那么我相信，盟军一切用意良好的政策在您离任后都将竹篮打水一场空。"[4]

不过也有一些信件警告不得擅动天皇，否则会出现可怕的后果："显而易见，这么做会引发全世界最大的悲剧。而且要想得逞的话，首先得彻底灭绝 8,000 万大和民族。"[5] 这里的"大和"一词显示写信人是个未经改造的民族主义者。麦克阿瑟最后决定他应该听取这类意见。因此，尽管所有战争行为，包括那些最令人发指的暴行，都是以"为天皇效忠"的名义而犯下的，但天皇本人最后也成了所谓的"被误导者"。公开背离这一论述可能会惹上大麻烦，而且有时依然如此。*

由于日本没有纳粹党，更没有希特勒，也从未发生过 1933 年德国的那种政变，"军国主义""极端民族主义"，甚至"封建主义"

175

---

* 1988 年，信仰基督教的长崎市市长本岛等因为发表裕仁天皇负有战争责任的言论，成为了极右翼的目标。两年后，他被杀手开枪击中背部。——作者注

就成了有待连根铲除的毒草。鉴于此，美军某份指令写道："曾经积极鼓吹军国主义和激进民族主义的人将被清除出公职人员队伍，也不准在任何公立或私立部门担当要职。"[6] 如果打击对象是宣传家、战犯、军事领袖的话，执行起来十分明确，但清算官僚、商人和实业家则要困难得多，因为官僚在太平洋战争爆发前很久就已任职，而商人和实业家必然同战时日本政府有过合作，并从中获利。但在许多情况下，叫他们军国主义者或极端民族主义者并不恰当。

有一种观点认为"军国主义""封建主义"或"普鲁士主义"好像人体内的癌细胞，能够被切除。这一观点在左倾的盟军官员中比在保守派当中更有市场。对于德国人、日本人和昔日沦陷国家的国民来讲，情况也是一样的。由于包括共产党在内的左派在许多国家抵抗外敌入侵的斗争中扮演了主导者的角色，抵抗力量的左翼成员坚持战后社会的组建应遵从他们的意愿。在他们看来，1945 年可是个绝佳的机会，终于可以跟那些勾结法西斯的军事、金融和政治体制派进行清算了。

尽管麦克阿瑟将军本人是保守派共和党人，但在盟军占领日本初期，他的身边却围着一群满怀理想主义的律师和提倡新政的改革家，他们把大力推动整肃当成民主改造日本的一部分。这些人既不是专家，在战前和日本精英也没什么联系。在他们眼里，通晓日本文化没多大必要。所有国家都能进行民主化改造，前提条件是得有部正确的宪法，其间还要配合成立独立行业工会等进步举措。在日本，早期的清算行动都由查尔斯·凯迪斯（Charles Kades）上校等人负责督办。凯迪斯支持罗斯福的新政，在麦克阿瑟手下的政府管理部门任职。他的顶头上司是考特尼·惠特尼（Courtney Whitney）准将，此人曾在马尼拉干过律师，跟他备受尊敬的上司一样喜欢夸夸其谈："麦克阿瑟的治国方略，在过去的军事占领史中可谓史无前例，它将会成为一种标准，对未来的军事占领构成挑战。"[7] 麦克阿瑟位于东京的"宫廷"内部勾心斗角，改革派有一位对手：麦克阿瑟的情报主管查尔斯·威洛比（Charles Willoughby）少将。

麦克阿瑟喜欢管出生在德国、本名"卡尔·冯·切普和魏登巴赫"（Karl von Tscheppe und Weidenbach）的威洛比叫"我的法西斯宠物"。这么叫的理由很充分。威洛比爱好狩猎，说话轻声细语，举止风度翩翩，但脾气十分火爆。他老是觉得世界各地都有犹太人和共产党在搞阴谋，美军高层内部亦是如此。就连法国大使也遭到过他的怀疑，只因为对方有个俄国姓氏。比起司令官手下的新政干将们，威洛比同裕仁天皇周围的一干保守派廷臣走得更近。20 世纪50 年代退休后，他辗转来到马德里。因为对弗朗西斯科·佛朗哥（Francisco Franco）将军佩服得五体投地，他担任了后者的顾问。不过，由于正式掌管占领区的警务，威洛比就要负责开除自己私底下欣赏的公众人物。威洛比对整肃一事总是抨击不断，曾见过他大放厥词的惠特尼准将这样评价："我算服了，这么反对某项计划的人，任命他当执行者并不合适。"[8]后来的历史发展证明惠特尼此言不虚，至少当时被他言中了。

在德国，清算昔日纳粹的主要幕后推手是弗朗茨·诺伊曼（Franz Neumann），他是马克思主义者，后来为美国战略情报局（OSS），也就是中情局的前身效力。诺伊曼是德裔犹太难民，战前作为政治理论家和劳工律师就已蜚声德国。在美流亡期间，他和同样是难民的法兰克福学派马克思主义学者赫伯特·马尔库塞（Herbert Marcuse）一起为美国政府准备了一份"去纳粹化"指导手册。根据他俩的观点，第三帝国是"极权和垄断资本主义"的典型例证。[9]纳粹运动背后站着的是实业家。而迫害犹太人的真正目的是转移大众对垄断资本主义的不满情绪。

诺伊曼在得到美占区最高军事长官卢修斯·克莱（Lucius Clay）将军的支持后，协助起草了臭名昭著的"审查问卷"（Fragebogen）。该问卷满分 131 分，所有德国成年人必须填写。问卷的作者希望通过一系列考查受访者过去政治面貌和政治同情的具体问题，让美军能对至少 2,300 万德国人清白与否搞个清楚。一个典型的问题是："你或你的家人是否曾基于信仰或种族原因，霸占他人的被盗财物？"另一个问题牵涉大学联谊会会籍，搞得这些团体好像是纳粹党的组成机构，但其实它们在 1935 年后就被取缔了。当然，人们在答卷里很少会讲真话。交卷时也是拖拖拉拉，有的迟迟未交。呼吁取消这种问卷调查的声音从未间断过。盟军人手不够，也不具备相应的智识分析这些文件。甚至很少有美国人会讲德语，更别提能看懂了。军事当局的正式使命是重建德国的民主体制，为此已经忙得不可开交，新颁布的《第 8 号法规》（Law No.8）则让他们益发疲于奔命。这部法律于 12 月 1 日生效。

柏林原抵抗主义战士鲁斯·安德烈亚斯–弗里德里希曾在日记里以赞许的口吻评价这部律法：

> 三周前，当局对纳粹党员第一次采取了行动。工商界清除了所有地位显赫的纳粹分子。文化事业也不允许纳粹分子再染指。过去的国家社会主义工人党员只能受雇成为工人。[10]

对于让昔日纳粹接受劳改、干些清理废墟这种卑微体力活的建议，鲁斯·安德烈亚斯–弗里德里希表示支持。但她的出发点似乎不同寻常。她记录下了从身边人口中听到的话："不可思议，这是白色恐怖！最近的事太不公平，叫人义愤填膺。他们不能把这部特别法律强加在 20% 的德国人头上。"对于这些流言，她在日记里暗暗回应："但他们就是能！他们（德国人）难道忘了这么做有多容易么？他们难道忘了这些特别法律和八年前针对犹太人的法律几乎如出一辙么？"[11]

对于抗议的德国人，她没有表示半点同情。但她所作的类比有些欠妥。人们固然可以将纳粹当权时期的一些人扫地出门，但要是为了重建民主体制这么做，则是一种相当成问题的想法。另外，就算承认加入过纳粹党也不能说明什么。有14万德国人因此丢了工作，其中不少人只是低级官员和机会主义者，因为慑于纳粹淫威或出于个人野心而入党。与此同时，地位更高、罪孽更深重的"大鱼"却安然无恙：有些商人不屑于入党，但靠从犹太人那里抢来的资产发家致富；有些银行家从被杀害的犹太人嘴里拔掉金牙，囤积黄金；有些教授大肆宣扬令人厌恶的种族主义理论；有些律师和法官对希特勒第三帝国的政令亦步亦趋，指控爱上"劣等民族"的男男女女犯有颠覆纳粹政权罪，或者"有辱种族名誉罪"。

特奥多尔·豪斯（Theodor Heuss）在战前是自由派记者和政治家，尽管他并未积极投身抵抗运动，但十分痛恨纳粹。盟军感到豪斯是他们可以信任的那类德国人。1945年，美国人任命他为巴登—符腾堡州（Baden-Württemberg）的文化部长。豪斯面临的一大难题是学校里有能力的老师人数不足，无法为接受了十二年纳粹宣传的年轻人洗脑。整肃运动让他的任务变得更加艰巨。在一封寄给军部的信中，他言辞迫切地写道，在他看来，整肃中被撤职的人里只有10%—15%最后被定性为纳粹。但开除这么多老师后，孩子们已无书可读。他认为，对于第三帝国崛起前接受教育的老一辈教师，"剥去他们的褐色外衣"并"唤醒他们身上善的力量"并非难事。他恳请官方给予他信任："我们承诺帮老师清除纳粹思想，把他们改造成新观念和进步思想的传播者，本着正确的精神教育青年。"[12] 他的意见未被采纳。

负责为美国战争部撰写报告的卡尔·楚克迈耶结束他在美国的流亡生涯，回到德国。在他看来，美国人的清洗太过拙劣，而且经常偏离真正目标，以至于去纳粹化运动有导致纳粹复辟的危险。德国保守派视去纳粹化为社会主义者的阴谋。他们相信，盟军官方有意偏袒德国激进派，后者巴不得对每个城镇进行清洗，揪出其中任何可能沾上法西斯污点的人。楚克迈耶讲了个他在奥地利时听来的笑话，大致意思是一个人去警察局登记姓名，警察问他，你登记名字做什么？这人回答，我是纳粹。警官说，那你一年前就该找我们登记了。对方答曰：一年前我还不是纳粹。[13]

等到这则笑话传得满天飞的时候，分辨忠奸、筛查昔日纳粹的工作迫于无奈，已经被交到德国委员会手里。这一做法在"摆脱国家社会主义和军国主义法律"（Law for Liberation from National-Socialism and Militarism）中得到了正式确定，但效果却让人哭笑不得。德国政客无意再搞清洗。掌管整肃委员会的人说是激进革命派，但实际上常常是原纳粹分子。天主教牧师发出警告，说德国人要是提供罪证指控同胞将是不道德的。第三帝国期间，地方上的一些大佬发了横财，他们花钱消灾，通常的做法是找个把被纳粹迫害过的可怜幸存者，获取有利于他们的证词。1946 年后一段时期的主题词是"漂洗运动"（Persilschein），Persil 是一种漂白衣物的消毒剂。不计其数的原纳粹分子拿到的"漂白"文件把他们不久前的历史污点洗得一干二净。就连证明一个人曾在纳粹集中营蹲过大牢的文件都能在黑市上买到；每份售价 2.5 万德国马克，可谓价格不菲，但对多数原党卫队军官来讲，这点钱他们还出得起。

在东德，情况也好不到哪里去，尽管共产党声称"民主苏占区"的清洗行动取得了巨大成功。1945 年春末，鲁斯·安德烈亚斯-弗里德里希介绍过的那类德国"反法西斯"委员会接管了整肃工作。到了初夏，德国共产党（KPD）上台后，这些委员会被解散。从理论上讲，东德的整肃比西占区确实要严格。毕竟，德意志民主共和国*成立的基础就是其令人骄傲的"反法西斯"斗争史；这是"更好的德国"，反抗过的德国。然而，这一说法因为德国人犯有集体罪行这一前提——条顿人（Teuton）†的痼疾——而变得不那么清晰了。共产党对此很执著。他们的部分论调似乎也受到了这种德国式病毒

¹⁸⁰

---

*　即东德，西德的全名是德意志联邦共和国。
†　条顿人，即德国人。

的感染。德共要求彻底"消灭"希特勒政权的余孽。[14] 在勃兰登堡州（Brandenburg）的一个小镇，昔日纳粹被勒令在衣服上佩戴"卐"标志。人们议论纷纷，说是会有严厉的惩罚。另一个地方的区长也发出警告："对付纳粹，我们会以其人之道还治其人之身，也就是说，会下狠手收拾他们。那些干活偷懒的，我们要逼他们干活，如果有必要，还要把他们关进劳改营……到了明年年底，我们希望见到一个消灭了纳粹（Nazirein）的德国。"[15]

退一步讲，尽管这些措施不可谓不强硬，但东德的整肃几乎和"资本主义占领区"里一样不彻底。按理说，对"积极"纳粹和"名义"纳粹的甄别还是在做，但这一工作经常形同虚设。苏联人很快对此产生了厌倦，下令开除所有前纳粹党员的政府公职，并限期几个月完成——这当然是办不到的。归根到底，他们对让德国人负责整肃并不放心，而且也从未给过后者什么恰当的方针政策。在这件事上，苏联人还真是有理由不信任德国人。许多德国人拒绝合作，因为事实证明，大规模的清洗将导致教育和社会服务走向崩溃，或者让任何经济复苏的表象都化为泡影。于是，莱比锡和德累斯顿的德国人同在慕尼黑或科隆的德国人一样，想尽各种借口让前纳粹分子官复原职，或保护他们免于指控。在有迹象显示清洗行动将对苏联控制下的工厂完成生产指标造成影响时，甚至连苏联方面也都对此睁只眼闭只眼。许多纳粹"小人物"轻而易举地被吸纳进共产党，对新主子的专政作风，他们不会感到陌生。对于那些地位更显赫的纳粹则采取保留档案的办法，以免他们将来惹麻烦。

所有外国占领区都存在这对矛盾。尽管德国精英过去恶贯满盈，但你还真不能把他们一网打尽，同时还指望能重建这个国家——不管其将来姓"共"还是姓"资"。没过多久，盟军便把经济复苏看成比伸张正义更重要的目标，尽管动机和苏联人截然相反。苏联人想的是重建"反法西斯"德国，作为横亘在资本主义和帝国主义中间的缓冲；英美两国和盟友想的则是让"他们的"德国成为对抗共产主义的民主堡垒。

在当时看来，巴顿将军于 1945 年发表的对去纳粹化和原纳粹分子的看法固然粗俗不堪，而且考虑到他的仕途，这席话也说早了——他说"加入纳粹党和民主、共和两党打选战没什么两样"，"我们需要这些纳粹"——艾森豪威尔不得不将这位巴伐利亚军事统帅撤职。但巴顿只是口无遮拦罢了，观点本身谈不上有多离经叛道。德国战败和早期清洗过后一年，多数美国官员都认同巴顿的看法。尤其是英国人，他们一开始就觉得美国人那股子教训德国人的热忱劲儿很是可笑，而且只会适得其反。英国外交部官员康·奥尼尔（Con O'Neill）对他嘴里的"低级狂热分子"充满鄙夷之情。《第 8号法规》规定所有纳粹党员只能从事低贱的工作，在这点上，他评价道："作为典型的既系统又按部就班的愚蠢之举，这部法律还真是难以击破。"[16]

发生在赫尔曼·约瑟夫·阿布斯（Hermann Josef Abs）身上的事很能说明问题。在第三帝国时期，他是一名银行家。同其他商人和实业家相比，他的罪行似乎很轻，不像阿尔弗雷德·克虏伯（Alfried Krupp）*，曾经雇佣妇孺，让他们像奴隶一样干活，直到累死。他也不同于和海因里希·希姆莱（Heinrich Himmler）†有私交的弗里德里希·弗利克（Friedrich Flick），后者的煤钢帝国极其残忍地剥削集中营里的劳工。和杜塞尔多夫市（Düsseldorff）曼内斯曼公司（Mannesmann）的总裁威廉·赞根（Wilhelm Zangen）或经济官僚兼乌克兰刽子手头头奥托·奥伦道夫（Otto Ohlendorff）也不同，阿布斯甚至都不是纳粹党员，也不是党卫队军官。

阿布斯从未亲手实施暴行。作为土生土长的莱茵河地区的人，他对普鲁士尚武精神只有厌恶。他文质彬彬，信奉天主教，对英国

---

* 克虏伯，德国钢铁大亨，军火大王。

† 希姆莱（1900—1945），纳粹党卫队、盖世太保头目。

怀有好感，讲得一口流利的英语，战前在犹太人开的银行里供职，还是西格蒙德·瓦尔堡（Sigmund Warburg）*的好友。要不是阿布斯碰巧是个雄心勃勃的德国技术官僚的话，他在20世纪30年代几乎和纳粹扯不上半点关系。然而，阿布斯曾任德意志银行主管，通过对犹太人的公司进行"雅利安化"（Aryanizing）养肥了自己的康采恩†。除开为希特勒打理私人账户外，阿布斯还为诸如西门子、克房伯和法本公司（I. G. Farben）等企业提供金融服务，这些公司都曾在奥斯维辛附近建造过大型奴隶营。阿布斯做事也许并非出于粗鄙的意识形态狂热。实际上，他几乎铁定不是狂热分子。但没有阿布斯这样的人，希特勒罪恶事业的效率就会大打折扣。

1945年6月，阿布斯藏身一个贵族朋友家里时被人发现，随后被塞进一辆英军吉普，这时他心想完了，只有死路一条。结果，他没坐牢，而是被带到汉堡的某家宾馆，像这样仍然屹立不倒的宾馆已所剩无几。在那里，一位来自伦敦的老朋友、银行家查尔斯·邓斯顿（Charles Dunston）热情地接见了他。邓斯顿战前在德国做过生意，而且对纳粹运动整齐划一、昂首阔步的精神面貌颇为欣赏。"就像回到了过去，"回想起老友相见时，邓斯顿这么说道，"我没有问他战争的事，这无关紧要。"阿布斯对他的不修边幅表示歉意，解释说自己没有像样的刮胡刀。但在邓斯顿眼里，他看着没啥变化："头发一丝不乱。我当即问他，愿不愿意帮助我们重建德国银行体系，他欣然接受了。"[17]

事情的发展有些偏离计划。纵然英国人屡次表达抗议，但美国人依旧我行我素，坚称阿布斯作为战争罪嫌犯，理应逮捕。一入狱，阿布斯就拒绝再为英国人提供金融咨询，除非自己获释。英国人花了三个月时间，总算说服美方放人。

---

* 瓦尔堡（1902—1982），犹太富商，英国投资银行华宝（S.G. Warburg & Co.；即瑞银华宝的前身）创办人。

† 康采恩（Concern），垄断资本主义发展到高级的组织形式。

阿尔弗雷德·克虏伯在他位于埃森（Essen）的乡村庄园大厅 183
里被捕时，跟前来抓他的美军说了句："这是我家，你们干吗？"
他和实业家弗里德里希·弗利克一同接受了纽伦堡审判。法本公司
老板格奥尔格·冯·施尼茨勒男爵（Baron Georg von Schnitzler）
犯有奴役奥斯维辛囚犯等罪行，英国人上门抓他时，他身穿一件用
上好苏格兰粗花呢布剪裁而成的高尔夫球外套，彬彬有礼地接待
了来客。他表示，能重获自由，和 X 勋爵、Y 勋爵和特拉华州威
明顿的杜邦家族等老朋友再续前缘，真是太让人高兴了。这群朋
友真的很交心，但过去几年里跟他们断了联系，很是让人痛心。[18]
冯·施尼茨勒因"掠夺和侵占罪"被判入狱五年。但一年后，他就
回归商界，重新融入社会。克虏伯因为雇佣奴工被判处十二年有期
徒刑，最后只服了三年的刑。弗利克获刑七年，但在兰德斯堡监狱
舒舒服服地待了三年后也获释了。服刑期间，弗利克曾向赫尔曼·阿
布斯咨询过金融业务，也获得过后者的提点。阿布斯后来成为德意
志银行、戴姆勒—奔驰、汉莎航空等公司的董事，在西德重建过程
中发挥了主要作用。20 世纪 60 年代，克虏伯公司的控制权被转让
给一家基金会，这桩交易的主要操办人之一就是赫尔曼·阿布斯。

* * * * *

希特勒的工业精英中至少有一部分人蹲过大牢，虽然都是好吃
好喝地被人伺候着。他们的日本同行甚至连这种罪都没受过。在日
本，除了逮捕有战犯嫌疑的人之外，整肃行动侧重于"预防"，而非"惩
罚"。需要防范的是"军国主义"死灰复燃。但问题在于，美国人
吃不准要收拾谁，而且太过倾向于将日本看成东方版的第三帝国。
究竟是谁"误导了日本人民"？不是天皇，因为最高司令官已
经认定他无罪。最接近纳粹军事组织的机构是军警，即宪兵队。由
于其刑讯和杀人手法十分老辣，所以无论是日本人还是外国人，一 184

提到宪兵队便谈虎色变。大约 4 万名宪兵队军官在清洗中丢掉了饭碗，极少有日本人会为他们的遭遇落泪。其他一些爱国组织和神道教、天皇崇拜、武术社团或战时经济规划多少有些关联，表面上看像纳粹组织，但其实两者之间有很大区别。1940 年成立的大政翼赞会是一个奉行改良主义的综合政治团体，宗旨是动员政客、官僚和知识分子为战争出力。该组织没有统一的意识形态，创始者中甚至还有社会主义者。日本的战争规划委员会也有部分左派经济学家。美国人甚至在如何处置部队军官这点上都拿不出明确的政策。刚开始，美军决定，所有少佐及少佐以上的军官都要被清算。显然，军衔低于少佐的人是没机会误导任何人的。这件事传到参谋长联席会议副主席理查德·马歇尔（Richard Marshall）少将耳朵里，他火冒三丈。从他的亲身经历来看，日军上尉和中尉是一群最残暴的疯子。他说，如果这些人的名字不在列，就会再次误导日本人民。于是，这些军官也被纳入了名单。[19] 简言之，最高司令部的美国人对到底要打击谁没个准绳。

如果有什么机构在日本对外战争中发挥了巨大作用的话，那一定是官僚组织：具体而言是负责查禁异见的内务省，以及负责战时工业规划的通商产业省（战争期间被并入军需省）。甚至连大藏省也应算在内，因为其曾经大举搜刮亚洲被征服国家的资源。掌管工业的官僚曾在伪满、中国各地乃至日本本土大规模强征劳工从事劳动，数量众多的人在工厂和矿井里干活，多数条件恶劣到了骇人听闻的程度。然而，美国占领军对处理这些历史旧案的指导方针十分模糊。虽然高级官员被撤了职，但低级官员还是保住了乌纱帽。理论上，被清洗的官员将不得再发挥影响力。但对于如何防止他们私会老部下、进行非正式密谋这点，则从来就没有拿出过办法，于是这种事就变得屡见不鲜。

在如何处置工商业精英这点上，美方内部出现了最严重的分歧。喜欢卖弄文采的最高司令官麦克阿瑟宣称："正是这些人，这些出生于封建世家、成长为一方枭雄的人，几乎将大部分日本人的生活控制于枷锁之中，他们厉兵秣马，煽动人心，带领日本走上了对外侵略的道路。"他因此坚持必须将这些人从"影响未来日本经济发展的进程中剔除出去"。[20]

麦克阿瑟说这话其实是在1947年，那时距离效仿纽伦堡审判的东京战争罪审判（正式称法是远东国际军事法庭大审判）已经过去了一年。其他美国人的看法大相径庭。曾在美国司法部任主管的东京法庭首席检察官约瑟夫·基南（Joseph B. Keenan）在同年说过："我们从未收到，也未曾发现有证据表明地位显赫的工商业领袖曾和他人密谋，策划或发动了战争。"[21]

日本人自己对清算的看法取决于各自的政治立场。在一封写给最高司令官的信里，作者希望麦克阿瑟能明白，"99%的日本人，至少到目前为止，都是彻头彻尾的战争狂和军国主义者"。[22] 一位立场更温和的记者称："官僚们无组织无纪律的程度，居然发展到了允许像……前内务大臣这样一个法西斯主义者和战犯都得到留用的地步。就算他们中间有自由派，也是胆小怕事、畏首畏尾之辈。"[23]

所幸同盟国中只有美国负责主导"去军事化"和"民主化"，这使得盟军的在日使命变得略微简化了些。反观在德国，并没有类似最高司令官一职。卢修斯·克莱将军也算不上司令，他肯定不会收到下面这封来信："我们将麦克阿瑟看作耶稣基督再世。"[24] 但是由于在官僚职权划分和政治信仰的问题上存在内部分裂，美国人也从未真正拿出过一份一以贯之的清洗方案。实际管理日本的工作被交给日本人自己的内阁，由他们来指挥官僚系统落实改革措施。尽管这些举措充其量只能说是敷衍了事，美国新政派对另一个目标倒是远为重视，虽然首席检察官约瑟夫·基南的意见与之相左。那些"不肯让未来日本经济建设仅仅服务于和平目标"的人会被开除，而"控制了日本贸易和工业半壁江山的工业与银行业联合体"必须被解散。[25] 这些联合体，即财阀，被定性为策动战争的主要经济推手。

186

这一决定对实业家们不啻当头一击。同赫尔曼·阿布斯和他的德国同行一样，他们在战前跟伦敦和纽约大公司董事会里的董事有很深的交情。甚至在战争结束前，一名毕业于哈佛大学并在一家大型钢铁企业担任总裁的日本企业家，在一次实业家参加的秘密会议上用英语兴奋地大叫："我们的朋友要来了。"[26] 不少具有国际经验的日本商界领袖曾在欧美留过学，他们期待能得到意气相投的美国人的赏识，被安排主管日本经济的重建。结果，等待他们的却是被扫地出门，他们的财团也随之分崩离析。

对于麦克阿瑟军政府里的新政派，这是他们最引以为豪的成就：一是解散财阀，二是土地改革，后面一条可以说压垮了日本农村"封建主义"的脊梁。许多日本左派因为美国的政策而欢欣鼓舞，在军事占领最初几年里，华府被看成左派最好的朋友。女性投票权、罢工权、劳资双方集体谈判，革故鼎新的力度不可谓不大。在分工上，美国人负责推动革新，心存感激的日本人具体落实。由此，共产党和社会主义者开始在工会和高教领域享有巨大权力。

但即使是一些秉持左倾观点、对实业家并无好感的日本人，对财阀遭受格外严厉的责难一事也有些看不懂。在写给朋友唐纳德·基恩的一封信里，当时还是海军军官的西奥多·德巴里（即狄百瑞）提到他和一位名叫宫内的东京商人的谈话。宫内称自己是社会主义者，信奉民主。德巴里请他谈谈对战时财阀的看法。宫内回答，他们的所作所为和军部相比是小巫见大巫。没错，有些新兴财阀，比如日产（Nissan），从战争中获益巨大，但传统的"四大"财阀家族——三菱（Mitsubishi）、三井（Mitsui）、安田（Yasuda）、住友（Sumimoto）——则跟所有人一样，只是被招安和收编罢了："它们很弱，财阀很弱。"[27]

对此说法，德巴里将信将疑。这句话他从日本人那里听到得太频繁了，以至于怀疑这是军部宣传影响的产物。他写道："20 世纪30 年代的军队，肯定先是鼓吹这一论调，然后通过买通或威胁财阀，

187

为这一说法添加了注脚。"

　　有一件事是肯定的：美国人追究财阀的责任，却基本放过官僚体系，等于是在昭告天下，他们对日本战时体制如何运作一事其实并不清楚。但造成这一情况的原因并非无知或误解；美国规划者满怀理想主义，一心想出力重建一个崭新的日本，而日本"改革官僚"则期望维持他们在战时对经济的控制，但会服务于和平的目标。双方于是想到了一块。

　　倒也不是说什么都没干。1948 年底，90 多万人接受了职业背景审查，150 多万份问卷被拿去做分析。美国人撤销了内务省，解散了日本军队，共计 1,800 名官员遭到整肃。但其中大多数人（70%）过去是警察，剩下的是来自内务省的官员。主管经济的官僚压根就没被找过麻烦。昔日的军需省裁撤了 42 人，而大藏省只开除了 9 个人。[28] 那位曾被派到满洲负责劳工项目的军需大臣，后来参与策划了日本的帝国主义扩张事业，史称"大东亚共荣圈"。他被捕过，却从未被正式指控犯有战争罪行。他叫岸信介，在出狱后仕途蒸蒸日上，后来成为日本首相。

＊ ＊ ＊ ＊ ＊

　　在"大东亚共荣圈"的历史上，菲律宾占据着一个很有意思的位置。1941 年 12 月 8 日，就在珍珠港事件爆发十小时后，日本入侵菲律宾，攻占了该国。时任菲律宾陆军元帅的道格拉斯·麦克阿瑟于翌年 3 月撤退至澳大利亚，他发誓称："我会回来的。"菲律宾总统曼努埃尔·奎松（Manuel Quezon）也逃到了澳大利亚，继而辗转至华盛顿，并在那儿建立了流亡政府。这么做本身就很不寻常，当时印尼没有流亡政府，缅甸也没有流亡政府。泰国倒是有流亡政府，但泰国从没被殖民过。日本人入侵时，菲律宾介于殖民地和独立国家之间，其已获得了英联邦国家的地位，而且原定将于 1946

年完全独立。虽然日本人承诺过——用本间雅晴将军的话来讲——要把菲律宾人从美国的专制霸权中解放出来，但实际上他们只是摇身一变，成了新的殖民主子，而且统治手段更为残暴。尽管总统何塞·劳雷尔（José P. Laurel）*在 1943 年正式宣布菲律宾共和国独立，但日本人仍旧大权在握。每位菲律宾政府官员身后都站着一名日本"军师"，而每位日本军师背后都站着日本军队和令人闻之色变的宪兵队。简言之，所谓的共和国不过是个幌子。

即便如此，菲律宾国内还是有一股作风顽强的抗日力量。其中当属一支抗日游击队最有成效，其纲领有别于奎松或劳雷尔，主要在第一大岛吕宋岛（Luzon）的乡间活动。"虎克党"（Hukbalahap）意为抗日人民军，由赤脚的农民革命者组成，他们的敌人不光是日本人，也包括菲律宾的大地主。地主们坐享大片甘蔗和椰子种植园带来的财富，表面上佯装成民主派，实际却用封建寡头的方式统治这个国家。虎克党最有名的领袖名叫路易斯·塔鲁克（Luis Taruc），是个佃农的儿子。另一位有传奇色彩的虎克党女战士叫费莉帕·库拉拉（Felipa Culala），她个头高大，骁勇善战，化名"达扬达扬"（Dayang Dayang），就连日本人听到"达扬达扬"也是闻风丧胆。

日占期间，由于许多地主放弃种植园，逃往马尼拉，虎克党就 189 效仿起了共产党在其他国家的所作所为：他们没收土地，建立了某种国中之国。该党的作战"小分队"纪律严明，心狠手辣，死在他们屠刀下的不光有日本人，那些有通敌或目无法纪嫌疑的菲律宾人也难逃厄运。就连威名赫赫的"达扬达扬"触犯规矩时也要受罚。她有句口头禅："那些不发战争财的人是脑子进水了。"她说到做到，大肆抢夺财物，从水牛到珠宝，什么都抢。被捕后，她受到审判，

---

* 何塞·劳雷尔为日本扶植的菲律宾第二共和国（1943—1945）的总统。原本自 1935 年起即担任菲律宾自治领总统的曼努埃尔·奎松因此于 1943 年流亡。

后来被枪决。[29]

　　何塞·劳雷尔和供职于伪政府的多数党羽——比如曼努埃尔·罗哈斯（Manuel Roxas）和贝尼尼奥·阿基诺（Benigno Aquino）——均出身上流社会的地主家庭。就算没有日本占领者，虎克党也一心想要推翻他们的权力。从效忠日本人、推动反美和泛亚事业这点来看，这些人毫无疑问是通敌分子。但正如原西方殖民地内其他勾结日本人的亚洲民族主义者，他们有着复杂的动机。劳雷尔的背景让人刮目相看，他毕业于耶鲁大学法学院，当过参议员，是马尼拉最高法院的助理法官。虽然贵为殖民精英阶层的一分子，但他也许打心底里相信，如要帮助菲律宾人摆脱对美国的依赖，有必要仰仗日本人激进的"亚细亚主义"。欧洲的一些卖国贼（quisling）也操持相似的论调，他们认为，纳粹建立的新秩序可以为他们堕落腐朽的社会注入一丝生机。但这么做的时候，他们背叛了国家的独立自主；劳雷尔、苏加诺等人在日本人登陆前后，一直在为外国统治者效力。

　　劳雷尔一直是菲律宾游击队的头号目标。1943 年 6 月，在同贝尼尼奥·阿基诺在维克维克乡村高尔夫俱乐部打球时，他遭到两名刺客行刺，背部中弹。其中一人自称"小乔"。当年晚些时候，结束养伤的劳雷尔赴东京出席了大东亚会议。会上，一干领导人喊着亚洲人皆兄弟的口号，承诺加强泛亚合作。翌年，应日本要求，他同意向美国宣战。

　　与此同时，1944 年 10 月，麦克阿瑟将军兑现了他要重返菲律宾的承诺。为了增加这一幕的戏剧性，他蹚过了莱特岛（Leyte）的浅滩，虽然戴着飞行员墨镜，但他看起来还是愁眉不展。他其实不止一次地蹚过海水，为的是能拍下恰到好处的照片，留作新闻资料。登上吕宋岛之前，他如法炮制。麦克阿瑟讲话喜欢援引《圣经》，这一套对笃信天主教和神秘主义的菲律宾人想必很有吸引力。他吟诵着："菲律宾人民，我回来了。感谢我主的恩泽，我们的部队再

190

次踏上了菲律宾的土地——这片土地，因为我们两国人民洒下的热血而变得神圣……到我这里来……神圣的主将为你们指明道路。"

在通往马尼拉的漫长道路上，美军艰难跋涉，经历了血雨腥风。推进过程中，他们得到了虎克党的积极帮助。菲律宾游击队将日本人赶出吕宋岛中部各地后，升起星条旗和菲律宾国旗，建立了自己的政府，期待美国支持独立的菲律宾社会主义共和国。然而，事与愿违，麦克阿瑟只是对虎克党的战斗精神表示了口头赞赏。有人进谏，建议他请自己最熟悉的那批人出山，也就是过去的地主精英。虽然他曾扬言"挖地三尺，也要把所有叛变的菲律宾人揪出来"，麦克阿瑟却将劳雷尔伪政府的忠实成员曼努埃尔·罗哈斯任命为美军准将。[30]

虎克党收到要他们缴械的命令，他们拒绝交出武器，随即遭到逮捕。一部分人在没有受到正式起诉的情况下就被判入狱，其中包括路易斯·塔鲁克，他和几个过去勾结日本人的通敌者被关在一间牢房里。后来，5万农民来到马尼拉的马拉坎南宫*前举行示威，塔鲁克因此获释，但他大部分手下仍身陷囹圄。后来发生的事不甚光彩。有人在暗地里较劲，进行钱权交易。之后，马尼拉的媒体发表文章，歌颂劳雷尔和他的同仁在战时是不折不扣的爱国者，尽全力保护菲律宾人免受日本人的暴行侵害。麦克阿瑟赞扬罗哈斯是"游击运动的几大要素之一"。菲律宾人受到的训诫是要他们抛开"小肚鸡肠式的妒忌心理"和"毫无必要的误解"，因为这样只会"阻碍进步"。[31]

作为二战结束后的首位菲律宾总统，曼努埃尔·罗哈斯宣布赦免战时的通敌叛国者。成千上万的人获释出狱。路易斯·塔鲁克躲进了深山，虎克党更名为解放人民军，也就是毛派新人民军的前身。昔日的地主家族在重新牢牢掌握住他们的财产后，继续控制着

*　Malacañang Palace，菲律宾总统府。

菲律宾的政治。即使到了 1986 年，在"人民力量"运动（People Power）推翻费迪南德·马科斯（Ferdinand Marcos），让全世界都看到了亚洲民主化的曙光后，旧精英依旧把持着政坛。"人民力量"运动的明星人物是贝尼尼奥·阿基诺的妻子*科拉松·"柯莉"·阿基诺（Corazon "Cory" Aquino），人称阿基诺夫人。她在位时，副总统由何塞·劳雷尔的儿子"多伊"劳雷尔（"Doy" Laurel）担任。在写作本书时，菲律宾的现任总统换成了"柯莉"的长子，阿基诺三世。

* * * * *

要想在一个满目疮痍的国家恢复合法性，一种办法是找个具有象征意义的人物，并团结在其周围。这既可以是一位备受爱戴的君王，也可以是抵抗外敌的义士，甚至是某位俨然一副救世主派头的外国将军。道格拉斯·麦克阿瑟将军的腔调也许有些做作，甚至在一些人眼里显得妄自尊大，但他在日本和菲律宾却将这一角色发挥到了极致。他保留天皇以体现延续性的做法，背后折射出的意图是为了彰显自己身为临时将军（shogun）†的功绩。包括麦克阿瑟自己那套在内的英雄主义常常是一种作秀，有时则完全就是胡编乱造。举例而言，朝鲜的"伟大领袖"金日成就是苏联红军一手扶植起来的。据称，正是这位卓越的游击战英雄，单枪匹马地把日本人赶出了朝鲜半岛。但事实上，战时的大部分时间里，他都待在哈巴罗夫斯克（Khabarovsk，伯力）附近的一座苏军训练营中。

战前一些傀儡政权的挂名首脑如今名誉扫地，合法性也受到挑

---

* 作者误植为儿媳。——编注
† 日本历史上的将军，并非指军事将领，而是指诸侯的首领。每一个地方的诸侯称为大名，而其中最有势力、凌驾于所有大名之上的大名，在得到天皇的册封后，即为将军，拥有极高的威望。

战，这为内战埋下了伏笔。在希腊，内战就呈现出不可阻挡之势，而在中国，国共两党经历了长达一年的试探对手和各种小冲突后，内战也处于一触即发的状态。

美国人管蒋介石委员长叫司令（Gimo），在战时美国驻华最高长官、绰号"酸醋乔"（Vinegar Joe）的约瑟夫·史迪威（Joseph Stilwell）嘴里，老蒋的绰号是"花生米"。他名义上控制着整个中国，但实际上有大片疆土并不处于他的管辖之下。不管是自吹自擂，还是在美国的战时宣传里，司令大人都是以一副伟大民族领袖的面目出现：是他，英勇地抗击了日寇。但盘踞在大西北的毛泽东和他的游击队则提出了不同意见——倒也并非一点没有道理——说轻点蒋是消极抗日，说重点他是勾结日寇，联手对付共产党。共产党声称自己才是真正的抗日者，毛泽东才是民族英雄。但事实上，双方常把日本侵略看成是暂时的困境，而美国人早晚都会出手收拾残局。真正的敌人在国内。随着两支势不两立的武装力量摆开架势，准备决一雌雄，同时进行较量的还有两种版本的英雄事迹。192

其实，战争结束没多久，两位领导人就在国民政府的陪都重庆见过面，并进行了漫长的会谈。虽然各自都看不惯对方，但对彼此的顽强气节很是钦佩，就好像两个敌对帮派的大佬一样惺惺相惜。毛在官方招待会上向蒋敬酒，祝他万岁。为了避免爆发全面内战，双方围绕权力分享、划分势力范围、建立国共联合政府等问题进行了气氛友好的磋商。会议并未达成有约束力的协定，表达和平意愿的声明（"民主""一支军队"、蒋的"领导"）只是"一张废纸"。[32]但时任美国驻华大使的帕特里克·J.赫尔利（Patrick J. Hurley）仍然对撮合国共两党抱有希望，尽管他心智不太正常，对中国几乎一无所知，而且因为表演刺耳的巧克陶族印第安人打仗时的呐喊*，让主人很下不来台。在头脑发热的赫尔利的想象中，包括熟悉中国问

---

* 赫尔利是印第安人。

题的外交官在内，哪个美国人要是对国共牵手抱有疑虑，那他就是叛徒，恐怕还是赤匪。

《纽约时报》记者说得没错。在 10 月 6 日刊发的一篇报道里，他这样写道："对那些不理解为什么讨价还价如此严重的西方人而言，有必要向他们指出，军队在中国政治中扮演着决定性的作用。"不仅如此，武器的作用也是决定性的。这也就是为什么蒋介石坚持只有他有权命令日本人缴械，而毛又对此毫不理会的原因。

1945 年夏，蒋的麾下有 400 万国军，遍布华中和华南地区。但他们训练很差，军纪涣散，而且带队的长官常常腐败无能。日本人在东北的伪满洲国和国民党旧都南京建立了"伪军"，人数有上百万之多。伪军的装备比国军精良，而且常常更能打仗。所以蒋并未解散他们，而是倾向于把这些部队整编进自己的军队。另外，各省还有形形色色的一干军阀，他们表面上效忠中央，但总是靠不住，都在打着自己的小算盘。

城乡地区的中国平民都很害怕国军的到来，因为这些部队的做派更像土匪，而不像军人，他们打家劫舍，抢吃的，奸淫妇女，还从农民里抽壮丁。伪军和军阀的部队也好不到哪里去。共产党的部队大约有 100 万人，另外还有 200 万民兵，他们本也可以成为专横跋扈的主子，但至少他们懂得作风纪律的意义。共产党的军民关系搞得更好；他们意识到，要打赢战争，部分靠的是宣传。被老百姓视为一支英雄的人民之师是他们的一笔宝贵财富。

大半个中国不仅山河破碎，而且还因为外国占领、军阀割据、内战中的清洗与反清洗而元气大伤，经年的内战在残酷性上同抗日战争不相上下。研究日本的学者唐纳德·基恩当时还是一位年轻的美国海军军官，被派驻在港口城市青岛。青岛毗邻黄海，因其海军基地、欧式建筑和德式啤酒屋而闻名。美国海军陆战队在青岛登陆时，日本帝国海军尚未撤退，基恩很快就觉察"气氛有些不对劲的地方"，空气中弥漫着一股欺诈和腐败的臭气；"针对通敌者的指控跟这座城市本身的可疑气质一样无处不在"。[33]

他发现，管理青岛的依旧是日本人当初任命的那批中国人，他们大多声名狼藉，从外国占领中大捞了一笔。他还发现，日本海军军官可以公开吹嘘他们的战功，而通日的中国人则挨了其他中国人的整。然而，整肃者自己过去也有污点，他们只是想搜刮嫌疑人的财物。青岛这个地方充斥着外来投机客、黑帮、见风使舵的间谍，还有依旧作威作福的日本人。所有这一切绝非青岛特有。基恩听说过一些中国各地传来的小道消息，大致是国民党请求全副武装的日军协助剿共。这些传闻完全准确。蒋介石政府中的一些右翼派系想借助日本人之力，立即发动和共产党的战争。但司令大人比较谨慎，他不想做得太过分。然而，确有大批日军被调去守卫中国铁路等许多设施，以防共产党来犯。

各地都出现了针对日本人的报复行动，但总体而言，国共两党都在集中精力对付国内的敌人，而国民党也需要日本的帮助。另外，中日之间存在太多的纠葛，剪不断理还乱，找不到简单的解决办法。

战争结束后没多久，南京就出现了触目惊心的一幕。1937 年的南京，在日军铁蹄的长期蹂躏下，有几万或许是几十万中国人惨遭强奸和杀害。南京大屠杀至今仍是二战史上最骇人听闻的暴行之一。冈村宁次将军并没有直接参与屠杀，但他与同样令人发指的战争罪行脱不了干系。1938 年，他手下的部队使用化学武器，杀害了不计其数的平民。他在 1942 年奉行焦土政策，即中国人口中的"三光"政策（"杀光，烧光，抢光"），导致 200 多万人死亡。所有年龄在 15 岁至 60 岁之间的男性都有可能因为反日嫌疑被杀。而系统性掳掠年轻女性——大多来自朝鲜——逼她们在日军慰安所里充当性奴，同样也发生在冈村宁次治下。

但在 1945 年 9 月 9 日，同样是这个冈村，在向何应钦将军投降时，何将军竟然朝这位日本将军鞠了一躬，并对羞辱性的受降仪式让他丢脸表示歉意。何应钦曾在东京的陆军士官学校就读，和冈村

194

195

宁次是师生关系，何尊称他为"先生"（sensei），即日语里的老师之意。[34] 就这样，冈村依旧身居南京的外交部大楼，就好像什么都没发生过一样。三年后，他被南京法庭起诉犯有战争罪，但之后蒋委员长亲自出面，让他免于再受屈辱，国民党还聘请他做军事顾问。冈村宁次于 1966 年死在病床上，死时很安详。

中国内战的关键其实在于东北。日本人在这里建立重工业，开发矿产，谁率先夺取这块心脏地带，谁就可以居于一种几乎坚不可摧的地位。我们之前也看到了，苏联人抢先一步赶到了那儿，夺走所有的工业和金融资产后运往苏联。他们刚开始和中共打交道时并非一团和气。苏联红军军官看不起蓬头垢面的中国军人，由于缺少翻译，沟通几乎寸步难行。另外，斯大林出于稳定大国间关系的考虑，决定暂时承认蒋委员长为中国的合法领袖。

然而，越来越多的中共八路军部队一点点流入东北，在一些地区，得到苏军指挥官的同情和帮助后，他们接收了当地的日常政务。对这片在多数中国人眼里是牧民和蛮夷家园的北大荒，许多共产党干部既陌生，又毫无根基，因此接收工作进展艰难。除开和苏联人关系紧张外，八路军还要对付当地为非作歹、四处流窜的伪军余孽，此外形形色色的潜伏特务也让他们难以省心。这些游击团体中，有些跟苏联人有关联，有些隶属于东三省的军阀，有些来自国民党阵营。正如国民党希望日本和美国能帮忙剿共一样，共产党也请求苏联支持，镇压"反苏匪徒"。[35]

与此同时，因为对共产党挺进东北感到不安，蒋介石敦促美国人把国军部队投送到东北。美国方面虽然同意了，但有些敷衍了事，因为官方政策是不要卷入"同室操戈的冲突"。通常，国军到达东北时已是姗姗来迟，而且兵力不足，有时还被送错了地方。

东北的局势后来严重恶化；1948 年，长春一役中，共有 30 万平民死于饥饿和疾病。这个地方可谓是龙潭虎穴，将这点刻画得最淋漓尽致的是发生在中朝边境安东市一所著名妓院里的故事。

196

1945 年秋天的安东是个海纳百川的地方，有点类似东北亚的卡萨布兰卡，那里不光有关外的中国人，也不乏朝鲜人、俄国人和大约 7 万日本侨民，这些日本人里既有驻扎当地的军人和定居于此的平民，也有从昔日伪满各地逃来的难民。因为担心受到来犯苏军的侵害，特别是担心妇女受到骚扰，日本侨民领袖决定成立一个"卡巴莱舞团"，名义上提供歌舞演出，实则为妓院。有了这个地方，就能让苏联人转移注意力，不再不怀好意地盯着日本良家妇女。管理这一机构（名为安宁饭店）的任务落到了一个四十出头的女人肩上。她叫大町，过去在日本人开的温泉度假村当过艺伎。通过唤起人们的爱国心，她雇佣了一批日本女性，这当中不少人从未有过从事性服务的经验。大町要求她们为日本献身，她们是安东的女子神风队员。[36]

一些受过大町救命之恩的日本人心存感激，为她立了块石头纪念碑。这块碑现今依旧屹立在她位于日本的老家。大町最引以为豪的是自己"不问政治"的立场，她对所有男人，不论他们地位高低贵贱，是俄国人、日本人，还是中国人，均一视同仁。尽管大町成立"卡巴莱舞团"的初衷是为了供俄国人找乐子，但也吸引了其他类型的客人，包括日本退伍军官、社团领袖，以及过去勾结日本人、现在又跟国民党穿一条裤子的中国汉奸。除此之外，光顾的客人里甚至还有中共和日共。嫖客们在清酒、伏特加和中国白酒的作用下，酒酣耳热，安宁饭店成了交换各种情报的场所。

大町把从苏联人那里听来的有关部队调遣和计划抓人的消息透露给日本人。许多日本人因此提前得到风声，瞅准时机，消失得无影无踪。安宁饭店里既有间谍，又有双重间谍；有所谓的"红萝卜"（冒充"赤党"的反共分子），也有"蓝萝卜"（经营出一副反共面目，实为打入敌人内部的共产党）。他们在这里酝酿阴谋和对策。安宁饭店为一名日本职员和中共间谍（也许是根"红萝卜"）安排过一场婚礼，日本人借此可以搞清共产党到底意欲何为。在安宁饭店，国民党和日本退役军官还曾密谋启用先前藏在安东深山里的火炮，发动一场右派军事政变，不过由于国军部队未能如期赶到，这起阴谋流产了。

这边厢政变流产，没过多久，那边厢共产党八路军便浩浩荡荡地进了城，接替了苏联红军。刚开始，好像什么都没变。安宁饭店准备了一桌中式宴席招待共产党。不过因为共产党干部对陪酒行为嗤之以鼻，所以席间没有出现姑娘簇拥在一旁卖弄风骚的景象。也许日本人能帮上八路军的忙？日本"满洲国电气株式会社"的原职工成立了一个"红色剧团"，旨在演出社会主义"人民大众剧"。

然而，这段蜜月期并未维持多久。共产党认为，一所国际化的娼寮妓院与新秩序不太吻合。而且，由于怀疑日本人曾插手国民党未遂政变，共产党以国民党特务的罪名逮捕了大町和几位日本社团领袖。这些人下场如何，鲜有人知道。大町坐了一年牢，1946 年 9 月，她在鸭绿江岸边被处决。她到底是不是间谍，是的话又替谁效力，始终是个未解之谜。

* * * * *

法国急需某种延续性和合法性。自从 1789 年法国大革命开始，内战的余烬就从未停止过燃烧。保皇党和天主教反动派自共和国诞生之初便一直与其作对。德国占领和维希政权让他们暂时占了上风。戴高乐将军很难算得上是左派，但他对扯皮的多党派民主也无甚好感。尽管反感共和国体制，但出于延续性的考虑，他也只好将自己确立为共和国理所当然的继承者。虽然国民议会在 1940 年通过选举赋予贝当元帅制宪权，但他的维希政府在战争一结束便被宣布为非法。戴高乐在 1944—1945 年期间的任务是将破碎的法国重新黏合起来。

人们对内战的担心并非空穴来风，在抵抗力量中占据主导地位

的共产党早在 1941 年就已准备了待清洗敌人的名单。他们的想法
是既要追捕实业家，也不能放过亲纳粹的法国民兵（Milice）*中的
小喽啰。对曾经的抵抗者来讲，重要的是惩罚精英和带头人，而不
仅仅是"路灯吊死鬼"（Lampistes）——意指那些幕后老板逍遥法外、
自己却被吊死在路灯上的手下。[37] 戴高乐意识到，一方面，正义只
有看得见才算得到了伸张；另一方面，法国已经伤痕累累，禁不起
大规模的清洗了，否则社会将面临难以忍受的压力。戴高乐希望尽
快结束这一进程，最好在几个月里就结束。设定的最后期限是 1945
年 2 月，这当然是办不到的。

　　不过，到了 2 月份，大部分快意恩仇的正义已经得到伸张。囚
犯被处以私刑，4,000 多人被草草处决，其中一些是被群情激奋的
暴民绞死的。特别是在法国南部，某些地区几乎陷入了无政府状态。
戴高乐并不支持这么做，只有国家才有权成为惩治主体。事实上，
部分前抵抗者因为太过热衷于处决通敌嫌犯而被捕。但戴高乐真能
怪罪他们么？帕斯卡尔·科波（Pascal Copeau）是南方的一位记者
兼抵抗运动领导人，他在 1945 年 1 月写道：

> 在可怕的四年里，最优秀的法国人学会了杀戮，暗杀，搞破
> 坏，扒铁轨，有时还打家劫舍，从不遵守他们所知晓的法律……
> 是谁教会了法国人做这些？是谁下令让他们搞暗杀？不是您，
> 我的将军阁下（mon général），还能是谁呢？[38]

要让国家重新垄断对武力的使用权，戴高乐要做的第一件事就
是解除抵抗运动的武装。由于法国抵抗运动地下党游击队员在战时
曾冒着巨大的危险搞到武器，而戴高乐自己却藏身英国首都，无人
身安全之虞，这项工作于是变得很棘手。共产党抵抗者依旧幻想会

---

* Milice française，1943 年维希政府建立的右翼民兵组织。

199

爆发第二次法国大革命，为此他们应保留武器。但这种可能性微乎其微，不单单是因为在法国，人们对这种激进运动并不支持，而且斯大林已表明他不会在美国人的势力范围内支持一场革命。斯大林还有更重要的事情要做。因此，他劝法国共产党退一步为妙。后来，戴高乐也跟法共达成了协议。该党总书记莫里斯·多列士在1939年从法军开小差当了逃兵，逃到了莫斯科，如果法共想让他获准返乡，且不以叛国投敌罪遭到审判，前提条件是必须同意遣散武装作战人员。但还是有人小心地把大量武器藏在偏远的农庄里、地板下或仓库中，共产党最后决定放弃。渐渐地，国家重新获得了控制权。

　　某些标志性人物，因为在德占期间罪大恶极，引人注目，被送上了被告席。贝当本人也接受了审判，并被判卖国罪，但鉴于他年事已高，功勋卓著，不适用死刑，因此被流放到大西洋沿岸的某个小岛上。他死在那儿，葬在那儿，晚年时得了老年痴呆症，还被剥夺了军功。其晚景之凄凉，让一些忠实追随者愤愤难平。1973年，追随者曾试图为贝当洗刷屈辱，他们挖出他的骸骨，送回法国本土，打算将其风风光光地归葬在阵亡将士公墓中。但当有人在贝当的律师雅克·伊索尔尼（Maître Jacques Isorni）的车库里发现了元帅的遗骨后，遗骸旋即被送了回去。就已知的情况来看，目前依然还留在岛上。

　　战时，贝当政府中最有权势的部长当属相貌平平但人见人恨的皮埃尔·赖伐尔（Pierre Laval）。他就没那么走运了，被判了死刑。他曾服毒自杀，但失败了，原因是氰化物毒药放置时间太久，已经失效。1945年10月，赖伐尔被枪决。

　　还有人也因为战争罪遭到审判。为了使庭审能够服众，之前有必要整饬司法系统。由于战时全法国只有一位法官拒绝在效忠贝当元帅的宣誓书上签名，问题就来了。由裁判官和昔日抵抗者组成的整肃委员会必须判断法官们的行为是否像个忠诚的法国人。基于这一笼统的定义，共有266人被认定为"不良分子"。同样的标准也用在了公务员身上，制裁手段多种多样，轻则暂扣一半薪水，重则炒鱿鱼，甚或完全丧失公民权利。大约 100 万公务员中，有 11,343 人受到了某种制裁，5,000 人丢掉了饭碗。同别国情况相似，法国工商业精英大体上没有受到冲击。那些臭名昭著的纳粹同情者，比如香水生产商欧莱雅的创始人，全都安然无恙。

雷诺汽车厂的创始人路易·雷诺（Louis Renault）并不是什么出了名的纳粹。据他自己回忆称，德国人抛给他一个残酷的选择：要么让戴姆勒—奔驰公司接管他的企业，眼看自己的工人被送去德国，要么就为德军制造汽车。他选择了后面一种。在共产党抵抗者圈子里，雷诺被看成是最坏的那类卖国实业家，是一等一的阶级敌人。共产党机关报《人道报》（L'Humanité）在 1944 年 8 月写道："雷诺汽车厂的老板们殷勤地给敌人提供装备，致使盟军士兵丧命，他们必须为此付出代价。"[39] 由于鲜有其他实业家遭到清算，雷诺可能只是替罪羊，或者是戴高乐主义者扔给左派的一根骨头罢了。因为头部伤势过重，雷诺最后死在了监狱里，连出庭为自己辩护的机会都没等到。

许多遭清算的法官和公务员很快便官复原职，有些在私营部门找到了体面的营生。莫里斯·帕蓬（Maurice Papon）的例子很有代表性，除了结局比较意外。帕蓬是最后一个因战争罪受审的法国人。还在波尔多警局任高级警官时，他曾把上千名犹太人送去集中营，但在 1945 年却并未受到审判。相反，他后来在多届政府里都当上了大官：戴高乐时期任国务秘书，做过科西嘉和阿尔及利亚的行政长官，并协助粉碎了阿尔及利亚的反殖民主义暴动。还是在戴高乐时期，他当过巴黎警察局局长。为了表彰他对法国的杰出贡献，戴高乐给他颁发了荣誉军团勋章。帕蓬的最后一份公职是在总统瓦莱里·吉斯卡尔·德斯坦（Valéry Giscard d'Estaing）手下担任预算部长。帕蓬的职业生涯堪称辉煌，但有一点不同寻常：他活得很久，直到不光彩的过去找上门来。1995 年，帕蓬开始受审，四年后锒铛入狱。2002 年，他获释出狱，并因为非法佩戴荣誉军团勋章被处以相当于 3,000 美元左右的罚金。勋章也被没收了。

戴高乐黏合法国社会的方式，和盟军"修复"日本、意大利、比利时乃至德国的做法没什么两样：把对战前精英的打击降到最低限度。无法坐视国家进一步两极分化的他需要商人、金融家、律师、教授、医生和官僚发挥才干。这些人算找对了后台。

抵抗运动的男男女女扮演了英勇的叛逆者角色，在别人明哲保身的时候，他们以命相搏。这么做有各种理由：宗教信仰、政治意识形态、百无聊赖、一腔怒火、渴望冒险，或者仅仅是正义感。但跟多数机会主义者和溜须拍马之辈相比，他们的选择可谓卓尔不群。

无论在法国还是在其他地方，对犯错之人的责罚常常是象征性的，而且惩治力度很不公平。体制派相对而言毫发无损。一个叫玛尔特·里夏尔（Marthe Richard）的女人在 1945 年 12 月四处游说，建议关闭巴黎的烟花柳巷。里夏尔过去做过妓女，没准还是个间谍。一年后，《玛尔特·里夏尔法案》（Loi Marthe Richard）生效，法国的妓院全部关门大吉。这股子关闭春楼的热忱劲儿很不像法国人的风格，据悉，这么做的原因是德占期间，妓院成了"通敌行为"的重镇。

第六章

法治

共产党的八路军于1945年深秋挺进东北，之后便步步为营，从替代日本人的中国国民党手里夺取了部分城池，又从苏联红军手里接收了另一部分。这项工作甫一启动，所谓的人民公审随即来临。正义来得很快，即使谈不上原始，法律的程序也十分粗糙。

有时，中文报纸会刊登广告，招募证人，呼吁过去所有跟伪满官员有过节的人站出来举证。中朝边境的安东市，人们在一所小学设立了"人民法院"。许多罪状都很鸡毛蒜皮，有些人只是长期积怨难以抒发，想要借此出口恶气。一个拉黄包车的车夫状告一位日本商人，因为后者弄坏他的灯笼，却不肯赔偿。一个小伙子回忆道，他父亲给一家日本公司做苦力，最后活活累死。遭到控告的人通常都记不太清他们做过什么坏事，要是只被罚一大笔钱就能走人，那还算是幸运的。

还有比这严重得多的罪状。人民正义在这些案件中一样高效。12月，安东的3名官员被处决在鸭绿江边，他们中既有中国人也有日本人，且都在"满洲国"政府里任过职，其中一个是安东的前市长，是个姓曹的中国人，另一个是他的日籍副手渡边。有人目击了两人的下场。

他们头上罩着黑头套，胸前别着"满洲国"的勋章——这在过去象征荣誉，现在则成了耻辱的标志。两人被装上马车，沿着安东的主干道游街示众。他们的头被人按着，像是在忏悔，手里还举着木牌，上面写着鲜红色的大字，好让有所人都能看见。一块牌子上写着"反动派"，另一块上写着"傀儡"。人民法院设在户外，大批群众前来围观，想要看一眼两个罪魁祸首。人民法官扯着嗓子喊："我们怎么处置他俩？""杀！杀！"暴民们高声回应。于是就这么定了。两人被带到江边，被逼着跪下，后脑中枪而亡。（据称行刑前渡边的耳朵被割了下来，但这点还存在争议。）[1]

这段目击者描述的有趣之处并不在于审判的近乎闹剧且草草了事，而是其存在的必要性。中共为什么坚持要举行审判？干吗不直接枪毙了流氓恶棍？很明显，他们希望这些处决在人们眼里是合法的。建立某种形式的法制是获取合法性的必要条件。但在摆样子、走过场的公审中，法律的概念完全是政治化的。审判是一种仪式，为的是彰显共产党的权威。安东的被告们受到的指控不仅有为日伪政权当差这条，还有解放后同国民党"反动派"勾结这条。后一种情况他们很难避免，毕竟国民党先于共产党接收了安东。由于共产党名义上代表的是人民权力，所以人民在这一仪式性事件中扮演的角色就是大声喊出期待他们喊出的判决结果。

从这个角度来讲，中国既不特立独行，也不异乎寻常。但凡在共产党控制的地方，类似的人民法院就犹如雨后春笋，遍地都是。1945年，苏联红军任命的匈牙利"反法西斯主义者"上台时，匈牙利作家马洛伊·山多尔正好身在布达佩斯。当时匈牙利还不是共产党国家。斯大林认为逐步夺权才是上策；他还不想过早吓到西方盟友。在11月的大选中，共产党的选情并不好。但是说到底，谁执政是苏联人说了算。拿匈牙利共产党领袖拉科西·马加什（Mátyás Rákosi）的话来讲，共产党会像"切香肠"那样一点点蚕食对手，直到 1949 年匈牙利人民共和国最终成立。

由于经历了苏军和罗马尼亚军队长达几个月的围困，1945 年的布达佩斯千疮百孔。皇宫成了一片废墟，整个城市断电，电话打不通，坍塌的桥梁扎进多瑙河，活像受了伤的钢铁怪物。食物很短缺。陌生人时而会走进别人家里，要么希望讨口饭吃，要么只是寻衅滋事（在马洛伊笔下，他们是去表达“仇恨”的）。人们把愤怒的矛头主要对准富裕的资产阶级家庭。昔日法西斯主义箭十字党（Arrow Cross）的刑讯室被新的一套权威体系所取代，黑帮分子坐着进口美国车，在坑坑洼洼的大街上横冲直撞。马洛伊注意到城里一派繁忙景象，很是莫名，但不久后便归于沉寂。他在回忆录里写道，“坑蒙拐骗就像鼠疫一样四处扩散”，接着又说，法律与正义“无处可寻，尽管人民法院已经在办案了。出于政治原因的处决给失业游民提供了每天生活的乐趣，就像罗马皇帝卡里古拉（Caligula）*执政时期那样”。[2]

因为没有了国王，匈牙利自从 20 世纪 20 年代以来一直处于海军上将霍尔蒂·米克洛什（Miklós Horthy）的统治下，他的正式头衔是匈牙利王国摄政。在这一奇特的安排之前，共产党于 1919 年曾在库恩·贝拉（Béla Kun）的带领下统治了匈牙利一年。红色恐怖过去后，白色恐怖接踵而至。霍尔蒂是个大反动派，但算不上法西斯分子，他终其一生都对共产主义充满恐惧，同许多人一样习惯将其和犹太人联系在一起。霍尔蒂不喜欢犹太人，但还没到希望他们死绝的地步。20 世纪 30 年代末，他愚蠢地和纳粹德国结盟，但在希特勒要求他为大屠杀提供帮助时又退缩了。匈牙利犹太人虽然遭到骚扰，但一直免于毒手。这种情况到 1944 年发生了改变。德国人决定掌控局面，出兵侵入了匈牙利。德军在苏联正遭受重创，

206

---

* 卡里古拉，罗马帝国皇帝，出名的暴君，荒淫无度，禁片《罗马帝国艳情史》便是以其为原型拍摄。

他们的补给线拖得太长，物资供给奇缺，运输线也被敌军切断了。但为了突出纳粹的真正要务所在，40多万匈牙利犹太人被以惊人的效率驱逐出境，大部分死在了奥斯维辛—比克瑙集中营。霍尔蒂被迫下台，让位给极端反犹的箭十字党党首萨拉希·费伦茨（Ferenc Szálasi）。在他在位的一百六十三天里，费伦茨大行恐怖政治，并为正式负责在布达佩斯执行"最终解决"（Final Solution）的阿道夫·艾希曼（Adolf Eichmann）提供了一切所需的帮助。

1945年，反法西斯政权声明，箭十字党政府里里外外所有人都必须接受审判。一批人将被处决是意料之中的事。各地人民正义的一大共同点在于审判的结果很少存在争议。这不仅是人民法院的职责，媒体同样需要发挥作用。伊姆雷迪·贝洛（Béla Imrédy）过去做过银行经理，后来成了迫害犹太人的一员干将，1938年，他当上了总理。审判贝洛的时候，一位知名记者这样形容他："一个干瘦的小矮子，他害怕极了，到处瞎摸"，"虽然恶贯满盈，但也是条可怜虫"，"在铁证如山面前，像只灰色的蜥蜴那样扭动着"。[3]有一点需要提到的是，西方媒体在控诉纳粹罪行时，一样也是耸人听闻。

一位匈牙利法律专家一语道破了人民审判的真正目的。审判并惩罚战犯不单单是因为他们"触犯了法律"，而是"要为他们犯下的政治错误报复他们……"[4]法庭由党员和工会成员构成，专业法官负责引导。有时候，专业法官，特别是国家人民法院理事会——即上诉法院——的法官被批评太过心慈手软。匈牙利共产党的机关报《自由人民报》（Szabad Nép）大声疾呼："理事会里的专业法官完全忘记了自己是人民的法官。人民不会把案件卷宗当儿戏；他们不会在审判战犯的案子里找从轻发落的理由，而是会要求狠狠报复那些让他们受苦受难、尝尽屈辱的罪人。"[5]

同样，历史也被牢牢地控制在新秩序的权威之下。需要重申的是，尽管为这一秩序撑腰的是苏联人，但其还不算是共产主义政权。法官判决一些被告——比如 1941 年任总理的巴尔多希·拉斯洛（László Bárdossy）——要为 1919 年粉碎"民主制"负责。事实上，真正被粉碎的是库恩·贝拉率领的无产阶级共产党专政，他们在好勇斗狠和草菅人命上也是颇有一套。然而，被审判的不光是人，还有这些人所代表的体制。在箭十字党政府内任司法部长的布丁斯基·拉斯洛（László Budinszky）被判处死刑，因为根据全国委员会的说法，"二十五年的专制统治"已经将"国家带到了崩溃的边缘"。[6]

从数据来看，匈牙利其实还不算是清算前政权力度最大的国家。在比利时，有 5.7 万多人因为通敌遭到起诉。[7] 在荷兰，5 万名通敌者被判了刑。[8] 在匈牙利，这一人数接近 2.7 万。在希腊，截至 1945 年底共有 48,956 人在蹲监狱。但他们都是左派。

在个别国家，共产党和反对派都出于政治目的操纵审判，偶尔还同时进行，在这一方面，希腊是最好的例证。早在 1943 年的希腊，左派人民解放军已经在被解放的地区成立了人民法院，这支部队隶属于共产党领导下的民族解放阵线。人民法院是在沦陷希腊建立社会主义国家计划中的一环。人民法院的成员有民族解放阵线战士和其他"同志"——农民、卡车司机等等，他们审判罪犯、战犯和投敌分子。[9] 判决普遍都很重。许多人在经过仓促审判后就被游击队处决，有时连审判都省略了。

希腊乡下最常见的犯罪行为似乎是偷牛。然而在希腊中部村庄德斯卡提，游击队根本无暇顾及偷牛贼。他们只是告知村民，说不准再偷牛了，因为"我们没有监狱或流放地来扣押盗贼。如果你们中间有人偷牛时被抓了，他只要说想让我们砍他哪个部位就行，砍脑袋还是砍脚。自己定吧"。[10] 很明显，这法子奏效了。至少在德斯卡提，偷牛之风戛然而止。人民法院倒是处理了一起很有意思的案子，一个小伙子在跟姑娘表明爱意后，却向另外一名女子求婚。法院给了他一个严峻的选择，要么娶第一个姑娘，要么掉脑袋。他迟疑了很久，直到最后一刻决定还是活命要紧。

人民法院对通敌者可就一点都不心慈手软了。通敌者包括为德国人效力的警察和宪兵、法西斯主义旗手、讲斯拉夫语并勾结保加利亚人侵吞大片希腊领土的马其顿人，或者阻碍革命的阶级敌人。1944 年春，希腊从德国铁蹄下获得解放，之后一段时期执政大权落到了民族团结党组建的政府手里。但就算该政府建立了正式法院以起诉通敌者，人民法院在某些地区依然运行着，直至 1945 年才退出历史舞台。这样，希腊国内就存在两个独立的司法体系，一个是官方的，但权力有限；另一个是非官方的，但管辖范围更大。这一事实显示，在触及政治合法性时，各方很难达成什么共识。希腊没有戴高乐将军这样的人物，可以在共产党和保守派以及在保皇党和自由派之间弥合分歧。战争的伤疤远未愈合，隔阂依旧深如沟壑。

官方的法院尝试过审判战时最高通敌者，比如德占期间的数任希腊总理。但是审判进展缓慢，且时不时陷入僵局。趋炎附势的总理们使出了卖国贼惯用的伎俩，口口声声说他们恋栈权力是出于爱国，他们也的确拿出了一些证据，证明是希腊流亡政府让他们坚守岗位，在乱世中维持大局。流亡政府的首脑不是别人，正是希腊解放后首任总理乔治斯·帕潘德里欧（Georgios Papandreou），他的儿孙日后都成为了总理。

更歹毒的通敌者，比如凶狠的保安团，则压根没受到起诉。1945 年 2 月，各方签订了所谓的《瓦尔基茨停战协定》（Varkiza Agreement）后，左派被敦促放下武器，期待通过全民公投产生未来政府。在这之后，希腊实际上乱成了一锅粥。过去的右翼通敌分子拒绝缴械，并恐吓任何有同情左派嫌疑的人。一些人仅仅因为参与过人民法院就被逮捕，时而被枪决。这一回，掌管国中之国的成了右派民兵，他们的行为凌驾于政府控制之上。鉴于警察大都和右派同属于一个阵营，法庭无法仰仗他们逮捕昔日的通敌者。相反，过去为德国人

卖命的武装人员倒是明目张胆地毒打、拷问并囚禁游击队员和他们的
支持者。1945 年，监狱里关押的通敌者和民族解放阵线支持者的人
数之比为 1:10。

一个叫帕纳约蒂斯（Panayiotis）的老游击队员在 1945 年 2 月
交出了武器。几个礼拜后，他被前保安团的人员逮住，他们把他带
到附近一所学校，把他倒吊起来，用枪托打他。接着还用鞭子抽他
的脚底板，抽得他皮开肉绽，只能一路爬回家。即便如此，日后在
澳大利亚的家中回忆起这段往事时，他还是觉得自己是个幸运儿，
因为"只沦为第一波法西斯报复行动的受害者"，并且"逃过了第二
波报复。在此期间，成千上万的人在法西斯的公堂里被判处死刑"。[11]
那时希腊虽然解放了，但并不标志着内乱的结束，或看似永无止境、
以暴制暴的恶性循环已经偃旗息鼓。相反，更大的乱子还在后面。

＊ ＊ ＊ ＊ ＊

大约二千五百年前的雅典是悲剧家埃斯库罗斯（Aeschylus）的
杰作《欧墨尼得斯》（Eumenides，又译"复仇女神"）的故事发生地。
这部作品讲述的是一桩谋杀案。为报杀父之仇，俄瑞斯特斯愤而弑
母。劣行触发了报复狂潮，以眼还眼，以牙还牙，直到正义得到伸张。
智慧女神、雅典的守护神帕拉斯·雅典娜说服俄瑞斯特斯接受审判。
她告诉他，只有通过在法庭上的理性辩论，才能平息复仇之火。但
即使是法庭上的理性辩论也并不总能得出清晰的结论；陪审团的票
数一半对一半，于是就要由雅典娜做出神圣的裁决，她选择放走俄
瑞斯特斯。不过她的决定的确是平息了人们的怒气：

> 心中的墙壁，
> 再也不能反射妖言惑众的聒噪，
> 也得不到鲜血和犯罪的滋润。

干渴的尘埃，

再也不能吸收流淌的黑色血流。

骚乱的公民因愤怒和复仇洒下热血

大声喊着杀人偿命！ [12]

自从雅典娜守护着以她命名的历史名城以来，人世间有些事并未发生太大的变化。结束血债血偿的恶性循环依旧是举行审判的最大理由。但在战争结束或专制政权倒台后，审判存在一个问题，即潜在的被告人数庞大。1943 年的德黑兰会议上，斯大林跟丘吉尔说应该立刻枪毙 5 万名德国军官，他开这个玩笑时也许只是沉浸在黑色幽默中。但很明显，丘吉尔并没有被逗乐，反而怒气冲冲地跺着脚拂袖而去。但是斯大林的话也有一定道理。即使没有所谓的集体罪行一说，有罪的人实在是太多了，审也审不过来。然而，正义必须看得见才行。有些罪行的主体成千上万，而且背后还有上百万人摇旗助威。这倒不是说代为受审的人就是替罪羊。但话说回来，部分案例中，一些人的确是因为象征意义而被推到台前受审，原因是没有条件审判其他人，他们或人数众多，或逃之夭夭，或出于政治原因受到庇护。

罪大恶极的日本战犯中有一名叫石井四郎的军医，他行事傲慢，为人孤僻，最早声名鹊起是因为发明了一套净水系统。他曾经在天皇面前展示其新发明，朝过滤水里撒尿，并邀请天皇喝上一口，把后者吓得不轻。天皇礼貌地拒绝了。石井还是最早大力号召打细菌战、化学战的人。1936 年，日军批准他在"满洲国"的哈尔滨附近建造一座体积庞大的秘密设施。在那里，他可以随心所欲地放手实验。石井在 731 部队里有诸多得力助手，包括一名叫北野政次的军医，他们不仅研究鼠疫、霍乱等疾病，而且还拿几千名囚犯做活体实验，实验内容应有尽有，全看医生们的兴趣。用作人体小白鼠的多为中国人，但也有俄国人，甚至还有一小部分美国战俘。在日本人口中，他们被叫做"圆木"或"猴子"。一些人被置于极寒环境下测试抗冻能力；一些人被倒吊起来，看用多久会窒息而亡；一些人没打麻药就被开膛破肚，摘走器官；还有一些人被注射了致命病菌。731部队的另一项特长是让大量老鼠感染上致命细菌，然后将它们空投到中国城市。一同被扔下的还有拴在小型降落伞下的陶瓷炸弹，里面是成千上万只跳蚤。

1945年夏，就在苏联红军到来前，撤退在即的日本人摧毁了哈尔滨附近的"净水设施"，杀光了里面剩下的囚犯。当年的废墟上如今建起了一座"爱国主义博物馆"，里面陈列着石井和手下一起做活体解剖的蜡像。实际上，石井、北野和一些部下逃回了日本。苏联人俘虏的大多是军阶较低的医生，他们被起诉犯有战争罪。尽管麦克阿瑟将军承诺会审判日本战犯（他总是对天皇网开一面），但石井很快从视线中消失了。他设法说服了以查尔斯·威洛比少将——麦克阿瑟的"法西斯宠物"——领衔的审讯人员，声称他在华实验所取得的数据对美军有巨大价值。威洛比也相信，美国医生没条件做的人体实验的确能够提供重要信息。当时美国人很担心，生怕苏联在这一领域的研究已经走在了他们前面。另外，一名美军医学专家在写给国务院官员的备忘录里表示，人体实验要比动物实验好。而且，鉴于"任何战争罪审判都会将这类数据毫无保留地泄露给所有国家，为了美国的国防和国家安全利益，必须竭力防止这方面的信息公开"。[13]

1959年，石井四郎中将卒于东京，死时很安详。督办他葬礼的专员是过去的副官和日后731部队的继任者北野政次中将。北野是血液实验领域的行家，后来成为日本第一家商业血库"绿十字株式会社"的老板。这些刽子手没留下什么罪证，唯一的例外是哈尔滨附近监狱实验室的废墟，以及中国某地废弃地下室耗子窝里一根奇特的纪念碑。立碑的人是北野，为的是纪念那些因研究目的被他解剖的老鼠。

＊＊＊＊＊

　　在太平洋战区，第一个接受战争罪审判的人是山下奉文将军，他有个别名，叫"马来亚之虎"，这一绰号威震日本，但外国人却闻之色变。实际上，山下将军在马来亚没待多久，他是在1942年2月以弱胜强、攻占新加坡一役后赢得了"马来亚之虎"这一诨名的；是役，双方兵力之比为3万日军对阵10万英军和英联邦军队。山下奉文面对手下败将白思华（Arthur Percival）中将时，要求后者直截了当回答他的问题："到底投不投降？"时至今日，人们依旧能在新加坡圣淘沙岛（Sentosa）上的游乐园里看到一组蜡像，描绘的就是当年这一羞辱性的场景。

　　日本的战时首相东条英机将军既不喜欢也不信任山下，或许是因为妒忌后者杰出的军事才能，又或许是因为山下对日本同西方国家开战一事持反对态度。总之，东条为了排挤山下，把他调离东南亚，派去"满洲国"任职，这样他就没机会在战场上建功立业。直到1944年东条大权旁落，山下才又被派回南洋。他接到的任务是守卫菲律宾，这是份苦差事，因为菲律宾已经无险可守了。

　　1945年秋，山下接受审判，罪名是他纵容二战期间一起罄竹难书的暴行：马尼拉大屠杀。

　　屠杀的史实无可争辩。1945年2月，美军兵临城下，将2万多名日军围困在马尼拉，其中大部分是日本海军。他们接到的命令是殊死抵抗，只要还占据菲律宾首都一天，就应尽可能地大肆搞破坏。在灌饱了啤酒和清酒后，日军进行了屠城。妇女不分老幼，均被先奸后杀。婴儿和小孩被扔在墙上摔死，或被刺刀肢解。日军剁去男人的手脚，为的只是寻开心，完事后又将他们杀害。日军还突袭了医院，放火将病人活活烧死。民房和建筑也被付之一炬。此外，就在暴行上演的同时，美军坦克和榴弹炮还不停地轰炸和炮击马尼拉，日军则靠火焰喷射器和巴祖卡火箭筒打退了美国人的一波波进攻。

213

经过一个月的蹂躏，马尼拉成了一片火海，到处是残砖碎瓦。其遭受破坏的程度堪比华沙起义。此外，在这一漫长的屠城过程中，共有 10 万名菲律宾人被杀。

马尼拉在战前曾是道格拉斯·麦克阿瑟将军的心仪之地。因为日军屠城，他位于马尼拉饭店的客房严重损毁。隔着老远的距离，他在饭店顶上目睹日军进攻，心中充满震惊。他写道："突然间，阁楼燃起熊熊大火，原来是被日本人击中了。我怀着难以名状的心情，眼睁睁地看着我漂亮的军事图书馆、纪念品和收藏了大半辈子的私人物品毁于一旦……我尝尽了酸楚和美丽家园被毁的苦涩。"[14]

对于麦克阿瑟而言，1945 年发生在马尼拉的屠杀，以及 1942 年被本间雅晴将军率领的日军赶出菲律宾这一事实，不啻一种人身侮辱。因此，针对本间和山下的审判就蒙上了个人恩怨的色彩。1945 年 6 月，盟国就处置战犯做出决定，随即华盛顿方面就发来一纸命令，要求迅速举行审判。但审判的主体是听命于麦克阿瑟的军事委员会。不光法官是由麦克阿瑟任命的，就连庭审程序也是麦克阿瑟安排的。这让当时在场许多人明显感受到，这些审判不是为了熄灭复仇的怒火；它们**本身就是**一种复仇。

有人必须要为发生在马尼拉的骇人罪行付出代价，不仅如此，还要算上日本占领者犯下的其他暴行：比如 1942 年 4 月的巴丹死亡行（Bataan Death March）、对战俘实施的饥饿政策、摧毁菲律宾城镇和村庄，还有宪兵队管理的刑讯室。由于菲律宾精英阶层中的通敌分子大多得到了赦免，而最积极的菲律宾抵抗者以剿共之名被镇压，美国人迫切需要找出一个恶棍，给饱受摧残的菲律宾人一个交代，看，正义还是能得到伸张的。需要有一张面目狰狞的脸，来代表那些无名无姓的刽子手。有人必须上绞架。 214

山下奉文看起来像极了这一角色：他身材矮小，头颈粗短，小眼睛，还近视。他的形象俨然一副日本战犯的漫画像。美军鼓励菲律宾人前来旁听审判。庭审在原高等专员的宅邸里进行。一位老妪对她在战时所受的屈辱耿耿于怀，在皮夹里藏了石块，为的就是在法庭上砸向这个人面兽心的日本将军。一些美国记者在山下被定罪前竭力谴责他的行径。一名参与庭审的《扬基人》记者一针见血地分析道："从审判一开始，你就找不到哪怕愿意出两个比索（peso），赌山下被判无罪的蠢蛋。" [15]

《扬基人》继续写道："山下将军曾以一副征服者的姿态统治菲律宾，但此刻，在布满弹痕的高等专员办公室里，他却作为战犯，站在一个五人法庭前。他依法受到了公正的审判——这种待遇，将军是不屑于提供给他的受害者的。"

这一说法几乎可以说是大错特错。山下从未进入过高等专员的办公室，更不可能摆出一副征服者的姿态。他第一次踏足菲律宾，是在麦克阿瑟蹚过莱特湾（Leyte Gulf）前不久的事。那时，镇守菲律宾已是一项不可能完成的任务。山下对当地地形根本不熟悉，军队的指挥系统又乱作一团；他的部队分散在菲律宾各个岛屿上，岛屿之间的联系大都被切断了；隐匿在山林里的许多士兵已经得不到食物补给；汽油几乎无处可寻；部队训练很差，而且被饥饿、体力透支和热带气候搞得士气低落。在菲律宾游击队的袭扰和美军优势军力的双重夹击下，山下甚至没机会见到自己的部队，更别提以一副征服者的姿态带兵打仗了。

马尼拉大屠杀至少部分是日本人自身混乱无序造成的结果。山下的指挥部位于距离马尼拉约二百英里开外的山林当中。他很清楚首都是守不住的，于是下令所有日军后撤，包括名义上归他指挥的海军陆战队。马尼拉将成为一座不设防的城市，只留1,600 名士兵驻守，保卫军用补给。但是海军司令官们犹豫不决。一些人想要战斗到最后一兵一卒，其他人主张撤退，不过在此之前要破坏港口设施。所以到底谁来指挥就成了个谜，军令发出后收不到答复。正如日军内部常有的情况，中级军官擅作主张，他们中间最狂热的好战之徒占据了上风。等到山下气得七窍生烟，再次严令他们撤退时，水陆两军已经被困在马尼拉，只剩死路一条。

山下显然没有受到公正的审判。担任法官的是军队里的文职官员，他们的法律知识同他们对战场情况的了解一样贫乏。其中一名法官实在太过无聊，大部分时间一直在打瞌睡，而且睡得很沉。麦克阿瑟把一切必要资源交由检方使用，而辩护律师的遴选工作直到最后一分钟才定下人选。对于山下面临的六十多项指控，律师根本没时间调查，甚至在庭审开始前，检方又给他多加了几条罪名。有关取证和其他法律程序的规则看起来就算不存在人为操纵，也是十分武断的。在麦克阿瑟所作的一份"特别声明"中，盟军于6月确立的规则得到了重申："军事法庭不应被取证的技术性条例束缚住手脚。其应尽最大可能，迅速而高效地采纳并运用非技术性程序，并且应承认任何被认为具有证明价值的证据。被告所作的一切所谓的认罪表述和声明，都应得到法庭的采信。"[16]

可惜，对于山下，这一安排包含以下情形：一些从前勾结日军的人，自己身不正行不端，在法庭上的宣誓和供述的真实性自然可疑，但为了把名声洗白，他们不惜做出荒诞不经的指控，说这位日本将军曾计划灭绝全体菲律宾人。此外还冒出来一连串证人，他们身心遭受了巨大创伤，诉说在马尼拉浩劫期间自己经历的惨剧。《扬基人》的报道如是写道："年轻的女证人一边啜泣，一边说自己如何被鬼子兵轮奸。许多姑娘表示她们在刺刀下被逼就范……这里有一段摘录的证词：'……一个12岁的小女孩躺在地上一张席子上。她浑身上下都是血，身下的席子也浸透了鲜血。'"

值得重申的是，很少有人会质疑这些故事的真实性。问题在于，山下是不是知道这些惨案，而且当时是不是有能力制止暴力。在同时进行的纽伦堡审判中，德国将军只会因为他们下令、怂恿或亲身参与其中的战争罪行受到指控。没有证据表明山下曾有上述行为。实际情况是，他的命令内容截然相反。因此，他受到的指控是前所未有的，即未能制止部队的暴行。而他对这支部队根本没有控制权，手下也故意抗命不从。《扬基人》充满信心地表示，山下"依法"得到了公正的裁决。如果真如其所言，那么判处他有罪的这部法律，则是山下或任何其他军事指挥官闻所未闻的。1945 年 12 月 7 日，即珍珠港事件四周年纪念日当天，山下奉文被判处绞刑。临刑前，他向法官们鞠了一躬，感谢美国给了他"让正直的美国军官和绅士为他担任辩护律师"的待遇。罗伯特·凯尔（Robert Kerr）少校接受报纸记者采访时说，他来太平洋参战，本想在海滩上射杀日本鬼子，而不是绞死他们，不过这两种结果对他来讲没什么两样。[17]

麦克阿瑟拒绝了从轻发落的请求。尽管希望不大，但山下的律师团还是竭力想让美国最高法院宣布审判是非法的。他们的理由是军事委员会无权在和平时期审判过去的敌人，而且审判并不公平。最后，最高法院决定还是不挑战军事法庭的合法性。但还是有两位大法官对审判结果持激烈批评的态度。拿其中一位小威利·拉特利奇（Wiley B. Rutledge Jr.）大法官的话来讲："在吾国的传统中，从没有当事人会因为事后追认的罪行遭到起诉……我们也许在任何情况下都不会将集体罪责加诸个体头上。对于既有能力又有义务制止犯罪的当事人，如果他未被起诉曾积极参与犯罪，或者我们无法证明他明明知情，却未采取行动阻止他人为非作歹的话，我们也绝不会让他一个人来扛。"[18]

山下口口声声说自己问心无愧。他表示马尼拉惨案爆发时自己并不知情，但其证据深深触动了他的灵魂。他告诉律师，在导致这么多子弟兵客死异乡后，他已没脸再回日本。听到判决书后，他写了一首短诗：

> 我过去所认识的世界如今成了一片耻辱之地，
> 此时我若不死，则更待何时？[19]

217

1946 年 2 月 23 日，山下在位于马尼拉以南风景如画的温泉胜地洛斯巴诺斯（Los Baños）被执行绞刑。

* * * * *

对于为什么不依不饶地要将他的日本对手置于死地，麦克阿瑟将军给出了一种奇特而又有趣的辩解。在他看来，山下让军人这个职业蒙羞了。

> 当兵打仗这个传统源远流长，充满荣耀。其根植于人类最崇高的品质——也就是牺牲精神。这名军官……辜负了这一不容改变的标准：他愧对自己的军队、国家，也有负于他的敌人和全人类；他彻彻底底违背了作为军人的信仰。正如庭审所显示的那样，由此产生的过错是军人职业的污点，玷污了文明，并且留下了一段屈辱而可耻的回忆，永远都无法磨灭。[20]

麦克阿瑟以他汪洋恣意的文采，道出了同时代人的普遍情绪：审判德国和日本战犯以及他们的帮凶，不只是为了恢复法治，还为了重塑"文明"。在纽伦堡和东京审判上，检察官也操持相同的论调。将文明和"军人信仰"等同起来，是典型的麦克阿瑟式思路。另一方面，对于曾在外族占领下忍辱负重的国家，通过审判抹去"屈辱可耻的回忆"变得十分重要。也许麦克阿瑟说话时脑子里想的是菲律宾，但这段回忆好似无处不在的影子，投射在所有因勾结占领者而受审的国家领导人身上，纵使他们觉得自己这么做是基于光明正大的理由。

皮埃尔·赖伐尔在两届维希政府中均担任过最高部长职务，安东·米塞特（Anton Mussert）则是荷兰国家社会主义运动（NSB）"领袖"，两人有个共同点，就是他们都自认为是光明磊落的人，是殉精竭虑为国家尽忠的爱国者。1945 年秋冬，经过简短的审判，他们被判犯有叛国罪，面对行刑者时，两人大义凛然，认为自己死得像个烈士，有朝一日定会得到平反，沉冤昭雪，不仅如此，他们还会被追认为国家的救星。两人的另一个相同之处是他们一命呜呼时都是各自国家里最被唾弃的人。比他们凶残和恶劣的人大有人在。赖伐尔和米塞特都不崇尚暴力。相反，赖伐尔在一战期间还是个左派和平主义者，对军事行动素来嗤之以鼻，据称，哪怕是保家卫国的战斗也不例外。他生来就是个绥靖主义者，对自己的谈判能力十分自信，哪怕对手是魔鬼，他也一样有信心打败对方。正如他和自己律师所说的那样："通敌对我而言意味着谈判。"[21] 实际上，当需要捍卫部分同胞的利益时，两人偶尔跟德国人唱过对台戏，虽然经常无果而终。尽管如此，他们几乎成了千夫所指的对象。这点解释了他们的判决结果为何早在意料之中。

　　同山下奉文一样，赖伐尔和米塞特都是相貌平平之辈，这点显然对他们不利。米塞特身材矮胖，圆脸，穿着自己法西斯政党的黑制服和皮大衣，总是一副令人忍俊不禁的滑稽相。赖伐尔则不同，他从来就不是一个脚蹬皮靴、身穿制服的煽动家，而是职业政客，身上的行头总是条纹西裤搭配白色领带。他的气质有点类似卖问题产品的无良商贩：个子不高，肤色很深，头发油腻，眼睛半开半闭，嘴里总是叼着根香烟，把畸形的牙齿和浓密的八字胡熏得焦黄。米塞特职业生涯起步时干的是工程师（他设计过高速公路等项目），赖伐尔则是律师。相比较，赖伐尔在仕途上终究略胜一筹。战前，他两次担任过法国政府的总理，1931 年还被评为《时代》杂志年度人物——上榜理由是"冷静、威严、人气高"，为法国平稳度过大萧条保驾护航。[22] 20 世纪 30 年代末，米塞特多少已经算是许多荷兰人眼里的谐星了：他总是一袭黑衣神气活现地招摇过市，这不太符合荷兰人的做派。

　　两个人都不希望看到德国入侵自己的祖国，他们毕竟**都是民族**

219

主义者。其实，在有关赖伐尔的年度人物特稿里，《时代》杂志还赞扬了他强硬的对德立场。1935 年，他曾同英意两国制定了一份制止德国重新武装的协定，虽然协议很短命，但只要能避免重燃战火，怎么做都行。然而，等到战争真的爆发了，米塞特和赖伐尔却都将德国占领看成是机遇，似乎他们的大好时光终于来临了。米塞特对新欧洲有自己的设想，其应该由"日耳曼民族"主导，领袖自然是希特勒，不过国家社会主义党统治的荷兰应享有一定自主权，领导人是米塞特自己。赖伐尔对法西斯主义理想并不感冒，但在经历了20 世纪 30 年代末的政治动荡后，他把自己看成是法国在艰难时世中的救世主。只要把贝当元帅这位德高望重的元老推举为名义首脑，赖伐尔就能放开手脚，为法国争取最好的局面。不止如此，他也相信建设新欧洲的可能性，在新秩序下，法国会成为德国的主要盟友，为清除欧洲大陆两大当代毒瘤——盎格鲁—犹太资本和俄国布尔什维克——出力。对此，他曾于 1942 年作过电台讲话："我渴望德国获胜，因为不这样的话，布尔什维克主义明天就会遍地开花。"[23]这些话三年后会让他付出代价。

战前，没有证据显示米塞特和赖伐尔对犹太人有什么私仇。米塞特的知心朋友很少，而其中一个就是犹太人。20 世纪 30 年代时，他甚至还鼓励犹太人加入他的国家社会主义运动。在他看来，既有"好的犹太人"，也有"坏的犹太人"。坏的那些拒绝追随他，或批评过荷兰国家社会主义运动，这些犹太人"不算荷兰人"。不幸的是，米塞特的德国同道们对这一问题的看法要严格得多，这也成了横亘在他和德国党卫队之间的若干分歧之一。1940 年，他被迫开除荷兰国家社会主义运动里仅剩的几位犹太成员。对此，米塞特曾表达过深切的悔意。到底多后悔则有待商榷，因为他在 1938年时拿出过一份详细的方案，计划将欧洲犹太人迁往荷属、法属和英属圭亚那。但希姆莱和希特勒对这份计划都不感兴趣。（英国人和法国人的想法没有档案记载。）另外，米塞特对于用从犹

220

太人那里抢来的财产养肥自己和亲友这点也并未显示出良心上的歉疚。[24]

赖伐尔从不赞同法国极右翼强烈的反犹主义。他和米塞特一样，也有犹太朋友，和犹太同事密切共事过。然而，1940 年，维希法国在并未受到德国方面的压力下，出台了剥夺犹太人公民权的《犹太人法案》（statut des juifs），当时的国务部长正是赖伐尔。他后来曾试图搭救法国出生的犹太人，使他们免遭驱逐，但这么做的代价是把几万名出生在国外的犹太人送进了第三帝国的虎口。这其中就包括已经归化、但在战时被剥夺国籍的法国公民。

通过勾结外敌，将自己树立为救世主，类似米塞特和赖伐尔这样爱慕虚荣的人就径直走进了德国人为他们所设的陷阱。米塞特这么做是出于意识形态妄想和自负，赖伐尔则是因为道德麻木，而且太过高估了自己的小聪明。两人都没有意识到，他们的民族主义幻想——法国和荷兰成为新欧洲的重要合作伙伴——和德国人全面主导欧洲的计划很不合拍。只要这些"爱国贼"为德国不得人心甚至是罪恶的行径充当挡箭牌，他们对德国人就有利用价值。渐渐地，两人屈从了，有时很不情愿，有时则满不在乎。米塞特还把他的冲锋队并入德国党卫队，宣誓效忠希特勒。在他朦胧的想象中，希特勒不仅是德国的元首，更是所有"日耳曼民族"的元首。赖伐尔通敌的方式分两种，为了换取部分法国战俘获释，他把法国工人调拨给德国工业界供其差遣；他还建立了一支民兵部队，用来对付法国游击队，并将人数众多的犹太人推向死亡。1942 年 7 月，还是赖伐尔，而非德国人，坚持要把犹太儿童连同他们的家长一起驱逐至波兰，此举名义上是为了不拆散家庭。

由于他们的所作所为，两人既得不到德国人的信任和青睐——他们被看成"资产阶级民主主义者"——也被自己的同胞所仇视，因为他们象征着外族占领最可耻和阴暗的一面。就连各自国内最亲德的纳粹分子，那些兴高采烈为希特勒帝国效劳的人，对他俩也是恨得牙痒痒。既然很少有人站在米塞特和赖伐尔这边，解放后他们就成了绝佳的审判和惩罚对象。抓两个通敌卖国的代表人物树立典型，这让千百万没有勇气挺身而出的人自我感觉良好了些。

贝当也接受了审判，并被处以死刑，但岁数和声望救了他一命。戴高乐本不打算审判他，将军更希望让老头儿继续在瑞士流亡。但贝当自己要求受审。如果说这点已经让人脸上挂不住的话，那么法国人肯定下不了手枪毙这位凡尔登战役的英雄。于是，贝当改而被判流放。从一定意义上讲，赖伐尔是做了他的替死鬼。当时有一首流行的法国童谣这么唱来着："贝当，去睡觉／赖伐尔，上刑台／戴高乐，干起来。"十多年前曾热情洋溢地赞赏过赖伐尔的《时代》杂志如今写道：

> 上星期，皮埃尔·赖伐尔接受了审判。在老元帅贝当受审、被判死刑，最后减刑至终身监禁的案子中，每个法国人心里都有一种沉重的责任感，但赖伐尔却没有得到人们哪怕一丁点儿的怜悯。处死皮埃尔·赖伐尔本是件不得不干的杂活，可也是一次让人兴奋的复仇。他把审判变成了可耻的闹剧。[25]

这么说略微显得有失公允。没错，审判是一场闹剧，但赖伐尔并非罪魁祸首。戴高乐并不热衷清算和审判这档子事，但正如童谣所唱的那样，他是不得已而为之，也希望这项工作尽快结束。围绕战后宪法的全民公投定在 10 月 21 日，所以赖伐尔案的判决结果必须在这之前下达。赖伐尔坐在监狱牢房里，每天抽掉五包美国香烟，胸中愤愤不平，因为他拿不到为自己辩护而精心准备的材料。他曾在德国短暂避难，后被人用飞机送回法国。人们从他的行李箱里找到一张纸条，上面的内容很能反映出他内心的苦闷："这可真是对奇怪的矛盾。我的施政和作为本应为我赢得祖国的认可，可如今，我却不得不在法庭上自证清白。不论是在战前，还是在德占期那段艰难岁月里，我很清楚自己履行了职责。"[26]

米塞特一直以来都是个妄想狂，被关在荷兰北海沿岸的监狱里时，他又做起了黄粱美梦：他设计了一艘巨型潜艇。在他看来，美国人肯定会充分利用这一发明，他因此期待自己被送去美国。在他生命的最后几周里，米塞特一直在学英语，但这一尝试同样以失败告终。

赖伐尔案的审判存在若干污点，其中一点被告本人也迅速指出过，即审判他的法官和检察官自己也在维希政权里当过差，也宣誓过效忠贝当。总检察长安德烈·莫尔内（André Mornet）甚至还是撤销犹太人国籍委员会的成员之一。陪审团中既有国会议员，也有抵抗运动战士。

雅克·沙尔庞捷（Jacques Charpentier）是巴黎律师协会主席，他从本案当中读出了几分西班牙斗牛仪式性杀戮的味道。他回忆道："陪审团成员就像跳进斗牛场里的安达卢西亚顽童，他们用言语侮辱被告，搅乱庭审的进行。法庭未经聆讯，就对他进行判决……正像人们救活罗伯斯庇尔，就是为了把他送上断头台一样，死去的赖伐尔被救活，就是为了让他们把一个活生生的卖国贼扔给狮群一样的人群。"[27]

审判在赖伐尔抗议法官偏见的一刻达到了高潮："你们无权判我有罪！"他一边喊，一边用刻有总统抬头的公文包猛砸台面："你们可以整死我，但你们无权诽谤我！"这时，一名陪审员厉声大喝："闭嘴，卖国贼！"愤怒的赖伐尔接着申辩自己是个爱国的法国人，但被陪审员们骂了回去，骂他是"畜生"（salaud），该让行刑队赏他"十二颗子弹"。[28]赖伐尔最后说道，他宁愿保持沉默，也不做"司法罪行"的"帮凶"。当有陪审员叫道"他永远也不会悔改！"时，赖伐尔同样坦荡而坚定地回答："没错，我永远也不会悔改。"[29]

米塞特的审判在位于海牙的王宫内进行，他的下场要体面一些，但结果几乎不存在任何疑问。检察官扎耶尔（J. Zaaijer）在开庭后的第一句陈词就是："就算不进行审判，我们也已经知道了米塞特应被判什么罪。"以这样一种有罪推定的方式拉开审判序幕，十分不合常理。米塞特请的辩护律师维克赫尔德·比斯多姆（Wijckerheld Bisdom）很有辩才，他日后回忆当时情景时说道，在战后早期，社会舆论存在共识："谈到最坏的国家社会主义者，首当其冲的当属米塞特，他被看作是荷兰国家社会主义运动的灵魂核心。这些人难逃一死。"[30] 主导审判的是公众情绪；法律只是在回应街谈巷议。

对于针对他的卖国罪起诉，米塞特用一篇激情澎湃的演讲加以驳斥。他激动地挥舞手臂，似乎自己仍在对着参加集会的党员讲话。他宣称自己的目标从来就不是把国家的统治权拱手交给外国人。相反，他的理想一直就是借着高奏凯歌的德国改变欧洲秩序这一契机，建立一个能保障荷兰人利益的荷兰政府。协助德国人的千秋大业是"把亚洲人赶在欧洲大门外"的重中之重，他辩解道。沉浸在自己慷慨陈词中的米塞特忘乎所以，居然管法庭叫"我忠实的追随者们"，这句话在本来十分肃穆的庭审中激起了一阵哄堂大笑。[31]

处决这位原荷兰纳粹头子的过程也比赖伐尔更庄重些。他被人带到海牙郊外的沙丘边，这里曾是德国人枪毙许多荷兰游击队员的地方。米塞特被绑在一根简易行刑柱上，一位新教牧师为他作临刑祷告，他对自己没法和牧师握手表示歉意。12 名行刑者举起步枪，瞄准米塞特。他死了。

赖伐尔担心了好一阵子，生怕子弹打到脸上导致毁容。律师让他放心，说现如今执行死刑都很干净利落。这之后，他曾尝试自杀，但是搞砸了，因为吞下的一粒氰化物胶囊放置时间太久，药性不足，没法让人速死，他又被救了回来。就在走路还一瘸一拐时，赖伐尔被带到监狱大墙旁的刑场上。他穿着黑西装，扎着惯常的白领带，脖子里围着象征法国的红、白、蓝三色围巾。他坚持要律师到场，因为"想在临死前再看一眼诸位"。他的临终遗言是"法国万岁！"（Vive la France!）紧接着，枪声响了，他一头倒向右侧。接下来，一名中士做了件赖伐尔最害怕的事。他朝尸体补了一枪，确保他已经死透了。但就是这一枪让赖伐尔的脸开了花。一位在场的年轻记者这样描述当时的景象："人们朝刑柱奔去，捡起被子弹打碎了的木头。其中最有价值的当属浸泡鲜血的木片。"[32]

　　管米塞特或赖伐尔叫替罪羊并不准确。毫无疑问，他们曾为敌人提供帮助，选择同纳粹占领者合作，因此是有罪之人。而且对他们的审判满足了这么做的主要目的。以米塞特为例，这是为了防止荷兰出现"狂野"报复，类似的报复在法国导致许多人丧命。对他的草率审判——过于草率了——也成为荷兰当局放过许多次要人物的口实，这些人让本来就已拥挤不堪的监狱和牢房更加捉襟见肘。米塞特和赖伐尔虽不得善终，但这弘扬了正义，显示出战后政府尽到了责任。同米塞特一样，赖伐尔的末日有助于抑制人们报仇雪恨的冲动，开启国家重建的进程。

　　但如果说这些审判实现了《欧墨尼得斯》中雅典娜的目标，即遏制对复仇的渴望，那么审判的速度之快、意料之中的结局以及存在严重缺陷的程序——最后一点在赖伐尔一案中尤其明显——让以正当法律进程为归依的审判变得不那么让人心悦诚服。拿一位观察家也许言过其实的结论来看："赖伐尔案的审判不可饶恕，因为它让法国人生出了对法国司法体系现状的怀疑……如今危害已经造成。法国的司法正义丧失了公信力。赖伐尔赢得了最后一轮对决，为这个国家道德沦丧的进程画上了句号。"[33]

225

＊＊＊＊＊

　　1945年，有些人主张，如果彻底舍弃法律的细枝末节，索性一枪毙了罪大恶极之徒，有利于更好地实现法律的追求。时任美国外交官的乔治·凯南（George F. Kennan）是制定欧洲政策的积极参与者，他在回忆录里流露出了对审判战犯的厌烦之情。他表示，以纳粹领袖为例，他们的罪行令人发指，如果还让他们活着，一点好处不会有。他写道："我个人认为，倘若盟军指挥官下达过长效指令，规定任何战犯若落到盟军手里，在身份得到确认后，应毫不拖延地就地处决的话，这绝对是上上策。"[34]

持相同看法的还有别人。比如，美国国务卿科德尔·赫尔（Cordell Hull）就告诉过他的英国和苏联同事，说他最好能"逮住希特勒、墨索里尼、东条英机和他们的几个主要帮凶，把他们拖到临时军事法庭前。第二天早上太阳升起时，保证会发生历史性大事件"。[35] 这里顺便说一句，赫尔是 1945 年诺贝尔和平奖获得者。战争期间，英国外交部曾散发过一份备忘录，表达了对战后审判诸如党卫队头子海因里希·希姆莱等人的反对，理由是他们的"罪行太过黑暗"，已经"凌驾于司法程序的范畴之外"。[36] 丘吉尔也抱有相同看法，觉得最好"把他们排成一行，然后枪毙"。这些话听起来很刺耳，但是如果事先知道结局只可能有一种，那么再来审判嫌犯，特别是和双手血债累累的苏联法官一起审，对法治只能是弊大于利。尽管丘吉尔对举行审判很排斥，但苏联人坚持为之。甚至在纽伦堡审判尚未开始前，他们致祝酒词时就说但愿德国领导人都被判死刑，着实把盟军的法官吓了一跳。

226

有意思的是，1945 年的德国人也许更在意判不判死刑。在造访汉堡期间，英国诗人斯蒂芬·斯彭德被告知，多数德国人认为对犯下贝尔根－贝尔森集中营暴行的男男女女进行审判只不过是政治宣传罢了："这些德国人说，如果被告真的有罪，而且如果我们确信他们有罪，干吗不迅速给这事来个了断，直截了当判他们死罪呢？"[37]

英国外交部的备忘录指出了希姆莱所犯罪行的极端性，这引出了一个深刻的问题：当时的法律真的适用于性质远比常规战争罪骇人的罪行么？对于纳粹基于意识形态原因妄图灭绝整个民族的计划,世人也许尚未充分了解其规模和恶劣性。当时还没人用"大屠杀"这个词。但是盟军见识得够多了，知道他们处理的是过去闻所未闻的事件。纽伦堡审判的法律影响在其开庭前就已经十分清晰了。

只有苏军真正见过纳粹留在波兰的死亡营遗址。但是就算这样，他们的西方盟友也对在譬如达豪、布痕瓦尔德和贝尔根–贝尔森等集中营见到的惨象震惊不已。1945 年 4 月 12 日，艾森豪威尔将军参观了隶属布痕瓦尔德的奥尔德鲁夫（Ohrdruf）集中营。就在前不久，党卫队撤离了这座毗邻魏玛市的集中营。地上遍布尸体，就像摔坏的洋娃娃一样。尸体中间还躺着没咽气的囚犯，他们虚弱得站不起来。由于时间紧张，党卫队没能火化所有尸体。《扬基人》的记者写道："因为天冷，所以尸体没腐烂，也就没什么臭气。这样你才能走上前，凑近了进行检查。"这个叫索尔·莱维特（Saul Levitt）中士的记者还写道："血液在尸体附近的地面上结了厚厚的一层，就像红色泥巴糊成的煎饼。"[38]

艾森豪威尔给他太太玛米寄了封信，信里写道："我从未想到，世界上还能有如此残暴、野蛮和兽性的事情。"他想让美国军人都目睹这一幕幕惨象，这样他们就会清楚自己为何而战。他还想让记者参观集中营，这样就不会有人再惺惺作态，说这些骇人听闻的罪行是为了宣传而虚构的。美国参众两院的议员和英国国会议员都被请去参观集中营。艾森豪威尔之所以要让一切都被记录下来——成堆腐烂的尸体，焚尸炉和刑讯室——理由是这些事物"超出了美国人的理解能力"。[39]丘吉尔从艾森豪威尔那里收到过一封信，信里这样写道："我们在德国各地，特别是在魏玛的发现，远远超过了以往揭露过的任何暴行。"[40]

德国当地人被逼着穿过集中营，他们有的用手帕捏住鼻子，有的眼睛不敢斜视，还有的在填埋发黑尸体的土坑旁呕吐不止。不光德国人如此，盟国城市里的人们也被要求了解德国人犯下的滔天罪行。这么做有时并不受欢迎。在伦敦，"无法忍受暴行纪录片"的影院观众试图逃离莱切斯特广场剧院，但被把门的英国兵拦住了。据《每日镜报》报道："全英国的人都在逃离电影院。在许多地方，士兵命令他们退回去接着看。"一名军人接受采访时说道："许多人不相信会有这样的事，但电影提供了证据。所有人都有义务知道发生了什么。"[41]

或者，拿伦敦《泰晤士报》的话来说："文明世界应该与坚持怀疑这些暴行，因而无动于衷的最后借口一刀两断。这种决裂对文明本身至关重要。"[42] 这一看法深得艾森豪威尔的赞同。认识到人类作恶的能力能引导其余人向善，了解人性最坏的一面是一种文明教化的过程。这两点认识是后来进行战争罪审判的主要动机之一。

发生在奥尔德鲁夫的惨剧跟波兰的死亡工厂相比，只能算是小巫见大巫，但当时这点并未得到世人的充分认识，这也解释了为什么当时一些新闻报道称德国集中营为"死亡营"。对于许多类似集中营内大部分受害者都是犹太人这点，彼时的新闻报道鲜有强调。但出于文明存续的考虑，艾森豪威尔希望全世界都能知道。要想记录发生的惨剧，并给德国人以及全世界的人上一堂道德教育课，一种办法就是拓宽战争罪审判的外延。6月2日，艾森豪威尔提请参谋长联席会议对这些暴行的责任人提起公诉。

事实上，第一起就集中营进行的审判就发生在贝尔根-贝尔森集中营内，经办该案的是英国人，而非美国人。这起审判可以说是对1945—1946年纽伦堡审判的预先彩排，其显示出对纳粹罪行套用现行法律和司法程序是何其困难。几名被告包括丧心病狂的贝尔森集中营指挥官约瑟夫·克拉默和集中营医生弗里茨·克莱因（Fritz Klein），他们此前在奥斯维辛—比克瑙集中营里也工作过。盟军决定，审判他们的罪名还应该加上这条。如此一来，除了草菅人命，任凭集中营里人满为患，并坐视饥肠辘辘的囚犯死于斑疹伤寒等疾病这条罪名外，还要算上积极参与种族灭绝的前科。各大报章的标题日复一日地刊登耸人听闻的大标题，诸如"但丁诗文里才有的景象""毒气室的目击者""几百万人被人害死""小姑娘被绞死""女孩被殴打致死"，就连一向以严肃著称的《泰晤士报》也加入了这

228

一行列。有"贝尔森恶魔"之称的克拉默和绰号"蛇蝎美人"或"奥斯维辛鬣狗"的 22 岁金发女看守伊尔玛·格雷塞（Irma Grese）作为纳粹恐怖之屋的代名词，成了家喻户晓的名字。这种大肆渲染的做法是否真的有助于人们理解纳粹暴行有待商榷。从某种程度上来讲，震惊于个别"禽兽"和"恶魔"的恶行，其实是没有看到本质，即他们背后的罪恶体制让他们的行为显得近乎稀松平常。对于 1961 年在耶路撒冷审判艾希曼一案[*]，汉娜·阿伦特（Hannah Arendt）曾著有一份报告，虽然其饱受批评，但在体制因素这点上的分析却鞭辟入里。当基于意识形态实施的大屠杀成为一项政府政策后，上至帝国党卫队头子，下至管理铁路运行计划的低级官僚，所有人都脱不了干系。那些"禽兽"只是比别人欠下了更多的血债而已。

跟许多审判一样，贝尔森审判必须尽快完结；义愤填膺的公众别无他求。但是英国人以能进行公平公正的审判为荣，他们不能容许出现类似赖伐尔案中让法律威严扫地的闹剧。问题在于法律本身。任何一所英国军事法庭——譬如有这么一所，设在吕讷堡（Lüneburg）一栋 19 世纪建造的漂亮教学楼内——只能对被定义为"违反战争法则和手段"的战争罪行提起诉讼。[43]

于是，律师们先是就法庭是否有权审判被告展开了漫长的司法较量，在这之后，几个目击证人讲述了他们经历过的可怕景象。来自波兰卢布林（Lublin）的索菲亚·利特温斯卡（Sophia Litwinska）是奥斯维辛和贝尔森集中营的生还者。她描述了 1941 年圣诞夜里发生的一件事。那天晚上，女囚被剥光身上的破衣服，

---

[*]　阿道夫·艾希曼为纳粹德国高官，是在犹太人大屠杀中执行"最终解决方案"的主要责任人之一，后逃亡阿根廷，但被以色列摩萨德特工逮捕。犹太裔政治学家阿伦特在旁听了于耶路撒冷举行的审判后，写出了《耶路撒冷的艾希曼》（Eichmann in Jerusalem）这份报告，报告中她提出了著名的"平庸之恶"（banality of evil）的命题，强调了体制，而非个人，让大屠杀成为一件高度理性和系统性的工程，而艾希曼则只是这个庞大机器上的一枚螺丝钉，他个人的道德、良知和仇犹倾向是次要原因。阿伦特的结论遭到许多人抨击，认为她忽视了行为人自身的道德责任。

被人从营房里赶了出来。在德国人的命令下，她们赤条条地站在刺骨的寒冷中，一直站到翌日圣诞节早上 5 点钟。随后，她们被一辆翻斗车载着，一股脑儿扔在了毒气室门口。

　　9 月 21 日，来自索斯诺维茨（Sosnowiec）、日后嫁给犹太复国主义舵手约瑟夫·罗森萨夫特的哈达萨·比姆科博士，站到了一排 3000 瓦煤气灯下的证人席上。她在奥斯维辛失去了双亲、兄弟、丈夫和年仅 6 岁的儿子。作为一名医务勤杂工，她对集中营里发生的事了如指掌：挑选犯人，克拉默和克莱因医生都参与其中；医学实验；还有毒气室，在那里，囚犯分遣队（Sonderkommando）里的犹太人被勒令从事最可怕的工作：剪头发，搬运死尸，火化尸体。据《泰晤士报》报道，比姆科告诉法庭，那些被选中送去毒气室的人，"一丝不挂地被人带走，在没吃没喝的情况下等了几天，直到卡车开来，把他们带去火葬场"。她接着说道，在毒气室里被毒死后，"死人被装上推车，沿着轨道离开毒气室，来到更衣室对面。有时，囚犯分遣队的人会被处决，然后找其他人来顶他们的位置。然而，大体上还是有可能留存一些记录的"。她回忆，集中营里的朋友们估算出共有 400 万名犹太人被"肉体消灭"。[44]

　　比姆科博士的朋友高估了死亡人数，但是犹太人遭到种族灭绝的赤裸裸的事实被呈现在英国军事法庭上。辩方律师试图检验证人，看他们说话是不是前后一致，是不是有记忆缺陷。克拉默的律师温伍德（Winwood）少校在形容贝尔森集中营的囚犯是"中欧犹太区渣滓"时，也许是在迎合当时仍很普遍的偏见，他后来为这一说法道歉，说自己"只是充当了被告的喉舌"。[45] 但很少有人会对所述暴行确实发生过这点存疑。然而，这是一个军事法庭，部分律师也只会用军事思维来考虑问题。温伍德少校把他的当事人比作一位"军团司令，下辖地区是个监狱，命令都来自军团司令部"。党卫队上尉克拉默不过是一名奉命行事的普通士兵，没有证据显示他曾"蓄意"要"虐待囚犯"。[46]

230

赫伯特·史密斯（Herbert A. Smith）上校在战前是伦敦大学的国际法教授，他被被告选中作无罪辩护。发生在集中营内的事情"和战争毫无关系"，因此以暴行的发生地和时间点来看，根本不能被认为是犯罪。毕竟，据他称，希姆莱作为警察头子有资格下命令，"并因此具有法律效力"。[47]

这些辩词没能救克拉默、格雷塞或克莱因博士一命，三人最后都被判处绞刑。但我们至少能从贝尔森审判中总结出两件事情。世人也许还未完全弄明白死亡营和集中营之间的区别，也不知道在毒气室投入使用前，东欧已经历了多少血雨腥风。但在1945年，只要一个人看报，就应该知道纳粹的杀人机器具有系统性。这使得蓄意"虐待"这样的辞令听起来十分麻木不仁。喜欢掉书袋的史密斯教授也证明了另一件事：关于战争罪的现有法律和公约已经不足以处置纳粹大屠杀这种性质和规模的罪行了。这为史上最轰动的战争罪审判奠定了基础。11月20日，纽伦堡审判拉开了序幕。就在四天前，贝尔森的"禽兽们"被判处死刑。

* * * * *

有一点需要说明，纽伦堡审判中的21名被告看着并不像衣冠禽兽。观察家们评价说这些人看着非常普通，面色苍白，神情疲倦，穿着破旧的西装。他们中有约阿希姆·冯·里宾特洛甫（Joachim von Ribbentrop）*，他下巴上扬，双目紧闭，似乎尊严受到了伤害；赫尔曼·戈林（Hermann Goering）†瘫坐在椅子上，不时用手帕擦去因傻笑从嘴唇上渗出来的口水；汉斯·弗兰克（Hans Frank）‡戴

---

*　阿希姆·冯·里宾特洛甫（1893—1946），纳粹德国外交部长。

†　赫尔曼·戈林（1893—1946），纳粹德国空军司令。

‡　汉斯·弗兰克（1900—1946），纳粹德国占领的波希米亚和莫拉维亚的护国总督，首创了让犹太人佩戴大卫星的识别标志。

着深色眼镜，以遮蔽他的双眼；劳工事务负责人弗里茨·绍克尔（Fritz Sauckel）神情看起来像是个胆怯的门房；雅尔玛·沙赫特（Hjalmar Schacht）＊刻意转过脸去，似乎害怕别人把罪恶传染给他；尤利乌斯·施特赖歇尔（Julius Streicher）†抽搐而烦躁；鲁道夫·赫斯（Rudolf Hess）‡不住地前后晃动，浓密的眉毛下，双眼疯了似的到处乱扫。他的神情举止很是奇怪，很可能已经疯了。

除开部分证人外，纽伦堡的正义殿堂里只有一个人充分感受过这些罪人一手酿造的惊天惨案。很少有人知道他的名字，也不会从在场几百名律师、翻译、法庭职员、法官、军警和记者中留意到他的存在。恩斯特·米歇尔（Ernst Michel）是一家德国通讯社的小记者。在他文章的署名旁还有一串数字：104995，这是他在奥斯维辛时的编号。1939年，还是个学生的米歇尔在家乡曼海姆（Mannheim）被捕，仅仅因为他是犹太人。

就在苏军来到奥斯维辛集中营之前，米歇尔被迫踏上了一场死亡之旅，步行穿越冰天雪地的波兰和德国边境，目的地：布痕瓦尔德。美军逼近布痕瓦尔德时，体重只剩八十磅的他又被赶着上路了。也不知他哪儿来的力气，半途上竟一路狂奔逃进了森林，然后在苏占区躲了一阵子。他一直遮着集中营的囚服，生怕人们发现他是个犹太人。终于，历尽艰险后，他回到曼海姆，发现双亲都被杀害了，亲戚们也都不见了踪影。由于读中学时学过些英语，美国的战争罪调查人员给了他一份翻译的工作。我和他在纽约见过面，他告诉我："德国人总说自己帮助过犹太人，见他们的鬼去吧！我还认识某个说过这种话的德国人，可他是个不折不扣的纳粹。"

米歇尔的第二份差事是作为记者采访纽伦堡审判。他担心自己   232

---

* 雅尔玛·沙赫特（1877—1970），银行家，纳粹德国政府的经济部长。
† 尤利乌斯·施特赖歇尔（1885—1946），纳粹头目之一，反犹报纸《先锋报》的发行人。
‡ 鲁道夫·赫斯（1894—1987），希特勒的亲信，早年便追随希特勒，被认为是《我的奋斗》作者之一，他曾任德国总理和纳粹党副元首等职。

专业上不够过硬，但别人告诉他只需记下所见所闻即可。于是他去了，这位六个月前刚从布痕瓦尔德死亡行中逃脱、在奥斯维辛编号104995 的囚犯，如今和戈林同处一室。六十年过后，身在纽约的他回忆道："我认得出他们所有人的脸。我是自由之身，是唯一旁听审判的生还者。他们谈论的是**我**。"

这里有一段文字，摘自恩斯特·米歇尔给他所供职的德意志综合新闻社撰写的第一份报道：

> 在集中营的艰难岁月里，我经常为一种信念所支撑：有朝一日，那些现政权的责任人都会被送上法庭。这种信念给了我活下去的力量。现在，这一天来临了。今天，坐在离我几步开外的人，曾经是全体集中营囚犯心中毁灭的象征。但如今，他们因为自己的罪行正接受审判。[48]

无论盟军的战争罪审判有多大缺陷——它们的确有缺陷，而且东京审判在这点上比纽伦堡可谓有过之而无不及——米歇尔的话可以成为审判依旧正义的一大论据。纽伦堡审判值得支持的另一点是审判大体上沉闷至极。丽贝卡·韦斯特（Rebecca West）*在判决下达前几周聆听了审判，在她的描述中，"正义殿堂"是"一座无聊的堡垒"。她写道，所有"在里面的人都身陷极端的无趣之中……这是一种有史以来空前的沉闷。一台机器正在伸张正义，一台庞大的机器，尽管其在动机上存在弱点，且时不时渴望制造死亡，全人类的生存却都得依靠它"。[49]

在纽伦堡，起码法律被真正当回事。这不是迫于公众愤怒而举行的潦草审判。所有事情都得一步一步来，于是审判一直在进行，过了很久都没结束，原本的乏味成了刚正不阿的标志。后来在海牙

---

* 丽贝卡·韦斯特（1892—1983），英国著名记者，作家，女文豪。

国际刑事法院举行的审判总体上就是照搬了纽伦堡的模式。冗长乏味的气氛让复仇的枪口哑了火，这正是纽伦堡的最大意义所在。早在1942年，九国流亡政府就已在伦敦成立了盟国间惩治战犯委员会。各国代表在圣詹姆斯宫会晤，并以此为名签署通过了《圣詹姆斯宫宣言》（Declaration of St. James's）。外界都很担心"公众发动报复行为"的危险，这也就是为什么"文明世界的正义观"要求各国自由政府，将"通过有组织的法律渠道，惩治犯下此类罪行的责任人作为他们的主要战争目标之一"。[50]

233

　　纽伦堡审判进行时，人们对纳粹屠犹的知晓度也许依然不高，但也肯定不是一无所知。1942年12月，就在死亡营的毒气室投入使用数月后，美国和欧洲盟国就指控德国政府在奉行一项"灭绝欧洲犹太人的野蛮政策"。这一声明并未在公众当中造成多大反响，原因如下：当时发生的事依然难以想象，英美两国政府都觉得大张旗鼓地宣传这点不太合适；另外，他们也不想让国民觉得打仗是为了拯救犹太人。[51]

　　1942年，虽然苏联还未效仿西方盟友，加入谴责犹太人大屠杀的行列中——而且在战争过去很长时间后，苏联人依然选择沿用法西斯受害者这一笼统的说法，并不点明犹太人——苏联检察官在纽伦堡审判中也提到过这点。罗曼·鲁坚科（Roman A. Rudenko）将军是纽伦堡的5位主要检察官之一。他曾装模作样地督办过残忍的审判，在纽伦堡也不过是在散播虚假的政治宣传，比如他把1940年在卡廷森林杀害2万多名波兰军官一事算在德国人头上，其实他很清楚真正的幕后黑手是苏联秘密警察。但对于犹太人遭种族灭绝的本质，他倒一点也不含糊。恩斯特·米歇尔在一篇报道里引述了鲁坚科的话："法西斯阴谋家们策划了灭犹计划，企图将全世界的犹太人赶尽杀绝，并且在1933年后的所有行动中一直贯彻这项计划。灭绝犹太人的兽行发生在乌克兰、白俄罗斯和波罗的海国家。"[52]

234

　　这种说法略微有些夸大其词，灭绝计划始于 1941 年，而非
1933 年。鲁坚科把时间往前推，恐怕是为了强调纳粹阴谋里不仅包
括屠犹，还包括对苏发动侵略战争。

　　正如在贝尔森审判中所见，由于现行的战争罪法律只适用于战
争行为，因此有必要出台新法律，以求对 1939 年前的第三帝国具
有追溯力，并追究其系统性灭绝一个民族的罪行。纳粹德国没有出
台过禁止杀害犹太人或其他无辜平民的法律，但这点不能作为借口。
上级命令也不是参与大屠杀的合理理由。1945 年 8 月，一个新的法
律条目，"反人类罪"，在《国际军事法庭（伦敦）宪章》（London
Charter of the International Military Tribunal）得到确立，丰富了
战争罪的内涵。另一个法律新名词是"破坏和平罪"，意思是策划
和发动侵略战争。策划发生在实际战争之前，这就给阴谋入罪创造
了空间。英美法体系中，法官是可以因存在犯罪预谋判人有罪的。
这条法律被用在了纳粹身上（后来也被用在日本军队和政府身上，
尽管理由更加难以服众）。

　　制定可溯及既往的法律并在事后判人有罪这种做法在法律上是
有待商榷的。把战败国的被告交给战胜国审判也很容易招来批评。
1946 年，东京审判的举行同样引发了严重的歪曲，似乎战时日本只
是纳粹德国的亚洲翻版。右翼民族主义作家恩斯特·荣格认为把恶
棍变成司法不公的受害者存在很高的道德风险。他形容纽伦堡法庭
"既有杀人犯，也有清教徒，屠夫的刀子安在了道德的握把上"。[53]

　　作为一个未经改造的德国民族主义者，荣格对美国人的鄙夷还
要多于对苏联布尔什维克的痛恨，因此他才会这么说。总的来讲，
即使当庭法官背负血债，或者食古不化，举行审判依旧是上策，要
比丘吉尔、赫尔和凯南建议的做法更好。草率的处决只会把盟军战
胜者的道德水准拉低到和战败的纳粹一样的层面。尽管许多德国人
只有在战败的苦涩淡去，生活更加安定后，才认识到纽伦堡审判的
价值，但其为德国人自己公审纳粹战犯提供了一个模板。日本人没

有照葫芦画瓢的原因有很多：在东京审判中，胜利者正义的倾向更加明显，出的纰漏更多，人们对战争本身的看法不一，而且日本没有纳粹政权，没有实施过屠犹，也没有希特勒。

那么正义是否得到了伸张？整肃和审判足以保障正义实现，并被人看在眼里么？答案只能是否定的：太多罪犯逍遥法外，有些事业飞黄腾达，蒸蒸日上，而罪行远比他们轻的人则成了代人受过的替罪羔羊。但即使是在最具天时地利的情况下，全盘正义也只是一种乌托邦式的幻想。出于政治原因和实际操作困难，这点无法实现。法不责众，你不可能审判上百万人。在惩治有罪之人和考虑其他诉求之间必须求得平衡。过于意气用事只会使社会重建裹足不前。而若不付诸全力，让恶贯满盈的战犯伏法，则会使任何正义感都大打折扣。这是一种微妙的平衡，不可避免会有缺陷。战后的德国人，在成长过程中遇到的许多人——譬如老师、医生、大学教授、外交官、实业家和政治家——过去都是纳粹，这一经历肯定叫人难堪。但这种情况不光德国和日本才有。在不少曾被德国占领的国家，老的一批精英虽然和第三帝国有过龌龊的勾当，但纳粹离开后他们却很少因此身败名裂。

然而，机会主义精神有时也许是人类最有用的品质。1945 年 6 月，柏林原抵抗主义战士鲁斯·安德烈亚斯-弗里德里希跟同是英勇抵抗者的好友聊起过这一话题。她的朋友弗兰克说道：

> 元首已经死了。如果你想活下去，你就得吃饭。如果你想吃饭，而且吃得好，你最好别是纳粹。所以他们不是纳粹，既然不是，他们以前也不是。他们以各种神圣的名义起誓，自己从没做过纳粹……口诛笔伐不能使人变得更完美。他们摔倒时，应该把他们扶起来，给机会赎罪。然后就是再不能有报复，永远也不能有。[54]

236

这番话出自一个甘冒生命危险抵抗纳粹的人之口，使其平添了几分道德分量。机会主义心理曾让银行家向一个杀人如麻的政权妥协，为在死亡营附近设厂、剥削奴隶的公司提供资金，但同样也能让他成为战后德国民主体制的忠诚公民，成为其重建的有生力量。这也许有违正义，甚至在道德上让人不齿。德国、日本乃至意大利最终都为此付出过代价。这三个国家在 20 世纪 70 年代都深受革命极端主义者之害，他们暴力行为的一大根源就是狂热地认为自己的国家从未改变过，法西斯主义仍旧以另一种面目存在着。而且一部分延续其薪火的人正是 20 世纪 40 年代发动战争的这批人。"革命者们"坚信自己有责任抵抗，因为父母一辈没能做到。

罗伯特·杰克逊（Robert H. Jackson）是纽伦堡审判的另一位主要公诉人（他还是美国最高法院的大法官），和极端主义革命派相差十万八千里。但他相信，审判不止是定罪量刑和惩罚有罪之人的一场演练。他相信自己是在为文明代言。纽伦堡之后的世界会变得更美好。在他的开场白中，他自豪地陈述道："四个大国因胜利而欢欣，为伤痛所感怀，他们收起了复仇之手，自愿把俘虏的敌人交给法律审判，这是权力有史以来致以理性的最重要的颂词之一。"他又补了一句，这次着眼于未来："我们永远不能忘记，我们审判这些被告的依据将被明日历史用来评价我们。给这些被告一杯毒酒，等于向我们自己嘴里灌酒。"[55]

杰克逊是个理想主义者。审判是建设更美好世界努力的一部分。在这个世界里，昔日种种惨绝人寰的事再也不会重演。审判总算结束后，杰克逊在英国大律师彼得·卡沃科雷西（Peter Calvocoressi）的陪同下，前往萨尔茨堡（Salzburg）参加 1939 年以来的首届音乐节。两人一起欣赏了《玫瑰骑士》（*Der Rosenkavalier*）这部歌剧，对有着天籁般嗓音的德国年轻女歌唱家伊丽莎白·施瓦茨科普夫（Elisabeth Schwarzkopf）留下了极为深刻的印象。

这位伟大的女高音歌唱家头上其实飘着一小片乌云：她于 1940

年加入纳粹党，曾为东线战场的党卫队军官献唱，还和在下奥地利
州（Lower Austria）任纳粹总督的某位党卫队将军有过一段情史。
也许她做这一切是出于信仰，也许她是个投机分子。但是她在战
后很快便恢复了名誉。对这一平反帮助最大的是 1953 年的一桩婚
事，她嫁给了英国音乐经理人沃尔特·莱格（Walter Legge），一个
犹太人。

第三部分

绝不让历史重演

第七章

明媚、自信的早晨

1945 年 4 月 8 日，后来报道纽伦堡审判的记者恩斯特·米歇尔被迫离开布痕瓦尔德，踏上一段寒冷且往往致命的行程，同行的还有几千人。没走的人由剩下的党卫队守卫看管，囚犯们明白，如果美国人不尽早赶到，等待他们的肯定是被迫走上同一条不归路，或者被就地处决。布痕瓦尔德集中营建在风景秀丽的埃特斯贝格山（Ettersberg）山顶上，这是最恐怖的德国集中营之一。党卫队想出了不少酷刑，其中一种是把人反剪双手吊在树上，囚犯会因为疼痛难忍惊声尖叫。从此，这个阴森的地方就多了个绰号——"会唱歌的森林"。历史上，歌德曾在这里感叹大自然的美妙，并和一位年轻的诗人朋友交谈，后者记录下了大作家的见解。

集中营里有一个小规模地下组织，领头人是共产党，他们在营房里藏匿了一些枪支，还有一位波兰工程师制造的短波无线电台。4 月 8 日，营地里发出一份言辞急切的电报："致盟军，致巴顿将军的部队。这里是布痕瓦尔德集中营。救命。我们请求帮助。德国人想转移我们。党卫队想杀了我们。"三分钟后，囚犯们收到了回电："致布痕瓦尔德集中营。坚持住。正火速前来支援。第 3 军官兵。"[1]

囚犯里没多少人还有力气攻击党卫队看守，甚至连美国人最终赶到时，也没力气庆祝了。但是，集中营抵抗组织里体格更健壮的一些人决定不再坐等第 3 军的到来。知道马上有人来救，光这点已经足够鼓舞人心了。于是，囚犯们冲击瞭望塔，用为了这一刻而藏匿的枪支干掉了剩下的守卫。

美国大兵在给病入膏肓、奄奄一息的囚犯找水喝找东西吃时，抵抗组织里的共产党领袖已经开始展望未来。几乎就在布痕瓦尔德被解放的同时，刻有"各得其所"（Jedem das Seine）字样的集中营铸铁大门就被涂上了一行大字："绝不让历史重演！"

但凡在人类史上最惨烈冲突中受过罪的人，都抱有"绝不让历史重演"这种情绪。但这对许多人来讲不只是一种情绪；这是一种理想，也许是乌托邦，但这代表了一种信仰：在战争的灰烬中，人类可以建立一个崭新而美好的世界。虽然包括我父亲在内的很多人都希望生活回归常态，但是其他人知道这是不可能的。世界不会退回到战前的样子。战争摧毁了大半个欧洲和亚洲，旧政权——不光是殖民主义政权——陷入道德破产的境地，纳粹主义和法西斯主义寿终正寝，所有这些变化都鼓励人们相信一切都将彻底推倒重来。1945 年是白纸一张；不愉快的历史将被忘却，这点让人欣慰；一些皆有可能。于是，诸如"德意志零年"（Deutschland, Stunde Null）这样的说法就大行其道起来。罗伯托·罗西里尼（Roberto Rossellini）还将其作为自己一部电影的名字，影片描述了柏林废墟间的生活。同样流行的还有"新开始团体"（Gruppe Neubeginnen），一个由流亡伦敦的德国社民党人建立的组织。

当然了，并非一切皆有可能。人类社会没有所谓的白纸一张之说，历史更不是想忘就忘得了的。另外，尽管几乎所有人都同意过去的惨剧不能重演，但是对于如何确保这点则形成不了多少共识。不单是乌托邦理想，哪怕退而求其次，只是希冀政治变革的企求，也都呈现出各种面貌。

我们如今都知道苏共和中共那时想要发动怎样的革命，也清楚欧洲殖民地的亚洲民族主义者想要什么。西欧国家共产党的目标更加复杂，斯大林出于自己地缘政治方面的考虑，对他们加以钳制。总而言之，就算法国或意大利游击队再英勇善战，他们离掌握实质权力依旧相去甚远。话虽如此，一种深刻的变革还是在西欧生根发芽，催生这一变革的是社民党人，他们早在战争结束前很久就已经在为和平做打算了。出现最激烈变化的不是过去沦陷的国家，恰恰是一个传统的堡垒。在最黑暗的战争岁月里，在纳粹似乎战无不胜的时候，正是这个堡垒可歌可泣的抗争，让欧洲人保存了希望：这就是英国。

＊＊＊＊＊

我外婆是英国人，作为典型移民家庭的女儿，她身上流淌着昂扬的爱国热情。因此，1945 年 7 月，在看到英国同胞竟然投票把温斯顿·丘吉尔的保守党赶下台后，她胸中愤愤不平。这次选举后，丘吉尔下野，绰号"小克莱米"（Little Clemmie）的工党党魁克莱门特·艾德礼以巨大的优势赢得了执政权。我外公那时还在印度服役，正等着退伍复员。在写给他的信中，我外婆对英国人"白眼狼"一样的做法痛心疾首，他们是如此不懂得对"赐予我们一切的那位伟人"知恩图报。同样出身犹太移民家庭的外公则没那么激动，那时他还在部队服役，听到的是不同的看法。

就连 7 月大选的胜利者也对他们以如此悬殊的优势胜出感到惊讶，以至庆功会之前一切都静悄悄的。行业工会的代表们挤在英国北部漏风的旅馆中，鸦雀无声地盯着大屏幕上不断上升的数字。最终结果：工党赢得 393 席，保守党拿下 213 席。《曼彻斯特卫报》（Manchester Guardian）刊登的一篇报道写道："左派的雷鸣化成了闪电，大选结果照亮了工党的胜利。今天唯一称得上是慢动作的是，人们刚开始对这一结果还有些回不过神来……自始至终，艾德礼先生都保持着镇定和谨慎，他看起来有些疲倦。"[2]

工党表面上故作谦虚，但是随之而来的计划相当激进。直到一年后，才出现一段抒发胜利情绪的最有名的文字。哈特利·肖克罗斯（Hartley Shawcross）是参与纽伦堡审判的首席检察官之一，他远比自己党派的党魁富有人格魅力。他曾告诉国会："我们现在是主宰者，将来很长一段时间也将是主宰者。"[3]直到肖克罗斯亡故，他一直都因为这段吹嘘之词遭到非议，可见新主人行事有多小心，生怕给人留下骄傲自满的印象。

选举结束后，《卫报》（Guardian）刊载了一篇美国人写的评论："美国摆脱新政派，回归正道的时候，英国却在转向社会主义，这可真叫人不可思议。"[4]

国外对英国大选也有些耐人寻味的反应。巴勒斯坦犹太人欢欣鼓舞，因为他们觉得工党会比保守党更支持犹太复国主义。希腊保皇党大为震动，反观四面楚歌的左派却很兴奋，徒劳地期盼命运将因此扭转。苏联的新闻只是宣布工党胜利，未作评论。佛朗哥将军领导的西班牙法西斯政府预计这将导致两国断绝外交关系。在印度，孟加拉地区的前总理、穆斯林大公赫瓦贾·纳齐姆丁（Khwaja Nazimuddin）爵士说道："看样子，英国选民把将他们从灭顶之灾中拯救出来的人给抛弃了，而且这还是战争结束前发生的事。"[5]

一位法国政客当时说过，不懂知恩图报是一个强大民族的特点，也许这话说得没错。实际上，丘吉尔依旧深受人们爱戴。但对多数选民来说，期待看到一个由丘吉尔担任首相的工党政府是不可能的。正如《卫报》的政治记者所言："这个国家宁愿让丘吉尔先生走人，也不愿为了让他留任而付出让保守党也当政的代价。"保守党"不光因为其过去遭到谴责，还因为对这个时代没有憧憬而被人们抛弃了。同欧洲大陆一样，英国在新秩序建立后明显面临巨大的压力"。

丘吉尔自己对发生的一切也有些不知所措，但还是能比较坦

然地接受失利。也许是希望丈夫多待在家里陪她，太太克莱芒蒂娜
（Clementine）告诉他，没准这是祸兮福之所倚呢。丘吉尔对此答道：
"现在看来，是福是祸还真是看不清楚。"他本希望战时全国联合政
府能够维系下去，至少也要延续到打败日本后吧。实际上，由于他
从来就不热衷政党政治（他两次更换党籍），丘吉尔大概觉得全国
联合政府比单一政党执政的政府更自在吧。日记作者、外交官哈罗
德·尼科尔森（Harold Nicolson）在大选中也失去了议员席位，然
而，在他看来，丘吉尔并未怨天尤人。他表现出一种"沉静、坚毅
和超脱——还掺杂一丝自嘲，命运居然这般捉弄他；但他同时却又
对选民颇有主见的立场表达了些许敬意"。[6]

　　丘吉尔在保守党内的一些同僚要比我外婆更了解他们的对手。
哈罗德·麦克米伦一定感受到了英军中的普遍情绪，他在回忆录里
写道：考虑到重建国家的巨大困难，"英国人很可能是出于清醒的
直觉，认为还是让左派政府执政比较好"。[7]不过，他继而补充道：
许多人在战争期间就被灌输了这样的观点，即"冲突一结束，随之
而来的将是某种自动出现的乌托邦"。麦克米伦对此的解读是，人
们认为英国人领导下的社会主义国家，"将会为一片太平的世界带
来史无前例的繁华盛世"。[8]也许弥漫在当时空气中的正是这样一
种天真的理想主义。然而，对于丘吉尔治下的英国已成历史，是时
候迎接更平等社会的看法，也不能说就是白日做梦。有一点麦克米
伦也许不愿承认，那些干了大部分粗活重活的人们，对麦克米伦这
个阶层的人存在一种仇视心理。

　　这点没能逃过哈罗德·尼科尔森的眼睛。5月27日，他怀着一
种截然不同的阶级愤慨，以明白无误的笔调在日记里写道：人们"朦
朦胧胧地感到，他们所经历的一切牺牲……都是'他们'的错……
尽管思路完全不合逻辑，但却坚信'他们'代表上层阶级，或者说
保守党。阶级情绪和阶级仇视异常强烈"。[9]

　　但如果感到事情再也无法回到过去，回到阶级尊卑有别的"正

常"状态；再也无法对有无特权平静接受；或再也无法忍受因为出身贫寒而无法享受良好教育、坚固住房或正当医疗的话，这又有多"不合逻辑"呢？战后，描写人们在共赴国难时万众一心的作品已经汗牛充栋，这是一种乐观开朗、"伦敦挺得住"的英国斗牛犬精神，激励所有人齐心协力，拧成一股绳。但是这些铲平阶级划分的经历同时也营造出一种崭新的权利意识，使得过去的不平等再也无法维持下去。这是英国人认识到的"绝不让历史重演"。

美国批评家埃德蒙·威尔逊曾亲临工党的一次会议。开会地点设在某个工业小镇内，镇上是一排排狭长的煤黑色平房。一个灰蒙蒙的下午，他旁听了工党主席、马克思主义学者哈罗德·拉斯基（Harold Laski）的讲话。在场的男男女女无不神情肃穆，专心致志，他们有的穿着生产过剩的破旧军装，有的穿着不太合身的"复员军人"常服。拉斯基提醒听众，温斯顿·丘吉尔"青睐传统英国，是出台了一部分实质性建设举措"，但是他要让听众明白，在"传统英国"，1% 的人拥有 50% 的财富；此外，只有 1% 的军官来自工薪阶层家庭。

就在威尔逊听拉斯基大谈社会主义政府如何好的时候，他留意到一名老太（老太也许看着比实际年龄显老）正用如饥似渴的目光盯着发言人。这种眼神，让他联想起自己见过的其他欧洲人：他们肤色苍白，瘦骨嶙峋，但与和平时期的穷人不同，他们似乎属于一种奇特的"物种，长着跟动物一样贪婪的眼睛"，"只有在胃口大开时"才会放光。拉斯基就站在"这名老妪和她沉默不语的同伴们面前"，"他身材干瘦，戴着眼镜，额头很高，向人们做着也许无法完全兑现的承诺"，"从某种程度上只是在讲政治圈里的黑话"。然而，"他用力扶住讲台的神情很迷人，引得鸡皮鹤发的老妪伸长了脖子，眯缝着眼盯着他看"。[10]

在希腊，威尔逊得到了走近英国军人的机会。让他有些惊讶的是，普通士兵不仅对他们的长官存在敌意，对丘吉尔也是如此。其中一个人"就丘吉尔抽雪茄这点表达了格外强烈的情绪"。英国军人每每碰到美国盟友，都没法不留意到美国大兵的上级对手下多么和颜悦色。威尔逊察觉到，在所有去过的地方中，"德尔菲（Delphi）的英军官兵在看待丘吉尔政府这一问题上，有着几乎泾渭分明的阶级分野"。他发现，"没有一名英国兵不把票投给工党，但只有一名军官投了工党一票"。[11]

我们没法不赞同这一见解，但其中也许夹杂了那么点个人好恶；对于英国人在美国人和"低他们一等"的人面前经意或不经意流露出来的傲气，埃德蒙·威尔逊本人相当敏感。事实上，英国社会的变迁不是用阶级斗争一句话就能解释清楚的。威尔逊看到的只是局部。诺埃尔·安南（Noel Annan）除了强烈的知识分子情结外，方方面面几乎都很符合英国大资产阶级（haute bourgeoisie）的气质。他在1945年曾担任军事情报官，后来又升任其他显赫的要职，包括剑桥大学国王学院院长。1945年的大选中，他和一些年轻军官一样把票投给了工党。安南在回忆录里解释了个中原因：并不是因为他不崇拜丘吉尔，他只是"怀疑（丘吉尔）是不是明白这个国家在战后到底需要什么"。[12]

除开阶级情绪，另一个解释战争为什么改变了人们社会政治态度的原因是人们的受教育程度提高了。战时的英国政府大力推进文化事业。"音乐和艺术促进理事会"（CEMA）在工厂、教堂和防空洞里举办古典音乐会和戏剧演出。此外，为了提高境外部队的文化水平，还开办了辩论和教育活动。在大批官兵驻守的开罗，左翼军人于1943年设立了模拟国会，方便军人议政，用一名空军飞行员的话来讲："好像我们已经活在期待已久的和平中……"[13]

这一发展势头让部分保守党人极度不安。代表彭里恩（Penryn）和法尔茅斯（Falmouth）选区的议员给丘吉尔的国会秘书写了封信，信里这样说道："我对这种给部队授课、普及教育的混账做法越来越感到怀疑……谢天谢地，做点什么吧，除非您希望这些人回来都变得娘里娘气的。"[14]

西里尔·康诺利（Cyril Connolly）是一位上了年纪的美学家，在伊顿公学任教。热爱法国文化的他于 1940 年创办了自己的文学刊物《地平线》（*Horizon*），立志要让艺术和文化之火生生不息，就算他觉得"欧洲大陆上空的火光已经开始暗淡"。康诺利鼓励士兵和水兵给他投稿，稿费标准较一般刊物低很多。他也相信是时候走下阳春白雪的高台，放下身段为人民送文化了。《地平线》就这样进入了许多士兵的卡其布背囊，读者数量之大，让人啧啧称奇。1945 年 6 月，康诺利在一篇文章里解释了他投票支持工党的理由。并不是说工党的政客比保守党更积极地支持文艺推广，事实往往相反。但是他还是把票投给了工党，因为每个人都有权过上文明的生活："要让英格兰变成一片乐土，就必须铲平阶级秩序，只要有社会主义，这点就能实现。"[15]

战时的英国拍过一些有趣的电影，其中一部《夜夜春宵》（*A Canterbury Tale*，直译为《坎特伯雷的故事》）放在任何时代下来看都是部怪片。执导该片的迈克尔·鲍威尔（Michael Powell）和埃默里克·普雷斯伯格（Emeric Pressburger），一个是保守派英国电影鬼才，另一个是崇尚英国文化的匈牙利犹太人。1944 年该片刚刚上映时，因为风格过于古怪，票房口碑并不好。《夜夜春宵》反映了当时社会人们的热切期待，既包含精神追求，也有政治诉求。故事大致是讲一个英国兵和美国兵因为机缘巧合认识了对方，连接他们的纽带是生活在肯特郡乡下的一个年轻英国姑娘。她来自伦敦，在商店当售货员，夜幕降临后，她被一个陌生人约出来，这个名为"胶水男"的神秘男子最喜欢做的事是偷偷往女人头发上倒胶水。没过多久，两个阿兵哥就查出"胶水男"是当地一名十分有教养的乡绅和父母官。原来，他这么做是为了不让年轻姑娘外出跟当兵的厮混浪费时间，有这闲工夫还不如全身心去领略灿烂的英国历史和英国乡村。影片的 4 位主角最后都来到了坎特伯雷，这是一次当代的朝圣之旅，所有人都从中收获了某种人生感悟。

　　"胶水男"或许很容易被看成变态神经病。然而，虽然他毫无疑问是个怪人，但他同时是个充满理想主义、近乎圣人的角色。他企图以自己古怪的方式表明为什么英国值得人们为之而战。该片镜头下的英国，特别是英国乡村，是一片高度爱国、洋溢浪漫情怀的热土，是保守党人眼中的"鲜血与土地"（Blood and Soil，纳粹口号）。当然，也许有一点要除外——这部电影消解了传统的阶级藩篱。年轻姑娘告诉"胶水男"，她的未婚夫家境良好，而她只是个售货员，门不当户不对，因此对方父母并不接纳她。"胶水男"回答，这些等级划分、尊卑秩序在"全新的英格兰"再也没有任何意义。影片里的"新英格兰"是一个哲学思辨的国度，她的自然风光是孕育灵性的沃土。姑娘说，那可真是场地震了。"胶水男"答曰，我们**正在**经历一场地震。对于"胶水男"而言，这场地震不只发生在社会和政治层面，更是发生在英国碧绿旷野上的一种宗教顿悟。

　　克莱门特·艾德礼主张的社会主义，同鲍威尔和普雷斯伯格镜头下的保守党浪漫主义似乎相去甚远。艾德礼的父亲是个小律师，为人安静，喜欢抽烟斗，他的儿子没有一点和浪漫扯得上边的。但是，他的政治主张同《夜夜春宵》的主题并非真的相隔十万八千里。英国的社会主义有着强大的基督教根源，并且浸淫于维多利亚时期的改良主义传统中，强调通过文化熏陶和艺术技艺打造一个纯净如画、田园牧歌般的英格兰。威廉·布莱克（William Blake）的诗作《耶路撒冷》（"Jerusalem"），就是对掩映在"黑暗撒旦作坊"之间的"英格兰绿色乐土"的礼赞。该诗表达了一种宗教式的爱国热忱，似乎基督妙手一挥，就把英格兰变成了一个人间天堂。布莱克是个文学异见者，对于工人阶级不畏强暴，反抗压迫者的行为，他总是不吝献上自己的溢美之词。在他的笔下，社会主义英国时而被唤作新耶路撒冷（New Jerusalem）。鲍威尔和普雷斯伯格的电影取景地选在肯特郡阳光斑驳的田野中，最后在坎特伯雷大教堂走向尾声，影片弘扬的精神和布莱克的愿景有着惊人的相似。

7月大选前的一个月，丘吉尔和艾德礼各自抛出了他们对英格兰的爱国主义构想，内容大相径庭。丘吉尔试图先下手为强，指责工党痴迷于舶来概念，"同英国人的自由观势如水火"。他咆哮道，这种"来自欧洲大陆、名叫社会主义的人类社会构成观，有时以更暴力的面目示人，即共产主义"，将不可避免地导致一个警察国家的出现；社会主义政府"必须依赖某种形式的盖世太保"。这种做法"在这儿，在传统的英格兰，在大不列颠，在这个光荣的岛屿上……在自由民主体制的摇篮和堡垒中"永远也行不通。因为英国人"不喜欢被人管头管脚，不喜欢被呼来喝去……"[16]丘吉尔以他战时精彩演讲的气势，铿锵有力地说出了这番话。

他接着说道：军事化管理在国难当头之际是很管用，"我们为了拯救自己的国家，都甘愿被呼来喝去"。但是一旦战争结束，骄傲的英国人就应该扔掉那些自愿承担的镣铐和包袱，"走出阴郁的战争黑洞，步入微风拂面、艳阳高照的田野。所有人都能快乐地沐浴在温暖和煦的金色阳光下"。

在秉持自由放任理念的丘吉尔看来，绿色的乐土就应该是这样。他的想法大错特错。如今和平近在咫尺，丘吉尔却第一次对人民的想法置若罔闻。据《卫报》称，海外的英军官兵对此存在"极大的困惑"："丘吉尔先生从一个民族领袖，摇身一变成了另一个人，居然在演讲中说'工党是盖世太保'。这种角色蜕变让世界各地的人们都看傻了。"[17]

作为回击，艾德礼也指责对手从并不可靠的外国人那里汲取思想。以丘吉尔为例，启发他的是维也纳学派经济学家弗里德里希·哈耶克（Friedrich Hayek）。哈耶克在20世纪30年代离开祖国奥地利，他把欧洲大陆出现的极权主义归咎于中央计划这一愚蠢之举。丘吉尔一直在阅读哈耶克的名作《通往奴役之路》（*The Road to Serfdom*）。艾德礼对此嗤之以鼻，他在电台广播里说："我可不会浪费时间去研究这么理论化的东西，这充其量不过是从一个奥地利教授那里批发来的二手学术观点罢了……"

丘吉尔认为取消战时计划和管制是通向阳光灿烂的英国旷野的最快捷径，艾德礼却坚信要建设"新耶路撒冷"，战时管制应得以延续。不能把公众福祉交到自私自利的个体手中，后者都是些无利不起早之辈。他表示："这场战争是举全民之力才打赢的，除开极个别例外，人民都将国家放在第一位，把个人和团体利益远远放在次要位置……如果我们把私人利益放在首位，我们凭什么觉得自己能在和平年代实现目标，做到人人有饭吃，有衣穿，有屋住，有书读，有闲暇时间玩乐，有社会保险，还有活可干呢？"[18]

艾德礼和同时代的许多欧洲人一样，对政府计划很是信任。这绝非出于机会主义动机，想利用因战争导致的必要局面。无论是左派还是右派，几十年来都不信任自由经济学，其被认为是导致周期性繁荣—萧条和高失业率的元凶，这些问题在 20 世纪 30 年代曾引发广泛的政治动荡。希特勒的首任经济部长雅尔玛·沙赫特是个规划师，他和艾德礼一样相信国家应该引导经济发展。在东亚，日本"改革派官僚"也是这一原则的信徒。这些人与其说是社会民主主义者，不如说是国家社会主义者。他们联手军部一起消灭了西式资本主义。通过计划创建完美社会是 20 世纪最宏大的信仰之一。

在战争最初几年里，改造英国的计划其实已经酝酿好了。1942年发表的《贝弗里奇报告》(Beveridge Report) 就触及了社会保险和相关服务等范畴，提出要建立英国国家医疗服务系统，并提供全民就业。1943年公布的一份文件勾勒出了全民中等教育制度的概貌。到了 1944 年，有了社会保险，翌年又出台了有关住房政策的文件。但是推动这些计划付诸实施的一个大快人心、势不可挡的契机直到 1945 年 7 月才出现。当时，不只是英国，大半个欧洲都已精疲力竭，断壁残垣，几乎处于崩溃边缘，这成了梦想推倒一切重来的完美背景。

在法国，"新耶路撒冷"对应的一个词是"进步主义"（progressisme）。糅合了强烈爱国主义的左倾理想曾激励过原抵抗主义成员，正如其当初激励英国社会党人一样。共产党人、社民党人、甚至许多戴高乐主义者之所以同维希政府和德国人对抗，不只是出于对传统、"优雅法兰西"（douce France）的爱，还因为政治理想的驱使。为追求理想，许多人不惜献出生命，期盼这些理想在战后能被付诸实践，而且最好由原抵抗者亲自操刀。左派主导的抵抗组织全国委员会在设计之初，就是作为某种候任政府而存在。

斯特凡纳·埃塞尔（Stéphane Hessel）曾是一名年轻的犹太抵抗运动成员，在经历了盖世太保的酷刑和布痕瓦尔德的考验后捡回了一条命。回忆起六十年前的往事，他说道："1945 年，在恐怖的一幕过去后，抵抗组织全国委员会的成员开始致力于一项雄心勃勃的复兴计划。"这个委员会提议"理性发展经济，以确保私人利益服从于公众福祉"。这番话跟艾德礼的计划如出一辙。有必要制订新计划，保障普遍的社会保险。煤矿、燃气、大银行和电力这些部门将被国有化。埃塞尔回忆，这么做是为了"将公众福祉从如同法西斯主义国家式的独裁统治中解放出来"。[19]

埃塞尔不是共产党。他在伦敦加入了戴高乐的部队，并于 1944 年 3 月跳伞进入仍处于德国占领下的法国。这么做很勇敢，况且他还是个犹太人，拿的又是伪造的证件。（埃塞尔遭人出卖，于 7 月被捕。）然而，埃塞尔的政治理念必然同戴高乐对法国的构想相左，两者之间的距离还不小。法国左派对戴高乐的看法和许多英国人对丘吉尔的看法相近。毫无疑问，他们都是各自时代的伟人，但也是阻碍进步的反动派。玛格丽特·杜拉斯曾是左翼抵抗组织的一分子，她描绘戴高乐是"骨子里的右派领袖"。在她笔下，戴高乐"想要抽干人们的生气。他希望人们既孱弱，又对他忠心耿耿；他希望人们跟资产阶级一样是戴高乐主义者；他希望人们**成为资产阶级**"。[20]

　　她写下这些话是在 1945 年 4 月。随着北非和印度支那的殖民 253 战争战局愈加吃紧，这种情绪只会挥之不去，甚至越发强烈。尽管戴高乐毋庸置疑是个保守派，而且在阻碍原抵抗运动夺权一事上毫不迟疑，但他也明白自己不得不向进步主义力量做出妥协。在戴高乐治下，雷诺汽车厂和五家大银行在 1945 年实现国有化，其余被收归国有的行业还有煤矿、燃气和公交。还是在戴高乐当政的时候，1945 年 12 月，来自干邑（Cognac）的技术官僚让·莫内（Jean Monnet）向前者展示了推动法国经济现代化的计划，尽管战时大部分时间他都待在华盛顿。莫内的方案是让国家管理工业、矿业和金融业，这是很典型的计划思想。一项接一项的计划是通往美好未来之路，这不仅因为其保证了更广泛的公平，而且还因为其可以防止欧洲再度陷入一场毁灭性战争。

　　就这样，计划之风吹遍了欧洲大陆。犹太人亚瑟·克斯特勒（Arthur Koestler）的逃生能力在欧洲人中堪称登峰造极。过去是共产党员的他曾经从西班牙一座法西斯监狱成功越狱。对计划主义蔚然成风抱有极大疑虑的他写道："如果我们将步入一个超级国家管理一切的时代，知识分子必将成为公务员队伍里的一个特殊部门。"[21] 尽管抵抗组织未能成为自己所希望成为的那股政治力量，但他们的不少左倾理想倒真的被付诸实践了。荷兰和比利时的社民党都从大选中脱颖而出，赢得了组阁权。西西里、罗马尼亚、捷克斯洛伐克、匈牙利和波兰推行了土改，让数百万农民拥有了自己的一亩三分田，当然改革的代价通常是由不受欢迎的少数民族承担的，比如东普鲁士和苏台德地区的德国人。在德国的苏占区，社民党人竭力想同共产党人一起共谋国事，但后来证明他们只会无功而返。

　　这些变化中实际上有一种强烈的泛欧主义元素；"新耶路撒冷"不只是单个国家的理想，而且是全欧洲的愿景。日后在数届工

党政府内担任内阁大臣这一要职的英军少校丹尼斯·希利（Denis
Healey）曾同部队一起降落在西西里和安奇奥（Anzio）。他对战友
左倾主义倾向的解释是"他们和抵抗运动有联系，并且感到一场革
命正在席卷欧洲"。[22] 希利曾是共产党员，但在 1939 年时愤而退党，   254
原因是苏德两国签署了《苏德互不侵犯条约》（Nazi-Soviet Non-
Aggression Pact），也叫《莫洛托夫—里宾特洛甫条约》（Molotov-
Ribbentrop Pact）。但是他的一颗共产主义赤子之心并未彻底冷却。
1945 年，在工党的党代会上，他呼吁为欧洲社会主义革命提供帮助。
他强调道："虽然偶尔有事实显示我们在欧洲大陆的同志们做事有
些走极端"，但工党不应该"太伪善和自以为是"。[23]

　　以西里尔·康诺利为例，他亲法，热爱欧洲文化，加上他的政
治观点，这些都促使他认为只有一个团结的欧洲才能筑起一道屏障，
阻挡另一场自杀式冲突。1944 年 12 月，他在《地平线》杂志里写道：
"所有欧洲人打过的战争都以欧洲人失败而告终"，"而欧洲打败仗，
也就是英国打败仗；英国打败仗，全世界都会陷入贫困"。在他看来，
"绝不让历史重演"意味着"一种欧洲联邦，其并非名义上的联邦，
而是一个不需要护照的欧洲。是一个所有人想去哪儿就能去哪儿的
文化实体……如果欧洲不能抛弃经济民族主义，并代之以英特纳雄
耐尔的地区主义，那么其就会像希腊的城邦国家一样，因为纠缠于
互相仇恨和不信任，在侵略者的铁蹄下一败涂地，最后走向衰亡"。

　　不少人，包括丘吉尔自己，都同意康诺利的看法，这证明了他
并非只是一个亲欧洲的怪人，但我们不得而知的是英国前首相是不
是真心希望英国成为新欧洲重建计划的一部分。答案很可能是否定
的。战后第一年，他曾在苏黎世发表演讲，表达了对"欧罗巴合众
国"的热情支持。但这个团结的欧洲必须是由"英国、英联邦国家"
和欧洲的"朋友和支持者"组成的。[24] 然而，左派的角色依旧是争
议的焦点。康诺利相信，只有左派才有能力建立欧洲联邦，这将是
一个"欧洲的人民阵线，一心要变得强大，并避免第三次世界大战"。

提出类似畅想的还有苏联，这点在涉及德国时体现得尤为明显。因为在莫斯科看来，德国的统一理应在共产主义统治下实现。在伦敦的法国大使馆用完午餐后，哈罗德·尼科尔森在日记里写到共产主义宣传的危险所在："要对抗这种宣传，我们必须提供另一种理想；唯一的可行性是在欧洲联邦里成立一个联邦德国。"[25]

　　另一种倡导欧洲联合的观点基于爱国主义，认为各国只有在欧洲联合的条件下才能重振国威。这一观点在法国叫得最响，倡导者不仅有维希政权的技术官僚，也包括他们的部分政敌。核心人物依然是让·莫内，他的统一梦并不局限于法国。根据莫内的回忆录，他终其一生都在尝试抓住"非比寻常的时刻"，克服分散，铸就统一。1940 年 5 月，德国人的铁蹄踏遍法国之际，正是这样一个大好时机。再往前推一年，莫内抛出英法联盟的构想，想借此勾起时任英国首相的内维尔·张伯伦（Neville Chamberlain）的兴趣。1940 年，丘吉尔也准备支持这一倡议，但主要缘于法国人的疑心病，最后只能不了了之。

　　国家计划是莫内对法国的爱国主义贡献。他告诉戴高乐，这是法国唯一有可能再现辉煌的办法。要实现这点，有必要利用所有法国人的团结一致。1945 年是做出类似"集体努力"的最佳时刻，"因为光复后人们的爱国主义精神还在，而且尚未通过一项宏大工程得到展现"。[26] 第一项宏大工程是将经济国有化，把德国的煤矿交给法国工厂使用，从而实现法国的现代化。接下来一个项目事关整个欧洲，即煤钢联营，再接着是欧洲经济共同体。按照莫内的梦想，最终这将发展为联合欧洲的**宏图伟业**（grandeur）。

　　戴高乐喜欢管这位欧洲梦想家叫"美国佬"（L'Americain），言语中不乏欣赏之意。莫内是那种少有的不论在华盛顿、伦敦，还是在巴黎都能随遇而安的法国人。但是在莫内统一欧洲的执著愿望中存在着某些元素，让人觉得其欧陆色彩过于浓厚，且有几分罗马天主教的味道，此外它们和自由民主体制并不完全合拍。他的欧洲

255

梦想之上，缭绕着一股神圣罗马帝国的余烟。另外，他不适应竞争性的政党政治，对官僚们鞭长莫及的自由市场经济也不喜欢，这说明莫内的技术官僚信仰从左派和右派思想中都汲取过养分。或者应该这么说，在技术官僚的乌托邦里，左右之分并没有太大的意义。其更多的还是一种信念，认为要实现社会正义，最有效的途径是得有个善意的威权主义政府。如此说来，1945 年，在左派满怀期待地认为制订计划将惠及英国人这点上，丘吉尔持反对意见，他并没有全然说错。

256

＊ ＊ ＊ ＊ ＊

　　为第三帝国效力的德国技术官僚一样也是出色的规划师。有关二战的一段鲜为人知的历史是，德国规划者曾同纳粹占领国的欧洲同行开展过合作。建筑师、城市规划者、水坝工程师、公路设计师之间不是纳粹同僚的关系，而是志趣相投的同志，共同致力于缔造欧洲新秩序。对他们来讲，破坏往往也意味着"不同寻常的时刻"，将有大好契机出现。

　　鹿特丹于 1939 年 9 月遭到轰炸，这是西欧第一个被轰炸搞得支离破碎、伤及中枢的城市。虽然在破坏程度上没有华沙严重——后者早在八个月前就经历了一顿狂轰滥炸——但是鹿特丹的市中心几乎被从地图上抹掉了。重建鹿特丹的计划几乎马上出炉。在没有了民主程序或私人利益的羁绊后，一队荷兰城市规划者和工程师开始着手清理废墟，从私人手中征地，并根据合理的蓝图重建城市。他们不是纳粹；事实上，大多数人对德国占领者半点同情都没有。但是，这些实干家对自由民主体制的优柔寡断、扯皮推诿和混乱无序早已失去了耐心。一如让·莫内，他们相信只有强力领导才能促成统一行动。从这个意义上来讲，纳粹政府给他们提供了一个机会，可以放手去做自己一直想做的事。

对于德国人，这么做在泛欧主义层面也有重大意义，尽管荷兰技术官僚不一定这么觉得。鹿特丹将成为大日耳曼地区的重要枢纽之一。拿纳粹占领者的种族主义论调来说，"荷兰是欧洲生存空间的一部分。作为日耳曼族一分子，荷兰人将遵循这一天然纽带赋予的使命"。[27] 在新秩序下，不会容许"财阀主导"的战前自由市场经济。所有经济体，包括荷兰，都必须进行自我改造，向欧洲大陆计划经济体制（Kontinentalwirtschaft）靠拢。集体利益应凌驾于任何私人利益之上，当然，如果是纳粹领导人利益的话就要除外。

关于日耳曼族的高谈阔论对像林格斯博士（J. A. Ringers）这样的人没什么蛊惑力。林格斯是负责 1940 年重建鹿特丹的工程师。实际上，他后来因为帮助荷兰抵抗力量而被捕过。但他发自内心地认为城市规划是一条正确的道路。在战争最初几年里，德国人也很大方地同林格斯等荷兰技术官僚分享了经验。这并不是说他们之间总是意见一致。在德国人的计划里，重建鹿特丹走的是一种宏大的法西斯主义路线，这和荷兰人想的根本就不是一回事。另外，德国人不允许鹿特丹的现代化方案抢了汉堡和不来梅这些德国港口城市的风头。于是，1943 年，就在林格斯被捕后，重建计划戛然而止。虽然在德国集中营历经艰险，但林格斯活了下来。战争一结束，他就被任命为公共工程部长，主抓荷兰的重建工作。林格斯后来成为荷兰"新耶路撒冷"的几位主要工程师之一，他的设计蓝图既得到过卡尔·马克思的启发，也从战前社会主义规划那里吸收过一些东西，另外也许还从纳粹占领者那里借鉴过部分经验，但是人们对此并不关心。

* * * * *

最厉害的规划者还是日本人。在 20 世纪 30 至 40 年代早期，"满洲国"这一依附于日本的伪政权，是当时全世界规划最完美的殖民地，有点像日本泛亚主义的梦想宫殿。当然，"满洲国"在"官方"说法中可不是什么殖民地，毕竟从表面上来讲，日本是把亚洲从西方帝国主义手中拯救出来的解放者。而且由于日本帝国所对抗的也是"自私自利"的西式自由市场资本主义，"满洲国"就不仅是一个半独立的亚洲国家，还是社会集体正义和平均主义的典范。但真实情况根本不是这回事：日本人的矿井和工厂全赖中国劳工为其做牛做马，在日本关东军的高压统治下，中国人和朝鲜人过着水深火热的日子。和伪满的其他事务一样，军政府严格控制着经济的运行，在此过程中还得到了政府青睐的日本工商企业和银行的大力协助。

　　"满洲国"的首都在日语里叫新京（Shinkyo），即今天的长春。1932 年日本建立伪满政权时，其还只是一个规模很小的铁路联轨站。伪满成立后，关东军南满洲铁路株式会社的日本规划者、工程师、建筑师和官僚几乎立刻着手打造全亚洲最现代、最高效、最干净、最有序且具有"新亚洲"风范的城市。新京的设计蓝图带有西方影响的烙印——比如奥斯曼男爵（Haussmann）的巴黎[*]、19 世纪英国人的花园城市概念（Garden City）、德国的包豪斯主义（Bauhaus）[†]——不过，体积庞大且风格现代的政府大楼还是要配以三角形的东方式屋顶。其原型来自诸多日本寺庙和中国宫殿。

　　在"满洲国"国务院的主持下，一座崭新的城市在历经五年高速建设后拔地而起，矗立在地势平坦、冬天白雪皑皑的东北平原上。如果阿尔伯特·施佩尔（Albert Speer）[‡]是日本人，新京也会是他为极权主义规划所立的一座丰碑：马路两旁的"新亚洲"

[右侧边注] 258

---

[*]　奥斯曼男爵（1809—1891），法国城市规划师，以主持巴黎重建而闻名，但也被认为是毁了老巴黎的人。

[†]　包豪斯，源于德国的一种艺术风格，突出实用功能，以利用先进技术和追求经济效益为特征。

[‡]　阿尔伯特·施佩尔（1905—1981），二战时希特勒政府的军备与战时生产部部长，杰出的建筑师。

风格官僚主义堡垒气势磅礴，夹在中间的林荫大道宽阔而笔直，通向巨大的圆形广场，就像巨型轮盘上的辐条。*这一切设计都力求在数学上做到精确无误。而且，无论是外观漂亮、从不晚点、有"亚洲快车"美誉的南满铁路高速列车，还是公共住房里的抽水马桶——这在日本都是许多家庭闻所未闻的创新之举——所有这一切都运转良好。

"满洲国"的对外代表是中国人，最高可至清废帝、人称"末代皇帝"的溥仪。在他的王座和每个中国官员背后都站着一个日本"副手"垂帘听政。管日本统治者叫法西斯并不准确。他们清一色都是民族主义者，不少是军国主义者，相当一部分人笃信官方宣传的那套泛亚主义理想——在日本带领下，将会诞生一个摆脱西式资本主义和帝国主义的崭新亚洲。

所有军政官员一心一意地扑在规划上，既不受民主程序的羁绊，也没有私人利益的约束，更不会对占"满洲国"多数的中国臣民的想法有所顾及。一群高度机敏的官僚、管理者和工程师仰仗着人面兽心的关东军、杀人如麻的宪兵队、三教九流的日本浪人和政治投机客的势力，将这里看成一块画板，在上面可以绘制出完美规划的经济图景。他们的计划包裹在帝国主义崇拜论的外衣之下，围绕着神圣的天皇和他同是皇族、身居新京"盐宫"†的奴仆——稀里糊涂、可怜兮兮、颜面扫地的"满洲国皇帝"溥仪。

在致力于维护保守军事秩序这点上，部分日本规划者的右倾倾向十分明显，其中一些人是社会主义者，同军国主义者一样很反感自由市场资本主义。但即便右翼官僚也是苏联五年计划的信徒。对典型的"满洲国"改革派官僚的最佳描述也许是这样的：他是一个右倾激进分子，但和共产党的共同点要比和自由派还多。岸信介正

---

* 这些建筑今天还在。他们的风格很对中共的胃口。这种转型显得非常自然：昔日关东军的大楼现在是中共等机构的总部。——作者注
† 所谓盐宫并非是盐做的宫殿。伪皇宫曾是吉黑榷运局，过去从事盐业贸易，也称"盐仓"。

是这样一个人。长着一张兔子脸、性格温文尔雅的他是个精明圆滑的官僚，光从外表根本看不出是那种会铁腕管理大批劳工的强力人物。然而，还没满40岁的岸信介却是日本帝国最有权势的人之一。他的想法概括而言就是要把"满洲国"变成一个国家控制下的矿业、化工和重工业重镇。

就这样，"满洲国"出台了产业政策，这么做不是为了给企业或公司创收——就算是也并非第一要义——更不是为了满足日本消费者的需求。他们在战时配给制下生活得越来越窘迫。产业政策的目标是扩大国家的权力。有些公司从中大捞一笔，比如日产。该公司于1937年把总部搬到"满洲国"。在和政府签订合作协议后，日产成立了一家全新的工商和金融业集团，亦称财阀，然后开始制订五年计划，其生产的产品从军车到鱼雷艇，不一而足。同是财阀的三菱株式会社负责生产战斗机，三井则垄断了在华鸦片贸易，从中渔利，同时也养肥了"满洲国"当局。参与这项肮脏交易的两位主要人物是日产株式会社的创始人鲇川义介和产业官僚岸信介，后者一直小心翼翼地经营着他同地下犯罪团伙间的联系。但是，大企业和军部的利益并不总是铁板一块的。就连鲇川也不赞成日本和纳粹德国结盟。和英美开战对做生意不见得有利，而且就算企业能从特别免税条款和补助中获益，他们对官僚的干预也并不总是持欢迎态度。

岸信介等人在"满洲国"开创先河的一些尝试日后在日本国内也被付诸实践。从1937年中日战争正式爆发，到太平洋战争结束时，日本经济在内阁企画部、大藏省、商工省等政府机关的分管下，得到了有效的管理。一批管理战时经济的人士都是从改革派官僚、战略规划者和反自由化思想家组成的网络里招募的，既有左派又有右派。他们凭着为了效率一切皆可无视的那股子专注劲儿，帮助"满洲国"实现了工业化。商工省大臣不是别人，正是岸信介。1943年，商工省改名为军需省，使其更符合日本战时经济的本质。岸信介表面上是军需省次官，但实际依然掌管着战时经济，前后长达一年。

就在天皇下达终战诏书，宣布日本战败后不久的 8 月 26 日，军需省被废除，改头换面后又一次叫上了商工省的名字。

　　美国占领日本的一大谜团是美国人何以能够容许日本人玩弄这些障眼法。毕竟，胜利者对日本的构想同样也是"决不让历史重演"。在日本，1945 年也是"零年"，是在废墟上建设新社会的完美时机。很显然，一些人必须被扫地出门。岸信介作为甲级战犯被捕，同样落网的还有鲇川义介。但是他们在日本建立的机构基本上都完好无损地保留了下来，反观在"满洲国"，工业设备则遭到了苏联红军的全面洗劫。

　　关于日本如何重建这点，各方存在极大的争议。在华盛顿有一股很强的舆论导向，认为日本再也不能染指重工业，而是应该专注于生产更符合东方民族古朴气质的产品：玩具、陶瓷人像、丝绸、纸质品、瓷碗等等。有人给出个不错的建议，让日本生产出口美国的鸡尾酒餐巾。[28] 但日本人的想法不同。就在美军到来之前，三菱财阀的掌门人给他手下一名高管写了封信，信中谈到一项"百年大计。"[29] 尽管这一源自中国古典文献的表述不能从字面上加以理解，但是日本人脑子里盘算的就是怎么规划的问题。一年后，日本外务省草拟了一份报告，解释称自由放任的时代已经结束，全世界"终于进入了一个国家资本主义的时代，或者说一种受控制、有组织的资本主义时代"。[30]

　　这一想法和某些颇具影响力的美国新政派人士很接近，他们被派到日本，协助麦克阿瑟将军对日本进行和平民主改造。这批人早期拟定的一些计划草案，换成列宁主义者一样能行。在约翰·霍普金斯大学任教的欧文·拉铁摩尔（Owen Lattimore）是个研究中国问题的左派英国学者，他一度具有呼风唤雨的能力。拉铁摩尔相信，比起"裹挟着无情帝国主义"的西方民主理论，亚洲人对"真正的民主举措"更有兴趣，"比如俄国那边发生的事情，他们就能看得清清楚楚，真真切切"。他煞有介事地表示，中国国内真正的民主体制只有在"共产党的地盘上"才有可能成立。[31] 其他在美国国务院任职的"中国通"仔细地审视了日共领导人野坂参三关于如何建设战后日本的倡议，野坂在战时曾在中国从事教化日本战俘的工作。按照他的思路，工厂委员会和工人组织要从"法西斯"官僚手里夺权，代为管理食品分配等重要工作。尽管这个点子后来夭折了，但新政派官员对土改和建立独立工会这两条还是很重视，并且也确信美国占领当局理应"赞同在经济体系里推行所有权、经营权和控制权的更广泛分配"。[32]

　　日本的"新政"和艾德礼对英国的改造计划十分相似。当然，话说回来，艾德礼和新政派都不是共产党。恰恰相反，他们和多数社民党人一样，都很反对共产主义。包括新政派在内的美国官员有一块很大的心病，担心日本人为极端经济窘境所迫，难以招架共产主义的诱惑。应对办法是通过重建日本的工业能力，确保日本人能够尽快养活自己，防止让军事利益或大企业的贪婪扰乱这一进程。而要做到这点，最好的办法就是把经济政策交给经验最丰富的日本人，交到能为未来做打算、把公共利益置于私人利益之上，并且具有爱国情怀和均贫富抱负的公务员手里；也就是说，要交到基本未被整肃的大藏省和商工省官僚手里。

　　1948 年，有案底在身的岸信介未经审判就从巢鸭监狱获释。服刑期间，他同右翼政界和有组织犯罪团伙的老朋友一直保持着联络，有些人还和他关在一间牢房里。1949 年，商工省寿终正寝，取而代之的是通商产业省，简称通产省（MITI），这个部门是 20 世纪 60 至 70 年代日本经济奇迹背后最重要的政府推手。1957 年，岸信介当选首相。

* * * * *

　　1945 年 8 月 15 日，在收音机里听到日本投降后，许多朝鲜人做的第一件事就是扔掉战时日本发配的制服——妇女配的是十分难看的农民裤子，男人则是羊毛卡其马裤。成千上万的人穿着白色的朝鲜传统服饰，涌向大街小巷，手里挥动朝鲜旗帜，嘴里唱着爱国歌曲，喊着"朝鲜自由万岁！"的口号。汉城的大街上一片狼藉，电力供应被切断了，食物不够吃，但是人们依然喜极而泣。这么多年来，他们第一次能够公开地表现得像个朝鲜人，不会因为没有向日本天皇照片鞠躬或拒绝使用日本名字而受到惩罚。

263

刚开始闹过些误会。朝鲜人以为苏联人要来了，因此派了一支欢迎队伍到汉城的火车站迎接苏联解放者，可是迟迟没有等到。南朝鲜的其他城市，比如大邱、光州和釜山也都派出了欢迎队伍，在火车站徒劳地等待苏联人的到来。人们手里挥动着苏联和朝鲜旗帜，表达对苏联帮助朝鲜恢复独立的感激之情。

另一些人来到离他们最近的日本神道教神社，拿着榔头、棍棒，甚至挥舞着拳头，试图砸烂这一殖民压迫的主要象征物，随后一把火烧掉了神社。纵火事件起初发生在北方城市平壤，继而有蔓延至全国之势。这些备受憎恶的神社整夜烧啊烧，冲天的火光让视神社为圣地的日本人大惊失色。

不过，日本人总体上还是摆脱了朝鲜人的骚扰，但是在北方，无论老幼，妇女均被苏军当成战利品加以凌辱。8月16日早晨，一位名叫吕运亨的朝鲜抗日义士在汉城和其他爱国志士一同成立了朝鲜建国筹备委员会，他们中间还有刚从日本监狱里释放出来的共产党员。吕运亨是虔诚的基督教徒，立场左倾，很喜欢穿剪裁精美的英式粗花呢西装。他在一所高中的操场上对着几千人发表演讲，演讲十分轰动，原因有二。一是其体现了宽宏大量的精神："既然日本人就要和朝鲜人分道扬镳了，我们就不要再计较过去的得失了，友好地说再见吧。"另外一点就是强烈的乌托邦情怀："让我们忘记过去经历的磨难。我们必须在这片属于吾辈的土地上建立一个理想社会，一个理性的天堂。让我们抛开个人英雄主义，牢牢地携起手来一起向前迈进。"[33]

人们放声歌唱朝鲜爱国歌曲，抒发他们对国家忠贞不渝的爱，但所选的曲调却是《友谊地久天长》（"Auld Lang Syne"）。很显然，这让一些日本人误以为朝鲜人在友好地跟他们的日本主子道别。 264

就在苏军抵达平壤前一周左右，一位同样广受爱戴的左倾基督教爱国者曹晚植来到位于汉城北部即后来"三八线"以北的地方。曹之所以出名，一是因为他温文尔雅的行事风格，二是因为他总是穿着朝鲜民族服装，人称"朝鲜的甘地"。他也在为国家独立做准备。同身在南方的吕运亨一样，曹的随从里有不少过去是政治犯，都有共产党背景，但那时的曹尚未被他们左右。不管在南方还是在北方，朝鲜人民委员会迅速从日本官员手里接管了权力。委员会的多数成员不是共产党，就是温和的左倾民族主义者，而且常常是基督徒。

同东、西欧的情况一样，包括共产党在内的左派是最不折不扣的爱国者。政界、商界和教育界的保守派精英时常同日本人合作，有时不太情愿，有时很是积极；有的打着现代化或进步的幌子，有的则出于私利。自1910年日本帝国吞并朝鲜以来，抗日运动就带有强烈的左倾倾向。朝鲜人针对本国精英及日本人的造反，经常带有一种救世论的色彩，这是朝鲜萨满教和基督教共同影响下的产物。从许多方面来看，建筑在马克思主义基础上的抗日运动是历史上朝鲜农民反抗地主乡绅起义的现代翻版。

然而，撇开吕运亨的豪言壮语不说，统一其实十分脆弱。纵观朝鲜历史，统一难得一见。这个国家因为地区间的差异——尤其是南北朝鲜之间的差异——和激烈的政治对抗，长期处于分裂状态。到了1945年也没有什么两样。即便吕运亨和曹晚植都胸怀统一朝鲜的理想，但是左派内部派系林立，而共产党则蠢蠢欲动，一旦天时地利皆具，就要准备夺权。吕在汉城建立朝鲜人民共和国时，他还面临着来自右派——由地主和其他旧时代精英领衔的朝鲜民主党——的挑战，他们当中许多人曾勾结日本人。除此之外，中国和 265
美国还散落着流亡的朝鲜政客，他们之间也是四分五裂。

但是不管各自政治主张如何，几乎所有朝鲜人都同意一点。在他们的理解中，"绝不让历史重演"指的是再也不臣服于外国列强。9月14日，也就是宣布朝鲜人民共和国成立当天，吕运亨发表了战斗性十足的演说词：

> 我们决心摧毁日本帝国主义及其残留余孽、反民主帮派、反动分子和任何我国境内的外国恶势力，然后建立属于我们自己的全面独立和自治，期待一个真正民主国家的产生。[34]

朝鲜语里有个词，叫"事大"（sadae），直译是"效忠伟大君主"之意，这个词用来形容一些边缘王国——比如朝鲜——传统上对中国帝王的朝贡。到了现代，"事大"的外延扩大了，意指为了打压国内对手，向任何外部强国卑躬屈膝。通日分子因此犯有"事大"这一罪行。在吕想象中的"理性天堂"，"事大"的耻辱感会被永远抹去。

可惜朝鲜人根本没有机会。

日本投降过后几周，美军在南部港口城市仁川登陆。那时，美国人对这个国家和其人民的抱负一无所知。约翰·霍奇（John R. Hodge）中将被推选为美军统帅，仅仅因为他正好就在附近的日本冲绳岛。他的政治顾问团对朝鲜的了解不比他多多少，没人会说朝鲜语。但是朝鲜方面还是释放出了巨大的善意。根据《扬基人》杂志的报道来看，"土生土长的朝鲜人""欢呼，傻笑，高举双臂，连连鞠躬，扯着嗓子叫着'好啊！好啊！'"，以这种方式欢迎美军吉普、卡车和侦察车的到来。[35]

尽管军令严禁和平民套近乎，一位名叫沃伦·常石（Warren Tsuneishi）的日裔美籍军事情报官还是和汉城的宾馆经理金先生攀谈起来。金先生说："感谢你们解放了我们。我无比诚挚地感谢你们。你们为解放我们，让我们获得独立做出了巨大牺牲。"说着说着，金先生的眼里泛起了泪光，这让常石突然感到"很不自在"。[36]

至此，美国人的第一个大错已经铸成。还没等霍奇中将下船，他就收到了朝鲜人发来的请求，邀请他见见吕运亨的弟弟吕运弘，后者是代表朝鲜过渡政府的温和派人物。由于怀疑这是日本人或共产党设的套，将军拒绝同吕会面。第二天，霍奇在汉城宣布日本总督和所有拓殖当局官员留任，直至接到新的命令。朝鲜人犹如被当面抽了一个耳光，愤怒地涌上街头，抗议美国此举。朝鲜人的反应让美国很丢脸，国务院随即宣布，日本人再也不会掌权，掌权的是美国人。但由于美军兵力不够，因此只能下令让日本人继续担任原职。

《扬基人》如此描述日本的投降仪式："在位于汉城日本总督府外的旗杆旁举行了一次简短的撤退仪式。184 师的官兵身穿军装，站成一个中空的方阵，第 7 师的官兵演奏了《我们美国人》这首曲子。日本鬼子的旗子被降了下来，然后被简短地展示给到场的摄影师看。随着乐队奏响美国国歌，美国国旗冉冉升起。"接着，美军"迈步走出总督府大门。这些受到朝鲜人热烈欢迎的**正义使者**，开始在这个曾经三国鼎立的古老国度 * 履行他们作为占领者的职责"。[37]

尽管苏联红军占领了三八线以北的朝鲜领土，但苏联并没有像美国这样粗鲁地树立权威。一名苏联官员告诉美国记者，俄国人对英国人和美国人有好感，因为"我们长得很像"。他接着说道，但"我们不喜欢朝鲜人，等到一个合适的稳定政府建立起来，我们就会撤军"。[38]顺便提一句，霍奇将军也不喜欢朝鲜人，他认为大多数朝鲜人是"没受过什么教育的东方人，日本鬼子长达四十年的统治深深影响着他们……跟他们几乎没法讲道理"。[39]

苏联人恪守了承诺，但是他们理解的"合适的稳定政府"同吕

267

---

* 从公元前 1 世纪到公元 7 世纪，朝鲜半岛有新罗、百济和高句丽三个王国并立，史称"三国时代"。

运亨和曹晚植等爱国者所希望的完全不同。最早管理北朝鲜的是朝鲜人民委员会，成立人民法院的目的是为了清算投敌分子和"反动分子"。在殖民当局当过差的官员被扫地出门，这一过程有时伴随流血暴力。革命政治得到了苏联官员的支持，由于在其中捞不到半点好处，朝鲜地主等群体开始火速逃往南方。曹晚植依旧管理着人民政治委员会，但是这一中央机构对区域性委员会的控制力十分有限，对阻止苏联人拆分和抢劫日本人留下的工厂也无计可施。

不同于苏联人，坐镇南方的美国军事当局对政府实行直接管控，并发起了一项日后在许多场合被重复施行的政策——前提是美国人自认为这能给当地人带来善治。部分源于无知，部分源于对共产党意图并不总是不合理的怀疑，美国军事当局主要仰仗朝鲜精英中会讲英语的保守派成员，最好还是在美国大学读过书的人。为了领导未来的朝鲜政府，他们从美国带回来一个人，此人是个不折不扣的民族主义者，但同时也是坚定不移的反共分子，他叫李承晚，是个基督徒，在哈佛和普林斯顿受过教育。李在朝鲜并非无名小卒，但他在这里没有民意基础。尽管在流亡海外期间被美国官员看成是个麻烦人物，但国务院护照部门的一位女士觉得李是个"和蔼的爱国老绅士"。有了她的观点背书，再加上李的反共资历，这两条理由足够有说服力了。10 月 11 日，李回到祖国，得到了霍奇将军的欢迎，霍奇称赞他是一位"倾注毕生心血谋求朝鲜自由的伟人"。[40]

三天后，平壤出现了类似的一幕。一位名不见经传的朝鲜游击队战士以"民族英雄"和"杰出游击队领袖"的身份，受到了苏联最高指挥官的热情接见。此君身材矮胖，30 岁出头，头发梳得像个倒扣的瓜皮。他在哈巴罗夫斯克（伯力）附近的一座苏军训练营里度过了大部分战争时光。苏联组织了 7 万人向"金日成将军"致敬。金将军以"感激涕零的朝鲜人民之代表"的身份，发表了一篇由苏联训导员捉刀、歌颂苏军的演讲。[41]

这件事过去整整一周后，平壤的一家报纸上出现了围绕金日成

268

搞个人崇拜的苗头。报纸文章介绍了金的赫赫战功，很快这就将成为一种准宗教仪式的组成部分，核心思想是歌颂朝鲜半岛上一切形式的神圣干预。这种论调和朝鲜历史上诸多具有救世论色彩的政治运动不谋而合。12月，金日成成为朝鲜共产党领袖。但朝鲜政治中心仍旧偏向南部，当时也还不存在朝鲜分裂成两大独立国家的问题。

朝鲜人对他们国家臣服于他国的"事大"历史素来很敏感，到了眼下这一时刻更是有充分的理由表示担忧了。1945年11月，依然身居中国青岛的唐纳德·基恩同一些旅居当地的朝鲜人共进晚餐。他在信里回忆道，有史以来，朝鲜独立第一次不存在任何争议。"唯一引发争议的讨论话题是俄美关系。"基恩发现，要说服他的朝鲜朋友相信"美国和俄国没有嫌隙，可以在和平世界里相安无事"这点"无比困难"。他解释，这些朝鲜人"在战时因为收听美国短波电台，遭到过（日本人的）严厉报复"，因此他们认为美国理应帮助他们的祖国对抗俄国人。基恩有些不耐烦地评论道："一个基于合作的解决方案被认为不切实际。他们眼里只有朝鲜的两大阵营，双方都想赢得一切；在这种局面下，他们视合作为背叛。"[42]

他们说得没错：朝鲜人的命运还真是为外国列强所主宰。但派系远不止两个。首先，12月，美苏在莫斯科举行了外长会议，光看会议的氛围，似乎基恩的乐观情绪不无道理，美苏两国能够达成某种协议。美苏两国将抽调各自军事指挥人员，成立一个共管委员会，负责对朝鲜进行"托管"。美苏官员将协助朝鲜人组建临时过渡政府，并在英国和中国的支持下，引导该国走向全面独立。这项任务可能要耗时五年之久。

苏联人没费多少口舌便说服了北朝鲜盟友支持这项安排。反对者迅速被噤声。在曹晚植看来，这种托管像是又要有殖民者干涉朝鲜内政了，于是他表达了抗议，但随后就被软禁。软禁后来变成了监禁，到了朝鲜战争期间，他彻底消失了，再没有人见过他。

在南方，局势更加严峻。出于民族主义或政治理由，几乎所有南朝鲜人都反对托管；保守派不想跟苏联干预扯上任何关系。他们无法理解全国政府怎么可能吸纳朝鲜共产党。不过，保守派缺乏民意支持。虽然美国极力想要粉碎左倾的朝鲜人民共和国，但其在爱国性上依旧更能服人。然而，托管的问题为其敲响了丧钟。

左派和保守派尝试过组建联合政府，但是努力最终告吹。这之后，左派对托管这一想法逐渐热心起来。混乱接踵而至：先是政变，发动者是号称"刺客"的又一位流亡民族主义者，政变被挫败了；接着是工人罢工，抗议美国军事当局。随后，李承晚麾下的保守派一跃成为真正的爱国者，他们指责朝鲜左派甘当苏联的走狗——换句话说，就是"事大"，丧权辱国。很自然，美国人力挺李承晚，称托管从一开始就是苏联的阴谋，并说南朝鲜应该在美国的循循善诱下组建属于自己的保守政府——这一点在未来或许会被硕果仅存的左派描绘成另一种形式的丧权辱国，而且**也的确**成为了现实。

因此，朝鲜人民共和国注定会走向覆灭，后来发生的就是一场悲剧。这个国家实际上一分为二，北方处于金日成主导的共产党过渡政府统治下，南方则归李承晚控制。用不了多久，金在青岛的朝鲜朋友就会发现他们比之前预言得还要准确。1950 年，北朝鲜的入侵点燃了战火，在导致 200 万平民死亡后，惨烈的朝鲜战争在僵持中结束了。在二战期间几乎完好无损的汉城这时已是满目疮痍，北方的平壤也一样。北朝鲜依旧处于一种准帝国王朝的统治下，南朝鲜（韩国）则还要经历几十年的军人专政。

1961 年正值冷战高峰。当时，一名坚定不移的反共分子发动政变，在韩国夺取了政权。通过借鉴战时日本军政府的计划经济模式，并让韩国财阀同政府保持统一步调，韩国经济一时间突飞猛进。这位强人总统于 1942 年以全班最优异的成绩从新京的"满洲国"军官学校毕业，之后加入日本关东军，官至中尉。1948 年，在韩军中服役的他被开除军籍，理由是参与针对李承晚的阴谋政变。他在战时的日文名字叫高木正雄，真名叫朴正熙。支持他的日本人包括岸信介，后者也是"满洲国"遗老。

＊＊＊＊＊

乌托邦梦想注定是南柯一梦，破灭后被人弃之如敝屣。但其破灭的方式各不相同，而且常常留下痕迹。在当时最伟大的经济学家约翰·梅纳德·凯恩斯（John Maynard Keynes）看来，英国的"新耶路撒冷"栽在了一场"财政敦刻尔克"上。凯恩斯本希望《租借法案》（Lend-Lease Act）能让英国从美国那里拿到援助——源源不断的物资，且条件格外优惠——直到 1945 年底。这样就能为政府争取些时间，避免破产。可惜事与愿违。面对近乎灾难的收支平衡，英国人不知道从哪儿捞钱来填平财政赤字，更别提为实现社会主义梦想买单了。凯恩斯为此祈祷："希望日本人不会过早投降，让我们失望。"[43]

投在广岛和长崎的原子弹让他的希望落空了。哈罗德·尼科尔森在日记里对此事也有论及，他描述了太太维塔·萨克维尔-威斯特（Vita Sackville-West）的反应："原子弹让维蒂（Viti，维塔的昵称）吓坏了。她觉得这意味着一个全新的时代已经来临。她想得没错。"[44]

8 月，日本投降，战争结束。

经济通缩让老百姓的日子过得苦不堪言：在英国，物资配给制延续的时间比其他国家都要长；为了少得可怜的那点公共服务，人们无休无止地排着长队；生活沉闷，让人颓废；战后的英国社会尽显疲态，人们认识到，英国不仅国库空虚，而且正迅速丢失世界大国的地位。所有这一切都抑制了乐观主义情绪。尽管有关公共住房、教育、文化、卫生和全民就业的规划依旧在进行中，但是国家的财政岌岌可危，1945 年的热情正迅速消散。在德、日战败两年后，工党财政大臣休·道尔顿（Hugh Dalton）在日记里写道："再也不会有明媚而自信的早晨了。"[45]

1951 年，温斯顿·丘吉尔再度出山，当选首相。工党得等上十三年才能迎来再度执政的机会。率领他们扭转局面的是曾在艾德礼内阁中担任贸易大臣的哈罗德·威尔逊。

　　类似的事情也发生在其他西欧国家，天主教和基督教民主党承诺的稳定和延续性——即某种常态——消解了左派的革命热情。1956 年，荷兰社民党下野。1958 年，戴高乐将军建立了法兰西第五共和国。1948 年，得益于美国反共宣传和财政支持，意大利天主教民主党开始了其近乎翻手为云覆手为雨的执政岁月。在西德，社民党直到 1969 年才第一次赢得选举。早在 1949 年德意志民主共和国成立前，东德的社民党人和共产党人同舟共济、建设反法西斯德国的美好梦想就已化为泡影。1945 年，生活在苏占区的德国人执拗地拒绝支持共产党，而是大为看好社民党。结果，翌年苏联当局便逼迫东德社民党同共产党合并，后者很快吞并了该党。

　　在韩国和日本，社会主义政府从 1947 年到 1948 年维系了整整一年，但这些并不隶属共产党的左派最后都走向了灭亡。要理解这一点，一个办法是将其归咎于冷战。东亚的美国占领当局也许笨手笨脚，且往往过于保守，但苏联对于温和左派的大溃败一样具有不可推卸的责任。凡是苏维埃主义者当权的地方，无论是朝鲜，还是中东欧，社会党人都被镇压了。

　　斯大林的确同意过不在美国人的势力范围内挑起革命，他让法共和意共忘了他们的夺权美梦。即使右派依旧受到墨索里尼"遗产"的拖累，意大利共产党总书记帕尔米罗·陶里亚蒂（Palmiro Togliatti）还是秉持中间路线，避免和保守派发生激烈冲突。但是，美国和其在东西方的保守主义盟友对共产党的意图高度怀疑，所以使出浑身解数以防范任何左翼派别靠近权力。这在处于冷战前线的国家身上体现得尤为明显，比如德国、意大利和日本。自 20 世纪40 年代末以来，日本同西德一样必须被打造成对抗共产主义的堡垒。1945 年的新政热情转眼被抛到了九霄云外，取而代之的是一系列新政策：重新武装、发展工业、打击工会、在公务员队伍和教育领域"清除赤党"、积极支持保守主义政客，哪怕其中一些人不久前还是等候审判的战犯。在占领日本之初，美国当局对左派曾大力鼓励，后来的所谓"改弦更张"一直被视为是对1945年理想主义的背叛。

话虽如此，但休·道尔顿在哀叹英国"明媚而自信的早晨"不复存在时，还是有些过于悲观了。解放带来的欣喜也许已经退去，但在这一崭新开端之际建立起来的诸多制度并未迅速消解；不管是好是坏，有些一直延续到今天。无论是英国的保守党政府，还是欧洲大陆上的基督教民主党，都未真正尝试过推倒欧洲福利国家的基础，虽然这是战前规划者和战时抵抗运动内理想主义成员酝酿的产物。实际上，丘吉尔的保守党比艾德礼的工党建了更多公共住房。不少基督教民主党人几乎和社会主义者一样对自由放任经济学充满质疑。直到20世纪70年代，西欧福利体系的外沿才开始发生腐蚀。也就是十年后，玛格丽特·撒切尔（Margaret Thatcher）上台，英国的福利主义才被严重削弱。时至今日，就算和欧洲大陆相比，日本和韩国经济依然被政府规划者牢牢地掌控在手中。

然而，战后规划的一座主要丰碑还是欧洲自己，或者说是欧盟。虽然其萎靡不振、千疮百孔，但还是岿然不倒。1945年，欧洲统一这一崇高目标是大多数人的信仰。在对神圣罗马帝国深感共鸣的天主教徒眼里，这个目标素来很有吸引力。法国人和亲法者支持欧洲是西方文明中心的说法——而巴黎则是中心的中心——借此对抗美国粗鄙的物质主义。作为欧盟重要机构的总部和崭新技术官僚之国的首都，布鲁塞尔引得社会党人和其他经济规划者纷至沓来。不过，最重要的一点是，一个团结的欧洲将确保欧洲人再也不会同室操戈。至少从这点来看，1945年的理想主义到目前为止还算有所收获。

第八章

教化野蛮人

1943 年，诺埃尔·科沃德（Noël Coward）[*]爵士创作了一首歌，名为《让我们对德国人别太粗鲁》（"Don't Let's Be Beastly to the Germans"），引起了一些误解。英国广播公司曾短暂禁播该曲，原因是其对敌人似乎过于同情：

> 让我们对德国人别太粗鲁，
> 毕竟我们最终打赢了战争。
> 说到底是那些龌龊的纳粹，
> 怂恿德国人去打仗，
> 他们的贝多芬和巴赫，
> 其实比纳粹的蛊惑力强得多！

实际上，在登台献唱之前，科沃德曾小心翼翼地指出，他讽刺的是"一小部分人道主义者，我觉得他们对敌人的看法太过宽容了"。 276

---

* 诺埃尔·科沃德爵士（1899—1973），英国演员、剧作家、流行音乐作曲家。

认为盟军对德日两国的占领完全遵循这些人道主义者的精神，这种说法未免言过其实，但也不算太夸张。至少在最初几年里，占领者想尽办法避免血债血偿，尽全力改造、教化和改变人们的心智，在这点上的努力无出其右者。另外，他们还致力于将专制政权改造为和平的民主国家，如此一来它们就再也不会为世界带来毁灭。

刚开始的时候的确如此。大部分由华盛顿制订的计划旨在惩罚过去的敌人，并通过摧毁它们成为现代工业国家的手段，使之无法作恶。正如前文所述的以罗斯福政府财长摩根韬命名的摩根韬计划，旨在瓦解德国工业，拆分其领土，把德国人变成一个男耕女织式的民族，连一根用以自卫的棍棒都没有。针对日本也有不少类似的想法。

这些计划无果而终，取而代之的是"三D政策"：去军事化（Demilitarization）、去纳粹化（Denazification）和民主化（Democratization）。第三个D牵涉到再教育的过程，这么做不只是为了改变尚武、专制政府提倡和推行的行为方式，而且还要深入到被征服民族的思想深处，改变他们的思维方式和"国民性格"。美国战争部拍摄了一部名为《我们在日本的任务》（*Our Job in Japan*）的教育性影片，对这一问题抓得很准。当银幕上出现一个日本骷髅头时，电影旁白解释说："我们的难题存在于日本人的大脑中。"在电影结尾，旁白总结了当下任务："我们来这儿，为的是让日本人的脑瓜开窍。我们见惯了血雨腥风，所以从现在开始，绝不会撑不下去。"[1]

改造原住民这一策略也许最早可以追溯至古罗马人的教化行为。一些人认为这一策略源自启蒙主义观念，即人生来理性，而且可以通过正确的教育加以引导。一些人回想起了殖民者的策略，比方说法国的"教化文明使命"（mission civilisatrice）。还有两个例子，一是基督教的传教热情，二是通过教育移民，把他们塑造成秉公守法的美国公民。英国人甚至还提出了信念在塑造性格中的作用，这点早在维多利亚时期的寄宿学校就已推行：培养既有运动员体魄、又饱读经典的绅士。再教育还被视为心理战的延伸，是军队进行政工宣传的工具。

《喷趣》（*Punch*）杂志在 1939 年发表了赫伯特（A. P. Herbert）的一首诗，隐晦地提出有必要开展再教育工作：

> 我们和德国人没有争论，
> 人不可能和毫无戒心的绵羊争论。
> 但是一代接着一代，
> 他们推出的领袖搅了我们的好梦……
>
> 我们和德国人没有争论，
> 他们国家的事我们当然管不着。
> 但是似乎某些大手术，
> （修复心脑）也许是唯一的出路。

5 月 8 日，就在街头巷尾的人们庆祝欧战胜利之际，伦敦的《泰晤士报》刊出了一封读者来信，信的作者是著名私立寄宿学校查特豪斯（Charterhouse）的校长罗伯特·伯利（Robert Birley），他日后将对德国西占区的教育政策发挥深远的影响。伯利在信中写道："编辑先生，有一点正变得越来越清晰，盟军对德国的再教育不仅是一种虔诚的抱负，也是一种不可推卸的责任。"德国人的问题在于，一个多世纪以来，他们"对任何替他们代劳做决定的政府都照单全收，这点很要命"。赫伯特的诗里也流露了这种情绪，而且当时大多数人也这么认为。在伯利眼里，德国人已经变得跟绵羊一样，只会跟着领头羊，没有个性，就像受过军训的机器人。

伯利接着提出了一个更有趣的观点，但是最终并未打动英国军事占领当局。再教育想要获得成功，就必须建立在民族传统的基础上。德国应该被当成白板一块（tabula rasa），应该让德国人相信，"他们自己拥有这样的传统，在此之上可以诞生一个正直的社会。哪怕这种传统现在已完全淡忘。曾几何时，德国有歌德，年轻的梅瑞狄斯（Meredith）*曾造访该国，因为这是一个孕育了自由思想家的国度，它的大学影响了乔治·班克罗夫特（George Bancroft）†这样的美国人"。

对于那些渴望扔掉希特勒主义褐色外衣，披上印有歌德、康德和贝多芬大名的华美外套的德国人，伯利的观点肯定大受欢迎。1945 年，作为英国驻德军事当局的教育顾问，伯利协助建立了多座图书馆，里面塞满了适合人们阅读的英德文学作品。此外他还创立了成人教育中心，取名为"桥梁"（Die Brücke），目的是增强英德两国的知识文化交流。可惜的是，这一充满希望的开端遭到了英国官员的反对。其中一些反对者的思路怪得离谱。有一派认为，只有"和其他国籍的人广泛通婚"才能治愈德国人的顽疾。[2] 另一位中等官阶的狂热分子建议把所有前纳粹分子和他们家人都关在北海的一个小岛上。伯利不无讽刺地回应道，那么他们在欧洲大陆上学念书的孩子也许会把纳粹思想传染给无辜的同学。同摩根韬的计划一样，这种想法很快告吹。

伯利复兴德国文化精髓的计划还受到了更为严苛的批评。批评者认为他在推广英国文化精髓方面做得不够。伯利的直接上司布莱恩·罗伯逊（Brian Robertson）将军——这里顺便提一句，他是在查特豪斯读的小学——下令称军事当局在德国执行政策时应该得到更多保护，免于受到外界批评。拿另一位将军的话来讲，有必要进一步"弘扬英国文明"和推广英国政策。[3] 见此情形，伯利只好辞职回英国去了。

---

*　乔治·梅瑞狄斯（1828—1909），英国著名小说家兼诗人。

†　乔治·班克罗夫特（1800—1891），美国史学家兼政治家。——作者注

美占区当局一开始更倾向于惩罚，而不是教育德国人。他们把大半精力花在了清算有纳粹嫌疑的老师身上，而不是重塑德国人的思维。一些在美流亡的德国人告诫美国官方，再教育是无济于事的。小说家阿尔弗雷德·德布林就说过："教育德国人几乎是无望的，因为专业人士这一阶层的大部分人都是纳粹。"他的朋友、同样大名鼎鼎的德国小说家利翁·福伊希特万格（Lion Feuchtwanger）就确信："300 万纳粹分子必须被逮捕，处决或流放去干苦力。"[4] 更有甚者，说得好像教德国人向善跟向狒狒传授文明一样，无异痴人说梦。

尽管如此，《波茨坦公告》（Potsdam Declaration）还是表明了盟军的官方立场："教育德国人的工作必须严格加以控制，这样才能彻底消灭纳粹和军国主义方针，并使民主思想的成功发展成为可能。"[5] 对于日本，波茨坦的举措听上去没那么严苛，或者说至少没那么高压："日本政府应当消除所有阻碍日本人民恢复和强化他们民主倾向的障碍。必须确立言论自由、宗教自由、思想自由及尊重基本人权等制度。"这两段话在语气上的差异很难解释清楚，特别是考虑到占领期间所发生的事——日本所经历的比德国要激烈得多。

然而，再教育德国人这一任务被认为比改造日本人简单（顺便说一句，伯利很讨厌"再教育"这个说法，他倾向只说"教育"）。毕竟，德国是西方文明的一部分，孕育了歌德和康德，德国人大多是基督徒。所以人们相信这个国家的底子还是好的，需要做的是摧毁纳粹意识形态和"普鲁士军国主义"。去纳粹化和去军事化对解决德国问题将起到长远的作用。为了实现这点，就必须播放诸如《纳粹集中营》（Nazi Concentration Camps）或者《死亡工厂》（Death Mills）这样的电影来强调德国人不久前所造的孽。前面一部是美军委托拍摄的，后面一部在旁白中加入了下面一段话：

在加德雷根（Gardelegen）有一个典型的德国粮仓。1,100

人像赶牲口一样被赶了进去，然后活活烧死。那些忍着剧痛逃出来的人刚一露头就被乱枪打死。什么样的畜生能干出这么丧尽天良的事来？[6]

这些电影在德国并不流行。德国人要么拒绝观看，要么斥之为政治宣传。1945 年，17 岁的京特·格拉斯（Günter Grass）在党卫队装甲师短暂服役后被美国人俘虏，关入战俘营。一位"衬衫烫得笔挺"的美军政工干部负责教育他和其余战俘。他给德国人展示了摄于贝尔根-贝尔森和布痕瓦尔德集中营的照片，照片里尸体堆积成山，一息尚存的囚犯皮包骨头。德国人对此一概不信："我们不断重复同一句话：'这是德国人干的？''不可能。''德国人干不出这种事情来。'我们中间有人说道：'宣传，这些不过都是宣传。'"[7]

用意良好的美国官员还组织了小组讨论，但通常一样无果而终。传授"我们美国人如何建设民主"的演讲者虽然自己热情高涨，但一来因为是用英语讲的，并不总是能吸引足够的听众，二来诸如"纳粹国家"这种话题最后都因为德国人的逆反心理不了了之。德国人会说：我们并不知情，希特勒做过许多好事，等等。[8] 每当京特·格拉斯所在战俘营的教官给德国人讲种族主义的危害时，战俘们就会抛出美国国内"黑鬼"处境的问题，搞得他很尴尬。

随着严冬日益临近，饥民还要担心其他问题。汉斯·哈贝（Hans Habe）是美籍匈牙利裔记者，美国人委托他在战后的德国办报。哈贝表示："要求德国人往回看，质疑自己并做出忏悔的想法是征服者思想……让德国人犯愁的只有如何填饱肚皮，如何让炉子里有煤烧……"[9] 哈贝是犹太人，在集中营呆过，他没有理由对德国人抱有好感。

两相比较，讲授民主裨益并不一定更容易。《扬基人》刊登了一篇题为《再教育德国》（"Re-education of Germany"）的文章，作者在亚琛（Aachen）采访了一位德国小学生，10 岁的恩斯特。

这是一次精彩的采访。当被问及知不知道德军战败了时，男孩回答："美国人枪多，犹太人也多。"记者接着问："有没有人跟你说过民主是怎么回事？"男孩答道："老师跟我们说过。"那么他对别人口中的民主一事有兴趣么？男孩回答："听着没唱歌有意思。"[10]

　　亚琛是查理曼帝国的旧都，地处欧洲的心脏地带，这里也是德国再教育进程的发祥地。选择亚琛并不是因为历史感怀，而是其恰好是盟军占领的第一座城市。轰炸过后，亚琛没剩下几座完好无损的学校。战前这座城市有 16 万人口，战后只剩下 1.4 万。该市 85% 的面积都被夷为平地。建于中世纪早期的大教堂十分漂亮，是查理曼大帝的陵寝所在地，令人称奇的是，教堂竟然没毁于战火。但是如今，按照《扬基人》的话来说："扔炸弹的战争……变为了一场全新的思想战争。祛除德国年轻人身上的匪气，将是一项吸引全世界瞩目的实验。"

　　作为美国军事当局代表的少校约翰·布拉德福德（John P. Bradford）告诉亚琛市未被清算的德国官员，他们面前摆着一个大好机遇："你们会被允许教育德国青年，改造他们，让他们远离卑劣的纳粹主义。"[11]

　　再教育面临的第一个难题是缺乏符合条件的老师：应征入伍的人要么已经战死；要么还被困在前线，当了战俘；要么因为他们的纳粹身份而颜面扫地。诗人斯蒂芬·斯彭德询问汉堡的一群小学生，他们在学校里都学些什么。孩子们回答，拉丁文和生物课。没别的了？没了。他们答道："您看，历史、地理、英语和数学老师都被赶走了。"[12]

　　另一个问题是教科书。大部分课本在轰炸中烧毁，剩下的通常非常不合适：有的赞美元首和他提出的"主宰者民族"，有的大谈德国排犹在生物学上的必要性。就连纳粹上台前的教科书也包含推崇日耳曼尚武精神的故事，或者是歌颂腓特烈大王（Frederick the Great）等名人的丰功伟绩。但是由于实在没什么教材，这些书也

282

只好拿来充数。魏玛时期的某本教科书还在伦敦重新刻了印刷版，送回德国亚琛一家古老报纸印刷厂里印刷成册。

管理亚琛各所学校的主任卡尔·贝克博士（Karl Becker）满怀信心地认为，向幼童灌输他们的未来"和世界各地的人们休戚与共，而不是和一个'强大德国'相关"这点认识十分容易。对于年龄较大的孩子，博士认为也许有必要"态度坚决"。然而，他申明即使"是在课堂里惩罚孩子，方式也应当民主。有时，个别小孩会在班里生事，我们会让全班一起决定怎么处罚当事人最妥当"。贝克博士说他"除了极端情况外，反对体罚孩子"。[13]

博士很在意"用实实在在、劝人向善的事物取代纳粹的诱惑"。作为天主教保守派的他认为复兴基督教精神价值观是解决问题的答案。许多德国人也相信这点，这就解释了为什么未来西德大选里基督教民主联盟（CDU）总是一党独大。基民盟日后的党魁、战后首任德国总理康拉德·阿登纳（Konrad Adenauer）也是一位来自莱茵河畔的天主教徒。斯蒂芬·斯彭德曾在科隆市政厅内拜谒过后者。阿登纳在希特勒上台前曾担任该市市长，1945年他再度当选。

透过阿登纳办公室的窗户，斯彭德望向窗外，科隆的马路上只剩下残砖碎瓦。有些建筑的外墙依然屹立未倒，但这些只是"一层薄薄的面具，隐藏在后面的建筑物内部已经被掏空了，只留下潮湿、空洞和恶臭"。但是阿登纳在采访中强调了除此之外还有另一种破败。"你不可能没注意到，"他告诉斯彭德，"纳粹把德国文化变得跟莱茵河和鲁尔区的废墟一样平坦。十五年的纳粹统治留给德国一片精神沙漠。"[14] 所以眼下急需的不光是食物和燃料，还有更多的学校、书籍、电影、音乐和戏剧："必须满足人们的想象。"[15]

人们对文化饥渴这点千真万确，但是背后的动机却可能十分怪异。许多德国人不再读书的一大原因是纳粹的文学作品总体而言无聊透顶。现在，有些人说需要高雅文化，仿佛这是一种自我救赎。斯彭德在波恩邂逅了一位女士，"是人见人爱、尽心尽职的家庭妇女

（hausfrau）中最装腔作势的那种"。她对人们追求大众娱乐的浮夸品味很是不齿。她认为，在第三帝国的道德废墟里，不应该有卡巴莱歌舞的位置，更别提爵士乐了。德国文化应该是严肃的，因为这是"德国人做尽坏事后，所能拥有的最小愿望"。德国人应该"被督促"只保留"好的"文化："除了莫扎特、贝多芬、歌德的作品外，其他的应该一律被禁。"[16] 阿登纳不太可能像她这么苛刻。

也许，更好地诠释人们文化饥渴的一件事是柏林战后首次重新上演布莱希特（Brecht）的作品《三便士歌剧》（Threepenny Opera）。这部剧在纳粹时期自然在被禁之列。人们走上几小时，来到美占区的赫贝尔剧院（Hebbel Theater），这是为数不多的几座在战争期间几乎毫发未伤的剧院之一。演出于下午 4 点开始，这么安排是为了让观众在夜幕降临、犯罪分子流窜街头之前就能安全回家。该剧的首映式定在 8 月 15 日（日本投降后一天，但日期纯属巧合）。演员们在十分艰苦的条件下进行排练：滂沱大雨穿过屋顶倾泻而下，演员饿着肚子，服装失窃，道具损坏。

原抵抗主义战士鲁斯·安德烈亚斯-弗里德里希坐在观众席里。"我感到奔涌的情感让我无法喘息，"她在日记里写道。"我们搞地下活动的日子里"听到的歌，曾经在"许多绝望的时刻"提供了巨大的"慰藉和宽慰"。如今，人们能自由自在地听这些歌了。但即使在这一温暖人心的时刻，她依旧保留着对杂音和错误信念的敏感。布莱希特作品中的一段名言引得全场爆发出"暴风骤雨般的掌声"："先给我们吃的，然后再来谈道德……"听到这里，她一下子"从自我陶醉中"被震醒。这股自怨自艾的情绪让她觉得受到了冒犯。"我们践行言论自由的第一课难道是必须批评别人么？"[17]

＊＊＊＊＊

从某种程度上来说，如果布莱希特高度政治化、充斥左翼道德主义的剧目是在苏占区，而不是在美军占领的柏林克洛伊茨贝格区（Kreuzberg）复演，也许会显得更加合情合理。1949年后，布莱希特的确是在"民主"（共产主义）德国建起了自己的戏院，但他还是很审慎地保留着刚拿到手的奥地利护照。苏联也很热衷于再教育德国人。事实上，比起他们的盎格鲁—美利坚盟友，苏联人更重视文化。一位英国占领军官员曾在电报上抱怨，说在西方大行其道的"自由和个人文化"没法同苏联人的"政治化文化"相竞争。他表示，在苏占区，"戏剧、图书出版、艺术和音乐等活动一派繁荣，给人的印象是那里涌现出了一些富有新意而生机盎然的事情"。[18]

　　的确有事情发生。苏联官方开出特别俱乐部、额外食品配给和全面赞助艺术事业等条件，积极拉拢德国知识界的"民主"成员。"民主"文化的特点常常是德国民族主义和共产主义意识形态两相结合的产物。作为德国文化主要旗手之一的约翰内斯·贝希尔（Johannes Becher），是马克思主义诗人和苏联成立的"文化联盟"（Kulturbund）主席。该机构全称是德国民主复兴文化联盟。贝希尔跟英国教育家罗伯特·伯利见解相同，也认为只要"德国精神"是"进步的"，它就是复兴的有利基础。他和死在纳粹监狱里的共产主义烈士不一样，脑子里想的不是歌德。"反法西斯主义文艺"才是"真正的"德国文艺。

　　实际上，苏军政委眼里的进步文化范畴要狭窄和闭塞得多，所以贝希尔提出的艺术形式弹性太大了。苏联人很想在德国剧院里推广俄国经典，比如契诃夫或果戈里的作品，以及现代苏联样板剧。甚至连一些进步的德国剧作家，譬如弗里德里希·沃尔夫（Friedrich Wolf）——未来东德特务头子马库斯·沃尔夫（Markus Wolf）的父亲——的作品也行，前提条件是得按照苏联的套路编排。为此，苏联人倾向于把什么该有、什么该删和怎么演等事宜明明白白地告诉德国作家和戏剧制作人。

　　苏联官方的一味坚持对于提升苏占区里音乐、电影和戏剧表演

的公众吸引力也许只帮了倒忙。苏联人要求演出要配发宣传册，政
治人物还要上台长篇大论做一番介绍，解释正确的政治路线。共产
党官员并未过多介绍《列宁在十月》和《列宁在 1918》等电影，但
是即使娱乐方式极度匮乏，观众大都不信苏联人那套。甚至连德国
统一社会党（SED）党员对苏联官方文化也提不起多大兴趣。虽然
约翰内斯·贝希尔是个无懈可击的共产党人，但苏联人从未真正信
任过他。除了德国人的身份外，他也许过于"海纳百川"了。而且
从其过往经历里能嗅出一丝危险的托洛茨基主义（Trotskyism）[*]。
1945 年 11 月，波茨坦的一位苏联文化官员指责文化联盟纵容"文
学和艺术中的资产阶级倾向：未来主义、印象主义等等"。[19]

东德社会生活和文化的另一面直到 1989 年柏林墙倒塌前都是
其一大特色：纳粹官方论调咄咄逼人、夸大其词的语气几乎是无缝
对接地嫁接在了东德共产党的办事风格中——除此之外，还有踢正
步、大会操和对阅兵式的癖好，与之相伴的常常是一大群人吼出震
天响的口号，边吼还边向空中挥拳，以示对友谊与和平的赞美。除
了观看《三便士歌剧》的战后首映外，鲁斯·安德烈亚斯-弗里德
里希还参加了文化联盟的成立仪式。她对没完没了的讲话很是厌烦，
并很快转变为恶心。她在 7 月 3 日的日记里写道：

> 在场的 8 位嘉宾都在大谈坦诚面对过去、振兴文化生活的
> 意义，但几乎没有一位认识到，他们至今都没怎么改变过自己
> 的讲话方式。还是那个老套路，动辄就是"最伟大的""最顶级
> 的""最庞大的""最壮观的"……前几天，一位政客高呼'我
> 们正迈着坚定的步伐，投身为和平主义而战的战斗'，他也许丝
> 毫没意识到这么说话让本来发自内心的热情号召听起来何其自

---

[*] 托洛茨基（1879—1940），共产主义苏联的主要领袖，犹太人，斯大林的政敌，"不断革命"
理论的创始人，流亡墨西哥城期间遭斯大林派出的克格勃特工暗杀。

相矛盾。学会少说些假、大、空的话也许不那么容易。[20]

*****

　　虽然总体而言美国文化比苏联人力推的文化娱乐性更强，但从西占区里最早发行的杂志上并不一定能得出这种印象。美国占领当局官员没有把这项任务交给德国人，而是亲力亲为地为德国读者办起了自己的杂志。目标受众为德国知识分子的月刊《美国观察家》（*The American Observer*）在创刊号一期里收录的文章既有关于人文精神和信仰的，也有关于托马斯·杰斐逊（Thomas Jefferson）的政治哲学的，此外还有一篇名为《田纳西河谷之重生》的文章。《今日》（*Heute*）杂志则主要刊登记载纳粹占领荷兰的文章，还发表了《在集中营地狱的人们》和《田纳西河谷管理局的社区工作》这些特稿。[21]

　　借一位美国观察家的话来说，德国读者对这类刊物的接受度"十分有限"。[22]

　　另一方面，苏联人从一开始就批准信得过的"民主派"德国人发行自己的杂志，这一策略结出了丰硕的果实。第一份问世的刊物名为《重建》（*Aufbau*），摘录了托马斯·曼、保罗·瓦莱里（Paul Valéry）、欧内斯特·勒南（Ernest Renan）等大家的文章，此外还有检讨德国战争罪行的文章。杂志一经上市几乎立刻售罄。

　　由于德国人已经有十多年没看过好莱坞电影了，美国人特意挑选了三十二部故事片，借此推广美式生活。撇开其寓意不谈，影片上映后广受欢迎。挑片子的人很注意避开美国社会的阴暗面，所以黑帮片并未在列。《乱世佳人》（1939）和《愤怒的葡萄》（1940）两部作品也被认为太过负面。虽然片子稍有些过时，但德国人几乎和同时期的许多西欧观众一样看到了查理·卓别林（Charlie Chaplin）的《淘金记》（1942），一睹《丹凤还阳》（1937）里女主演狄安娜·德宾（Deanna Durbin）的芳容，欣赏了《伊利诺伊州的林肯》（1940）这部传记电影，也观摩了 1944 年的音乐剧《与我同行》。影片里，主演宾·克劳斯贝（Bing Crosby）饰演一名酷爱打高尔夫的牧师。

不过有些影片的入选引发了反弹，最后不得不下映，比如战争片《73 舰队潜艇战》（1943）。主演亨弗莱·鲍嘉（Humphrey Bogart）是一名海员，他所在的商船遭到了德国 U 型潜艇的攻击。这部影片在不来梅的一座电影院上映时引发了严重的骚乱。片子讲述的纳粹暴行只是观众愤怒的一个原因；看到穷凶极恶的德国 U 型潜艇船员在海上用机枪扫射孤立无援的美国人，这种娱乐方式真叫人难以容忍。愤怒的德国海军老兵试图强迫别人跟他们一起离开电影院。

美国再教育德国人所面临的主要问题——英国人也有，只是程度略轻罢了——在于再教育本身具有也许无法解决的矛盾，而且最后也的确未能解决。再教育的目的是教会德国人——之后是日本人——自由、平等和民主的价值。然而，关于言论自由的训诫却是由几乎拥有绝对权力的军事当局给出的，其宣传往往是心理战的延伸，而且只要合其目的，就会毫不含糊地诉诸审查制度。当然了，文化和教育工作远没有纳粹和日本战时政权时期那般高压，而且其内容很厚重，京特·格拉斯等过去效忠希特勒的小兵们没有资格以此嘲笑美国人的种族主义。但是盟军在被指责虚伪这点上确实存在软肋。占领者甚至都不愿公映《乱世佳人》，或包容任何以负面眼光审视他们政策的看法和真实信息。因此，他们对民主的溢美之词会显得有些空洞。

8 月 31 日，军事占领德国被赋予了一种全新的正式地位。尽管德国仍被分割为不同的占领区，正式管理该国的则是美、苏、英、法四国组成的盟国管制委员会。鲁斯·安德烈亚斯-弗里德里希对"不和谐的杂音"依旧听得很清楚。她在日记里写道：

现在我们至少知道是谁在管我们了。可为什么那么多报纸都在谈论民主？民主的意思是人民当家做主。现在替我们做主的却是管制委员会。我们应该提防滥用这个褒义词（民主）。[23]

美国派出的图书查禁团队把美占区里所有书店和图书馆翻了个底朝天。他们带走的不全是纳粹的著作。如果脍炙人口的游记把美国人或德国人以外的欧洲人描绘成"没有教养"或"退化堕落"的人，也会被算作禁书。除此之外，类似奥斯瓦尔德·斯宾格勒（Oswald Spengler，《西方的衰落》[Decline of the West] 的作者）和历史学家海因里希·冯·特来切克（Heinrich von Treitschke）等作者的作品也在被禁之列。冯·特来切克倒的确是个十足的普鲁士民族主义者，但是他早在1896年就去世了，那时希特勒还是无名小卒。斯宾格勒最初对纳粹抱有同情，但在1936年去世前和该党分道扬镳。他的一部分作品不仅被纳粹列为禁书，而且在美国人这里也被打入冷宫，这让他很是特别。

在图书、电影等娱乐形态中禁止纳粹宣传只是最基本的工作。信息管理部的官员还参与了新闻钳制。1945年的大部分时间里，美国记者朱利安·巴赫都待在德国各地，观察这些官员的举止。他以十分犀利且不无荒谬的笔触描绘了他们的态度。官员们推测，德国人在纳粹时期被系统性地剥夺了自由思考的能力。联想到集中营里解放的因犯，他们虽然饥肠辘辘，但胃已经萎缩，不能喂太多吃的，同样的道理，萎缩的心智也不能接受过于丰富的信息。拿巴赫的话来说："据负责治疗德国人心智的美国'精神科医生'称，只能一点点地满足德国人对新闻和新思想的胃口。"[24] 但是大多数医生对德国历史、文化或社会知之寥寥，这对他们估算"用药"剂量无疑没有帮助。

刚开始，德国人唯一能读到的报纸是由占领当局的军官编写的。即使只有这一点点，也是一时纸贵。这些新闻纸在黑市的售价比原价翻了二十倍。当科隆街头出现第一份报纸时，人们一拥而上疯抢的场面让就在附近的一位美军上校很是紧张，觉得有必要拔枪自卫。跟纳粹的新闻机构不同，就算是占领者办的报纸，闻起来一定也洋溢着自由的气息。在英美占领区，所谓的"美国之家"和"英国中心"遍地开花，陈列着美英两国的图书和期刊，供人阅读。这在当时和之后很长一段时间内造福了许多人。

　　但对于西方盟国，鱼和熊掌不可兼得。纵使笨手笨脚的军队审查官费尽全力想要扼杀批评，但宣扬民主和言论自由价值，以及鼓励重组德国政党的做法还是为盟军招来了批评之声，特别是对军事占领及其政策的臧否。社民党人对美国支持自由经济而非有计划的社会主义经济的政策很是恼火。但在艾德礼的社会党政府代表管理下的英占区，情况则往往相反：德国保守派对占领者计划的"布尔什维克式"经济表示抗议。基督教民主党的批评声中有时隐藏着别有用心的弦外之音。在隶属美占区的黑森州（Hessen），某位演讲者在一次青年集会上警告说去纳粹化会导致德国"走向布尔什维克主义"。"穿着盟军制服的移民"（换句话说，也就是犹太人）被认为是导致这一不幸趋势的罪魁祸首。

* * * * *

　　如果说美国是学习的楷模，美国文化——从宾·克劳斯贝的音乐剧到好彩香烟，从摇摆乐到口香糖——在战后发挥了支配性影响力的话，那么不少德国人对此都抱有一种矛盾心理。在当时，美国文化领导论和基督教保守派广泛接受的观点相左，后者认为宗教和经典德国文化才是通向精神复兴和救赎的唯一途径。对美国文化的怀疑具有保守主义背景，早在希特勒崛起之前就已存在。长久以来，美国文化因为其流行魅力似乎对知识分子定义和推广的传统价值观构成了威胁。这也引起了部分左派知识分子的不安，比如法兰克福

学派哲学家特奥多尔·阿多诺（Theodor Adorno）。他在战时流亡
美国，曾从一个马克思主义者的视角激烈抨击过爵士乐和其他风靡
的美国艺术形式。在他眼里，爵士乐是所谓"文化产业"的一环，是
资本主义通过商业化娱乐给大众灌迷魂汤，从而操纵他们的一种阴谋。

　　持类似观点的不止德国人。1945 年夏，在成为英国艺术委员会
首任主席后，约翰·梅纳德·凯恩斯言简意赅地在一档电台节目里
阐述了他的目标。他大声疾呼："打倒好莱坞！"说这话的时候，英
国人正同德国人、荷兰人等欧洲人一样，不断涌向电影院，观看美
国大片。在联美影片公司（United Artists Corporation）表达抗议
后，凯恩斯给《泰晤士报》写了一封信，恳请联美公司原谅他的"一
时糊涂"。他本来想说的其实是各国应该"发展拥有自己特色的东
西……"他**真正**的意思是："让好莱坞的归好莱坞。"[25]

　　凯恩斯有点言不由衷，他对"好莱坞"的鄙夷在许多欧洲知识
分子身上都有，但他们也无法抑制对新大陆文化的兴奋之情。1945
年春的一期《地平线》杂志刊发了一篇文章，作者西里尔·康诺利
提出一个问题：欧洲文化复兴将在何处发源？他认为，世界急需"一
种积极而成熟的人文主义"。美国能提供吗？经过全面考虑后，他
的答案是否定的，因为美国"铜臭味太浓，是个干巴巴的机器社会"。
不行，文化复兴的发源地只能是他热爱的法国。只有法国"有能力
重现一场不流血的 1789 年大革命，并且以一种全新的姿态，向全
世界庄严宣布一条古老的真理，人应该要活得精彩，而自由是这一
生活的自然温度……"

　　在许多人的心目中，巴黎是对抗"好莱坞"流弊的一种象征。
巴黎有着花神咖啡屋（Café de Flore），让-保罗·萨特（Jean-Paul
Sartre）曾在此进行哲学思辨；巴黎是抵抗运动文学刊物的诞生地，
是青年男女实现性解放和政治解放的乐园。人们对法国的这种期待
一直蔓延至日本。比起德国，日本对美国文化的接受程度更大，也
更深入。1946 年，日本的十大畅销书中有三本是外国作品的译本：

萨特的《恶心》（*Nausée*）、安德烈·纪德（André Gide）的《架空会见记》（*Intervues Imaginaires*）和埃里希·玛丽亚·雷马克（Erich Maria Remarque）的《凯旋门》（*Arc de Triomphe*）。[26] 在柏林，鲁斯·安德烈亚斯-弗里德里希留意到年轻人在战后流行起了戴法式贝雷帽："凡是觉得自己有话要讲的人都会戴一顶贝雷帽。"在日本，知识分子中间崇尚法国文化的这股热潮一直持续到 20 世纪末。

　　当然，法国文化热从来就是阳春白雪，无法普及。另外，许多法国人对美国的痴迷程度，也丝毫不亚于来自五湖四海、其他国家的人，甚至连萨特也算在内。1944 年 11 月，一干法国记者受邀访问美国，以深入了解美国的战时运作情况，萨特也在受邀名单上。据西蒙娜·德·波伏娃回忆，她"从没见过萨特如此亢奋"。波伏娃在回忆录里对美国的魅力有所论及，她的话代表了全世界千千万万人的心声：

> 美国，真是内涵万千！先说说我们看不懂的东西吧：美国的爵士乐、电影和文学滋养了我们的青年，但美国对我们一直就是个巨大的谜……美国还给我们带来解放，她是冉冉上升的未来；她物资丰饶，有着无限可能；她是盏疯狂的神灯，能照映出传奇般的画面。只要一想到能亲眼看到这些画面，就让人头晕目眩。我兴奋异常，不光是为萨特感到开心，也为我自己，因为我知道有朝一日我定会追随他，在这条康庄大道上走下去。[27]

　　另外值得一提的还有鲍里斯·维昂（Boris Vian）和他的"沙苏族"（zazous）*伙伴，他们装出一副英美范儿，搞狂欢，办派对，

---

* "沙苏族"指纳粹占领法国期间，参加地下舞会，跳着被禁的摇摆乐（swing）、咆勃爵士乐（be-bop）的年轻人。男性多身着宽大的格纹伐木夹克或西装，女性则身着短裙和条纹丝袜，而且无论男女都常手持雨伞。沙苏族象征着年轻人对表现自我个性的渴望和对纳粹的反抗。

阅读非法影印的海明威和福克纳的作品，借此表达对战时面目可憎的贝当主义的反叛。法国有"萨苏"，德国则有自己的"摇摆青年"（Swingjugend），后者表达对纳粹嗤之以鼻的做法是，在私人寓所里伴着被封杀的爵士乐翩翩起舞，这么做的风险要大得多。1944年春天过后，维昂和"萨苏"乐队穿着多出来的美国牛仔裤和格子衬衫，演奏和播放的曲目没有别的，除了爵士还是爵士。

在见识过某物的真容后，伴随而来的通常是幻灭。据波伏娃记录，萨特从美国回来后，"对所见所闻有些回不过神来"。他挺喜欢美国人，对罗斯福也留下了深刻印象，但是拿波伏娃的话来说，"除了经济体制、种族主义和隔离政策，西半球的文明中还有许多让他震惊的东西——美国人的随大流，价值尺度，蒙昧观念，乐观主义精神，以及对任何悲惨事件唯恐避之不及的态度……"[28]

正因如此，许多人，特别是法国人自己，把法国看成是能在文化上和美国分庭抗礼的不二选择，也就顺理成章了。和美国一样，法兰西共和国也诞生于一场拥有普世主义抱负的革命；法国是经过启蒙洗礼的文明，其果实不仅可以，也应当在世界各地生根发芽。美国人对自己国家和其在世界上的任务抱有类似看法。这点在1945年毋庸置疑，那时的美国比法国更有资格宣扬其价值观，甚至时而强加给别人。19世纪早期则不同，拿破仑通过武力传播法国的普世主义，在德国土地上尤其如此。德国人对此的回应是酝酿了浪漫民族主义，一种捍卫"鲜血与土地"的意识。这一思潮后来被扭曲得面目全非，把第三帝国推向前台。

虽然美国人起初一心只想进行惩罚，但1945年的美式再教育工作是一项较为温和的进程。尽管德国人对此不能说一丝疑虑和恨意都没有，但这也许是他们为什么比法国人更容易接受美国人主宰20世纪的原因之一。多数德国人清楚他们对斯拉夫国家的所作所为，遑论对犹太人的暴行，因此对美国人能如此善待他们由衷地感到欣慰。在英、美占区，日子当然要比在苏占区舒服，甚至在刚开始的时候，比靠近德法边境、位于莱茵河腹地、面积小得多的法占区也要好。法占区里的主要城市是风光秀丽的温泉胜地巴登—巴登，如今客流断了，没人前来疗养。法国是否该有属于自己的占领区，这点起初并不明朗。美国表示反对，因为撇开戴高乐将军和他的自由法国军队不谈（罗斯福向来不信任戴高乐），法国在打败纳粹德国一事上几乎没有发挥过什么重要作用。尽管如此，戴高乐的意愿一如既往地占了上风。法国的另一个问题是许多法国人都渴望报复，能从德国抢多少东西，就抢多少东西。293

在军事占领的第一个年头，这点体现得尤为明显。在此期间，法国人表现得比美国人和英国人更像征服者。部队有时军纪涣散，煤矿等自然资源被运往法国。法国人还计划吞并德国部分领土，具体而言是工业重镇莱茵河地区、威斯特伐利亚（Westphalia）以及盛产煤矿的萨尔州（Saarland），不过计划最终流产。由于得不到其他盟国的支持，法国人只得放弃这些方案。一些法国将领也表示反对，担心这么做会再度激起德国人的报复心理，正是这点燃了刚刚才熄灭的战火。

但是素来怀有"教化文明使命"理想的法国人对文化很重视，特别是体现在输出法国文化、教化德国人这点上。而且还不光是德国人。法国方面在其他盟国占领区里也大力推广法国艺术展、法国作曲家作品的音乐会，乃至法国电影和文学。用法国文化部长勒内·蒂莫尼耶（René Thimonnier）的话说，这么做是为了显示"在文化价值秩序中，法国依旧是一个大国，也许是最伟大的大国"。[29]

在去纳粹化这项工作上，法国人和美国人的做法没啥两样：把有纳粹前科的教师等群体扫地出门，禁止图书馆收藏某些书籍，审查德国报纸和广播节目内容，哪怕作者是法国人手下值得信赖的德国记者。在巴登—巴登，受托筛查当代德国文学作品的人里包括小说家阿尔弗雷德·德布林，他在 20 世纪 30 年代加入了法国籍。在阅读写于战后不久的德国散文时，他对字里行间的朦胧性、神秘主义倾向和知识分子的迷茫大为诧异。他据此推测，德国人"没读过什么书，也没吸取啥教训"。德国的土壤最初"只能长出青草和杂草来"。[30]

　　跟信息管理部的美国同行一样，法国官员也认为 1945 年时的德国人还没充分准备好接受政治思想。法国人的看法是媒体应该专注于报道日常生活和文化事务中出现的问题，关注类似"当代法国陶瓷"或"法国绘画"这样的话题。这么做是为了将对第三帝国以外现代艺术发展一无所知的德国人重新带进文明世界。文明世界的中心当然是欧洲，而巴黎则是当仁不让的文化首都。

　　除了恢复法国人的自尊心（amour propre）外，这么做还有一层政治意义。虽然法国无法兼并莱茵河沿岸的德法边境领土，那里即将出现更为深刻的变化。该地区丰富的煤钢储备会被置于一个泛欧主义机构的管理下，并惠及德国、法国和欧洲煤钢共同体其余成员国。该组织 1951 年成立于巴黎。法占区是未来欧盟的诞生地，分享主权这一倡议是由法国提出的，始作俑者是法国政治家罗贝尔·舒曼（Robert Schuman）。舒曼出生于卢森堡，父亲是法国人，母亲是德国人。同意与法国共享德国最富裕地区主权的西德首相，正是原科隆市长，康拉德·阿登纳。

　　德国在 1945 年幸运地被盟国分而治之这种说法，对不得不忍受四十年共产主义专制的人来讲很残忍。但是就德国的联邦属性而言，这一分裂状态也许再合适不过了。盟军占领者从未统一德国教育，或铲平地区间的文化政治区别。德国人是不是真的接受了再教育，这点存在疑问。盟军最大的成就也许是在他们离开西德时，并没有收获仇恨。改造昔日敌人的想法或许有些居高临下，但这比以其人之道还治其人之身的政策更能拉拢人心，也不那么危险。盟军所做的是把过去的敌人搀扶起来，或许一部分德国人并不配享受这种待遇，但这总比把这个国家榨干要好。这一次，不会再有"背后捅别人一刀"的传说，也不会有武装亡命徒想要为他们战败的国家一雪前耻。不过，真正塑造德国未来的，不是文化、教育、司法，甚至也不是全民道德，而是政治局势、冷战、在欧洲建立强大民主国家的需要、德国精英的投机主义、美国的利益，以及罗贝尔·舒曼口中"让战争（在欧洲）变得不可能"和"促进世界和平"的乌托邦计划。

　　就提升法国的军事和政治影响力而言，占领莱茵河沿岸也许并未起到多大作用，但这有助于弥合欧洲最血腥的一道裂痕。一个团结的欧洲不仅是德法两国，而且是基督教民主党的梦想。戴高乐虽然对此高度怀疑，但还是将其比作"重启查理曼大王的事业"。[31]德国的社民党和法国的共产党都表示反对，戴高乐也反对，因为他认为彼时的法国还没有强大到能在联盟中独领风骚的程度。也许将军生气是因为那时他并不在位。1945年，戴高乐在让·莫内的鼓动下，其实公开表态过支持将鲁尔区和萨尔州并入一个欧洲联邦（他对英国是否该参与其中有些拿不定主意）。不管眼下麻烦缠身的欧盟将来如何，当年的团结梦想在让德国重新回到欧洲大家庭怀抱这件事上，比所有再教育项目加在一起都管用。

* * * * *

　　1945年12月15日，《周六晚报》刊登了一篇有关日本军事占领的文章，标题不同寻常——现在看来不同寻常，当时则并不稀奇。标题是这样写的：《美国大兵正在教化日本鬼子》，作者是威廉·沃登（William L. Worden）。新闻电头一栏写的是发自东京，由轰炸机寄出的航空信。

　　电头上方是沃登一文的概要："当日本佬还等别人教他们如何思考，而他们狡猾的同胞却回避这项工作时，美国兵以活生生的例子证实了其有效性。"

　　再往下读，读者得到的信息是"普通日本人和野蛮人没多大区别——战争证实了这点"。

但希望还是存在的，因为"眼下向日本人传授民主和文明之道的人群中，最有办法的似乎是美国大兵，尽管其更拿手的是教训日本人"。

"日本鬼子"是野蛮人的形象在战时深入人心。投在广岛和长崎的两枚原子弹导致 20 万人死亡，事后，杜鲁门总统在给友人的信中写道："对付畜生就要用畜生的办法。"[32]

军事占领的非凡之处在于，类似的想法很快就烟消云散了。这倒不是说再教育日本人，让他们变成热爱和平的民主主义者这一思路没有遭到过巨大质疑。美国国务院里的日本文化和社会专家统称为"日本通"，他们迅速指出传统日本生活具有自上而下的集体主义这一特点。据称，日本人从来不会表现得像独立的个体，而是习惯于接受地位更高的人发号施令。天皇具有神圣的地位，备受人民爱戴。用某位"日本通"*的话来说，他的臣民"既迟钝麻木，又墨守成规"。据东京占领区的英国代表所言，"在现代世界里"，日本人"同任何非洲部落一样，不适合搞自治，不同的是他们要比后者危险得多"。[33]

"知日派"关于日本人性格的那套理论往往源于从相识的日本精英那里听来的说法。与"日本通"抗衡的是"中国通"，这批人多是同情左派的人士，以及原罗斯福政府内的新政派。这些官员的想法占了上风，至少在占领最初几年是这样。8 月 11 日迎来了关键性时刻。这一天，约瑟夫·格鲁（Joseph Grew），这位"知日派"中的祖师爷、前驻日大使、副国务卿被迪安·艾奇逊（Dean Acheson）撤了职。9 月，艾奇逊声明"滋生战争思想的日本现有社会和经济体制将被改变，战争思想将因此无法延续"。[34]

麦克阿瑟将军笃信宗教，他在战时有关"东方思想"的一套理

---

*　此君的首席幕僚是约翰·普罗富莫（John Profumo），这位政治家后来因为他和应召女郎克里斯汀·基勒（Christine Keeler）的关系黯然下台。——作者注

论往往十分粗鄙，比如说，他认为东方人的思维既幼稚又残忍。他相信，改造日本人是自己命中注定的使命。在执行这项使命的过程中，他常说自己得到了华盛顿、林肯和耶稣基督的引导。理想情况下，日本人应该皈依基督教。但是不论如何——这里麦克阿瑟和康拉德·阿登纳想到了一块——复兴既应该是精神上的，也应该包括政治、社会和经济的复兴。不过，麦克阿瑟走得可比这位德国基督教民主派远多了。他说过，对日本的占领将触发"一场精神革命……一场在全世界社会史上绝无仅有的大震动"。[35]赫伯特·胡佛（Herbert Hoover）访问东京期间，出人意料地管麦克阿瑟叫"圣保罗再世"。[36]然而，这位美国钦差大臣对探索日本文化，或了解这个国度并无兴趣。他的夜晚大都是在家里看牛仔片度过的。麦克阿瑟的翻译佛比安·包尔斯（Faubion Bowers）日后回忆道，在将军长达五年的驻日时间里，"只有 16 个日本人跟他说话超过两次的。所有这些人里，没有一个人的头衔是首相、大法官或最高学府的校长"。[37]

　　跟德国不同的是，日本没有被盟国分而治之（苏联人本想将北方岛屿北海道占为己有，但在美国人拒绝后也没大动干戈）。占领日本是美国人的一出戏，而作为盟军最高司令官的麦克阿瑟，则拥有几乎至高无上的权威。但是，尽管他统领着一个民选的日本政府，真正治理国家的还是日本人。对于美国为什么更热衷于再教育日本人，而不是德国人，有几点可能的原因。也许是因为德国的经验为日后治理日本奠定了基础。在德国，由于盟友的阻挠，或由于德国人的顽固不化或地区差异，再教育工作进行得并不顺利。但在日本，一切都是美国说了算，所以成功的概率更高。但是最主要的原因恐怕还在于最高司令官阁下把日本人看成是幼稚的野蛮人，头脑简单，可以改造。他们既不是基督教徒，文化也不植根于西方文明。就日本人的思维状态来看，还真像是零年。

　　考虑到太平洋战争的惨烈程度，以及日美双方大打宣传战时的无所不用其极，日本人居然肯心甘情愿拜美国人为师，着实让人讶

异。1951 年，杜鲁门总统因为朝鲜战场上的麦克阿瑟抗命，撤了他
的职。麦克阿瑟离开日本时，日本人毕恭毕敬地为他送行，这样的
场面很难想象会出现在德国。日本人还立法授予麦克阿瑟日本荣誉
公民的头衔，甚至还有人打算在东京湾为最高长官建一座生祠。十
几万日本人在通往机场的路上，夹道欢送恩人，许多人热泪盈眶，
对着麦克阿瑟的豪华座驾大声道谢。日本的一份大报甚至在社论里
感叹道："噢，麦克阿瑟将军——将军，将军，是您，把日本从彷
徨和饥饿中拯救出来。"[38]

下面这封信，是一位有着强烈共产主义倾向的日本律师写给最
高司令官的："为了日本人民的未来，（占领当局的领导们）带来了
自由、平等和仁爱的和平曙光。在他们的大力协助和认真指挥下，
日本人建设了一个民主国家……为了展示对这一丰功伟绩的感激之
情，我们将举行一场群众集会，欢迎占领军。"[39]这封信写于 11 月，
距离广岛和长崎被炸只过去三个月。

解读日本人行为的一种方法是将其看成典型的东方式溜须拍
马，既不真诚，也以自我为中心，而且很契合长久以来奉迎强大统
治者的传统。也许这层因素在起作用，但其远未反映出历史的全貌。
我相信，这种感激之情大体上是真诚的。由于有从被征服国家抢来
的战利品，多数德国（非犹太血统）平民直到战争最后阶段还过着
不错的生活。跟德国人比起来，日本人就要惨多了。他们的城市多
半陷入火海——这点德国也一样——但日本人已经连着几年靠吃不
饱的食品配给勉强度日了，除此之外还要受日本军方和宪兵欺负，
他们盛气凌人的劲儿恐怕比德国国内还要有过之而无不及。1945 年，
不少德国人依旧对元首抱有好感，但是很少有日本人还会为军国体
制说好话，因为它带给他们的只有痛苦。

因此，当如此富有、高大，且普遍自由自在、不拘一格的美国
人踏上日本领土时，他们的确被看成是解放者，许多日本人也准备
好了学习怎么变得自由自在和不拘一格。这不是日本历史上第一次

决定向一个外部大国学习。中国在几个世纪里曾经是日本学习的楷模，直到19世纪下半叶，欧美才成了效仿的典范。从某种角度来看，20世纪激进的日本民族主义是对一轮浩浩荡荡的西方化趋势的回应——西方化意味着经济自由主义、大众传媒、好莱坞电影、政党、马克思主义、个人主义、棒球、爵士乐等等新兴事物。经过二战的浩劫，多数日本人都渴望回到现代性的轨道上来。他们把现代性和西方世界联系起来，到了1945年以后则主要和美国联系起来。

这一进程是否真能叫再教育则值得商榷。但新主人和手下不少学生显然就是这么认为的。至于怎么"重塑"日本则是个问题。"日本通"觉得这个想法很荒唐，况且，最想把再教育日本的工作捏在手里的官员恰恰对这个国家及其历史没什么了解。在他们眼里，类似德国的去纳粹化在日本行不通，也没法从一个成熟文明身上剥去新近附着在其表层的有害意识形态，因为日本没有成熟的文明。改革派认为日本文化烂到骨子里了。

然而，不同于"知日派"，皇宫和官僚体制内一批老的日本精英并不觉得有必要全盘推倒重来。比较符合他们心意的是小规模且循序渐进的改革。但对于查尔斯·凯迪斯上校和最高司令官周围的其他新政派而言，这些改革的力度远远不够。凯迪斯说过："（日本领导人）盘算的是挑出一棵有病虫害的树，修剪树杈……我们觉得，要除去病害，不仅要砍掉树杈，还要连根拔起。"[40]

要肃清日本的"封建"文化，不能只是扯掉日本的旭日旗（被美国大兵称为"肉丸"），取缔赞美日本军事实力的音乐或演出，禁止日本拥有武装力量，或者起草一份让日本放弃战争的新宪法，因为这些都是远远不够的。

当然，这些手段在人们眼中必不可少；1945年，起草和平宪法的准备工作已经就绪。是谁奇思妙想、出此计策的尚无定论，有人说是币原喜重郎。1945年，他时任日本首相，长期以来崇尚和平主义。是他，建议麦克阿瑟出台和平宪法。"封建"的家庭法律被废止，女性权利得到了保障。这种变化让管理日本的精英很不安，甚至连立场相对自由的政客也看不下去了，比如前外相重光葵就在日记里写道："占领军所制定的方针，跟单纯遵守《波茨坦公告》一比，已经大变样了……他们提出的是自上而下改造日本。"[41]

他说得没错，改革者一开始就是这么做的。所有被认为"封建"的日本传统和惯例都必须斩草除根。每当看到日本妇女在公共场合为孩子哺乳，美国大兵或平民都会立刻出面予以制止；制作传统剧的木剑道具被没收了；讲述武士英雄故事的歌舞伎演出被取缔了。日后成为歌舞伎研究领域大家的厄尔·恩斯特（Earl Ernst）一天晚上走进东京的帝国剧场，叫停了正在上演的《寺子屋》。这是 18 世纪一部著名剧目里的一出戏，讲的是一位昔日的武士领主被勒令杀子献祭，出于对大名的忠诚，曾经的家臣杀了自己的儿子顶替。这类"野蛮"的戏码是不可容忍的。为了熏陶日本大众，戏剧公司应美国人的要求，推出了一台吉尔伯特（Gilbert）和沙利文（Sullivan）的作品，《日本天皇》（Mikado）。然而，日本公众并未受到熏陶，反而明显感到不知所措。

任何事物哪怕跟"封建主义"只沾上一点边，就会面临被取缔的命运。甚至在远古自然崇拜的神道教里具有神圣地位的富士山，其形象也被禁止出现在电影、艺术作品和公共澡堂的砖墙上。澡堂里的富士山装饰画很常见。自 19 世纪以降，神道教被实实在在地改造为某种国教，鼓动天皇崇拜，宣扬日本民族独一无二，具有神圣血统，因而注定要统治亚洲的劣等人。禁止将神道教列为国教倒不失为一个好主意。12 月 15 日的最高长官政令申明：

> 本政令旨在实现政教分离，防止出于政治目的滥用宗教，并确保所有宗教、信仰和信条的法律地位一律平等，享有完全同等的机会和保护。[42]

命令裕仁天皇在电台里宣布他跟所有人一样只是一介凡人，也不像是一步昏招。但天皇玉音的真正内容是他和日本人民的联系并非"建立在天皇乃天神下凡这一错误概念上"。这让美国人很满意。多数日本人对天皇的声明丝毫不感到惊讶，因为他们从来不怀疑他身上除了神性还有人性。但他们将裕仁看成是天照大神降临人间的统治者，这点天皇本人也从未否认。总而言之，极少数日本人似乎对此真的在意。真正沮丧的只有极端民族主义者，而且一直耿耿于怀，他们辩称神道教代表了日本文化的精髓，跟其他宗教不能一视同仁。

有些文化再教育工作只能让人生厌，而且往往昙花一现，比如取缔歌舞伎演出或刀光剑影的武打片。有些做法太过荒诞不经，以至于诱人发笑。比如有个管辖农村地区的美国兵，以为教日本人跳方块舞就能陶冶他们的民主精神。但在一些事情上，美国人或许走得太远了，就连相对顺从的日本人也受不了了。举例而言，一支美国教育使团曾详细研究过是否可以废除日语里的汉字，将日语书写体系全盘西化，继而还推荐做这样的探索。方案无果而终。另一方面，日本的教育体制经过了大刀阔斧的改造，这和德国的情况不太一样。只吸纳单一性别学生的精英学校让位给男女同校、综合性的教育体系，学制是小学三年，初中三年，高中三年。

位于日本中部、离京都不远的近江可算是日本的亚琛。1945 年秋，一支美军巡逻队决定检查当地的一所小学。一看到美国兵，学生们便吓得尖叫起来。当被问到他们"喜不喜欢美国人"的时候，学生们都使劲地摇头。学校的教室里依然挂着战时海报，上面的日本兵摆着英勇威猛的造型。该校的某位老师是退役军官。美国人还在一张写字台的抽屉里找到了一顶血迹斑斑的水兵帽。这些情况都不可容忍，于是美军命校长开除退伍军官，并保证所有跟战争有关的东西都被清理干净。

六个月后，同一批美国人中有几个乘着吉普车，再度造访学校。这次，孩子们看起来没那么害怕了。一名军官吹起了口哨，曲子是

《史瓦尼河》（"Swanee River"）*。让美国人兴奋异常的是，孩子们居然用日语跟他一起唱起来，接着还唱了《友谊地久天长》和《缅因饮酒歌》（"The Maine Stein Song"）†。同样让军官们欣慰的是，他们发现教科书经过了妥善的修改：所有提及战争、日本尚武历史及天皇等话题的"封建"段落都用油墨涂黑了。充满善意的校长用英语发言，他保证道，所有战时海报都会一把火烧了，另外还要再开除几名老师，其中三人当过兵。[43]

纵然许多日本人对美国胜利者相对和善的表现感到如释重负，对强塞给他们政治精英的民主改革也感激涕零，但他们心中对美式再教育还是有着五味杂陈的感觉。《朝日新闻》曾刊登过一封初中生的来信，内容甚是精彩，恰到好处地展现出日本年轻人对他们父辈立场180度大转弯的共同看法：就在一天前，他们还被教导要崇拜天皇，支持亚洲的圣战，可是才过了一天，同一批老师却教他们谴责日本封建主义，支持"德谟克拉西"。

这名学生在信的开头写道：许多大人很担心，因为孩子们在军国主义的熏陶下长大，对他们进行思想改造会不会很困难。但实际上，近几年的亲身经历让青少年的政治觉悟大大提高了。他们只知道，日本一直在打仗。和平就像"脱离黑暗，步入让人头晕目眩的阳光下"。他们之前所学的任何知识都被证明是彻头彻尾的谬论："你让他们如何再信任领导人，甚至大人呢？"真正让人担心的倒是成年人，因为他们对刚过去的事情仍然很彷徨，内心充满矛盾，要摆脱军国主义思想显然更难。[44]

这个孩子的话代表了日本近代史上最热心于政治的一代人的心声。这代人中大多都是左派，且都对日本原来的体制派充满了

303

---

* 又作《故乡的亲人》，为美国"民谣之父"斯蒂芬·福斯特（Stephen Foster）的作品。——编注
† 此曲原是美国缅因大学的球赛战歌，后成为该校校歌，20世纪30年代流行全美，当时中国女高音郎毓秀以此旋律翻唱抗战歌曲《杯酒高歌》。——编注

不信任感。美国人来日本是来传授自由、和平主义和民主等学问的，但一到冷战，还是这批美国人，却支持起了过去的体制派，这让人们深深感到自己遭到了背叛。要知道，体制派里不少人还背负着战争留下的血债。1960 年，首相岸信介——战时日本的阿尔伯特·施佩尔——批准通过了《美日安保协定》，日本就此沦为美军在亚洲的永久性军事基地。一些与《朝日新闻》投稿者意气相投的日本人涌向东京街头，抗议日本间接卷入越南战争。缔结协定的好处多多，但似乎让人联想起日本过去在亚洲的战争。日本左派对日本为虎作伥，协助美"帝国主义"很是恼怒；而右派对不得不遵守"美国人"制定的和平宪法也不买账。话虽如此，两派还是存在共同点。在双方看来，美国占领似乎从来没有结束过。

一些人觉得外国征服者的馈赠"德谟克拉西"来得有点不费吹灰之力。漫画家加藤悦郎曾有一幅著名的作品，画的是一群兴高采烈的日本人，把手伸向空中，当中还不乏头戴军帽的人。挂着金属罐的降落伞从天而降，罐体上写着"民主革命"的字样。[45] 那场面就好像天赐甘露一样。有些东西人们本该自己去争取，现在得来全不费工夫，这有些丢脸。

美国人这么做有时是存心羞辱，但矛头并不直接对准普通日本人。美国占领时期最具符号意义的一张照片摄于 1945 年 9 月，起因是裕仁天皇来到麦克阿瑟将军的官邸，拜谒最高长官（其实更像是下级觐见上级）。44 岁的天皇身着全套礼服，在众目睽睽之下直挺挺地站着。跟 65 岁的最高长官相比，他只是个毛头小伙儿。身旁的麦克阿瑟个头高大，神态故作随意，让他显得不怒自威：卡其衬衫领口敞开，双手自然地背在身后。

所有大报都刊登了这张照片。因为照片明显带有冒犯君主之意（lèse-majesté），日本政府阅后大为震惊，立即禁止报章继续转载。翌日，麦克阿瑟宣布这一禁令作废，并下令出台新措施，保障出版自由。这并不是说美国人查禁起新闻来就不像在德国那么起劲了，他们劲头不减。比方说，人们不准谈论广岛，同样遭到封杀的还有关于美国的负面报道，或对最高长官当局的批评之声。（1946年，一部名为《日本的悲剧》的日本电影甚至因为对天皇在战时的角色过于苛责而被列为禁片。毕竟，麦克阿瑟已经免除了他的所有罪责。）

但退一万步来讲，民主也绝非一句空话。随着降落伞从天而降的金属罐带来了实实在在的革命性变化。不过，当时最有见地、最真诚的作家高见顺就辛辣地指出，有种耻辱感依然萦绕在心头，挥之不去。他在9月30日的日记里写道：

> 当我想到本该由人民自己的政府赋予的自由无处可寻，只能由外国军队开先河似的施舍给我们时……我心中就不免涌起羞耻感。因为爱日本，所以感到羞耻，为日本羞耻。[46]

这种情绪可以理解，但是诸如此类的论调略有些误导性。关于占领有很多大话，有一句至今还能听到，大意是美国人一手铸就了日本的现代国家制度；日本的"西方化"始于1945年；得益于美国人的循循善诱，日本在战败后只用了一到两年时间便从"封建主义"一举转型为民主国家。事实上，早在20世纪20年代末，日本就已建立了民主制度，只是其存在缺陷，而且很脆弱。西方盟国不过是在战后的日本和西德创造了恰当的条件，使这些制度得以恢复，根基更为稳固。这一过程并不总是自然而然的。日本政客和官僚往往都是在受到外压后，才着手推行大快人心的改革。然而，让美国人和日本人始料未及的是，完全由美国人一手打造的某样产物既会成为战后日本身份认同的基石，也成为一种负累。

305

虽然日本宪法第九条直到1946年才被收录进来，因此不在本书讨论范围，但在这里依旧值得花些笔墨进行引述，因为其比任何事物都更能表现1945年的理想主义：

1. 日本国民衷心谋求基于正义与秩序的国际和平，永远放弃以国权发动的战争、武力威胁或武力行使作为解决国际争端的手段。

2. 为达到前项目的，不保持陆海空军及其他战争力量，不承认国家的交战权。

1953 年，理查德·尼克松作为艾森豪威尔的副总统造访日本，他发言称宪法第九条是个错误，这一表态让日本人吓了一跳。日本人没有理由不修宪，美国不会反对，美国甚至还希望日本成为一个强大的盟国，对抗共产主义，云云。但多数日本人都不同意尼克松的看法。他们拒绝修宪，是因为对宪法充满了自豪。和平主义让一个曾经在历次血腥战争中屠戮了上百万人的民族感到自己拥有了一种崭新的道德目标意识，甚至是道德优越感。日本会带领世界进入一个和平的新时代。在日本人眼里，倒是美国人，因为拒绝抛弃打仗传统应该受到谴责。他们先是在朝鲜和越南动武，后来还攻打了伊拉克和阿富汗。

这一认识多多少少是战后五十年内日本社会舆论的基调。但是和平主义是有代价的。理想主义和现实很快便会分道扬镳，而日本人也违背了宪法的规定，成立了自己的军事力量，一开始美其名曰警察部队，后来则更名为日本自卫队。这种改弦更张不仅虚伪，而且未能解决一个让日本左右两派都怨声载道的问题。日本的安全仍然依赖美国，和平主义是靠昔日征服者提供的核保护伞才取得的。东亚从未出现过类似北约或欧盟的组织，可以让日本同其邻国建立信任，为自己重新定位。

多数日本人依然坚定不移地支持宪法第九条，反观民族主义右派则对其强烈敌视。另外，这一法条还使得日本人在对待本国历史问题上总是闪烁其词。只要自由派和左派把捍卫和平主义事业当成是为战时罪行赎罪的必要修行，右派就会坚称日本并不比其他参战国更罪孽深重。如果说南京大屠杀或马尼拉大屠杀构成了剥夺日本主权的理由，那么日本就完全有理由去尽量淡化这些"事件"的重要性。这种政治分歧对外以历史辩论的面目示人，但实则两极分化到了无可救药的地步。几十年来，日本和亚洲邻国的关系一直深受其害。除了日本对美国的单方面依赖外，这也是1945年的部分遗产。多灾多难的一年在人们的宏愿中画上了句号。

第九章
同一个世界

本书之前提起过布莱恩·厄克特，年轻的英军情报官。1944 年 9 月，他曾警告上峰，把盟军空投到荷兰小城阿纳姆附近会面临巨大风险，上峰却让他去休病假。厄克特本来很可能因此变得愤世嫉俗——不顾他的极力反对，"市场花园行动"后来还是被付诸实施，葬送了几千条年轻的生命。"蒙蒂"一心想要盖过他的美国对手乔治·巴顿将军的风头，为此可以不惜一切代价。六个多月后，对己方的自大和愚蠢失望透顶的厄克特成了进入贝尔根–贝尔森集中营的首批盟军中的一员。一开始见识蠢事，现在又目睹此等惨象，以致战争最终结束后，他都郁郁寡欢。

即便如此，他居然也没有掉进愤世嫉俗的陷阱。他在回忆录里写道："我从没有细想过，事情再也不会回到过去了。我对旧秩序的感触不太深，也不认为我会怀念它。我倒**真是**觉得，眼下的重中之重在于防止此类灾难再次发生。"[1]

战前，厄克特对国联的诞生很兴奋。他回忆道，自己的国际主义热情源于儿时在私立女子寄宿学校读书的经历。学校名叫巴德明顿（Badminton，即羽毛球之意），校长是比阿特丽丝·M.贝克小

姐（Beatrice M. Baker），脾气古怪，大家都叫她 BMB。厄克特的
母亲也在巴德明顿任教。他的姊姊露西无论在学校里，还是在生活
中，都是女强人 BMB 的搭档。6 岁时，厄克特是全校 200 多名女
生中唯一一个小男孩。BMB 小姐很同情左派。跟当时许多人一样，
她对绰号"乔叔叔"的斯大林很有好感。在 20 世纪 30 年代期间她
还接济了从欧洲大陆逃来的犹太难民，这种事多数私立寄宿学校校
长当时都不太会做。她甚至让女生——其中包括我母亲，她在战时
还是个小学生——在布里斯托市（Bristol）的大街上游行，手举横幅，
上面写着"世界工人大团结！"的口号。

　　战争结束后，厄克特得到了历史学家阿诺德·汤因比（Arnold
Toynbee）的短期雇佣，供职于英国外交部一个特设部门，工作内
容是从纳粹占领下的荷兰搜集情报。但是由于荷兰已经解放，所以
没什么可干的——这也是战争遗留下来的众多官僚主义怪现象中的
一个小例子。这项任务因此没持续多久。厄克特的第二个雇主是英
国外交官格拉德温·杰布（Gladwyn Jebb）。杰布负责组建新成立
的联合国，他是《联合国宪章》（UN Charter）的起草者。在职业
生涯的剩余时间里，厄克特为这个世界性机构尽忠职守、鞍前马后。
联合国的理想不断鼓舞着他，尽管他也不护短，中肯地质疑其在实
践中暴露出的缺陷。

　　四十年后，他这样记录 1945 年秋天那段奋发进取的岁月：

> 　　……很难再度体会那段意气风发的日子里的新鲜感和激情
> 澎湃。战争依然鲜活地存在于所有人的心灵和亲身经历中。我
> 们许多人曾入伍打仗，其他人也就是几个月前才结束了抵抗运
> 动地下活动的状态，重新抛头露面。为和平而努力的梦想实现了。
> 百废待兴、一切都必须从头再来的事实则进一步激励着我们。[2] 309

　　厄克特在联合国秘书处有许多好友，其中一位在前文中也有

述及，即法国抵抗主义战士斯特凡纳·埃塞尔。在落入盖世太保之手后，他遭到严刑拷打，后被送去布痕瓦尔德和朵拉集中营。他出生于 1919 年，跟厄克特岁数一样大。埃塞尔有着不平凡的背景。他的父亲弗朗茨·埃塞尔（Franz Hessel）是位闻名遐迩的德国作家和翻译家，曾翻译过普鲁斯特（Proust）的作品。老埃塞尔还是《朱尔与吉姆》（*Jules et Jim*，一个讲述法德情侣三角恋的故事）里朱尔的原型。这个故事后来被弗朗索瓦·特吕弗（François Truffaut）搬上了银幕，成了一部名片。同厄克特一样，斯特凡纳·埃塞尔也希望在全球舞台上建立一个更美好的世界。激发他雄心壮志的不只是对战争习惯性的厌恶和对和平的渴望，而是一种更崇高的思想。他在回忆录里写道：是"世界主义和集中营"——集中营里，来自许多国家和不同阶级的人被扔在一起——"把我推向了外交"。[3] 在战争结束后三年，他协助起草了史上第一部《世界人权宣言》（《宣言》于 1948 年正式实施）。埃塞尔于 2013 年去世，享年 95 岁。

　　毋庸置疑，厄克特和埃塞尔都是不平凡的人。但是他们的理想主义情怀源于亲身经历过的破坏，这点并没有什么与众不同之处。人们普遍相信应该建立一个崭新的世界秩序，且由一个比国联更富活力、办事更有效率的全球性组织维持这一秩序。有人想得很远。甚至早在广岛和长崎遭原子弹轰炸前，世界政府的主张者就经常宣扬末世论。阿诺德·汤因比在战时曾大声疾呼，要想避免第三次世界大战，唯有一个警力遍及全球的世界政府才能做到。汤因比的话显得有些荒诞不经，但美国国务院里一些高层人士对此很当回事。1945 年 4 月，一份盖洛普民调（Gallop poll）显示，81% 的美国人希望美国加入"一个拥有警力的世界组织，以维护世界和平"。[4]

　　鉴于世界政府或世界联邦的观念十分模糊，秉承这一路线的思想家便倾向于将个人理念加诸未来。毫不令人意外，圣雄甘地（Mahatma Gandhi）认为世界联邦应该遵循他的非暴力原则。汤因比则主张英美两国应当联手，让警力遍及全球，至少未来一段时间内可以这么做。他的初衷是建立某种"民主的盎格鲁—美利坚世界联邦"。[5] 他不是唯一这么想的人。1939 年，时任英国驻美大使的洛锡安勋爵（Lord Lothian）就把大英帝国视为建立世界联邦政府的模板。这种想法也许同样让人感到其不仅自私，而且完全是痴人说梦。然而，支持某种自由的盎格鲁-撒克逊式霸权的声音无论在英国还是在美国都不鲜见。丘吉尔一度也对其笃信不疑。这种观念偶尔还是会跳出来作祟，满足一下英语国家梦想家们的自尊心，其中包括白宫的一两位主人。

为《纽约客》（New Yorker）撰稿的怀特（E. B. White）在杂志里评论道，1945 年春，各国若要就起草第一份《联合国宪章》开会的话，旧金山作为会议地点再合适不过了。毕竟，他说："美国被世界各地的人们看成是美梦成真的典范，是一种微缩版的全球国家。"[6] 如果说这种得意忘形的情绪今天看起来十分迂腐，那么其至今也并未彻底寿终正寝。话虽如此，怀特还是很清楚地意识到美国的梦境上沾着一些污点。5 月 5 日，就在旧金山会议开幕后一周，他提到，加州某地出现了"一伙旧秩序的卫道士（文件是这么形容的），企图在一些特定区域限制向非'高加索人种'提供住房"。[7]

这里还要提一下欧洲人。将欧洲统一视为通往大同世界第一步的通常是隶属反纳粹、反法西斯抵抗阵营的欧洲人。早在 1942 年，法国抵抗组织"战斗"（Combat，别名为全国解放运动，简称 MLN）就发表过一份宣言，宣布"欧洲合众国——通往世界联盟路上的一个阶段——即将成为活生生的现实，我们正为之而战"。[8] "战斗"组织的一位主要人物是阿尔贝·加缪（Albert Camus），他多数时候表现得含蓄而内敛，后来和另一个反法西斯抵抗组织来往甚密，得知后者发表欧洲统一宣言的时间更早——1941 年，地点是在意大利的文托泰内（Ventotene）。这是个小型的火山岛，靠近那不勒斯。阿尔蒂诺·斯皮内利（Altiero Spinelli）等意大利左派曾被墨索里尼关押在岛上的一座监狱中，监狱为18世纪波旁王朝（Bourbons）所建，暗无天日。所谓的《文托泰内宣言》（Ventotene Manifesto）出自狱囚之一的政治思想家埃内斯托·罗西（Ernesto Rossi）之手。他提出只有反动派才会醉心于民族政治，所有进步主义者都应该为"一个坚实的世界国家"而奋斗。第一步先是欧洲联邦，再接着是世界联邦。

统一欧洲的梦想当然要比这些宣言老得多，最早可以追溯到9世纪的神圣罗马帝国。自那时起，大欧洲的理想经历了诸多变迁，但有两条中心思想一直没变。其中一条是统一的基督教国家，欧洲是其精神和政治核心。这一目标一直为天主教徒所推崇——比如伊拉斯谟（Erasmus）——而在法国天主教徒中间尤其如此。比方说第一代苏利公爵马克西米利安·德·贝蒂纳（Maximilien de Béthune，1560—1641）就曾构想过一个基督教欧洲共和国，土耳其人想加入的话，就必须改宗，皈依基督教。

与之相联系的理想是永久和平。1713年，另一位法国天主教徒圣－皮埃尔神父（Abbé de Saint-Pierre）发表了他的《欧洲永久和平方案》（Project for the Creation of Eternal Peace in Europe）。依照这份方案，欧洲会有一个议会，一支军队，较大的成员国会享有平等的投票权。

在早期泛欧主义者看来，永久和平和基督教统一往往是一回事。和平统一是一种宗教观念，一种基督教乌托邦。其未必要局限于欧洲大陆，而是同基督教一样，是普世性的抱负。在理想状态下，上帝的人间天国里是不需要国家边界的。

启蒙运动后，理性主义者采纳了一种新型的宗教普世主义，只对措辞稍做了点改动。19世纪的法国诗人兼政治家阿尔方斯·德·拉马丁（Alphonse de Lamartine）于1841年写下一首歌颂欧洲统一的理性主义诗歌，名为《和平马赛曲》（"Marseillaise of Peace"）："在启蒙的道路上，世界走向统一／我是每一个会思考者的同胞／真理就是我的祖国。"1848 年，法国处于革命动荡之中，作为外交部长，拉马丁发表了一份《欧洲宣言》，不仅将法兰西共和国吹捧为欧洲 的模板，而且还是全人类效仿的对象。

二战末期出现了一种从宗教理想主义到理性理想主义的类似转向。1940 年，那时美国尚未参战，一个名为美洲基督教联会的党派成立了一个委员会，以求为"正义和持久的和平"而努力——当时或许为时尚早，但这一直都是个值得追求的目标。新教牧师和普通信徒有时还会得到犹太人和天主教徒的鼎力相助。美国各大城市都成立了"世界秩序全国宣教组织"。名为"和平六大支柱"的委员会在一份声明中陈述了建立一个世界性组织的必要性。唯恐有人怀疑这一声明是异想天开者的杰作，委员会主席一职落到了约翰·福斯特·杜勒斯（John Foster Dulles）肩上。20 世纪 30 年代早期的杜勒斯是希特勒的崇拜者，50 年代在艾森豪威尔手下担任国务卿，是个好斗的冷战急先锋。

杜勒斯在制定一些十分粗糙、更别提不太道德的政策上发挥了主要作用：他支持法国针对越盟民族主义者的殖民战争。此外，他还在 1953 年协助推翻了民选的伊朗政府，把总理穆罕默德·摩萨台（Mohammad Mosaddeq）赶下了台。摩萨台被认为对共产主义不够强硬，而且威胁到了英美两国的石油利益。于是，英国特工联手中情局——杜勒斯的弟弟艾伦（Allen）是中情局头子——策划了一场政变。但是，杜勒斯的反共热忱不光是企业利益驱使的结果，他本人推崇基督教道德论，相信跟奉行无神论的共产主义做斗争根本上还是一项道德使命。他表示，相信联合国具有他所谓的"道德力量"，并担任了旧金山会议美国代表团的顾问。[9] 考虑到当时的局势，以及他跟美国保守主义的关联，杜勒斯就对日使用原子弹一事的回应似乎有些出格，但也并非一点都不像他："如果我们这个虔诚的基督教民族觉得那样使用原子能在道德上没有负担的话，世界各地的人们都会接受这样一种判断。"[10]

广岛遭遇的灭顶之灾让常常从宗教道德论当中获得启发的"同一个世界"论调变得更为世俗和着眼当下。科学家率先站出来，警告使用原子弹的影响，他们当中一些人曾参与制造这一杀人武器。1945 年 7 月 16 日，美国人在新墨西哥州的沙漠里进行了首次核试验，爆炸的惊人威力甚至让研发原子弹的领军人物罗伯特·奥本海默（Robert Oppenheimer）发出了近似宗教冥想的感慨。他引用了印度教经文《薄珈梵歌》（*Bhagavad Gita*）里的一段话：

> 如果有一千个太阳
> 绽放出漫天的奇光异彩
> 这有如圣灵逞威……
> 我是死神，我是世界的毁灭者。

相比之下，爱因斯坦在听闻广岛被炸后说的第一句话则显得平淡无奇："哦，天哪！" [11]

两个月后，爱因斯坦将一封信托人转交给《纽约时报》，信的另外几位作者有参议员富尔布莱特（J. W. Fulbright）和最高法院助理法官欧文·罗伯茨（Owen J. Roberts）等显赫人物。他们在信中写道："第一枚原子弹摧毁的不仅是广岛这座城市，同样被引爆的还有我们世代相传、早已过时的政治理念。" [12] 这些理念包括国家主权。旧金山会议上通过的《联合国宪章》只是一个开始。爱因斯坦等人宣称："如果我们想避免一场核战争，就必须放眼于订立一份世界联邦宪法，缔造一种行之有效、世界通用的法律秩序。"

约翰·福斯特·杜勒斯曾主张由联合国控制核能，但一等苏联引爆核弹，他就立马改变了主意。1945 年 11 月，爱因斯坦在接受《大西洋月刊》（*Atlantic Monthly*）采访时表示："原子弹的秘密应该被托付给一个世界政府，而美国应当机立断地表明愿意把秘密移交给世界政府。"

使用核能需要讲道德，对这点表述得最简明扼要的也许莫过于
身为基督徒的老社会党人、英国首相克莱门特·艾德礼了。在《大
西洋月刊》刊登爱因斯坦采访的当月，他在加拿大国会两院做了一
次演讲。广岛的事对艾德礼的触动很深，他以英法双语提议科学和
道德和谐共存。据《泰晤士报》报道，艾德礼相信"学者以巨大的
热忱投入研究，但倘若没有同样炙热的道德热情的话，几个世纪以
来建成的文明将会毁于一旦"。[13]

$$* \ * \ * \ * \ *$$

1945 年，真实世界开始重建的方式也许和高屋建瓴的理想主义
有所关联，分享这一思想的有原抵抗运动战士、为和平而战的军人、
震惊于原子弹破坏力的科学家和基督教大同世界论者，但关联远没
有达到他们所希望的紧密程度。塑造战后国际体制（实际上这一工
作战时就已启动）的更多是政治因素，而不是宗教或道德理想。鉴
于政治性解决方法向来就不甚理想，新秩序必然是有缺憾的。

《联合国宪章》诞生于旧金山，但追根溯源的话，则还要说到
丘吉尔和罗斯福于 1941 年 8 月在纽芬兰沿岸普拉森舍湾（Placentia
Bay）的会晤。英国刚刚挺过了不列颠战役，只剩下一口气。就在 6
月 22 日，德国入侵苏联，很快珍珠港事件也将爆发（1941 年 12 月
7 日）。罗斯福极力想通过温和的方式，鼓动美国选民支持美国在欧
洲战事中发挥更积极的作用。于是，两位首脑乘着各自国家的战舰
赴会，起草了《大西洋宪章》（Atlantic Charter）。罗斯福坐的是美
国海军 USS 奥古斯塔号（USS *Augusta*），丘吉尔坐的是英国海军
威尔士亲王号（HMS *Prince of Wales*）。

耐人寻味的是，一心想在《宪章》里提出建设一个未来世界性
组织的人却是丘吉尔。罗斯福因为国联的失败先例已经心灰意懒，
而且鉴于美国国内对卷入国际事务的反对声浪让他很敏感，遂回绝

了丘吉尔的提议。罗斯福也不支持英国的帝国主义事业，尽管他同汤因比一样，也相信英美应该联手，当几年世界警察。罗斯福在谈及对抗法西斯主义的原因时，引述了他在同年 1 月向全世界宣布的"人类四大基本自由"。这"四大自由"因为漫画家诺曼·洛克威尔（Norman Rockwell）煽情的作品而名扬后世，它们分别是：言论自由、信仰自由、免于匮乏的自由和免于恐惧的自由。

其实，《大西洋宪章》后来证明只是这些崇高原则的精辟表述罢了。但其中一条对后世的确有着深远的影响。这一条款主要出自美国人之手。《宪章》不仅表明"希望那些曾经被武力剥夺自治权的国家能够重新获得这一权利"，而且更进一步表示"所有人都有权选择在什么样的政府治下生活"。这种权利也应得到尊重。[14]

这一新闻立刻传到了那些为脱离殖民帝国而战的独立运动者耳中。越南的胡志明和印尼的苏加诺等民族领袖一遍遍地引用《大西洋宪章》的条文，以支持他们渴望政治独立——以及渴望美国支持——的诉求。5 月 8 日，塞提夫的阿尔及利亚抗议者因为要求平等遭法国殖民者枪击，他们高举的横幅就写着："《大西洋宪章》万岁！"

《大西洋宪章》起草时，贾瓦哈拉尔·尼赫鲁（Jawaharlal Nehru）因为"公民不合作主义"正身陷囹圄。他从英美两国的宣言中尝出了虚伪的味道，把《宪章》斥为一套虚情假意的陈腔滥调。翌年，他发动的"撤离印度"运动（Quit India）却又响应了《宪章》关于民族自治的主张。此外，尼赫鲁还呼吁成立一个"世界联邦"，以保障这种权利。

丘吉尔必须尽快行动，说服国会放心，只有纳粹占领下的国家才享有"自治权"，殖民地则完全是另一回事。毕竟，正如他在 1942 年时的一番著名表态，他"给国王陛下当首相，可不是为了做拆分大英帝国的那个人"。罗斯福没工夫磨嘴皮子，他很同情尼赫鲁，但毕竟眼下还在打仗，他不想让丘吉尔太为难。反观丘吉尔，则对被美国人在帝国事务上"管头管脚"大为不悦，因为美国人自己手脚也不干净，特别是在菲律宾。这么想固然没错，但丘吉尔忘了一点，美国人早在战前就承诺会给菲律宾人独立，这一进程只是因为日本入侵被打断了而已。

从《大西洋宪章》到联合国仅一步之隔，不过彼时的联合国还算不上是一个维护全球安全的国际组织，而只是对抗轴心国的同盟。包括中国和苏联在内的二十六个国家于 1942 年 1 月签署了《大西洋宪章》。尽管一开始对国际组织有所保留，但最终却是罗斯福给这一联盟起的名字。当时距离珍珠港事件过去仅仅几周，心情愉快的丘吉尔正在白宫参加代号"阿卡迪亚"（Arcadia）的会议。罗斯福苦思冥想，到底给新的世界联盟起什么名字才好呢。然后，一天早饭前，灵感来了。他一头冲进丘吉尔的卫生间，对着刚洗完澡、身上还滴着水的英国首相兴奋地大叫："就叫联合国！"丘吉尔回答说这个名字不错。

战时官僚、规划者、外交官和盟军领导人自始至终面临的一个主要问题是如何将战时联盟转化为一个稳定的、谋求和平的战后国际秩序。如何避免再次出现世界性的经济萧条，如何防范未来的希特勒们再次发动世界大战，以及如何在不激怒美国保守派的情况下实现这点——他们动辄为此类国际任务贴上"共产党"阴谋诡计的标签。不论全新的国际组织将呈现何种形态（丘吉尔满脑子依旧是"英语国家人民"，斯大林想的是"热爱和平"的人民，而罗斯福盘算的是和谐的大国联盟），其必须有实实在在的威信，因为这恰恰是昔日国联所缺乏的。新的联合国要具备维持和平的能力，如有必要可以诉诸武力。为了有效发挥这一影响力，大国之间必须和睦相处。于是就有了在莫斯科、德黑兰和雅尔塔的会议。丘吉尔、罗斯福和斯大林在会上勾勒出战后秩序的雏形，有时只是粗略勾抹，三位巨头运筹帷幄，仿佛全世界是个大棋盘，波兰人、希腊人和其他民族只是小卒子，可由他们任意摆布。

与此同时，美国组建了新的国际组织，用以应对毁于战火的国家面临的人道主义援助和食品短缺问题。1943 年，联合国善后救济总署（UNRRA）成立，丘吉尔最初很不把这个组织当回事。还是在浴室，有人听到里面传来他的歌声："UNRRA！ UNRRA！UNRRA！"似乎浴室变成了音乐厅。战后，联合国善后救济总署不可避免地被美国国内的共和党人指责对共产主义太过心慈手软。这是有原因的：鉴于西欧国家政府被认为有能力解决自己的问题，大部分援助都流向了东欧国家和苏联的加盟国。在这些地方，援助物资多数会落到有后台的人的手里。救济总署的工作往往混乱无序，特别是在早期。但是话说回来，如果没有它，不知道有多少人会在极其恶劣的环境下死去。

在斯大林红军的攻势下，精疲力竭的德国人节节败退，沿着冰天雪地的乌克兰平原一路后撤。与此同时，西线盟军已经在诺曼底抢滩登陆。到了这个时候，几个大国已经对未来联合国的组织架构有了大致概念。首先得有联大，还得有大国控制的安理会。各国为打败德国所进行的经济合作——譬如租借条约等——为国际货币体系奠定了基础，并拿出了遏制经济民族主义和恶性投机的国际规则。此外还要设立一个国际刑事法庭。

1944 年，货币体系在新罕布什尔州一家名叫"布雷顿森林"（Bretton Woods）的度假酒店成立了。这个会议原名为联合国货币金融会议，之所以在布雷顿森林召开，有两个原因：新罕布什尔州的参议员是国会银行和货币委员会的成员，他是共和党人，反对货币监管。所以有必要说服他改变想法。另一个原因是这家酒店接待犹太客人，这在类似的乡间宾馆中并不多见。毕竟，如果财政部长亨利·摩根韬等大员被挡在门外，这可真是太不像话了。

1944 年 11 月，罗斯福第四次当选美国总统。当时，他已经全身心地投入到战后联合国事务中，这点从他的竞选演说就可见一斑。在罗斯福看来，全世界需要一次全球性新政，而且应加强联合国的

力量，捍卫全球和平。正如他当时所说的那样："依我的陋见，很明显，
如果这个国际组织能发挥点实际作用，美国人民就必须在这之前赋
予我国代表付诸行动的权力。"[15] 尽管将罗斯福和他的理想同"共
产主义"混为一谈的声音并没有消失，多数美国公民如今似乎都和
总统意见一致。

　　就在罗斯福第四次参选前，几个大国还围绕联合国开了一次
秘密会议，地点选在敦巴顿橡树园（Dumbarton Oaks）。这是位
于华盛顿特区乔治敦的一座豪华庄园。美、英、苏——所谓的三
驾马车——在战时负责制定盟国的政策。这一次，第四个大国，
中国也应邀与会。人们希望，这四个大国将携手维护战后世界的
治安，虽然各方对中国能否担当此任信心有限。丘吉尔和斯大林
都很睥睨蒋介石的政权，但是美国人很想给委员长面子。（后来，
在旧金山会议上，四大国进一步壮大为五大国，因为法国也急需
挽回颜面。）

　　然而，在敦巴顿橡树园，各方对联合国的具体架构还是存在争
议。哪些国家有资格加入？联合国的使命是否仅限于安全（苏联人
的立场），还是应参照美国人的想法（后来也的确实现了），纳入经
济和社会事务？要不要建立一支国际空军？谁又来为联合国部队提
供兵员？是不是所有成员国都有权对联合国行动投否决票——国联
正是这种安排——还是只有大国才有这一权力？还有，否决票针对
的到底是哪些范畴？只是行动么，还是要算上调查和讨论议题？各
国之间达成妥协，譬如否决权这种难题被搁置了起来。原则上，所
有"热爱和平的国家"都有权加入联合国。所谓"热爱和平的国家"
这一称法很对感情丰富的美国人的胃口，但对于斯大林而言则有种
更特殊的意义，因为他惯于谴责苏联的批评者与和平为敌。比方说，
芬兰在 1940 年曾抵抗过苏联红军，所以就是和平的敌人。

　　就这样，旧金山会议的筹备工作告一段落。1945 年 4 月 27 日，
全世界热爱和平的人们齐聚在这里，团结一心，同仇敌忾。联合国

也从战时同盟的性质转型为一个"全世界民主组织"——罗斯福经常把这句话挂在嘴边。[16]

不幸的是，总统已经病入膏肓。尽管位于雅尔塔的沙皇夏宫气势恢宏，但那儿的条件并不舒适（臭虫特别折磨人），而且会议开得他心力交瘁。他时日无多了。罗斯福于 4 月 12 日与世长辞。新总统哈里·杜鲁门对民主世界秩序的期待跟他的前任相比其实有过之而无不及。6 月，就在签署《联合国宪章》前不久，杜鲁门从堪萨斯城大学拿到了荣誉学位。随即，他便以一股美国佬的乐天派精神宣布："各国在一个世界共和国里相处，就跟我们在美国这个共和国里相处一样容易。"[17]

* * * * *

五十个国家的国旗在太平洋上吹来的风中猎猎作响。5,000 名各国代表抵达了旧金山歌剧院，参加旧金山会议开幕式。几十万前来一睹究竟的看客把大街小巷挤得水泄不通，人山人海。除了德国、日本和它们的盟友外，世界各国都派了代表，或者严格说来也不是所有国家，还是有些例外的。而且似乎也并非所有与会者都有资格到场。比如阿根廷，该国军政府对法西斯阵营明确表示同情，直到战争末期才改弦更张。阿根廷受邀与会是美苏之间博弈的结果。苏联想让苏维埃加盟国乌克兰和白俄罗斯成为联合国正式成员，而想获得拉丁美洲支持的美国就坚持要拉拢阿根廷。

另一方面，二战的发源地波兰却没有受到邀请，因为各方对谁能代表合法政府无法达成一致。苏联支持名为卢布林委员会（Lublin Committee）的波兰过渡政府，而伦敦的波兰流亡政府则继续声称自己才是正统。既然这样，就没办法遂苏联人的愿，请卢布林委员会来旧金山开会了。斯大林在雅尔塔会议上许诺过丘吉尔和罗斯福，波兰会进行自由选举，波兰战时地下组织的 16 位领导人甚至还被请去和俄国人好好谈谈。但自此之后这些人就杳无音信，给人不祥的预感。用《纽约客》作者怀特的话来讲，"波兰问题就像一只臭鸟在旧金山上空盘旋"。[18]

话虽如此，会场上还是洋溢着充分的乐观情绪。阿拉伯代表在当地看热闹的人眼里特别具有异国风情。据《扬基人》杂志报道："那些热衷追星的美国人推搡着，争相凑近看阿拉伯人，还对一个人说，'傻透了，哦？你说是不？'"

美国一样让阿拉伯人纳闷。叙利亚代表法里德·泽内丁（Farid Zeineddine）接受《扬基人》采访时谈了他的感受："依我看，美国人好像都戴眼镜，都嚼口香糖。也许他们不得不戴，因为楼太高了，得瞪大眼睛，才能上上下下看个清楚。"[19]

也有人以更为犀利的目光打量着这一切。日后成为英国工党领袖的迈克尔·富特（Michael Foot）以《每日先驱报》专栏作家的身份在旧金山采访。作为忠实的欧洲社会主义者，他担心"美国如今的地位将带来危险"。美国太富有了，太强大了，在战争中又毫发无损。"美国的经济前景"，他说道，"似乎盖过了会议的风头。"另外，当地影院播放的反映纳粹集中营解放的新闻纪录片并未"引起人们拍手叫好"。（布尔战争期间，英国人在马弗京解围后曾欢呼雀跃。）[20]

随着太平洋战争进入最后几个月，是年春天全美院线上映的其他影片毋庸置疑都旨在提振人们低落的精气神，比如约翰·韦恩（John Wayne）的《反攻巴丹岛》，以及他和埃罗尔·弗林（Errol Flynn）合演的《反攻缅甸》。但那时还是有气氛轻松的娱乐片可看的，包括米高梅公司出品的《沙场义犬》，多萝西·拉莫尔（Dorothy Lamour）出演的《边城壮士》，以及喜剧组合阿伯特（Abbott）和科斯特洛（Costello）的作品《女生来了》。

虽然与会代表的住宿费需自理，但旧金山终归要比雅尔塔舒服多了。作为丘吉尔的外交顾问，格拉德温·杰布参加了战时大部分会议，包括雅尔塔会议。他形容自己在旧金山感受到了"让人叹为观止的热情好客"。[21]四个大国（很快将扩充为五个）的领导人在美国国务卿爱德华·斯退丁纽斯（Edward R. Stettinius Jr.）的主持下，在费尔蒙特酒店（Fairmont Hotel）顶层一间阁楼的圆形图书馆里进行了会晤。据《时代》周刊描述，"蓝色天花板下摆着两张双人沙发，上面套着绿色坐垫"。[22]级别较低的代表则在下面的楼层开会。

　　大国之间就总的原则迅速达成了一致。但是它们和其余小国则剑拔弩张，大国主导和民主的国际组织这一对目标之间发生了激烈的碰撞。作为小国代表，口若悬河的澳大利亚外长赫伯特·伊瓦特博士（Herbert Evatt）十分反感大国在安理会中享有否决权，但是小国不得不做出让步。苏联外长维亚切斯拉夫·莫洛托夫（Vyacheslav Molotov）是大国中立场最极端的。他不断坚持苏联应有权否决其不愿在联合国范围内讨论的议题。这一态度几乎导致会议搁浅，直到美国人派了一支外交使团去莫斯科斡旋，斯大林这才授意莫洛托夫做出退让。

　　当莫洛托夫设下盛宴，款待英国外交部长、温文尔雅的安东尼·艾登和美国国务卿爱德华·斯退丁纽斯时，气氛似乎一派祥和，至少在三个大国间是如此。对于斯退丁纽斯，布莱恩·厄克特形容"他仪表堂堂，都适合去演戏了，而且长着一口白得不太正常的牙齿"。[23]正如俄国人设宴时的惯例，三个人大吃大喝了一通，还被拍下了互相敬酒的照片。其中一张里，就连一贯以冷脸示人的莫洛托夫都硬装出一副爽朗的神情——他在苏联政界有个绰号，叫"钢铁屁股"，原因是他在办公桌边一坐就是几小时。天色不早了，几位绅士逐渐感到了浓浓的倦意。

　　接着发生了一件不同寻常的事。心情依然大好的莫洛托夫郑重其事地告诉贵客，他总算可以透露发生在那16名波兰地下党领导人身上的事了。他们因为跟苏联红军作对，"搞阴谋颠覆"被捕，这一罪行最高可判死刑。艾登一开始惊得目瞪口呆，随即便出离愤怒，要求莫洛托夫做出详细解释。被艾登生硬口气惹毛了的莫洛托夫也不买账，一脸不悦。方才的欢乐气氛瞬间荡然无存。会议又一次陷入危险之中。

但是，这次小风波只是过眼云烟。一厢情愿的人们眼里看不到现实。《民族》杂志（*The Nation*）告诉美国的自由派，一旦波兰举行"真正的自由选举"，"俄国的道德地位"就会"得到极大的强化"，"对苏联的不信任感也会降到最低"。[24] 苏联人允许自由选举的承诺很模糊，而且只是一块遮羞布。在雅尔塔，西方盟国极力揪着这点不放，直到现在，也没人愿意对其避而不谈。只有苏联人最清楚，那 16 位大无畏的波兰人曾在艰苦绝伦的条件下奋不顾身抗击德国人，到头来却被苏联秘密警察严刑拷打，还被扣上了"勾结纳粹"的帽子接受审判。6 月 21 日，就在旧金山会议进行过程中，苏联法庭做出宣判。除了 2 个人外，其余 14 名波兰人后来都被杀害于苏联监狱中。

即使 16 名波兰人正在莫斯科遭受皮肉之苦，各大国仍在商量把人权宣言写入《宪章》序言（《世界人权宣言》要晚一点，到 1948 年才出台）。这一启蒙思想和基督教普世主义的光辉成果在斯特凡纳·埃塞尔和许多人眼里是战后秩序的最大贡献。根据这一思想，人权应不分信仰、文化和国别地造福一个社群，还应造福全人类。普世的人权跟纽伦堡审判使用的"反人类罪"法律有关联，这一法条继而又和种族灭绝的概念联系起来。1944 年，波兰律师拉斐尔·莱姆金（Raphael Lemkin）定义种族灭绝是"人为地、系统性地对一个民族、种族、宗教和国家团体的所有人或部分人进行灭绝性的屠杀"。

自始至终，没有一个人提出过人权应该或可以被强加给别人。恰恰相反，参加旧金山会议的英国外交顾问、历史学家韦伯斯特（C. K. Webster）就说："我们的政策是避免'承诺人权'，尽管我们不会反对宣言。"[25] 宣言应运而生，为其起草蓝本的是南非政治家、布尔战争的英雄扬·史末资（Jan Smuts）将军，他在国联和联合国成立之初都出过力。下面一段文字是各大国于 6 月在旧金山最终敲定的版本:"我们联合国的子民决心再次重申我们对基本人权、对人类尊严和价值、对男男女女和大国小国一律平等的信念……"

迈克尔·富特在《每日先驱报》的专栏里专门表扬了苏联的道德领袖风范。他指出,战前,内维尔·张伯伦的英国政府曾封杀过有关纳粹暴行的新闻。但是毕竟当时的"受害者只有自由派、社会主义者、和平主义者和犹太人"。他不无傲慢地写道,如今,"这些人的权利将有幸被纳入史末资将军起草的基本自由宪章序言内。这份宪章甚至还将适用于南非的黑人,不过真是这样吗?"富特对这点的质疑有凭有据,但是他也心安理得地对波兰问题散发的臭气熟视无睹。他甚至夸奖苏联人,因为他们就"附属地人民的政治权利"所发表的看法比"任何国家都更有逻辑,也更明确"。

在 6 月底会议结束前,还爆发过另一场危机,这一次祸出黎凡特(Levant)。5 月 29 日,法军在大马士革的街头同叙利亚人发生了巷战,还轰炸了这一历史悠久的古都,以及阿勒颇(Aleppo)、哈马(Hama)和霍姆斯(Homs)几个城市。在叙利亚要求法国人交出叙利亚特别部队的指挥权,由叙利亚国民军收编后,法国人叫来了增援。

翌日,叙利亚总统、外交老手舒克里·库阿特利(Shukri al-Quwatli)给杜鲁门总统写了封信,表达了同胡志明和苏加诺一样的情绪,不过效果较后面两位要好多了。他既愤慨但又有理有据地写道,法国人拿着从美国那儿借来的钱买武器,不去打德国人,倒来屠杀叙利亚人。美国人在 1944 年就承认叙利亚是个独立国家,那么"现在《大西洋宪章》又在哪儿?四大自由呢?您让我们怎么看旧金山会议?"[26]

美国人无需恐惠,就同叙利亚人站到了一条战壕里。欧洲帝国主义在华盛顿不得人心,法国帝国主义首当其冲。当时,印度支那在美国人眼里是一片蛮荒的异域,但叙利亚和黎巴嫩则不同,这两个国家跟中国相似，长期以来美国都施之以一种"善意的家长制"。[324]这里面既有传教士热情，也涉及商业利益：贝鲁特有美国大学，耶路撒冷有基督教布道所，还有"门户开放"的经济政策。那时美国政策制定层中间流行一个词，"道德领袖风范"。毫无疑问，正如约翰·福斯特·杜勒斯的观点，这种说法流露出的道德情绪很真诚，但同样真诚的还有领导世界的野心。

鉴于 1941 年英军攻占黎凡特时，盟军已经承诺会在战后承认叙利亚的独立自主，他们很难忽视库阿特利的诉求。于是，丘吉尔命令他在当地的代表伯纳德·佩吉特（Bernard Paget）将军开车把法国人送回兵营。这个任务不难，因为法军人数很少，无力抵抗。左倾的《曼彻斯特卫报》以充满爱国主义的兴奋之情报道了这一事件的经过。该报记者"昂首阔步地和水兵们一起进入大马士革……一旁是成群结队的大马士革市民，他们既吃惊，但又高兴地鼓掌……在市民的一片嘘声中，一队卡车、坦克和架着布伦式轻机枪的运兵车载着法军驶离了这座城市，一旁是负责护送他们的英军装甲车……"[27]

戴高乐将军闻之勃然大怒，在他眼里，这是盎格鲁-撒克逊人的一起令人发指的阴谋："我们现在没法跟你们大动干戈，但你们羞辱了法国，背叛了西方。我们不会忘记这事。"[28]

表面上，叙利亚危机是对在旧金山会议上形成的世界新秩序的一次完美测试。如果要找个合法理由践行《大西洋宪章》和联合国精神的话，这个机会再好不过了。尽管法国人在 1941 年曾许下诺言，但他们还是试图恢复殖民统治。英国人理直气壮地灭了法国人的威风，所以才有了《曼彻斯特卫报》语气骄傲的报道。

当然，事情也并没有这么简单。英国人在中东其他地方搞的是表面一套、背后一套的做法，针对不同的对象给出不同的承诺。早在 1916 年，奥斯曼帝国（Ottoman Empire）行将崩溃时，英法两国就通过一纸《赛克斯—皮科协定》（Sykes-Picot Agreement），把[325]

黎凡特瓜分为各自的势力范围：法国得到了叙利亚和黎巴嫩，英国则拿下外约旦（Transjordan）和伊拉克。1941 年，就在法国战败后一年，英军挺进大马士革，承诺支持叙利亚独立，同时也承认法国的特权。这两种表态明显自相矛盾。实际上，英国人心里真正盘算的是在黎凡特一家独大。所以他们乐见叙利亚人挑衅法国。法国人只要敢疯狂反扑，就可以此为口实把他们彻底踢出叙利亚。而 1945 年初夏正好是这样一种局面。

叙利亚危机有些落入窠臼的味道，不禁让人联想起 19 世纪末的帝国主义冲突。不管怎么说，英法两国都将失去它们在中东的主导地位，尽管当时这点在旧金山会议上还不是十分明朗。很快，发号施令的就会变成美国和苏联。英国对不远未来的展望，在战时一份计划里便初露端倪。伦敦当局满心希望英美能在联合国的授权下建立军事基地，联手维护战后世界和平；美国分管亚洲，英国分管中东。美国人已经明确表示，对被选为美军基地的区域，当地不享有主权——即所谓的战略托管地。所以在战后最初几个月里，一个非正式帝国就已开始显现雏形。英国人没有意识到的是，他们在这个新世界里注定只能扮演跑龙套的角色。

叙利亚不是唯一要求独立自主的国家。民族解放其实是旧金山会议的一大议题。迈克尔·富特说得没错，苏联比起西欧盟友更支持民族解放事业，尽管个中理由并不十分豁达。然而，尽管联大随着时间推移会成为鼓吹反殖民主义的重要讲坛，去殖民化在 1945 年尚未被提上议事日程。殖民主义列强所能做出的最大让步，也就是遵循《联合国宪章》的精神，承诺保障"非自治地区"居民的"福祉"。且推行自治时会"考虑到每个地区和其人民的特定情况，以及它们程度各异的发展水平"。旁遮普（Punjab）的原总督威廉·马尔科姆·海利（William Malcolm Hailey）男爵在沙赫布尔（Shahpur）和纽波特帕格内尔（Newport Pagnell）都有封邑。他在《泰晤士报》上撰文，让读者们放心，"这里尚未出现突破我

们政策的事"。而且，更重要的一点是，"很明显，联合国机构无意
对殖民大国运用《宪章》原则的情况进行干预"。[29] 英国、法国等
殖民列强所要做的只是定期向联合国秘书长汇报仍处于它们管辖之
下"地区"的形势。

* * * * *

鉴于一些地方的人们对世界政府寄予厚望，旧金山会议的最终
结果必然令人失望。要让一个世界政府运转起来，各国政府就得放
弃主权。所有大国中，只有政客商人宋子文代表的中国表态称"如
有必要，可舍弃部分主权"。[30] 中国甚至还准备好了放弃大国否决权。
但是由于蒋介石对中国的控制已经显得风雨飘摇，中国在这一问题
上的高风亮节并未引起多大反响。

在为《纽约客》撰写的稿件里，怀特准确地指出了会议的一对
主要矛盾。他写道："第一波鼓动国际主义的热潮似乎在倒向民族
主义，而不是与之拉开距离。"[31] 他从飘扬的国旗、军装、军乐、
秘密会谈、外交动作中读出了"一种对全球社会的否定"。在国际
主义的漂亮辞令下，他听到了"越发响亮的引擎轰鸣：叫着主权，
主权，主权"。

另一位身在旧金山的观察者是约翰·肯尼迪（John F. Kennedy），
他刚从美国海军复员。肯尼迪同意"世界联邦主义者"的看法，认
为"一个成员普遍遵守其原则的国际组织会使问题迎刃而解"。但   327
他也意识到，除非人们对战争是"终极邪恶"的普遍看法强大到足
以让各国政府团结一心，否则一切终将无功而返。而这在他看来不
太可能实现。[32]

就算美国对日本投下了两枚原子弹也没能促进厌战的情绪。长
崎之劫过去一周后，英国外交大臣欧内斯特·贝文（Ernest Bevin）
在伦敦为前来访问的格拉德温·杰布和他手下的联合国执行委员会

举办了一场欢迎午餐会。会上,他发表了一篇演讲。在场的听众中有苏联代表安德烈·葛罗米柯(Andrei Gromyko)、加拿大代表莱斯特·皮尔森(Lester Pearson)和美国代表斯退丁纽斯。后者还带了助手,身材高大、一表人才的阿尔杰·希斯(Alger Hiss)。希斯后来被控为苏联人当间谍。英方代表是坚定的国际主义信徒菲利普·诺埃尔-贝克(Philip Noel-Baker),担任他助手的是历史学家韦伯斯特,后者戴着一顶网球帽,以遮挡摄影师的镁光灯。贝文在演讲里盛赞这一出色的委员会很快会为在旧金山开启的工作画上句号。因为日本遭受了可怕新式武器的打击,联合国这一国际组织能否发挥作用愈加变得迫在眉睫。不过,贝文继续说,他认识到必须"小心翼翼地灌输""世界政府的观念"。每个国家都有各自的历史、集体记忆和传统。时间长了,这些也许都能得到克服,正如他,欧内斯特·贝文,也设法克服了他工人阶级的出身,出人头地。旧金山的"基本原则"是正确的,但是要营造"正确的氛围"却有待时日。在这之前,"国与国之间的合作,特别是发挥正面和负面影响的大国间的合作,是我们可以采纳的唯一有效方法"。[33]

　　贝文说得没错,但他无意间揭示了世界政府理想的巨大缺陷。其要有效运转,就得依赖大国联盟。如果联盟成员一条心,某种全球威权主义——类似拿破仑战争失败后,梅特涅操纵下的神圣同盟——就会威胁世界。如果联盟人心涣散,那么羽翼未丰的联合国就形同虚设,然后另一场或许更具破坏性的战争就会日渐迫近。

　　到头来,各大国没能拧成一股绳。很难说冷战到底是何时开始的。无论罗斯福多么努力地想拉拢斯大林——甚至为此毫无必要地为难丘吉尔——早在雅尔塔会议上,大国间就已出现严重裂痕。约翰·福斯特·杜勒斯当时还没管这叫冷战,但是他在 1945 年 9 月末声称自己在伦敦目睹了冷战的苗头。

　　美、英、苏、法、中五个大国的外长齐聚伦敦,和意大利、芬兰以及巴尔干国家商讨若干和平条约。他们在所有重大事宜上都谈不拢。出于维护大国联盟和谐的考虑，美国已经同意承认苏联在波兰扶植的过渡政府，并对其合法性不予追究。对于匈牙利局势，美国也准备如法炮制。在会议报告中，美国国务卿詹姆斯·伯恩斯（James F. Byrnes）表明，美国政府"分享苏联希望在中东欧出现亲苏政府的意愿"。[34]

但是莫洛托夫另有打算。除了苏联外，共产主义在另外两个大国里也是一股强大的势力：在法国，共产党的实力依旧如日中天，在中国，暗流涌动的内战很快将全面爆发。如果莫洛托夫能羞辱中国国民党和法国人，而且连带美国一块羞辱，那么对共产主义事业将大有裨益。他制定的战术是要求法国和中国退出条约谈判，因为它们并未在相关国家的投降协议书上签过字。这么做为的是吓唬法国人，羞辱中国人，顺便再给英国人来个敲山震虎。约翰·福斯特·杜勒斯在回忆录里不禁对莫洛托夫冷酷的外交手腕大加赞赏："1945年，参加伦敦会议的莫洛托夫先生正值春风得意。"[35]

原抵抗运动领袖、日后晋升临时政府主席*的法国外交部长乔治·皮杜尔（Georges Bidault）不断遭到苏联人的轻慢、挑衅和羞辱。莫洛托夫使了一计，要求英美两国外长推迟会议，同时也不通知皮杜尔，于是法国人只能白跑一趟。莫洛托夫希望皮杜尔一怒之下会返回巴黎。中国外长则索性被忽视了，好像房间里根本没这个人。坏脾气的贝文被撩拨得火冒三丈，但最后只好服软，腆着脸跟苏联人赔不是，也许还因此做出了让步。

见这些策略未能奏效，苏联人便采取讹诈。贝文和伯恩斯被告知，如果中法两国不退出，苏联就将停止合作。伯恩斯拒绝继续被盟友玩弄于股掌之间，于是会谈前功尽弃。在杜勒斯看来，这一刻，一切真相大白。其标志着"一个时代的结束，德黑兰、雅

329

* 这里的原文是 president，但是并非一般意义上的总统，乔治·皮杜尔事实上从未担任过法国总统，只是在法兰西第三共和国时期（1946 年 6 月 24 日—1946 年 12 月 15 日）担任过临时主席。

尔塔和波茨坦的时代已经作古；标志着苏联共产党卸去了伪装，再也不是我们的‘朋友’。他们在世界各地公开与我们为敌的时代已经来临”。[36]

这位老资格的冷战斗士当然没有看走眼。而且他也不是唯一一个窥见战后世界秩序裂痕的人。汉森·鲍德温（Hanson W. Baldwin）是《纽约时报》的军事新闻编辑，不同于杜勒斯，他是一位自由派。在一篇刊于 10 月 26 日的报纸专栏中，鲍德温认为原子弹的发明意味着全世界——尤其是两个大国——面临着一个可怕的选择。选择之一是加强联合国。这种情况下，各大国就不可避免地要放弃一大部分国家主权，同时还要废除安理会的否决权。俄国人将有权查看美国人的核设施，反之亦然。

这是鲍德温个人倾向的解决方案，并非基于道德层面的考虑，而是出于自保。杜勒斯则一如既往地抱有更为道德化的观点。他写道，联合国将一直处于弱势地位，因为“对于道德判断无法达成全球性的共识”。[37] 对他而言，冷战既是政治冲突，也是道德冲突，是正义与邪恶的一场较量。

不过，汉森·鲍德温也没那么天真。他并不指望苏联人或美国人能同意他提出的解决方案。拿他自己的话来说，这就意味着“世界被分为相互猜忌的两大集团，这样的世界也许会保持常年的稳定，但最终将发展成世界大战”。

一语成谶。时至秋冬之交，1945 年之春的宏愿已然褪色。不会有世界政府，更别提全球民主了，甚至都不会出现四五个国际警察。安理会两个欧洲国家所剩的权力不久之后就将因它们的帝国爆发流血冲突、走向灭亡而进一步削弱。苏联人和美国人正在逐步转向公开对抗。中国在经历了抗战后元气大伤，分裂为两大集团，腐败而士气低落的国民党盘踞关内的大城市，而共产党则统治着乡村和北方大片领土。

在 1945 年的秋冬季节，美国报纸仍在报道中国陪都重庆传来的积极态势，国共两党的谈判仍在进行，好似一场形势未明的皮影戏。双方都大谈"妥协""停战"和"民主"，且谁都不想"挑起"内战。10 月 14 日，《纽约时报杂志》（*New York Times Magazine*）刊登了一篇文章，对蒋介石委员长的领导能力表达了充分信心。该文如今读起来颇为耐人寻味：

> 撇开其民主化的意识形态不谈，现在的蒋比除了斯大林以外的任何国家元首都更有权力，他的头衔也比斯大林多。除了担任中华民国总统[*]、军队首领和国民党总裁之外，他还是起码四十三个组织的头目……委员长即国家。他的话就是王法，其他国家领导人交由下属办的事，蒋委员长事无巨细都要亲自过问。

这对他没什么好处。整整四年后，委员长只能退居福建沿海的一个小岛上施展他的权威。该岛过去叫福尔摩沙（Formosa），如今叫台湾。

* * * * *

就这样，零年在感恩和焦虑的基调中落下了帷幕。人们对世界大多数地方取得的和平感到欣慰，但不像过去那样对美好未来抱有幻想，同时也为愈加分裂的世界感到担心。上百万人依然饥寒交迫，没有兴致迎接即将到来的新年。此外，新闻报道往往都很严峻：处于占领下的德国恐会因食品供给发生骚乱；巴勒斯坦被恐怖主义行径搅得动荡不安；印尼的战火依然在燃烧，配备"全套美制装备"的英军和荷兰海军陆战队正竭力镇压原住民的暴动。[38]

331

---

* 原文如此，1945 年蒋介石所任的职务是国民政府主席。

　　但是在 1945 年最后一天，人们阅读世界各地报纸所得到的印象是：多数人都急于回归自己的生活，对全球新闻不太关心。在世界大战中，无论哪个角落都很重要。但到了和平年代，家是人们心里唯一的牵挂。

　　于是，英国人聊天气，谈运动。据《曼彻斯特卫报》报道，"由于战时禁止播报天气，搞得我们现在业务都有点生疏了，连昨晚西北地区的大雾都没预测准"。但也有利好消息，"德比郡和兰开夏郡的滑翔机俱乐部有望成为英国第一个恢复营运的类似俱乐部，战争爆发后，这一运动就被叫停了"。

　　法国人聊美食。仅仅一年前，美国大兵还在覆盖皑皑白雪的阿登森林（Ardennes）里浴血奋战，如今则被请去法国的阿尔卑斯山区滑雪度假。《世界报》（*Le Monde*）从霞慕尼（Chamonix）发来报道："法国大厨准备的菜肴让所有人乐开了怀。法国文明的这一方面如此受欢迎，让人啧啧称奇。"该报还以兴奋的口吻宣布，凭 J3、M、C 和 V 类配给证，人们可在 12 月"在过去三升葡萄酒的基础上，再多领取一升"。

　　拜罗伊特（Bayreuth）的《弗兰克州报》（*Frankische Presse*）看法比较消极，该报回顾了德国人经历的艰难困苦。"人们蜷缩在地窖和地堡里，筋疲力尽，眼神焦虑，内心不住地颤抖，他们别无所求，只希望战争结束，甚至不指望打什么胜仗。"该报还刊登了其他新闻：两名德国人自告奋勇，申请由自己来处决纽伦堡的战犯。来自小镇马尔堡（Marburg）的埃里希·里希特（Erich Richter）说他愿意砍掉战犯的脑袋，而且不要钱。来自莱比锡难民营的约瑟夫·施密特（Josef Schmidt）自告奋勇要求实施绞刑或斩首，不过"每杀一个人都索要酬劳"。人们也没有忽视文化的慰藉作用。多年来，拜罗伊特交响乐团将首度上演克劳德·德彪西（Claude Debussy）的作品。"这位法国作曲家全方位的工作，使法国音乐摆脱了德国浪漫主义和新浪漫主义的影响。"而这居然发生在拜罗伊特，瓦格纳（Wagner）*的故乡！

东京《日本时报》刊登的社论头条掷地有声："告别旧的一年，迎接新的一年！在这辞旧迎新之际，日本对过去一年毫无遗憾。因为这是痛苦和磨难的一年，是失落和迷惘的一年，是屈辱和报应的一年。让我们发自内心地长舒一口气，把这充满苦涩回忆的一年抛之脑后吧。"该报还揭秘："日本曾制订计划，用蚕、蝗虫和桑叶磨成粉，制成面粉，再配合其余十几样食物替代品，以应对美军入侵时出现的粮食危机……（这一计划仍在调研阶段）。"记者西泽荣一解释道，歌舞伎大多数主人公都是封建时代的人物，这点固然让人遗憾，但还是有极少数的例外。比如，17 世纪时有一个叫佐仓宗吾的村长，因为向大名大胆进谏，恳请减少农民税负，被钉上了十字架。"他就是一位献身民主事业的烈士。"

《纽约时报》的口气稍许乐观一些，其文章打趣道："纽约的酒神风向标（Bacchanalian barometers）昨日发出暴风警告，意味着本市今晚将度过 1940 年以来最纵情狂欢的一个跨年夜。"比起文章来，《时报》里的广告更能体现新老世界之间几乎难以想象的鸿沟："本品与众不同——奶油般润滑的花生酱在口中融化——再多抹一点嘛，妈妈，这可是小飞侠香滑花生酱（Peter Pan）哦！"

如果说从新年夜世界各地众生态一览中能总结出什么，那就是某种正常状态又回归到了人们的日常生活中，这些人是幸运的，尽管处于战后最苦不堪言的一段时期，但他们还能抬起头来。对于依然困在德国、日本战俘营或任何凄惨境地中的人而言，回归常态是一种奢望。

国家千疮百孔，肩负重建任务的人们无暇庆祝，甚至无暇哀悼逝者。眼下有活要干。这一认识让人看清现实。比起战争和解放的

---

* 瓦格纳（1813—1883），德国著名音乐家、作曲家，著有《尼伯龙根的指环》（*Der Ring Des Nibelungen*）这部伟大的歌剧作品，作品得到纳粹的青睐。

大起大落，现实要灰色，有序，但也平淡多了。当然，战火并未熄灭，一些地区爆发了反抗宗主国的殖民战争和剿灭本国敌人的内战，新的专制政权也被扶植起来。但对上百万的人而言，曾经经历大场面的兴奋之情足以伴随一生。对于往事，有些人不愿再忆起；另一些人或许境遇较好，回首往事时还带着一丝留恋——那个有趣的时代一去不复返了。

因为之前的经年破坏，以及之后将陆续上演的一幕幕大戏——朝鲜战争、越南战争、印巴冲突、巴以冲突、柬埔寨大屠杀、卢旺达大屠杀、伊拉克战争、阿富汗战争等等——零年在全世界集体记忆中变得模糊了。但还是在零年，战争废墟上的重建工作成绩斐然，对于零年之后长大成人的一辈，这一年或许有着极为重要的意义。我们当中有人在西欧或日本长大，很容易把父辈的成就看成是理所当然的：福利国家、似乎刚有起色的经济、国际法，以及看似无坚不摧的美国保护下的"自由世界"。

当然，这样的世界不会长久，没有什么是永恒的。但这不是我们不向 1945 年的男男女女，向他们的苦难、憧憬和抱负致敬的理由，纵然许多期待终将化为灰烬，一如世间万物。

跋

战争是否真的结束于 1945 年？有人提出全世界对抗状态直到 1989 年才走向终结，理由是波兰、匈牙利、捷克斯洛伐克、东德和其余中东欧地区在这一年才最终脱离了共产主义统治。1945 年，斯大林把欧洲一分为二，这是二战最深的一道伤口。但是背信弃义之后依然是背信弃义。1938 年，在英法两国的绥靖纵容下，实行议会民主制的捷克斯洛伐克首次被希特勒瓜分——正如内维尔·张伯伦所言，"这一纠纷发生在一个遥远的国家，发生在我们根本不了解的人之间"。1939 年，英国对德宣战，名义上是为了恢复波兰的领土完整。但这一承诺从来就没有兑现过。

但到了 1989 年，随着苏联帝国的瓦解，人们满怀希望，贯穿欧洲脊梁的这道巨大伤痕终于有可能愈合了。不止如此，在这一充满奇迹的年份中，人们燃起过短暂的希望，全世界终于可以团结在一起了。如今世上只剩下一个超级大国。人们谈论着新的世界秩序，甚至是历史的终结。柏林墙终于出现了裂痕。

1989 年 12 月 31 日，我和几个姐姐带着父亲，打算在柏林墙下迎接充满希望的新世纪。他在 1945 年目睹柏林被毁之后只故地重游过一次。1972 年，在昔日家庭灾难阴影的笼罩下，我们一家人曾在柏林度过圣诞节和新年夜。那次经历让人抑郁。柏林又阴又冷。穿越东西德边境耗时良久，令人厌烦。凶巴巴的边防士兵拿着镜子检查我们的汽车底盘，确保我们没带违禁品，或者在车底下藏了人。

1972 年，东柏林和我父亲记忆中的没什么两样。斯大林式的马路虽然宽阔，但空空荡荡，这座城市的色调阴沉，战争的废墟依旧清晰可见。父亲开着全新的雪铁龙轿车，来到了昔日他被迫为纳粹战争机器卖命的原工厂大门前。这段旅途让他充满了沉甸甸的快感。工厂是一栋大型红砖建筑，看起来戒备森严，有点像德皇威廉时期的工业堡垒。工厂附近是我父亲曾经待过的劳工营，木头营房跟纸糊的一样，对冰雪、跳蚤、虱子和盟军炸弹的侵扰均没有招架之力。里面的东西一样不少——瞭望塔、囚犯用作公厕的弹坑，以及公共浴室——似乎过去只是被冻结了起来。

1989 年，这座劳工营消失了，我记忆里是被拿去改造成停车场了，一旁的简陋摊位上，摊主兜售着在油腻的咖喱酱热气里熏制而成的香肠。

沐浴在和煦的阳光下，我们一行散着步，穿过勃兰登堡门。这一举动在几乎长达四十年的时间里难以想象，若有人敢以身试法，必然会挨枪子。我们被裹挟在东德人、西德人、波兰人、美国人、日本人、法国人和其他来自天涯海角的人组成的人流中，漫步穿行于柏林市中心，体尝着这份恬淡的自由，我至今还记得父亲脸上那股子兴高采烈的劲儿。一旁依旧站着身着制服的士兵，但他们无力出面制止，只是盯着人群。一些当兵的脸上还带着释然的笑容，他们终于不用再朝同胞开枪了。全世界似乎一团和气，这还是破天荒头一遭。

12 月 31 日的晚上很冷，但还没到天寒地冻的地步。在走向勃兰登堡门的路上，我们隔着老远就听到了人们的欢呼声。父亲的步履却有些迟疑：他不喜欢人多的地方，尤其是德国人扎堆的地方；   337

他也不喜欢乒乒乓乓的响声，这会勾起他太多回忆。数以万计的人——多半是年轻人——聚拢在柏林墙的周围，有些还爬上了墙头，高声歌唱，大喊大叫，手里摇晃着被德国人称为"塞克特"（Sekt）的甜味气泡酒酒瓶，瓶塞蹿了出来，黏稠的泡沫如雨点般浇洒在人们头上。

有些人高喊口号："我们是一家人！"（Wir sind das Volk!）有的则唱道："我们同根同种！"然而，那晚的空气里并没有飘散着民族主义或咄咄逼人的气氛。世界各国的人们齐聚于此，就像参加一次政治集会式的伍德斯托克音乐节（Woodstock），只是没有摇滚乐队。人们庆祝自由、重逢和对美好世界的向往。在这个世界里，昔日的苦涩经历不会重蹈覆辙：不会有铁丝网，不会有集中营，也不会有杀戮。年轻的感觉真好。如果说贝多芬的《世间众人皆兄弟》（Alle Menschen werden Brüder）这一作品有寓意的话，那么其在柏林这个无与伦比的新年夜里体现得最为淋漓尽致。

在午夜过去差不多一刻钟后，我和姐姐突然意识到自己和父亲在人群里走散了，里三层外三层的人挤得不能动弹。我们四处找他，身旁焰火划破夜空，响起一片震耳欲聋的爆鸣声。周围四处都是人们的脸庞，在火光的照耀下看着有些歇斯底里。我们挤在人堆里，根本找不到父亲。没了他，庆祝活动变得索然无味。在惴惴不安中，我们回到了酒店。

断断续续睡了几小时后，房门开了。父亲就站在门口，脸上挂了彩，缠着绷带。午夜钟声敲响时，柏林的人群以一声声巨响庆祝新年来临，父亲所站的地方恰好是他曾经躲避英国人空袭、"斯大林管风琴"和德国狙击手打冷枪的地点，就在这时，一枚炮仗不知怎的找上门来，正中他的眉宇之间。

注 释

第一部分　解放心态

第一章　欢腾

1. 引自 Ben Shephard, *The Long Road Home: The Aftermath of the Second World War* (New York: Alfred A. Knopf, 2010), 69.

2. Martin Gilbert, *The Day The War Ended: May 8, 1945: Victory in Europe* (New York: Henry Holt, 1994), 128.

3. Brian Urquhart, *A Life in Peace and War* (New York: Harper & Row, 1987), 82.

4. 这则故事在大卫·斯塔福德（David Stafford）的书中曾有详述，见 *Endgame, 1945: The Missing Final Chapter of World War II* (New York: Little, Brown, 2007)。

5. 摘自朱可夫回忆录，转引自 Gilbert, *The Day The War Ended*。

6. Simone de Beauvoir, *Force of Circumstance* (New York: G. P. Putnam's Sons, 1963), 30.

7. Gilbert, *The Day The War Ended*, 322.

8. 出处同上, 319.

9. Urquhart, *A Life in Peace and War*, 85.

10. David Kaufman and Michiel Horn, *De Canadezen in Nederland, 1944–1945* (Laren, The Netherlands: Luitingh, 1981), 119.

11. Michael Horn, "More Than Cigarettes, Sex and Chocolate: The Canadian Army in the Netherlands, 1944–1945," in *Journal of Canadian Studies/Revue d'études canadiennes* 16 (Fall/Winter 1981), 156–73.

12. 引自 Horn, "More Than Cigarettes, Sex and Chocolate," 166.

13. 出处同上, 169.

14. 引自 John Willoughby, "The Sexual Behavior of American GIs During the Early Years of the Occupation of Germany," *Journal of Military History* 62, no. 1 (January 1998), 166–67.

15. Benoîte Groult and Flora Groult, *Journal à quatre mains* (Paris: Editions Denoël, 1962).

16. Patrick Buisson, *1940–1945: Années* érotiques (Paris: Albin Michel, 2009).

17. Rudi van Dantzig, *Voor een verloren soldaat* (Amsterdam: Arbeiderspers, 1986).

18. Buisson, *1940–1945*, 324.

19. Urquhart, *A Life in Peace and War*, 81.

20. Ben Shephard, *After Daybreak: The Liberation of Bergen-Belsen, 1945* (New York: Schocken   342
    Books, 2005).

21. 出处同上，99.

22. 出处同上，133.

23. Richard Wollheim, "A Bed out of Leaves," *London Review of Books*, December 4, 2003, 3–7.

24. Shephard, *After Daybreak*, 138.

25. Atina Grossmann, *Jews, Germans, and Allies: Close Encounters in Occupied Germany* (Princeton, NJ: Princeton University Press, 2007), 188.

26. Shephard, *The Long Road Home*, 299.

27. 出处同上，70.

28. Norman Lewis, *Naples' 44: An Intelligence Officer in the Italian Labyrinth* (New York: Eland, 2011), 52.

29. John Dower, *Embracing Defeat: Japan in the Wake of World War II* (New York: W. W. Norton, 1999), 126.

30. 出处同上，102.

31. Theodore Cohen, *Remaking Japan: The American Occupation as New Deal*, Herbert Passin, ed. (New York: Free Press, 1987), 123.

32. 致唐纳德·基恩的一封信，收于 Otis Cary, ed., *From a Ruined Empire: Letters—Japan, China, Korea, 1945–46* (Tokyo and New York: Kodansha, 1984), 96。

33. William L. Worden, "The G.I. Is Civilizing the Jap," *Saturday Evening Post*, December 15, 1945, 18–22.

34. 要了解更多"潘潘女"文化，约翰·道尔（John Dower）的《拥抱战败》（*Embracing Defeat*）是绝佳的信息来源。

35. Dower, *Embracing Defeat*, 134.

36. John LaCerda, *The Conqueror Comes to Tea: Japan Under MacArthur* (New Brunswick, N.J: Rutgers University Press, 1946), 51.

37. 出处同上，54.

38. Dower, *Embracing Defeat*, 579.

39. Giles MacDonogh, *After the Reich: The Brutal History of the Allied Occupation* (New York: Basic Books, 2007), 79.

40. Klaus-Dietmar Henke, *Die Amerikanische Besetzung Deutschlands* (Munich: R. Oldenbourg

Verlag, 1995), 201.

41. Dagmar Herzog, *Sex After Fascism: Memory and Morality in Twentieth-Century Germany* (Princeton, NJ: Princeton University Press, 2005), 69.

42. Willoughby, "Sexual Behavior of American GIs," 167.

43. Groult, *Journal à quatre mains*, 397.

44. MacDonogh, *After the Reich*, 236.

45. 野坂昭如,『アメリカひじき·火垂るの墓』(东京:新潮文库, 2003)。首次出版于 1972 年 (编按 : 新潮文库的初版是 1972 年, 该书最早则是 1968 年由文艺春秋出版)。

46. MacDonogh, *After the Reich*, 369.

47. *The Times* (London), July 9, 1945.

48. Willoughby, "Sexual Behavior of American GIs," 158.

49. *New York Times*, June 13, 1945.

50. Anonymous, *A Woman in Berlin: Eight Weeks in the Conquered City: A Diary* (New York: Metropolitan Books, 2005).

51. 永井荷風,『摘録 断腸亭日乗』下册,磯田光一编 (东京 : 岩波文库, 1987)。

52. 出处同上, 278.

53. 引自 Donald Keene, *So Lovely a Country Will Never Perish: Wartime Diaries of Japanese Writers* (New York: Columbia University Press, 2010), 149.

54. LaCerda, *The Conqueror Comes to Tea*, 23–24.

55. Henke, *Die Amerikanische Besetzung Deutschlands*, 199.

56. 出处同上 , 199.

57. Richard Bessel, *Germany 1945: From War to Peace* (New York: HarperCollins, 2009), 204.   343

58. Elizabeth Heineman, *What Difference Does a Husband Make?* (Berkeley, CA: University of California Press, 2003), 100.

59. 引自 Willoughby, "Sexual Behavior of American GIs," 169.

60. Keene, *So Lovely a Country*, 171.

61. Willoughby, "Sexual Behavior of American GIs," 160.

62. Curzio Malaparte, *The Skin*, David Moore, tr. (New York: *New York Review of Books*, 2013), 39. 首次出版于 1952 年。

63. 引自 Herman de Liagre Böhl in *De Gids*, periodical, May 1985, 250.

64. 出处同上 , 251.

65. Buisson, *1940–1945: Années* érotiques, 411.

第二章　饥饿

1. J. L. van der Pauw, *Rotterdam in de tweede wereldoorlog* (Rotterdam: Boom, 2006), 679.

2. *New York Times*, May 12, 1945.

3. Shephard, *After Daybreak*, 109.

4. Edmund Wilson, *Europe Without Baedeker: Sketches Among the Ruins of Italy, Greece, and England* (London: Secker and Warburg, 1948), 125.

5. 出处同上, 120.

6. Antony Beevor and Artemis Cooper, *Paris After the Liberation: 1944–1949*, revised edition (New York: Penguin Books, 2004), 103. 首次出版于 1994 年。

7. Stephen Spender, *European Witness* (New York: Reynal and Hitchcock, 1946), 107.

8. 出处同上, 106.

9. Wilson, *Europe Without Baedeker*, 136.

10. 出处同上, 146.

11. 出处同上, 147.

12. Sándor Márai, *Memoir of Hungary 1944–1948* (Budapest: Corvina in association with Central European University Press, 1996), 193–94.

13. Carl Zuckmayer, *Deutschlandbericht für das Kriegsministerium der Vereinigten Staaten von Amerika* (Göttingen: Wallstein, 2004), 142.

14. Spender, *European Witness*, 15.

15. *New York Herald Tribune*, December 31, 1945.

16. Cary, ed., *From a Ruined Empire*, 54.

17. Dower, *Embracing Defeat*, 103.

18. 出处同上, 63.

19. MacDonogh, *After the Reich*, 315.

20. Ronald Spector, *In the Ruins of Empire: The Japanese Surrender and the Battle for Postwar Asia* (New York: Random House, 2007), 56.

21. 引自 Bessel, *Germany 1945*, 334.

22. *New York Times*, October 27, 1945.

23. Julian Sebastian Bach Jr., *America's Germany: An Account of the Occupation* (New York: Random House, 1946), 26.

24. *Daily Mirror*, October 5, 1945, 转引自 Shephard, *The Long Road Home*, 129.

25. 引自 Shephard, *The Long Road Home*, 156.

26. 参谋长联席会议第 1380/15 条令, 第 296 章节, 转引自 Cohen, *Remaking Japan*, 143。

27. MacDonogh, *After the Reich*, 479.

28. 国会发言, 转引自 Cohen, *Remaking Japan*, 145。

29. 引自 Norman M. Naimark, *The Russians in Germany: A History of the Soviet Zone of Occupation, 1945–1949* (Cambridge, MA: Harvard University Press, 1995), 181.   344

30. Cohen, *Remaking Japan*, 144.

31. 出处同上, 142.

32. Herman de Liagre Böhl, *De Gids*, 246.

33. Willi A. Boelcke, *Der Schwarzmarkt, 1945–1948* (Braunschweig: Westermann, 1986), 76.

34. 坂口安吾,『堕落論』, 新版文库本（东京：筑摩书房, 2008）。首次出版于 1946 年（编按：1946 年首度在《新潮》杂志发表, 单行本于 1947 年由银座出版社出版）。

35. Dower, *Embracing Defeat*, 139.

36. 藤原作弥,『満州、少国民の戦記』（东京：新潮社, 1984）, 页 82。

37. 引自 Bessel, *Germany 1945*, 337.

38. Zuckmayer, *Deutschlandbericht*, 111.

39. Irving Heymont, *Among the Survivors of the Holocaust: The Landsberg DP Camp Letters of Major Irving Heymont, United States Army* (Cincinnati: The American Jewish Archives, 1982), 63.

40. Carlo D'Este, *Patton: A Genius for War* (New York: HarperCollins, 1996), 755.

41. Shephard, *The Long Way Home*, 235.

42. *Yank*, August 10, 1945, 6.

43. 引自 Stafford, *Endgame, 1945*, 507.

44. Alfred Döblin, *Schicksalsreise: Bericht u. Bekenntnis: Flucht u. Exil 1940–1948* (Munich: Piper Verlag, 1986), 276.

第三章　复仇

1. Norman M. Naimark, *Fires of Hatred: Ethnic Cleansing in Twentieth-Century Europe* (Cambridge, MA: Harvard University Press, 2001), 118.

2. Tadeusz Borowski, *This Way for the Gas, Ladies and Gentlemen* (New York: Viking, 1967).

3. Gilbert, *The Day The War Ended*, 38.

4. Shephard, *After Daybreak*, 113.

5. Ruth Andreas-Friedrich, *Battleground Berlin: Diaries, 1945–1948* (New York: Paragon House, 1990), 99.

6. Hans Graf von Lehndorff, *Ostpreussisches Tagebuch* [East Prussian Diary Records of a Physician from the Years 1945–1947] (Munich: DTV, 1967), 67.

7. 出处同上, 74.

8. Naimark, *The Russians in Germany*, 72.

9. Bessel, *Germany 1945*, 155.

10. 冈田和裕,『満州安寧飯店』（东京：光人社, 2002）, 页 103。

11. 出处同上, 128.

12. Naimark, *The Russians in Germany*, 108.

13. Anonymous, *A Woman in Berlin: Eight Weeks in the Conquered City: A Diary* (New York: Metropolitan Books, 2005), 86.

14. Naimark, *The Russians in Germany*, 79.

15. 引自 Buisson, *1940–1945: Années* érotiques, 387.

16. 出处同上 , 251–52.

17. Jan Gross, *Fear: Anti-Semitism in Poland after Auschwitz* (New York: Random House, 2006), 82.

18. Anna Bikont, *My z Jedawabnego* [We from Jedwabne] (Warsaw : Prószy ski i S-ka, 2004). Translated excerpt by Lukasz Sommer.

19. 哈利娜·温德·普雷斯顿（Halina Wind Preston）1977 年 7 月 26 日所做的证词：www. yadvashem.org/yv/en/righteous/stories/related/preston_testimony.asp.

20. Tony Judt, *Postwar: A History of Europe Since 1945* (New York: Penguin Press, 2005), 38.   345

21. Gross, *Fear*, 40.

22. Naimark, *Fires of Hatred*, 122.

23. Shephard, *The Long Road Home*, 122.

24. Christian von Krockow, *Hour of the Women* (New York: HarperCollins, 1991), 96.

25. Christian von Krockow, *Die Reise nach Pommern: Bericht aus einem verschwiegenen Land* (Munich: Deutscher Taschenbuch-Verlag, 1985), 215.

26. Herbert Hupka, ed., *Letzte Tage in Schlesien* (Munich: Langen Müller, 1985), 138.

27. 出处同上 , 81.

28. Ernst Jünger, *Jahre der Okkupation* (Stuttgart: Ernst Klett, 1958), 213–14.

29. Krockow, *Hour of the Women*, 110.

30. MacDonogh, *After the Reich*, 128.

31. Margarete Schell, *Ein Tagebuch aus Prag, 1945–46* (Bonn: Bundesministerium für Vertriebenen, 1957), 12.

32. 出处同上 , 48.

33. 出处同上 , 99.

34. 出处同上 , 41.

35. MacDonogh, *After the Reich*, 406.

36. Dina Porat, *The Fall of the Sparrow: The Life and Times of Abba Kovner* (Stanford, CA: Stanford University Press, 2009), 214.

37. 出处同上 , 212.

38. 出处同上 , 215.

39. Abba Kovner, *My Little Sister and Selected Poems, 1965–1985* (Oberlin, Ohio: Oberlin College Press, 1986).

40. Judt, *Postwar*, 33.

41. Harold Macmillan, *The Blast of War, 1939–1945* (New York: Harper & Row, 1967), 576.

42. Wilson, *Europe Without Baedeker*, 147.

43. 数据转引自 Roy P. Domenico, *Italian Fascists on Trial, 1943–1948* (Chapel Hill, NC: University of North Carolina Press, 1991), 149.

44. Wilson, *Europe Without Baedeker*, 157.

45. Macmillan, *The Blast of War*, 193.

46. 出处同上 , 501.

47. Allan Scarfe and Wendy Scarfe, eds., *All That Grief: Migrant Recollections of Greek Resistance to Fascism, 1941–1949* (Sydney, Australia: Hale and Iremonger, 1994), 95.

48. Macmillan, *The Blast of War*, 499.

49. Mark Mazower, ed., *After the War Was Over: Reconstructing the Family, Nation, and State in Greece, 1943–1960* (Princeton, NJ: Princeton University Press, 2000), 27.

50. Macmillan, *The Blast of War*, 547.

51. *The Times* (London), July 13, 1945.

52. Macmillan, *The Blast of War*, 515.

53. Wilson, *Europe Without Baedeker*, 197.

54. Spector, *In the Ruins of Empire*, 90.

55. Cheah Boon Kheng, "Sino-Malay Conflicts in Malaya, 1945–1946: Communist Vendetta and Islamic Resistance," *Journal for Southeast Asian Studies* 12 (March 1981), 108–117.

56. Gideon Francois Jacobs, *Prelude to the Monsoon* (Capetown, South Africa: Purnell & Sons, 1965), 124.

57. Spector, *In the Ruins of Empire*, 174.

58. Benedict Anderson, *Java in a Time of Revolution: Occupation and Resistance, 1944–1946* (Jakarta: Equinox Publishing, 2005).

59. L. de Jong, *Het koninkrijk der Nederlanden in de tweede wereldoorlog*, 11c, Staatsuitgeverij, 1986.

60. Theodore Friend, *Indonesian Destinies* (Cambridge, MA.: Harvard University Press, 2003), 27.

61. Jan A. Krancher, ed., *The Defining Years of the Dutch East Indies, 1942–1949: Survivors' Accounts of Japanese Invasion and Enslavement of Europeans and the Revolution That Created Free Indonesia* (Jefferson, NC: MacFarland, 1996), 193.

62. Spector, *In the Ruins of Empire*, 179.

63. De Jong, *Het koninkrijk der Nederlanden*, 582.

64. Anderson, *Java in a Time of Revolution*, 166.

65. Spector, *In the Ruins of Empire*, 108.

66. Jean-Louis Planche, *Sétif 1945: Histoire d'un massacre annoncé* (Paris: Perrin, 2006), 139.

67. Martin Evans, *Algeria: France's Undeclared War* (New York: Oxford University Press, 2012).

68. Françoise Martin, *Heures tragiques au Tonkin: 9 mars 1945–18 mars 1946* (Paris: Editions Berger-Levrault, 1947), 133.

69. David G. Marr, *Vietnam 1945: The Quest for Power* (Berkeley: University of California Press, 1995), 333.

70. Martin, *Heures tragiques au Tonkin*, 179.

346

71. 出处同上 , 129.

72. Spector, *In the Ruins of Empire*, 126.

第二部分　清理废墟

第四章　回家

1. 详细分析请见见蒂莫西 · 斯奈德（Timothy Snyder）的权威力作 : *Bloodlands: Europe Between Hitler and Stalin* (New York: Basic Books, 2010).

2. Imre Kertész, *Fateless* (Evanston, IL: Northwestern University Press, 1992).

3. 引自 Dienke Hondius, *Holocaust Survivors and Dutch Anti-Semitism* (Westport, CT: Praeger, 2003), 103.

4. 出处同上 , 101.

5. Roger Ikor, *Ô soldats de quarante!... en mémoire* (Paris: Albin Michel, 1986), 95.

6. Marguerite Duras, *The War* (New York: Pantheon Books, 1986), 15.

7. 出处同上 , 14.

8. 出处同上 , 53.

9. Ango, *Darakuron*, 227.

10. Dower, *Embracing Defeat*, 58.

11. 『声 1（1945-1947）』（东京 : 朝日新闻社 , 1984 ），页 103。该书为读者来信集。

12. 出处同上 , 104.

13. Bill Mauldin, *Back Home* (New York: William Sloane, 1947), 18.

14. 出处同上 , 45.

15. 出处同上 , 54.

16. Nicholai Tolstoy, *The Minister and the Massacres* (London: Century Hutchinson, 1986), 31.

17. 引自 Gregor Dallas, *1945: The War That Never Ended* (New Haven, Conn.: Yale, 2005), 519.

18. Tolstoy, *The Minister and the Massacres*, 13.

19. 出处同上 , 13.

20. Nicholas Bethell, *The Last Secret: The Delivery to Stalin of over Two Million Russians by Britain and the United States* (New York: Basic Books, 1974), 86.

21. 出处同上 , 87.

22. Borivoje M., *The Bloodiest Yugoslav Spring: Tito's Katyns and Gulags* (New York: Carlton Press, 1980), 73.

23. Macmillan, *The Blast of War*, 436.

24. Shephard, *The Long Road Home*, 80.

25. Bethell, *The Last Secret*, 18, 19.

26. 出处同上, 133.

27. 出处同上, 138.

28. 出处同上, 142.

29. 出处同上, 140.

30. Dallas, 1945, 560.

31. *Yank*, August 24, 1945.

32. *Dallas*, 1945, 549.

33. Naimark, *Fires of Hatred*, 109.

34. 出处同上, 110.

35. Lehndorff, *Ostpreussisches Tagebuch*, 169.

36. Hupka, *Letzte Tage in Schlesien*, 265.

37. Jünger, *Jahre der Okkupation*, 195.

38. 本作者同弗里茨·斯特恩 (Fritz Stern) 的谈话。

39. 引自 Bessel, *Germany 1945*, 223.

40. Hupka, *Letzte Tage in Schlesien*, 64.

41. *Yank*, September 21, 1945, 16.

42. Naimark, *Fires of Hatred*, 112.

43. 出处同上, 115.

44. Antony Polonsky and Boleslaw Drukier, *The Beginnings of Communist Rule in Poland* (London and Boston: Routledge and Kegan Paul, 1980), 425.

45. Grossmann, *Jews, Germans, and Allies*, 199.

46. 阿蒂娜格·罗斯曼 (Atina Grossmann) 转引自他人, 出处同上, 148。

47. 出处同上, 147.

48. *New York Herald Tribune*, December 31, 1945.

49. Heymont, *Among the Survivors*, 21.

50. Grossmann, *Jews, Germans, and Allies*, 181.

51. 引自 Hagit Lavsky, *New Beginnings: Holocaust Survivors in Bergen-Belsen and the British Zone in Germany, 1945–1950* (Detroit: Wayne State University Press, 2002), 64.

52. 罗森萨夫特本人从未在以色列定居。很明显,他告诉一些以色列人:"你们跳霍拉舞 (hora) 的时候,我们却在火葬场被一把火烧了。"转引自 Shephard, *The Long Road Home*, 367。

53. Heymont, *Among the Survivors*, 47–48.

54. 引自 Shabtai Teveth, *Ben-Gurion: The Burning Ground, 1886–1948* (Boston: Houghton Mifflin, 1987), 853.

55. Avishai Margalit, "The Uses of the Holocaust," *New York Review of Books*, February 14, 1994.

56. Tom Segev, The Seventh Million: The Israelis and the Holocaust (New York: Hill and Wang,

1993), 99–100.

57. Teveth, *Ben-Gurion*, 871.

58. 出处同上，870.

59. Heymont, *Among the Survivors*, 66.

60. Teveth, *Ben-Gurion*, 873.

61. 《哈里森报告》（Harrison Report），以美国驻政府间难民委员会（Intergovernmental Committee on Refugees）特使厄尔·G. 哈里森（Earl G. Harrison）命名。

62. 杜鲁门于 1945 年 8 月 31 日寄给艾德礼的信。

63. 出自英国国家档案馆的外交部档案 PRO FO 1049/81/177，转引自 *Life Reborn*,   348
conference proceedings, edited by Menachem Rosensaft (Washington, D.C., 2001), 110。

64. Bethell, *The Last Secret*, 8.

第五章　沥干毒药

1. Andreas-Friedrich, *Battleground Berlin*, 27.

2. Luc Huyse and Steven Dhondt, *La répression des collaborations, 1942–1952: Un passé toujours présent* (Brussels: CRISP, 1991), 147.

3. Sodei Rinjiro, ed., *Dear General MacArthur: Letters from the Japanese During the American Occupation* (New York: Rowman & Littlefield, 2001), 70.

4. 出处同上，87.

5. 出处同上，78.

6. 美国国务院—战争部—海军部协调委员会（State, War, Navy Coordinating Committee）政令，转引自 Hans H. Baerwald, *The Purge of Japanese Leaders Under the Occupation* (Berkeley: University of California Press, 1959), 7。

7. 福比恩·鲍尔斯（Faubion Bowers）引用于 "How Japan Won the War," *The New York Times Magazine*, August 30, 1970.

8. Cohen, *Remaking Japan*, 85.

9. Franz Neumann, *Behemoth: The Structure and Practice of National Socialism, 1933–44*, with a new introduction by Peter Hayes (Chicago: Ivan R. Dee, 2009; published in association with the United States Holocaust Memorial Museum). First published 1942.

10. Andreas-Friedrich, *Battleground Berlin*, 100.

11. 出处同上，101.

12. James F. Tent, *Mission on the Rhine: Reeducation and Denazification in American-Occupied Germany* (Chicago: University of Chicago Press, 1982) 55.

13. Zuckmayer, *Deutschlandbericht*, 137.

14. Timothy R. Vogt, *Denazification in Soviet-Occupied Germany: Brandenburg, 1945–1948* (Cambridge, MA: Harvard University Press, 2000), 34.

15. 出处同上，38.

16. Tom Bower, *The Pledge Betrayed: America and Britain and the Denazification of Postwar Germany* (Garden City, NY: Doubleday, 1982), 148.

17. 出处同上，8.

18. Henke, *Die Amerikanische Besetzung Deutschlands*, 487.

19. Cohen, *Remaking Japan*, 161.

20. Jerome Bernard Cohen, *Japan's Economy in War and Reconstruction* (Minneapolis: University of Minnesota, 1949), 432.

21. Cohen, *Remaking Japan*, 154.

22. Rinjiro, *Dear General MacArthur*, 176.

23. 出处同上，177.

24. LaCerda, *The Conqueror Comes to Tea*, 25.

25. Cohen, *Remaking Japan*, 45.

26. Dower, *Embracing Defeat*, 530.

27. Cary, ed., *From a Ruined Empire*, 107.

28. Chalmers Johnson, *MITI and the Japanese Miracle: The Growth of Industrial Policy, 1925–1975* (Stanford, CA: Stanford University Press, 1982), 42.

29. Teodoro Agoncillo, *The Fateful Years: Japan's Adventure in the Philippines, 1941–1945* (Quezon City, The Philippines: R. P. Garcia, 1965), 672.

30. Stanley Karnow, *In Our Image: America's Empire in the Philippines* (New York: Random House, 1989), 327.

31. 出处同上，328.

32. Jay Taylor, *The Generalissimo: Chiang Kai-shek and the Struggle for Modern China* (Cambridge, MA: Harvard University Press, 2009), 323.

33. 唐纳德·基恩写给狄百瑞的书信，见 Cary, ed., *From a Ruined Empire*, 128.

34. Spector, *In the Ruins of Empire*, 41.

35. Odd Arne Westad, *Cold War and Revolution: Soviet-American Rivalry and the Origins of the Chinese Civil War, 1944–1946* (New York: Columbia University Press, 1993), 90.

36. 关于安宁饭店的书有两本，一本是冈田和裕的《满洲安宁饭店》，另一本是藤原作弥的《满洲，少年国民的战记》，均在第二章引用过。

37. Peter Novick, *The Resistance Versus Vichy: The Purge of Collaborators in Liberated France* (New York: Columbia University Press, 1968), 40.

38. 出处同上，77–78.

39. 引自 Beevor and Cooper, *Paris After the Liberation*, 104.

349

第六章 法治

1. 藤原作弥，『満州、少国民の戦記』，页175。

2. Márai, *Memoir of Hungary*, 188.

3. István Deák, Jan Tomasz Gross, Tony Judt, eds., *The Politics of Retribution in Europe: World War II and Its Aftermath* (Princeton, NJ: Princeton University Press, 2000), 235.

4. 出处同上, 235.

5. 出处同上, 237.

6. 出处同上, 235.

7. 出处同上, 134.

8. 出处同上, 135.

9. Mazower, ed., *After the War Was Over*, 31.

10. Lee Sarafis, "The Policing of Deskati, 1942–1946," in Mazower, ed., *After the War Was Over*, 215.

11. Scarfe and Scarfe, *All That Grief*, 165–66.

12. Translation by E. D. A. Morshead.

13. 引自 John W. Powell, "Japan's Germ Warfare: The US Cover-up of a War Crime," *Bulletin of Concerned Asian Scholars* 12 (October/December 1980), 9.

14. Lawrence Taylor, *A Trial of Generals: Homma, Yamashita, MacArthur* (South Bend, IN: Icarus Press, 1981), 125.

15. *Yank*, "Tiger's Trial," November 30, 1945.

16. Taylor, *A Trial of Generals*, 137.

17. A. Frank Reel, *The Case of General Yamashita* (Chicago: University of Chicago Press, 1949), 34.

18. Richard L. Lael, *The Yamashita Precedent: War Crimes and Command Responsibility* (Wilmington, DE: Scholarly Resources, 1982), 111.

19. Taylor, *A Trial of Generals*, 195.

20. Lael, *The Yamashita Precedent*, 118.

21. 引自 J. Kenneth Brody, *The Trial of Pierre Laval: Defining Treason, Collaboration and Patriotism in World War II France* (New Brunswick, NJ: Transaction, 2010), 136.

22. Time, January 4, 1932.

23. Geoffrey Warner, *Pierre Laval and the Eclipse of France* (New York: Macmillan, 1969), 301.

24. 关于米塞特的罪行，详见 Tessel Pollmann, *Mussert en Co.: de NSB-leider en zijn vertrouwelingen* (Amsterdam: Boom, 2012).

25. *Time*, October 15, 1945.

26. Jean-Paul Cointet, *Pierre Laval* (Paris: Fayard, 1993), 517.

27. Jacques Charpentier, *Au service de la liberté* (Paris: Fayard, 1949), 268.

28. Hubert Cole, *Laval* (London: Heinemann, 1963), 284.

29. Cointet, *Pierre Laval*, 527.

30. Jan Meyers, *Mussert* (Amsterdam: De Arbeiderspers, 1984), 277.

31. 出处同上, 275.

32. Cointet, *Pierre Laval*, 537.

33. 引自 Novick, *The Resistance Versus Vichy*, 177.

34. George Kennan, *Memoirs 1925–1950* (Boston: Atlantic Monthly Press, 1967), 260.

35. Dower, *Embracing Defeat*, 445.

36. Telford Taylor, *The Anatomy of the Nuremberg Trials: A Personal Memoir* (New York: Alfred A. Knopf, 1992), 29.

37. Spender, *European Witness*, 221.

38. *Yank*, May 18, 1945.

39. 德怀特·D. 艾森豪威尔纪念委员会（Dwight D. Eisenhower Memorial Commission）网站。

40. *The Times* (London), April 20, 1945.

41. *Daily Mirror* (London), April 20, 1945.

42. *The Times* (London), April 28, 1945.

43. Shephard, *After Daybreak*, 166.

44. *The Times* (London), September 24, 1945.

45. 出处同上, November 9, 1945.

46. Shephard, *After Daybreak*, 171–72.

47. The Times (London), November 8, 1945.

48. Ernst Michel, DANA report, January 9, 1945.

49. Rebecca West, *The New Yorker*, October 26, 1946.

50. Telford Taylor, *Anatomy of the Nuremberg Trials*, 25.

51. 出处同上, 26.

52. Ernst Michel, DANA report, February 15, 1946.

53. Jünger, *Jahre der Okkupation*, 176.

54. Andreas-Friedrich, *Battleground Berlin*, 63–64.

55. Telford Taylor, *Anatomy of the Nuremberg Trials*, 167–68.

第三部分　绝不让历史重演

第七章　明媚、自信的早晨

1. Hermann Langbein, *Against All Hope: Resistance in the Nazi Concentration Camps, 1938–1945* (New York: Paragon House, 1994), 502.

2. *Manchester Guardian*, July 27, 1945.

3. *Daily Telegraph* (London), July 11, 2003.

4. *Manchester Guardian*, July 27, 1945.

5. 出处同上。

6. Harold Nicolson, *The Harold Nicolson Diaries, 1907–1964*, Nigel Nicolson, ed. (London: Weidenfeld & Nicolson, 2004), 321.

7. Harold Macmillan, *Tides of Fortune, 1945–1955* (New York: Harper & Row, 1969), 32.

8. 出处同上, 33.

9. Nicolson, *Diaries*, 318.

10. Wilson, *Europe Without Baedeker*, 135.

11. 出处同上, 186.

12. Noel Annan, *Changing Enemies: The Defeat and Regeneration of Germany* (New York: W. W. Norton, 1996), 183.

13. Paul Addison, *Now the War Is Over: A Social History of Britain, 1945–51* (London: Jonathan Cape and the British Broadcasting Corporation, 1985), 14.

14. 出处同上, 13.

15. Cyril Connolly, *Horizon*, June 1945, reprinted in *Ideas and Places* (London: Weidenfeld & Nicolson, 1953), 27.

16. *Manchester Guardian*, June 5, 1945.

17. 出处同上, June 26, 1945.

18. Roy Jenkins, *Mr. Attlee: An Interim Biography* (London: Heinemann, 1948), 255.

19. Stéphane Hessel, *Indignez vous!* (Montpellier, France: Indigène Editions), 10.

20. Duras, *The War*, 33.

21. Arthur Koestler, *The Yogi and the Commissar* (New York: Macmillan, 1945), 82.

22. Addison, *Now the War Is Over*, 18.

23. Annan, *Changing Enemies*, 183.

24. Winston Churchill, "Speech to the Academic Youth," *Zurich*, September 9, 1946.

25. Nicolson, *Diaries*, 333.

26. Jean Monnet, *Mémoires* (Paris: Fayard, 1976), 283.

27. Tessel Pollmann, *Van Waterstaat tot Wederopbouw: het leven van dr.ir. J.A. Ringers* (1885-1965) (Amsterdam: Boom, 2006).

28. Dower, *Embracing Defeat*, 537.

29. 出处同上, 537.

30. 出处同上, 538.

31. Owen Lattimore, *Solution in Asia* (Boston: Little, Brown, 1945), 189.

32. Cohen, *Remaking Japan*, 42.

351

33. 森田芳夫，『朝鮮終戦の記録——米ソ両軍の進駐と日本人の引揚』（东京：岩南堂书店，1964），页 77。

34. Bruce Cumings, *The Origins of the Korean War: Liberation and the Emergence of Separate Regimes, 1945–1947* (Princeton, NJ: Princeton University Press, 1981), 88.

35. *Yank*, November 2, 1945.

36. Cary, ed., *From a Ruined Empire*, 32.

37. *Yank*, November 2, 1945.

38. Cumings, *The Origins of the Korean War*, 392.

39. Spector, *In the Ruins of Empire*, 163.

40. 出处同上 , 160.

41. 出处同上 , 148.

42. Cary, ed., *From a Ruined Empire*, 197.

43. Robert Skidelsky, *John Maynard Keynes, 1883–1946: Economist, Philosopher, Statesman* (New York: Penguin Books, 2005), 779.

44. Nicolson, *Diaries*, 325.

45. Judt, *Postwar*, 88.

第八章 教化野蛮人

1. Dower, *Embracing Defeat*, 215–17.

2. Annan, *Changing Enemies*, 160.

3. 出处同上 , 162.

4. 德布林和福伊希特万格的引言，转引自 Tent, *Mission on the Rhine*, 23。

5. 引自 Tent, *Mission on the Rhine*, 39.

6. Nicholas Pronay and Keith Wilson, eds., *The Political Re-education of Germany and Her Allies after World War II* (London: Croom Helm, 1985), 198.

7. Günter Grass, *Beim Haüten der Zwiebel* (Göttingen: Steidl, 2006), 220–21.

8. John Gimbel, *A German Community Under American Occupation: Marburg, 1945–52* (Stanford, CA: Stanford University Press, 1961), 168.

9. Pronay and Wilson, eds., *The Political Re-education of Germany*, 173.

10. *Yank*, July, 20, 1945.

11. 出处同上，173.

12. Spender, *European Witness*, 229.

13. *Yank*, July 20, 1945.

14. Spender, *European Witness*, 44.

15. 出处同上 , 46.

16. 出处同上，158.

17. Andreas-Friedrich, *Battleground Berlin*, 82.

18. Naimark, *The Russians in Germany*, 399.

19. 出处同上，402.

20. Andreas-Friedrich, *Battleground Berlin*, 66.

21. Bach, *America's Germany*, 228.

22. 出处同上，228.

23. Andreas-Friedrich, *Battleground Berlin*, 92.

24. Bach, *America's Germany*, 218.

25. *The Times* (London), July 11, 1945.

26. Dower, *Embracing Defeat*, 190.

27. De Beauvoir, *Force of Circumstance*, 17.

28. 出处同上，33.

29. Corinne Defrance, *La politique culturelle de la France sur la rive gauche du Rhin, 1945-1955* (Strasbourg: Presses Universitaires de Strasbourg, 1994), 126.

30. Döblin, *Schicksalsreise*, 273.

31. 引自 Monnet, *Mémoires*, 339.

32. Barton J. Bernstein, ed., *The Atomic Bomb: The Critical Issues* (Boston: Little, Brown, 1976), 113.

33. Dower, *Embracing Defeat*, 218.

34. 出处同上，77.

35. Edward T. Imparato, *General MacArthur: Speeches and Reports, 1908–1964* (Paducah, KY: Turner, 2000), 146.

36. Bowers, "How Japan Won the War."

37. 出处同上。

38. 《每日新闻》，转引自 Dower, *Embracing Defeat*, 549.

39. Rinjiro, *Dear General MacArthur*, 33.

40. Dower, *Embracing Defeat*, 77.

41. 引自 Bowers, "How Japan Won the War."

42. 引自麦克阿瑟纪念馆图书档案馆（MacArthur Memorial Library and Archives）协办的研讨会，"The Occupation of Japan," November 1975, 129。

43. LaCerda, *The Conqueror Comes to Tea*, 165–66.

44. Koe, 115.

45. Dower, *Embracing Defeat*, 67.

46. Keene, *So Lovely a Country*, 118.

第九章 同一个世界

1. Urquhart, *A Life in Peace and War*, 85.

2. 出处同上，93.

3. Stéphane Hessel, *Danse avec le siècle* (Paris: Editions du Seuil, 1997), 99.

4. Mark Mazower, *Governing the World: The History of an Idea* (New York: Penguin Press, 2012), 208.

5. 出处同上，194.

6. E. B. White, *The Wild Flag: Editorials from The New Yorker on Federal World Government and Other Matters* (Boston: Houghton Mifflin, 1946), 72.

7. 出处同上，82.

8. Menno Spiering and Michael Wintle, eds., *European Identity and the Second World War* (New York: Palgrave Macmillan, 2011), 126.

9. John Foster Dulles, *War or Peace*, with a special preface for this edition (New York: Macmillan, 1957), 38. 首次出版于 1950 年。

10. Neal Rosendorf, "John Foster Dulles' Nuclear Schizophrenia," in John Lewis Gaddis et al., eds., *Cold War Statesmen Confront the Bomb: Nuclear Diplomacy Since 1945* (New York: Oxford University Press, 1999), 64–69.

11. Joseph Preston Baratta, *The Politics of World Federation: United Nations, UN Reform, Atomic Control* (Westport, CT: Praeger, 2004), 127.

12. *New York Times*, October 10, 1945.

13. *The Times* (London), November 20, 1945.

14. Townsend Hoopes and Douglas Brinkley, *FDR and the Creation of the U.N.* (New Haven, CT: Yale University Press, 2000), 41.

15. Dan Plesch, *America, Hitler, and the UN: How the Allies Won World War II and Forged a Peace* (London: I. B. Tauris, 2011), 170.

16. 罗斯福的话引自 Mazower, *Governing the World*, 209.

17. "Remarks Upon Receiving an Honorary Degree from the University of Kansas City," June 28, 1945, trumanlibrary.org/publicpapers/viewpapers.php?pid=75.

18. White, *The Wild Flag*, 82.

19. *Yank*, June 15, 1945.

20. *Daily Herald*, May 1945.

21. 本书作者和格拉德温·杰布的外孙伊尼戈·托马斯（Inigo Thomas）的谈话。

22. *Time*, May 14, 1945.

23. Urquhart, *A Life in Peace and War*, 94.

24. *The Nation*, June 30, 1945.

25. Mark Mazower, "The Strange Triumph of Human Rights, 1933–1950," *The Historical*

Journal 47, no. 2 (June 2004), 392.

26. William Roger Louis, *The British Empire in the Middle East, 1945–1951: Arab Nationalism, the United States, and Postwar Imperialism* (New York: Oxford University Press, 1984), 163.

27. *Manchester Guardian*, June 4, 1945.

28. Louis, *British Empire in the Middle East*, 148.

29. *The Times* (London), October 6, 1945.

30. White, *The Wild Flag*, 80.

31. 出处同上，81.

32. Arthur M. Schlesinger Jr., *A Thousand Days: John F. Kennedy in the White House* (Boston: Houghton Mifflin, 1965), 88–89.

33. *The Times* (London), August 17, 1945.

34. 国务卿伯恩斯的报告，见 http://avalon.law.yale.edu/20th_century/decade18.asp.

35. Dulles, *War or Peace*, 27.

36. 出处同上，30.

37. 出处同上，40.

38. *New York Times*, December 31, 1945.

鸣谢

　　如果不是因为作为访问学者在纽约公共图书馆科尔曼学者&作家中心短暂访学的经历，很难想象我能写就此书。对此我要感谢吉恩·斯特劳斯（Jean Strouse），科尔曼中心能力出众的主任，还有她至关重要的副手玛丽·多里尼（Marie D'Origny），以及向来助人为乐的保罗·德拉韦达克（Paul Delaverdac），你们把中心变成了作家的天堂。

　　在本书的研究阶段，我从罗伯特·帕克斯顿（Robert Paxton）、弗里茨·施特恩（Fritz Stern）、秦郁彦（Hata Ikuhiko）、阿维夏伊·马格里特（Avishai Margalit）、本·布兰德（Ben Bland）和盖尔特·迈克（Geert Mak）等人的建议中获益良多。在阿姆斯特丹的NIOD研究所期间，大卫·巴尔诺（David Barnouw）和约格力·梅赫伊岑（Joggli Meihuizen）为我提供了大力帮助。马克·马卓尔（Mark Mazower）和杰弗里·惠特克罗夫特（Geoffrey Wheatcroft）很热心，在不同阶段都阅读过书稿，帮助我揪出了自己断然不可能找到的错误。本书倘若仍有言辞不当之处，自然全是我本人的责任。

　　威利出版社的安德鲁·威利（Andrew Wylie），金·奥（Jin

Auh）和杰奎琳·柯（Jaqueline Ko）给予了我一如既往的支持，对此我深表感谢。斯科特·莫耶斯（Scott Moyers）还在威利出版社时，先是以代理人的身份参与了本书的出版工作，继而又转投企鹅出版社，为我当起了编辑。他在两项工作中的表现都堪称完美。我在这里还要感谢企鹅出版社的麦利·安德森（Mally Anderson），他见证了本书从无到有的整个过程。

最后，我要对我的父亲列奥·布鲁玛（Leo Buruma）和我的朋 340
友布莱恩·厄克特表达诚挚的谢意。他们抽时间跟我讲述了自己在
1945 年的经历。我将本书献给这二位，聊表感激和敬意。

对于内子堀田江理（Eri Hotta）的耐心和鼓励，在这里也一并
表示感谢。

索 引

（按汉语拼音顺序排列，页码参见本书边码）